모세오경의 언약

- 아브라함언약 · 시내산언약 · 모압언약 -

신학박사 최 환 열

모세오경의 언약

최환열 지음

창조와 지식

머 리 말

　기독교 신앙은 아브라함의 언약에서부터 시작한다. 하나님께서는 이 아브라함의 언약을 통하여 인류구원의 역사를 계획하시었다. 이것은 하나님의 역사 운영 계획, 즉 하나님의 경륜이다. 우리는 기독교 신앙을 이해할 때, 이 아브라함의 언약의 틀 안에서 이해하여야 한다.

　아브라함의 언약은 여호와와 아브라함 상호간의 언약이다. 여호와 켠에서의 언약조항은 "내가 너를 축복하여 큰 민족을 이루고 네 이름을 창대케 하리라"(창 12:2a)이다. 그리고 아브라함에 주어진 언약조항은 "너는 복이 되라"(창 12:2b)였다. 이렇게 양자의 언약실행을 통하여 여호와께서는 아브라함으로 인하여 열방이 복을 받게 하신다.

　이때, 우리는 여호와 켠에서의 언약조항보다 아브라함 켠에서의 언약조항에 집중할 필요가 있다. 이 아브라함에게 부여된 언약조항은 계속해서 발전을 하는데, 창세기 12장 2절b에서의 "너는 복이 되라"의 그 '복'은 '베라카(בְּרָכָה, 축복함)'로서 '축복하다'의 능동형 동사에 명사형 어미가 붙어서 형성된 단어이다. 그래서 그 '복'은 "축복함, 혹은 축복하는 자"를 의미한다. 수동형 동사의 명사화라면, "축복 받는 자"라고 해야 하지만, 여기에서의 '복'은 "축복함, 혹은 축복하는 자"를 의미한다.

　이 '복'이 창세기 15장에 이르러서는 "아브라함이 여호와를 믿으매"(창 15:6)로 표현되어 '믿음'으로 발전한다. 그런데, 이때의 믿음은 '완전한 위탁'을 의미하였는데, 그것은 엘리에셀을 포기하는 '완전한 자기부인'을 내포한 개념이었다. 더 나아가 창세기 17장에 이 '믿음'은 자손을 온전히 하나님께 바치는 '할례'의 믿음으로 발전한다. 이때도 아브라함은 이스마엘을 포기하여야 한다. 심지어 창세기 22장에서 이 '믿음'은 '이삭 번제'의 믿음으로까지 발전한다. 심지어는 독자까지도 포기하는 믿음이었다. 결국 아브라함의 "복, 축복함, 축복하는 자"는 자신의 생명을 하나님께 바치는 "순교적 믿음"을 의미하였다.

　아브라함의 믿음은 결국 이삭을 하나님께 제물로 바치는 번제로 발전하였는데, 이때 이삭의 모든 후손이 이삭 안에서 번제의 제물로 바쳐졌다. 이 이삭은 훗날 예수 그리스도의 십자가 모형이 되었다.

상당히 세월이 흘러서 아브라함의 후손들이 출애굽을 하기에 이르렀다. 이때, 출애굽기 19장 4-6절에 이르러서 시내산 언약이 여호와와 아브라함의 후손들인 이스라엘 사이에 체결이 되는데, 이 언약은 아브라함의 언약을 이제 그의 후손들과 승계하여 맺는 언약이다.

먼저, 여호와의 언약조항은 이제 성취된 언약조항으로 나타난다. 여호와께서 아브라함에게 "내가 너로 큰 민족을 이루고 네 이름을 창대케 하리라"고 하였는데, 이제 이것이 성취되어서 '큰 민족'이 된 것이다. 그래서 이 언약조항은 이제 출애굽기 19장 4절을 통해서 "내가 어떻게 너희를 내게로 인도하였음을 너희가 보았다"로 대체된다. 여호와께서는 아브라함에게 '큰 민족'이라는 언약조항을 이루신 것이다.

이제 아브라함 켠의 언약조항은 그의 후손인 이스라엘 백성들 전체를 향하여 나타나는데, 그것은 바로 출애굽기 19장 5절의 '십계명'이었다. 즉, 아브라함의 '축복함' '믿음'의 언약조항이 이제는 "하나님 사랑과 이웃사랑"의 '십계명'으로 발전하는 것이다. 그리고 이 "하나님 사랑과 이웃사랑"이 이스라엘의 5대 제사로 발전하는 것이다. 우리는 앞에서 아브라함의 '믿음'이 '할례'와 '이삭번제'로 발전하는 모습을 보았다.

이렇게 여호와와 아브라함 후손간의 언약이 실행될 때, 열방이 복을 받는다. 그것이 바로 출애굽기 19장 6절의 "열방을 위한 제사장 나라"의 개념인 것이다. 그리고 이 제사장나라가 되기 위해서 출애굽기 25장에서 40장에 이르기까지 여호와께서 거하신 '성막'이 지어지고, 이곳에 하나님께서 "불기둥과 구름기둥"으로 강림하신다. 이것이 아브라함의 언약의 승계와 갱신으로서의 시내산언약이다.

신명기는 모압언약이라고 한다. 아브라함의 언약은 성전이 이스라엘 진중에 건립됨을 통해서 실현되는 줄 알았다. 그런데, 이스라엘의 심각한 패역이 또 다시 드러났으며, 이에 대하여 모세는 모압에서 다시금 이 시내산 언약을 보완하는 계약을 맺게 되었는데, 이것은 바로 '마음의 할례'에 관한 것이었다.

먼저, 모세는 신명기 5장 22절에서 33절에서 십계명을 받는 시내산에서의 40일의 금식기간에 여호와께로부터 들은 말씀을 전하지 못한 것(혹은 가르치라고 위임을 받은 것)이 있다는 것을 밝힌다. 이 말씀을 이제 40년 후에 비로소 말하게 되는 셈이 된다.

첫 번째 '쉐마, 이스라엘'은 첫 번째 40일 금식 기간 중의 내용으로 보여지는데, 그것은 "여호와를 마음으로 사랑하라"는 것이었다. 그리고 이것은 십계명을 실행하는 방법론을 지칭하는 것으로 보인다. 즉, 이 첫 번째 '쉐마, 이스라엘'은 여호와를 향한 사랑의 감정을 깊이 하여 "마음으로 사랑하는 것"을 십계명 실행의 방법론으로 말하고 있는 것으로 보여진다.

두 번째 '쉐마, 이스라엘'은 이스라엘의 금송아지 사건과 관련하여서 두 번째 40일 금식의 주요이슈였는데, 그것은 "이스라엘이 목이 곧은 백성이다"는 것이었으며, "마음의 할례를 받으라"는 것이었다.

그리고 모세는 그의 세 번째 설교를 통해서, 이 '마음의 할례'의 언약 성취의 시기를 예언한다. 그러면서 그 '마음의 할례'는 모세 뒤에 오는 '그 선지자'가 행할 할례였다. 어떻게 보면, 이미 신명기에서 예수 그리스도가 오시어서 '마음의 할례'를 베풂을 통하여 이러한 아브라함 언약, 시내산 언약이 성취될 것을 말하고 있다.

아브라함 언약에서 이삭번제 언약이 진정한 예수 그리스도의 모습을 보여준다. 예수 그리스도를 주로 모습을 통해서 우리는 그와 하나가 되어 십자가 번제의 제사에 이른다. 그리고 그곳에서 우리가 하나님께 바쳐진다. 우리가 이 십자가 번제단에 참여할 때, 마음의 할례가 이루어진다. 그래서 마태복음 1장 1절은 "예수 그리스도를 아브라함의 후손"이라고 지칭하는 것이다. 우리는 예수 그리스도의 십자가 안에서 이삭번제에 참여하는 것이다. 내가 실제로 하나님께 바쳐진 것이다. 이렇게 하여 우리는 아브라함 언약에서 아브라함과 그의 후손에게 부여된 언약조항을 이루어내는 것이다.

우리는 기독교의 십자가 혹은 기독교 신앙을 이렇게 이해했으면 한다. 우리는 매일매일 아침마다 십자가 번제단으로 나아가 하나님께 우리의 생명, 소유,

소득, 사업장, 인생, 재산을 바치는 우리가 되었으면 한다. 여기에 기반하여 이제 우리는 또 다른 신앙지식을 접목시킬 수 있다. 이렇게 우리는 우리의 신앙을 이해할 때, 아브라함의 언약을 기반으로 하여 이해할 필요가 있다. 우리 모든 그리스도인들은 이러한 "자기부인의 믿음" 안에서 우리의 신앙을 건립하였으면 한다. 이렇게 하여 진정한 기독교의 모습을 회복하는 대한민국의 기독교가 되었으면 한다.

2023. 12.1

신학박사 최 환 열

목   차

2장 아브라함 언약의 승계, 시내산 언약

3장 시내산 언약의 속편, 모압 언약

2절 언약의 전문 (1:1-4)

3절 역사적 서언 (1:5-3:29)

\<서 론\> 모세오경의 아브라함언약 연구

언약이라는 주제는 성경 한권 전체를 관통하여 흐르고 있다. 이때 아브라함의 언약은 예수 그리스도에 이르러 그 완전한 성취를 맛보고, 또한 여전히 오늘날에도 진행되는 가운데에 있다. 이와 같이 아브라함의 언약은 온 세대를 거쳐서 그 성취를 이루는 것이지만, 이 아브라함의 언약의 부분적인 성취는 모세 오경 내에서도 분명하게 나타나고 있다. 즉, 아브라함의 언약이 시내산 언약을 통해서 더욱 확장되고 구체화되었으며, 모압언약을 통해서 마음의 할례가 이루어지는 새 언약을 예언함을 통해 그 완성의 모습을 보여주고 있기 때문이다. 우리는 이와 같이 이 아브라함의 언약이 모세오경 내에서 어떻게 구체화되고 발전되는가를 살펴보고자 하는 것이다.

1. 연구목적

가. 모세오경 내에서 아브라함의 언약의 발전과정

하나님께서 아브라함에게 하신 언약은 기본적으로 여호와가 그 주체가 되어서 이루어나가시는 '여호와의 언약'(창17:7외)이다. 신과 인간의 계약이란 창조주와 피조물 간의 계약으로서 형평성에 있어서 어울리지 않기 때문이다.[1] 어떻게 보면 언약보다는 그 앞에 하나님의 경륜이 먼저 존재하므로 언약은 이러한 하나님의 경륜 진행의 일환이고, 더 나아가서는 하나님의 왕국 통치의 과정중의 하나이다.[2] 또한 이 아브라함의 언약은 앞서 존재하였던 아담언약이나 노아언약과 같은 여러 언약개념들과 그 취지를 함께 한다.[3] 그런데, 중요한 특징 중의 하나는 이제 하나님의 구속사와 관련하여 한 사람과 그를 통한 한 국가를 창설하시고, 그를 중심으로 하여서 그 구속사가 전개되며, 그 언약의 효력이 오늘날까지도 그 진행의 과정 속에 있다는 데에 그 특징이 있다.

아브라함의 언약 이후의 시내산 언약은 아브라함의 언약의 연속이다. 창세

---

1) 발터 침멀리, 『구약신학』, 김정준 역 (서울: 한국신학연구소, 1990), 65.
2) 존 H. 스택, 『구약신학』, 류호준 역 (서울: 솔로몬, 2014), 81.
3) 존 H. 스택, 『구약신학』, 82 : 세일해머, 『서술로서의 모세오경』, 김동진 · 정충하 역 (서울: 크리스챤 서적, 2007), 266.

기 17장 7절의 '할례언약'에 의하면, 여호와 하나님께서는 아브라함과 언약을 맺을 때, 그의 자손들과 함께 계약을 맺었다. 즉, 언약의 당사자가 여호와와 아브라함과 그 자손들이었다. 그러므로 아브라함과 아브라함의 자손이 여호와와 맺은 언약은 동일한 한 언약이다. 따라서 시내산 언약은 아브라함의 자손들이 그들의 탄생 전에 아브라함 안에서 맺은 언약을 이제 환경변화 등을 감안하여 다시금 맺는 언약인 것이다. 따라서 아브라함의 언약과 시내산 언약은 연속선에 있다. 모세오경 내에서는 동일한 언약인 것이다. 이에 따라 우리는 아브라함의 언약조항이 어떻게 시내산 언약의 조항으로 구체적으로 발전하고 있는지를 살펴보고자 하는 것이다.

더 나아가서 모압 언약은 시내산 언약을 보완하는 언약이다. 신명기 5장 23-33절에 의하면 모세가 십계명을 받은 후에 시내산 정상에 이르러서 추가적으로 여호와께 받은 말씀(혹은 가르치라고 위탁 받은 말씀)과 두 번째 금식의 기간에 받은 말씀인데, 그 결론적인 메시지는 "여호와께서 행하시는 마음의 할례"(신30:6)로 귀착된다. 즉, 아브라함의 자손이 수행하여야 할 규례와 법도를 이룰 수 있도록 여호와께서 마음에 할례를 베푸시는 것을 의미한다. 그리고 모세는 그의 세 번째 설교를 통해서 이 '마음의 할례'의 성취시기를 예언하고 있는 것이다. 이와 같이 하여서 모세오경은 아브라함의 언약이 어떻게 온전하게 성취될 것인가를 말하고 있는 것이다. 이와 같이 언약은 아브라함 측에서 수행해야 하는 기본적인 것마저도 여호와께서 이루시는 '여호와의 언약'인 것이다.

나. 창세기 12장 1-3절의 아브라함의 언약 문장에 대한 이해

이 논문의 출발점은 창세기 12장 1-3절의 아브라함의 언약문구를 면밀히 검토하는 데에서 시작되며, 이 문구해석을 전체의 모세오경에 적용하고자 한다. 12장 1절의 "…내가 네게 지시할 땅으로 가라"라는 문장 뒤에 언약조항이 나타나는데, 여기에는 세 이해관계자 혹은 주체가 나타난다. 12장 2-3절에 "①내가 너로 큰 민족을 이루고 네게 복을 주어 네 이름을 창대케 하리니(주체A로서의 여호와), ②너는 בְּרָכָה (축복하는 자)4)가 될지라(주체B로서의 아브

---

4) בְּרָכָה 에 대한 용례연구는 본문연구에서 집중적으로 다루어질 것인데, 본 논문에서는 "축복하는 자"라

라함). ③너를 축복하는 자에게는 내가 복을 내리고 너를 저주하는 자에게는 내가 저주하리니 땅의 모든 족속이 너를 인하여 복을 얻을 것이니라(주체C로서의 열방)"이다. 우리는 이 아브라함의 언약을 생각할 때, 여기에 여호와와 아브라함과 열방의 세 당사자가 있으며, 이 각각에 해당하는 세 명제가 있고, 이 셋 모두를 합하여서 한 아브라함의 언약이라고 불러야 한다. 특히 아브라함의 언약의 궁극적 목적은 2절 상반부의 "①아브라함의 축복"이 아니라, 3절에 있는 "③땅의 모든 족속(열방)이 아브라함으로 인하여 복을 받는 것"에 있다. '①에서 ③까지'를 아브라함의 언약으로 보아야지 그렇지 않으면 큰 혼란에 빠진다. 이제까지는 대체로 '①아브라함의 축복'만이 강조되는 경향이 있었다. 그 내용을 구체적으로 살펴보면 다음과 같다.

아브라함의 언약에 해당하는 창세기 12장 2-3절에 대한 해석에 있어서 기존의 많은 해석은 2절 전반부의 "내가 너로 큰 민족을 이루고 네게 복을 주어 네 이름을 창대케 하리니"의 문장이 모두 1인칭 명령형을 의미하는 청유형으로 되어 있는데,5) 미완료형 형태로 번역을 하며, '축복의 약속'이라고 말한다. 그리고, 더 나아가 2절 후반부의 "בְּרָכָה가 되라"도 2인칭 명령형으로 되어 있는데, 이것도 또한 또 하나의 '축복의 약속'으로 이해를 한다.6) 더 나아가 3절에 나타난 "너를 축복하는 자에게는 내가 복을 내리고"에서의 동사도 또한 1인칭 청유형으로 시작되고 있으며, "열방이 복을 받으리라"만 미완료형으로 되어 있는데, 이것도 또한 전체를 아브라함을 위한 미완료형의 '축복의 약속'으로 이해를 한다.7) 이와 같이 하여 12장 1절의 '가라'의 명령에 대한 순종시에 이루어질 미완료형의 약속으로 12장 2-3절을 이해하여, 그 안에 감취인 여러 주체들의 역할들에 대해서 획일화시켜 버렸다. 결론은 동일할 지 모르나 그 다양성에서는 한계를 맞게 된다.

① 아브라함 언약의 범위로서의 '창세기 12장 2-3절'

는 의미로 번역하며, 이에 대한 논증을 할 것이다.
5) Gordon J. Wenham, *Genesis 1-15*, Word Biblical Commentary Vol.1, (Waco, Texas: Word Books, 1987), 266; 월터 카이저, 『구약성경신학』, 최종진 역 (서울: 생명의 말씀사, 1989), 120.
6) Wenham, *Genesis 1-15*, 275.
7) Wenham, *Genesis 1-15*, 275.

이에 대해 이 논문에서는 2절 전반부의 "①내가 너로 큰 민족을 이루고 네게 복을 주어 네 이름을 창대케 하리니"를 1인칭 청유형의 취지를 그대로 살려서 "여호와께서 아브라함에게 행하실 축복 약속"으로 파악한다. 그리고 2절 후반부의 "②בְּרָכָה 가 되라"를 2인칭 명령형에 대한 취지를 고스란히 살려서 이것을 "아브라함이 축복하는 자가 되는 것(도덕적 태도)"으로 해석하여 '아브라함의 순종'으로 파악 한다. 본문에서 논증하겠지만 בְּרָכָה 를 본 논문에서는 '축복하는 자(필자 번역), 혹은 복을 끼치는 자(현대인의 성경의 번역)'라고 번역한다. 따라서, 12장 2절은 여호와와 아브라함 간의 언약조항이라는 것이다. 그런데, 여호와의 아브라함을 향한 진정한 '언약의 목적'은 3절에 나타난 바와 같이 "③땅의 모든 족속이 아브라함으로 인하여 복을 얻는 것"이다. 그래서, 앞에 있는 여호와와 아브라함이 행할 일은 모두 명령형이고, 최종적으로 이루어진 "열방이 아브라함으로 인하여 복을 얻는 것"은 미완료형이다. 이때, 여기의 ③이 곧 아브라함에게 하신 여호와의 진정한 약속이다. 예컨대, ①의 '땅의 축복'만이 진정한 축복이 아니라, 여기에 ②'도덕적 완전성'이 갖추어졌을 때 진정한 축복 혹은 구원의 개념이 되기 때문이다. 따라서, 앞에 나타난 두 개의 명령형(여호와께서 아브라함을 축복하는 것과 아브라함이 베라카(בְּרָכָה, 축복함)가 되는 것은 진정한 축복을 위한 하나의 과정이 되고 있는 것이다. 즉, 3절이 궁극적인 축복이자, 하나님 경륜의 완성이고, 우리 구원의 모습인 것이다.

즉, 위의 약속은 다음과 같은 형태로 구체화되어 설명될 수 있다. ①먼저, 여호와께서 아브라함을 큰 민족으로 축복하시어서 국가를 이룬다(2절a). ②그런데, 이 국가의 구성원들은 'בְּרָכָה 곧, 열방을 향한 축복하는 자들'곧 '제사장들'이 되어야 한다(2절b). ③그러면, 궁극적으로는(세 번째) 이렇게 이 세계 속에 제사장 국가가 탄생하게 되고, 이들에 의해서 열방이 하나님의 복을 받게 된다.(3절) 이것이 아브라함의 언약이 역사 속에 펼쳐지고 있는 내용이며, 창세기 12장 2절과 3절은 이것을 의미한다. 따라서 아브라함에게 이루어질 진정한 축복과 약속은 3절의 내용이다. 이것이 곧 아브라함의 언약인 것이다. 아브라함이 축복을 받아 큰 백성을 이루는 것은 땅의 축복이지만 완전한 축복이 아니며, 이 아브라함의 백성들이 도덕적으로도 온전하여야 한다. 도덕적인 온전함이 곧 축복과 약속의 또 하나의 중요한 요소이다. 그렇기 때문에 이 '도덕적 온전함'은 여호와께서 이루실 축복임에도 불구하고, 이것은 반드시 명령형의 형태를 띄어야만 한다. 이 도덕적 완전함도 여호와께서 이스라엘 백성들에게 마음의 할례를 베풀어서 이루시겠지만(신30:6), 어찌 되었건 이 명제는 명령형의 형태를 띄고 있어야 한다. 앞에서 말한 바와 같이 ①~③ 전체를 한 아브라함의 언약이라고 말한 바와 같이 여기의 ②"베라카(בְּרָכָה, 축복함)가 되라"도 또한 하나님께서 이루실 것이지만, 아브라함의 후손들이 자발적으로 축복하는 자들이 될 때, 비로소 3절의 열방을 위한 복의 통로가 될 제사장 국가가 탄생하게 되는 것이다. 아브라함이 '베라카(בְּרָכָה, 축복함)'가 되지 않으면 이 복의 통로는 막히는 것이다. 어떻게 보면 여호와께서는 아브라함에게 이 세 가지를 약속하신 것이다.

그래서, 위의 세 가지 전체가 합하여서 한 약속이 되며, 혹은 세 번째의 제사장국가의 출현이 약속의 궁극적인 모습이다. 여호와의 축복만 있어서 아브라함이 큰 국가를 이룬다고 해서 약속이 모두 성취된 것이 아니다. 이 백성들이 '베라카(בְּרָכָה, 축복함)'가 되는 과정, 도덕적으로 완전하게 되어지는 과정 자체가 또 하나의 약속의 실현이다. 따라서 이 '베라카(בְּרָכָה, 축복함)가 되라'는 명령이면서도 하나의 약속이라야만 한다. 왜냐면 그 능력이 인간에게는 없기 때문이다. 이것을 하나님이 하셔야 한다. 왜냐면 언약은 ③이스라엘이 '제사장 국가가 되는 것'이 진정한 아브라함의 언약이기 때문이다. 이러한 차원에서 아브라함의 언약은 그 언약 내에 "아브라함을 향한 명령"도 존재하는 것이다. 따라서 아브라함이 수행한 "율례"는 언약에 대한 하나의 '의무'처럼 보일지 모르나, 이것은 실질적으로는 '축복명령'인 것이다. 마치 아담에게 "만물을 다스리라"고 하신 명령과 같은 성격의 것이다. 이제 아브라함은 이 언약에 '순종'하여 '축복하는 자'의 지위를 향유하여야 한다. 이것은 '의무'라기 보다 '권리의 행사'이며, '축복의 향유'이다. 여기서의 2절b의 "베라카(בְּרָכָה, 축복함)가 되라"는 명령형은 사실은 3절 "열방이 네 안에서 복을 받으리라"에 종속되어 있는 약속과 같은 성격의 것이다.

② 언약에 대한 반응으로서의 '베라카(בְּרָכָה, 축복함)가 되라'는 명령

아브라함이 위의 세 가지 명제 모두를 한 가지의 약속으로 받아들이고 있기 때문에 아브라함의 언약은 일방언약이라고 말할 수 있는데, 만일 아브라함이 위의 약속에 참여한다면, 아브라함의 이에 대한 태도는 어떠하여야 할 것인가?

먼저, 그는 여호와께서 자신을 궁극적으로 "제사장 국가로 세우실 것"을 믿어야 할 것이다. 즉, 아브라함은 2-3절 전체를 믿은 것이지, 2절 a의 자신에 대한 축복만 믿는 것이 아니다. 그러면 아브라함은 기복적이고 이기적인 신앙인이 될 것이다. 만일 아브라함이 자신만의 축복을 여호와의 언약의 궁극적인 것으로 믿었다고 생각한다면 그것은 오류이다. 그것은 아브라함의 언약의 내용이 아니다. 2-3절 전체를 언약으로 생각하거나, 3절을 언약으로 생각하여야 한다. 그리고 아브라함은 이것을 믿었던 것이다. 이 '믿음'이 아브라함의 첫 번째 태도이다.

두 번째, 만일 그가 여호와께서 자신을 "제사장 국가로 세우신다는 것"을 믿었다면, 아브라함의 '능동적 반응'은 어떠할 것인가? 이러한 하나님의 경륜에 참여할 것을 이렇게 초청 받았다면 그는 어떠할 것인가? 그는 어떤 형태로 이 언약의 말씀에 '순종'할 것인가? 아마 하나님의 전능하심을 믿는다면, 그는 자신의 변화된 신분에 맞추어서 행하게 될 것이다. 즉 '베라카(בְּרָכָה, 축복함)'로서 힘써 행해야 할 것이다. 이것은 바로 아브라함의 믿음의 표현이었던 것이다. 그렇기 때문에 2절 b의 문안이 "베라카(בְּרָכָה, 축복함)가 되라"는 명령형으로 표기되는 것이다, 따라서 이 두 번째 문안 "베라카(בְּרָכָה, 축복함)가 되라"는 위에서 처럼 3절에 종속되는 약속이면서 또한 그 안에서 고유한 여호와의 명령으로서의 '율법과 규례'가 되는 것이다. 이 명령은 하나님께서 아담에게 "만물을 다스리라"고 하는 형태의 '축복명령'과 그 본질이 같다.

세 번째, 아브라함은 '베라카(בְּרָכָה, 축복함)'가 되기 위해 그의 생애 속에서 최선을 다하였다. 이것이 2-3절에 대한 믿음의 표현이었고, 말씀에 대한 순종이었다. 그래서 여호와께서는 아브라함의 생애 전체를 요약하면서 "아브라함이 내 말을 순종하고 내 명령과 내 계명과 내 율례와 내 법도를 지켰음이니라"(창26:5)고 하신다. 그리고 이러한 내용은 그의 생애 속에서 중요한 사건마다 계속 등장한다. 그런데, 이것을 그는 의무로 한 것이 아니었다. 언약에 대한 '헌신'과 '순종'의 차원에서 행한 것이었으며, 따라서 아브라함이 "베라카(בְּרָכָה, 축복함)가 되라"에 대한 순종은 믿음의 행위였고, 아브라함은 이로 인하여서 의롭다함을 받은 것이었다.

네 번째, 그렇다면 이제 "베라카(בְּרָכָה, 축복함)가 되라"의 명제는 어떤 명제에 대한 반응인가? 즉, 주체 A의 약속은 "①내가 아브라함을 큰 민족으로 축복하리라"가 있으며, 이에 대한 반응으로서 주체 B를 향하여 "②너는 '베라카(בְּרָכָה, 축복함)'가 되라"는 명제가 있다. 그렇다면, 여기에서의 "②너는 베라카(בְּרָכָה, 축복함)가 되라"는 명제는 마치 '이웃사랑'만을 말하는 독립적인 명제처럼 보인다. 그런데, 여기에서의 '베라카(בְּרָכָה, 축복함)적 태도'에는 ②의 "열방을 향한 축복하는 자로서의 이웃사랑"만이 아니라, ①에 대한 적절한 반응을 또한 포함하고 있다는 것이다. 무슨 이야기이냐면 여호와께서는 "아브라함이 내 말을 지켰다"고 말할 때에는 ①에 대한 적절한 반응으로서의 '자기부인'이 여기에 포함되고 있기 때문이다. 즉, 여호와께서는 아브라함에게 축복하시기 위해 끝없이 '아브라함의 소유'를 '여호와의 소유'로 돌리길 원하고 계신다. 특히 그 자손에 대해서 여호와의 것으로 바치길 원하는 것이다. 이것은 분명히 ①에 대한 적절한 반응이다. 여호와께서는 이 반응을 보고도, "아브라함이 내 명령과 법도와 규례를 지켰다"고 말씀하신다는 것이다. 따라서, 이러한 ①에 대한 적절한 반응으로서의 '자기부인'도 또한 '베라카(בְּרָכָה, 축복함)적 태도'에 포함되어야 한다는 것이다. 아브라함의 생애 속에서는 이러한 '자기부인'으로서의 '순종'이 오히려 '열방을 향한 이웃사랑'의 실천보다 훨씬 더 많이 나타난다.

③ "베라카(בְּרָכָה, 축복함)가 되라"의 본질이해

위와 같이 아브라함의 언약이 2-3절 전체가 하나의 언약이며, 이 언약의 궁극적인 목적은 "열방이 복을 받기 위한 제사장 국가의 출현"인데, 이것을 여호와와 아브라함은 어떻게 이루어낼 것인가? 이 양자 간의 협력 작업이 여호와와 아브라함 간의 숙제였다. 여호와께서 이 모든 언약의 조항들을 이루실

것이지만, 형식적으로는 세 주체가 등장한다. ① 먼저, 여호와께서는 아브라함으로 하여금 "아브라함의 국가"를 이루게 하실 것이다.(여호와) ② 두 번째는, 여호와께서는 이제 여호와는 아브라함에게 "베라카(בְּרָכָה, 축복함)가 되라"고 명령하여야만 한다. 하나님이 아브라함을 배제하고 열방을 축복할 것이 아니라, 아브라함을 통해서 축복하고자 하기 때문이다. 이러한 차원에서 아브라함은 "베라카(בְּרָכָה, 축복함)가 되라"를 명령으로 받아야 한다.(아브라함) 한편, ③ "아브라함이 열방의 제사장 국가가 되는 것"이 아브라함에게 하신 진정한 언약이므로 아브라함이 "베라카(בְּרָכָה, 축복함)"가 되어지는 데에 한계에 부딪히면 여호와께서 이 일을 해결하여야 한다. 이와 같이 하여서 열방으로 하여금 "복을 받게 하기 위한 제사장 국가가 출현"하게 되는 것이다.(열방) 이러한 언약적 구조를 위해 여호와께서는 "아브라함을 축복하기 위해" 최선을 다하시기 위해 자신에게 1인칭 명령형을 사용하시고, 아브라함에게도 "베라카(בְּרָכָה, 축복함)가 되라"고 하며 2인칭 명령형을 사용하신다. 이것은 아브라함을 "열방을 위한 제사장 국가"로 만들기 위한 언약이었던 것이다.

그래서, 아브라함의 언약은 그의 생애 속에서 이 양자 간에 서로를 위해서 최선을 다하는 모습이 집중적으로 기록되어있다. 먼저 여호와께서는 아브라함을 큰 민족을 이루기 위해 최선을 다하시는 모습이 나타난다. 이것을 이 논문에서는 '주체 A'의 약속이라고 표현한다. 그리고 아브라함은 여호와의 포괄적 약속(①-③)을 믿고, 이에 순종하여 '베라카(בְּרָכָה, 축복함, 축복하는 자, 혹은 복의 통로)'로서 최선을 다한다. 이것을 이 논문에서는 '주체 B'의 순종이라고 표현한다. 이것은 본 논문에서 부분적으로 볼때, '율례'라는 용어로 인해 마치 '의무'처럼 보여질지도 모르나 그 본질은 '제사장'으로서의 '헌신' 혹은 '권한행사'이며 '축복향유'이다. 원래 '율례'라는 용어는 이러한 용도로 사용되어야 하며, 이 논문에서는 이러한 '율례의 선한 측면'을 우선적 개념으로 채택한다. '베라카(בְּרָכָה, 축복함)'의 구체화로서 우리는 '십계명'도 마찬가지로 '축복'으로서의 명령이었다. 이것을 '의무'로 바꾸어 놓은 것은 여호와나 모세가 아니라 이스라엘 백성들의 '목의 곧음' 때문이었다. 이 논문에서 표기되는 '율례'는 모두 '의무조항'이 아니라, 이러한 '축복향유' 혹은 '약속에 대한 순종'으로서의 '율례'이다. 이러한 전제 하에서 우리는 이 여호와와 아브라함(그의 후손)의 상호헌신이 모세오경에 어떻게 나타나고 있는 지를 연구하고자 하는 것이다. 그리고 그 궁극적인 완성은 하나님의 성전이 지상에 건설됨을 통해 완성이 되는데, 이곳에 '주체 C'로서의 열방이 나아와 '하나님의 복'에 들어온다.

다. בְּרָכָה 의 용례에 대한 이해

이 논문의 또 하나의 중요한 출발점은 창세기 12장 2절의 "בְּרָכָה가 되라"에서 בְּרָכָה가 '복 자체, 복 덩어리', 혹은 '축복함'[8], 혹은 '복을 끼치는 자'[9]라는 명사형 단어에 '명령형'의 동사가 주어진 것을 감안하여 이 보다 더욱 능동적인 입장을 취하여 해석을 한다. 예컨대, 그가 '복을 끼치는 자'가 되려면 그는 '축복하는 자'가 되어야 하는 것이다. 즉 여기서의 '제사장'과 같은 직분으로서 '축복하는 자'라는 더욱 진취적인 해석을 선택하고자 하는 것이다.

먼저, 창세기 12장 2절의 'בְּרָכָה'가 개역성경에서는 '복의 근원'이라고 번역을 하고, 또 어떤 번역본에서는 '복' 혹은 '복의 통로'라고 하고, 또 한편에서는 '복 자체, 혹은 복덩어리'로 해석을 하여서, 지금까지는 이 'בְּרָכָה'에 대해서 어떤 '인격을 가진 자의 행위'로 보지 않고, 어떤 비인격적인 객체의 형태로 보았다. 그럴 경우 이 'בְּרָכָה'가 명령형 동사와 결합하여 있다는 데에는 그다지 민감하게 반응하지 않았던 것이다. 한편, 모세오경 내에서 사용된 용례를 보면, 객체로서의 '복', 혹은 '구체적인 복'을 말할 때는 'בְּרָכָה'라고 하지 않고 'בְּרָכֹת'라는 용어가 사용된다. 따라서, 'בְּרָכָה'는 오히려 더욱 적극적인 행위와 관련하여 사용된다.

① '베라카(בְּרָכָה, 축복함)'에 대한 용어이해

이 논문에서는 'בְּרָכָה'의 의미를 '바라크(축복하다)'라는 능동형 동사에 명사형 어미가 추가된 것으로서, 일차적 의미로는 신명기 33장 1절에서와 같이 '축복함'으로 보는 것이 적절한 것으로 보인다. 그리고, 이제 여기에 명령형 동사와 결합하는 것은 자연스러우며, 이것이 인격적인 존재의 행위로 나타나

---

8) 신명기 33장 1절의 번역을 개역성경에서는 "하나님의 사람 모세가 죽기 전에 이스라엘 자손을 위하여 축복함이 이러하니라"고 하였는데, 이때의 '축복함'이 'בְּרָכָה'이다.
9) 현대인의 성경에서는 בְּרָכָה를 "복을 끼치는 자"라고 번역한다.

는 것으로 보고 있는 것이다. 이에 따라 이 논문은 '앧랟랻'의 의미를 '제사장'과 같은 '축복하는 자'라는 것을 일차적으로 논증하는 것이다. 한편, 새번역과 공동번역에서는 '복을 끼치는 자'라고 번역하고 있는데,[10] 이 번역과 매우 유사한 번역이라고 볼 수 있겠다. 그리고 이와 같이 '앧랟랻'를 '축복함'이라고 번역할 수 있다면, "앧랟랻가 되라"는 창세기 12장 후반부의 여호와의 명령은 "축복하는 자가 되라"고 해석할 수 있는 것이다. 그리고 이 앧랟랻를 이와 같이 "축복하는 자가 되라"고 번역할 수 있을 때, 그 다음에 12장 3절에 이어지는 "너로 인하여 온 열방이 복을 받으리라"는 문구와 연결될 수 있다.[11] 이 논문에 의하면 '앧랟랻'는 아브라함의 제사장적 행위를 의미한다.

② 베라카(앧랟랻, 축복함)에 대한 범위 이해

아브라함에게 주어진 명령형은 "베라카(앧랟랻, 축복함)가 되라"이다. 이것은 얼핏 보면 "이웃사랑의 명제"로만 보인다. 그런데 좀 더 면밀 관찰하면 여기에는 "하나님 사랑의 명제"고 포함되어 있다. 이 "베라카(앧랟랻, 축복함)가 되라"는 명제는 '하나님'과 '열방'을 이어주는 명제이기 때문이다. 이때 '축복하는 자'가 되기 위해서는 '하나님 사랑'으로 인해서 하나님과 아브라함 자신이 먼저 연결이 되어야 하고, 또한 '이웃사랑'을 통해서 자신과 열방이 이어져야 하는 것이다. 따라서 "베라카(앧랟랻, 축복함)가 되라"는 "하나님 사랑과 이웃사랑"이라고 말할 수 있다. 아브라함의 생애 속에는 이 두 명제에 대한 이야기가 전체적으로 점철되어 있다.

먼저, 하나님과의 관계에 대해서는 하나님께서 아브라함에게 행하실 축복과 관련한 태도에 집중적으로 나타나는데, 이것은 여호와의 '자손의 축복'에 대한 아브라함의 '자기부인'으로 나타난다. 대체로 모세오경에서는 "하나님 사랑=우상숭배금지"의 공식이 성립되어 있는데, 여기의 '우상숭배금지'는 결국 '자기부인'의 다른 이름일 뿐이다. 아브라함의 생애 속에서 하나님께서는 '축복의

---

10) 개역성경에서는 앧랟랻를 '복의 근원'으로 번역하고, 공동번역과 현대인의 성경에서는 '복을 끼치는 자'라고 번역을 하고 있다. 오히려 후자의 번역이 더 취지에 부합한다. 이때 앧랟랻는 능동형 동사 앧랟의 명사화이므로 '복을 끼치는 자' 혹은 '축복하는 자'라는 번역이 더욱 합당하며, '복을 받는 자'라는 수동형의 해석은 오역이 된다.
11) 월터 카이저, 『구약성경신학』, 120.

약속'이 나타날 때마다, 아브라함의 '그의 자손에 대한 소유권'을 '여호와의 것'으로 주장하시는 내용이 나타난다. 그리고 아브라함은 이때마다 순종하여서 자신의 생명과 그의 자손들을 모두 하나님께 올려드린다. 그리고 여호와께서 는 이러한 아브라함의 행위에 대해서 "아브라함이 명령과 규례를 지켰다"고 선포하고 계신다. 이것도 또한 아브라함의 '베라카(בְּרָכָה, 축복함)적 태도'였던 것이다.

두 번째, 아브라함의 열방을 향한 축복이 또한 '베라카(בְּרָכָה, 축복함)적 태 도'이다. 아브라함의 이웃사랑은 사시 그의 생애에 있어서 많은 제약을 받는 다. 아브라함의 생존을 위협하는 이웃들 사이에서 목숨을 부지하기에 급급한 아브라함에게 사랑을 베푸는 행위는 기대하기가 어려웠던 것이다. 그런데, 아 브라함은 자신이 부유할 때에는 자신들의 용병들을 동원하여서 그 일대의 평 화를 지켜내었다. 그리고 소돔과 고모라가 심판 직전의 위기에 빠졌을 때, 심 혈을 기울이는 중보의 기도를 여호와께 드렸다. 이러한 모든 행위는 그의 후 손들이 행할 일들에 대한 상징적인 '베라카(בְּרָכָה, 축복함)적 행위'였다.

여호와께서는 아브라함의 생애를 바라보면서 "아브라함이 내 명령과 규례를 지켰다"고 할 때에는 위의 두 가지 사항에 대한 술회였던 것이다. 그리고 앞 에서 언급한 바와 같이 이것은 아브라함이 여호와의 언약을 향한 '믿음'으로 말미암는 '능동적인 반응'으로서의 '감사와 순종과 헌신'이었지, 어떤 타율에 의한 '의무'는 아니었다.

③ 언약을 위한 명령형 동사의 사용

또 이와 같이 12장 2절의 동사들을 명령형으로 해석을 할 수 있을 때, 양자 간의 자신의 역할이 분명히 성립하여 하나의 계약 혹은 언약이 되는 것이다. 아브라함은 이와 같이 하여서 하나님의 왕국건설과 경륜진행에 거룩한 참여를 하게 된 것이다. 아브라함의 생애 속에 여러 번 나타나는 "아브라함이 율법과 규례를 준행하였다"는 표현은 지나가는 형태로 부수적으로 나타난 언급이 아 니었다. 창세기 26장 5절에 나타난 "아브라함이 내 말을 순종하고, 내 명령과 내 계명과 내 율례와 내 법도를 지켰다"는 말씀은 아브라함의 전체 생애를 돌아보면서 요약하는 표현이었다. 이것은 아브라함이 창세기 12장 2절 하반부의 "בְּרָכָה(축복하는 자)가 되라"는 삶에의 순종을 의미하는 것이었다.12) 그리고 이 'בְּרָכָה적' 삶은 소돔과 고모라에 대한 중보기도에서 그 절정을 이루는데, 이 중보기도를 여호와께서 아브라함에게 요청하는 모습이 창세기 18장 19절에 나타난다. 이때 여호와께서는 "내가 그로 그 자손과 권속에게 명하여 여호와의 도를 지켜 의와 공도를 행하게 하려고 그를 택하였나니"라고 말한다. 아브라함의 생애에 이러한 'בְּרָכָה'적 태도가 일관되게 나타난다.

이 논문은 이러한 'בְּרָכָה'에 대한 이해와, 여호와와 아브라함 양자에게 이루어진 명령형의 동사에 그 기반을 가지고, 이 언약이 아브라함의 생애 속에서 양자 간의 서로를 향한 '헌신과 협력'이 어떻게 이행되고 있는 것을 먼저 살펴보고자 한다. 이 논문에 의하면 아브라함의 생애는 이러한 언약의 이행을 위해 최선의 헌신을 다한 생애였던 것이다. 그리고 우리는 이 아브라함의 언약에서 한 걸음 더 나아가서 이 언약이 어떻게 시내산 언약으로 확장 발전되며, 더 나아가서는 모압언약을 통해서 완성되는가를 살펴보고자 하는 것이다.

라. 아브라함 언약의 갱신으로서의 시내산 언약

창세기 17장의 할례언약(창17:7)에 의하면, 아브라함의 언약은 분명히 여호와와 아브라함과 그의 후손 간의 언약이다. 따라서 이 시내산 언약은 아브라함의 언약의 승계에 해당한다.13) 그리고 이와 같이 아브라함의 언약이 시내산 언약으로 발전하는 것이라면, 이제는 여호와와 아브라함의 언약이 어떻게 승계되고 발전되는 지를 살펴보아야 한다.

여호와께서 아브라함을 위하여 행하실 일이었던 "내가 너로 큰 민족을 이루

---

12) John H. Sailhamer, *The Pentateuch as Narrative* (Michigan: Zondervan Publishing House, 1992), 67 : 유진 H. 메릴, 『구약신학』, 343. ; 세일해머 등에 의하면 아브라함의 의무조항은 신명기적 사가의 편집이라고 말하고 있으며, 유진 H. 메릴의 경우에는 무조건적 언약에 있는 조건적 요소라고 표현한다.

13) 월터 카이저, 『구약 성경신학』, 최종진 역 (서울: 생명의 말씀사, 1989), 140 ; 월터 카이저는 "그러므로 출애굽기 기자는 족장들과 출애굽 시기를 직접적으로 연결하였다. 그에게는 시내산 계약이 신학적으로 역사적으로 아브라함의 언약의 연장이었다"고 말한다. 이것은 양 언약의 본질이 같다는 것을 시사하는 내용이다.

고 네게 복을 주어 네 이름을 창대케 하리니"의 조항은 어떻게 발전하고 있으며, 아브라함의 행할 일에 속하는 "너는 בְּרָכָה가 되라"는 조항은 어떻게 발전하고 있는지를 살펴보고, 또 더 나아가서 "너를 축복하는 자에게는 내가 복을 내리고 너를 저주하는 자에게는 내가 저주하리니 땅의 모든 족속이 너를 인하여 복을 얻을 것이니라 하신지라"는 아브라함 언약의 궁극적 목적은 시내산 언약에서는 어떻게 나타나고 있는지를 살펴보고자 하는 것이다. 우리는 이와 같은 관점으로 출애굽기의 본문을 살펴볼 것이다.

① '역사적 서술'로서의 출애굽 사건

먼저, 출애굽기 서두에 의하면 시내산 언약은 분명히 아브라함의 언약과 그 맥락을 같이 하고 있다. 아브라함의 언약으로 인해서 출애굽의 역사가 시작되고 있는 것이다. 특히, 아브라함은 할례언약과 이삭번제언약을 통해서, 그의 후손들을 대표하여 자신과 동일한 그 계약을 체결하였고, 그 후손들 모두를 아브라함이 여호와께 바쳐버렸다.14) 그래서 여호와께서는 아브라함과만 계약을 맺으신 것이 아니라, 아브라함과 그의 자손과 함께 언약을 맺었다. 그리고 이제 그 일환으로 이제 출애굽의 대역사가 전개되는 것이다. 따라서 출애굽기 1-18장까지의 '출애굽'이라는 거대한 구원의 역사는 이 '여호와께서 아브라함에게 행해야 할 일'에 대한 '역사적 서술'이다.15)

여호와의 아브라함을 향한 언약은 여호와와 아브라함 사이의 양자 간의 계약 형태로 자리잡게 되었는데, 이제 여기에 여러 가지 환경의 변화가 있었으며, 그 중에 가장 대표적인 것이 계약주체 A인 여호와 하나님 켠에서 행해야 할 일로서 자손과 땅이라는 나라 형성이 출애굽을 통해서 성취되었다는 것이다.16) 그렇기 때문에 이제는 계약주체 A인 여호와께서 약속하신 "큰 민족을 이루는 것"에 대한 사항은 이제 새로운 계약서에서는 '역사적 서술 조항'으로 반영되어야 한다.

---

14) 아브라함의 생애를 고찰해 보면, 두 번에 걸쳐 일어난 사라사건, 제사언약 직전에 일어난 엘리에셀 사건, 할례언약 직전에 나타난 이스마엘 사건, 이삭번제 사건 등 모든 주요사건이 이와 관련이 있으며, 이것을 계기로 해서만 신현을 통한 언약의 말씀이 계시되었다.
15) 월터 카이저, 『구약 성경신학』, 140.
16) 월터 카이저, 『구약 성경신학』, 139.

② '베라카(בְּרָכָה, 축복함)'적 반응으로서의 십계명

이와 같이 계약주체 A(여호와)의 행해야 할 약속이 대부분 실현된 마당에 이제부터는 계약주체 B인 아브라함의 언약에 대한 순종으로서의 '베라카(בְּרָכָה, 축복함)'적 반응이 이제 주요이슈로 남게 되며, 이것이 율례로 자리 잡게 된 것이다. 율례는 여호와께서 아브라함의 " בְּרָכָה 가 되라"고 하신 말씀의 구체적인 표현인 것이다. 따라서 율례는 원래 신약에서 말하는 바와 같이 죄인을 죄 가운데 가두기 위한 어떤 의무조항이 아니었다. 이것은 하나님의 거룩한 경륜, 곧 하나님의 왕국통치에 '왕 같은 제사장'으로 참여하는 행위였다. 이것은 의무가 아니라, 오히려 권리행사이며, 하나님을 향한 헌신과 순종의 일환이었다. 이 아브라함의 언약은 사실은 서로를 향한 '헌신맹세'이지, 그 약속을 지키지 않으면 내가 형벌을 받겠다고 하는 '의무'와 같은 '자기저주의 맹세'가 아닌 것이다.17) 원래 'בְּרָכָה'는 어거하는 조항이 아니라 신성한 용어였으며, 열방을 통치하기 위한 덕목으로서의 도구였으며, 십계명의 취지도 그러하다. 이 언약을 중재했던 모세에 의하면 이 계명은 전혀 무거운 것이 아니었는데, '마음의 할례'를 받지 아니 한 (혹은 할례를 마음에 하지 아니한) 이스라엘 백성들의 '목이 곧음'이 문제였던 것이다.18) 특히, 제사장적인 행위인 'בְּרָכָה, 즉 축복하는 자'로서의 '행위'는 하나의 권한 행사였으며, 이것을 구체화한 것이 곧 '십계명'이었다. 이것이 바로 시내산 언약이다. 이 논문에서는 '십계명'을 이러한 '베라카(בְּרָכָה, 축복함)가 되라'의 구체화로서 파악한다.

그리고 이에 대한 동의가 이스라엘 백성들과 이루어지자 여호와께서는 이스라엘 백성들과 제사를 통해서 언약을 체결한다. 출애굽기 24장의 시내산 제사 언약체결은 아브라함의 제사언약체결과 마찬가지로 상호간의 '헌신맹세'였는

---

17) 창세기 15장의 '제사언약'에서 '쪼개다'는 용어를 양식비평학자의 견해에 따라 '자기저주의 맹세'로 본 것인데, 이 용어를 이 논문에서는 '헌신맹세'로 보고 있으며, 다음에 나타나는 해당 본문에서 이에 대한 논증을 할 것이다.

18) 신명기 30장 11절에서 모세는 "내가 오늘날 네게 명한 이 명령은 네게 어려운 것도 아니요 먼것도 아니라…오직 그 말씀이 네게 심히 가까와서 네 입에 있으며 네 마음에 있은즉 네가 이를 행할 수 있느니라"고 말하며, 이에 대한 문제는 율법의 경중과 관련이 있는 것이 아니라, '목이 곧음'의 문제라고 말한다.

데, 이것은 '피'를 절반은 제단에 붓고 절반은 이스라엘 백성들에게 뿌려서 서로 한 생명이 되는 '혼인예식'이었던 것이다.

③ 상호헌신으로서의 '제사언약'

시내산에서의 제사를 통하여 언약(계약)이 정식으로 조인되자, 이제 여호와께서는 자신이 이스라엘 진중에 거할 성전의 식양을 계시한다. 이것은 어떻게 보면 구원의 성취에 해당한다. 언약주체 A인 여호와의 행해야 할 일이 '이스라엘의 국가건립'을 통해서 이행되고, 언약주체 B인 아브라함과 그의 자손들의 행해야 할 일이 '십계명' 등을 행할 것에 대한 결단 등을 통해서 확정되자, 이제 계약의 객체 열방 C를 위한 성전이 이스라엘에 건립되는 것이다. 이것은 출애굽기 19장 6절 "너희가 내게 대하여 제사장 나라가 되며 거룩한 백성이 되리라"는 '제사장 국가 건립'의 실현을 의미하며, 이것은 출애굽기에서 '성전 건립'으로 나타난다.19) 그리고 이 성전건립은 곧 창세기 12장 3절의 "너를 축복하는 자에게는 내가 복을 내리고 너를 저주하는 자에게는 내가 저주하리니 땅의 모든 족속이 너를 인하여 복을 얻을 것이니라 하신지라"는 언약목적의 성취에 해당된다. 계시록에 의하면, 이제 이 성전을 통해서 만유가 소성케 되기 때문이다. 이 성전 메타포는 새언약을 거쳐 요한 계시록에 이르른다. 아브라함의 언약은 이렇게 성취되는 것이다.

④ 금송아지 사건

그런데, 시내산 언약체결과 관련하여서 심각한 문제가 발생하였는데, 그것은 금송아지 사건이었다. 이것을 묘사하는 가장 결정적인 이슈는 "저희는 목이 곧은 백성이라"는 이슈였다. 이 용어가 출애굽기 32-34장에서 네 번이나 반복하여 나타난다. 이것은 이스라엘이 '목이 곧은 백성'이어서 스스로 계명을 변질시킨 것이었다. 즉 죄가 개입하여 율법을 변개시켰다. 이때 죄인에게 율법은 정죄의 역할을 한다는 것이다. 그렇다고 하여서 이것이 계약을 파기시킨

---

19) 월터 카이저, 『구약 성경신학』, 164 : 월터 카이저는 출애굽기 19장 6절의 '제사장 국가'의 탄생을 '회막'과 직결시켰는데, 이것은 정확한 해석이다.

것은 아니었다. 이에 대한 대안이 곧 모압언약이었던 것이다.

마. 아브라함의 언약을 완성시키고자 하는 모압 언약

아브라함의 언약은 성전이 이스라엘 진중에 건립됨을 통해서 실현되는 줄 알았다. 그런데, 이스라엘의 심각한 패역이 또 다시 드러났으며, 이에 대하여 모세는 모압에서 다시금 이 시내산 언약을 보완하는 계약을 맺게 되었는데, 이것은 바로 '마음의 할례'에 관한 것이었다. 이것은 예레미야에 의해서 '새 언약'으로 불리우게 되는데, 모세도 아브라함 언약의 온전한 언약성취의 때를 바로 이 시기로 본 것이었다. 이것이 곧 모압 언약의 주제이다. 즉, '모압언약' 은 '시내산 언약 외의 언약'(신27:1)인데, 그 모압언약의 본문의 범위는 신명 기 4장 45절에서 28장 68절까지이며,[20] 29-31장은 이 모압언약의 성취에 대한 예언을 말한다.

① 첫 번째 쉐마 이스라엘

먼저, 모세는 신명기 5장 22절에서 33절에서 십계명을 받는 시내산에서의 40일의 금식기간에 여호와께로부터 들은 말씀을 전하지 못한 것(혹은 가르치 라고 위임을 받은 것)이 있다는 것을 밝힌다.[21] 그리고 모세는 이것을 이미 이스라엘 백성들로부터 위임을 받은 사항이라고 말한다. 어떻게 보면 모세는 당시의 금송아지 사건으로 인해 이 내용을 자세히 이스라엘에게 설명하지 못 한 것으로 추정되며, 이 말씀을 이제 40년 후에 비로소 말하게 되는 셈이 된 다. 모세는 '쉐마 이스라엘 1,2'로 이어지는 신명기 6장-11장의 언약으로서의 근거는 바로 이것이라고 말한다.

---

20) 송제근, 『시내산 언약과 모압언약』(서울: 솔로몬, 1992), 194.
21) 신명기 5장 22절에서 6장 3절까지에 이르는 본문을 면밀히 검토 해보면 두 가지의 가능성이 존재하 는데, 하나는 모세가 시내산에 올라가서 받은 내용은 십계명과 동일하다는 견해와, 또 하나는 그 뿐 아니라 이에 대한 실행방법으로서 신명기 6장 4절의 '쉐마, 이스라엘'의 내용들도 존재한다고 보는 것 이다. 본 논문에서는 후자의 견해를 올바른 해석으로 채택한다. 한편, 송제근이나 두에인 L. 크리스텐 센은 이때 모세는 십계명에 대한 가르침의 권한만을 위임 받은 것으로 묘사한다.(송제근, 『시내산언 약과 모압언약』, 229; 두에인 L. 크리스텐센, 『신명기(상), WBC 주석 Vol. 6』, 정일오 역 (서울: 솔로몬, 2014), 353.)

한편, 첫 번째 '쉐마, 이스라엘'은 첫 번째 40일 금식 기간 중의 내용으로 보여지는데, 그것은 "여호와를 마음으로 사랑하라"는 것이었다. 그리고 이것은 십계명을 실행하는 방법론을 지칭하는 것으로 보인다. 즉, 이 첫 번째 '쉐마, 이스라엘'은 여호와를 향한 사랑의 감정을 깊이 하여 "마음으로 사랑하는 것"을 십계명 실행의 방법론으로 말하고 있는 것으로 보여진다.

② 두 번째 쉐마 이스라엘

두 번째 '쉐마, 이스라엘'은 이스라엘의 금송아지 사건과 관련하여서 두 번째 40일 금식의 주요이슈였는데, 그것은 "이스라엘이 목이 곧은 백성이다"는 것이었으며, "마음의 할례를 받으라"는 것이었다. 그리고 모세는 그의 세 번째 설교를 통해서, 이 '마음의 할례'의 언약 성취의 시기를 예언한다. 따라서 모압언약은 시내산언약의 후편이면서도 엄밀히 말하면, '시내산 언약 외의 언약'(신29:1)인 셈이며, 모압 언약은 시내산 언약의 속편이다.

③ 마음의 할례

궁극적으로 모세는 그의 세 번째 설교를 통하여 모압언약의 결론인 '마음의 할례'의 예언을 말한다. 이것은 시내산 언약의 성취로서의 '마음의 할례'였으며, 더 나아가서는 아브라함의 '할례'를 '육체'가 아닌 '마음'에 하는 것으로서 아브라함의 언약의 성취를 의미하였다. 이 마음의 할례는 아브라함의 하나님을 향한 헌신과 관련하여 ' בְּרָכָה 적' 삶, '십계명을 좇은 삶'을 충분히 행할 수 있도록 하기 위하여 주어진 '마음의 할례'에 관한 예언인 것이다. 따라서 모압 언약이나 시내산 언약은 모두 아브라함의 언약과 같은 본질의 언약이다. 이 언약들은 아브라함의 언약에 있어서 아브라함 측의 거룩한 행위가 어떻게 나타나게 되는 지를 설명하고 있는 것이다.

2. 선행연구들과의 차별성

그 동안 아브라함의 언약개념이 모세오경 내에서 어떻게 발전되었는가를 살펴볼 때, 그 연관성 속에서 살펴보기 보다는 각각의 언약 개념들을 연구하였다. 그런데, 아브라함의 언약개념과 시내산 언약개념 및 모압 언약개념은 서로 연결되어 있다. 아브라함의 언약이 모세오경 내에서 성취되어지는 이미지를 가지고 있는 것이다. 우리는 이러한 흐름을 좇아서 각각의 언약을 살펴볼 것인데, 이와 같이 모세오경 전체를 하나로 이해하고 각각의 언약을 조명해볼 때 다음에 언급된 사항들이 기존의 선행연구와 차별성을 이룬다.

가. 아브라함 언약의 전개로서의 그의 생애

연구목적에 밝힌 바와 같이 아브라함의 언약의 큰 요약인 창세기 12장 1-3절을 이해할 때, 12장 1-3절의 내용들 중에서 아브라함을 향한 명령이 존재함에도 불구하고 이 전체를 미완료형의 약속만으로 해석을 하여, 그 안에 다채로운 언약 조항들을 간과하는 경향이 있었다. 그런데, 이 구절들 안에는 명령형의 동사들이 여호와와 아브라함 각각에게 존재하며, 이에 대한 양자 간의 노력이 아브라함의 생애 속에서 여실히 나타난다. 따라서 이 연구는 아브라함의 언약을 기반으로 하여서 아브라함의 생애 전체를 조망하고자 하는 것이다.

기존의 아브라함의 선행연구에 있어서는 그 언약 관계에 있어서 '하나님의 일방적인 약속'으로만 보았기 때문에 아브라함 측에서 '반응' 혹은 '순종' 혹은 '헌신'으로서의 약속의 이행에 대해서는 깊이 있게 고찰되지 못하였다. 특히 여호와께서 그에게 "베라카(בְּרָכָה, 축복함)가 되라"고 명령하였을 때, 그가 이 명령에 어떻게 순종하였는지를 살펴보고자 하는 것이다. 이것은 나중에 '율법과 규례'로까지 불리우며, 여호와께서는 그에게 그의 생애를 결산하면서 "아브라함이 내 말에 순종하고 내 명령과 내 계명과 내 율례와 내 법을 다지켰다"고 한다.

이 논문의 연구결과에서 드러나겠지만, 아브라함의 순종으로서의 "בְּרָכָה가 되라"는 이미 그에게 있어서 하나의 '율법과 규례'가 되었고, 이 명령은 아브라함의 생애를 넘어서서 그의 후손들에게 있어서는 '십계명'으로 발전을 하였던 것이다. 그리고 이 명령을 이루어내는 것은 모압언약에서는 "여호와가 행하시는 마음의 할례"였다. 아브라함의 생애는 이와 같이 여호와의 약속에 대한 믿음과 순종의 생애였던 것이다.

나. 아브라함 '제사 언약'에 대한 재이해

연구목적에서 살펴본 바와 같이 아브라함의 언약은 기본적으로 여호와의 언약이다. 그럼에도 불구하고 앞의 연구목적에서 살펴본 바와 같이 그 안에 아브라함의 순종으로서의 '베라카(בְּרָכָה, 축복함)적 행위'가 요청되었다. 아브라함의 믿음과 순종이 이렇게 나타나야 했던 것이다. 그리고 이러한 창세기 12장 2-3절의 '언약 제안'의 사항들은 정식 여호와와 아브라함의 언약체결 현장인 창세기 15장의 '제사언약'에서도 나타나야 하는 것이다. 어떻게 보면 제사는 '상호헌신'이다. 그런데, 기존의 선행연구에 의하면, '아브라함의 제사언약'을 '계약'으로만 파악하고 여호와의 헌신만을 나타낸다고 해석하는 경향이 있다. 이것은 아브라함이 제물을 '쪼개는 것'과 여기에 "여호와의 불 혼자만 지나간 것"을 '여호와의 자기저주의 맹세'로 해석을 하여서 '상호헌신'의 언약정신에서 아브라함의 역할을 빼버린 것이다. 제사언약은 여호와와 아브라함이 하나 되는 혼인예식 메타포인데, 기존의 연구에서는 이 쪼개는 행위를 '계약행위'로서의 '자기저주의 맹세'로 봄을 통해서 아브라함의 역할이 빠지게 되었다.

아브라함이 언약체결을 위해서 제물을 쪼개었는데, 이에 대한 해석에 있어서 전통적으로는 이것을 제사로 파악을 하였으며, 이 '쪼개는 것'을 여호와가 아브라함이 서로 연합하여 하나가 되는 '헌신의 맹세'로 파악을 하였다.[22] 그런데, 현대에 이르러서 양식비평이 발달을 하면서 이 '쪼개다'를 '계약'으로서의 '자기저주의 맹세'로 보기 시작하였으며, 이때 제물사이로 지나간 것은 '여호와의 불' 혼자였기 때문에 아브라함의 언약을 일방적 맹세언약으로만 보게 된 것이었다.[23] 그리고 이 해석은 학계에 대체적으로 받아들여지는 다수의 해석이 되었다. 한편, 이와 같이 제물을 쪼개는 행위는 예레미야서에도 나타나고 있다.[24]

---

22) John Calvin, *Genesis1*, Commentaries Vol. 1, Trans. by The Rev. John King, M.A. (Grand Rapids Michigan : WM. B. Eerdmans, 1963), 413.
23) 발터 침멀리, 『구약신학』, 김정준 역 (서울: 한국신학연구소, 1990), 65.
24) 예레미야 34:18에서 '쪼개다'에 대한 해석이 나오는데, 이것을 '자기저주의 맹세'로 볼 것인지, '헌신 맹세'로 볼 것인지에 대한 판단이 요청된다. 이때, '쪼개는 행위'는 예레미야 34: 13,14로 연결시켜서 출애굽기 24장의 '시내산 언약'의 '제사사건'으로 연결시키는 것이 바람직하다. 시드기야는 이것을 놓

그런데, 이 논문은 먼저 이 '쪼개다'를 제사에서의 제물을 '자르는 행위'로 보아 이 행위를 제사의 행위로 보고, 이 본문을 해석한다. 그리고, 이것을 이와 같이 제사로 본다면 이 '자르는 행위'는 에살핫돈의 내용처럼 '의무'를 강조하는 '자기저주의 맹세'가 아니며,25) 마리문서나 힛타이트문서의 취지와 일치한다고 보이는 히브리식 제사의 일환으로 보고자 하는 것이다. 그리고 제사라면 이것은 '헌신맹세'와 '결혼의 메타포'인 것이다. 이 논문은 이와 같은 제사의 관점에서 이 본문을 우선적으로 해석하고자 하는 것이다.

만일 아브라함이 '쪼갠 것'이 제사행위였다면, 이것은 '헌신의 맹세'로서, 아브라함이 제물과 자신을 동일시하여 자신의 생명을 먼저 '쪼개어서' 헌신하여 드린 것으로 파악해야 한다. 그리고, 여호와의 불이 제물 사이를 지나간 것은 이제 여기에 여호와께서 반응하여 여호와께서 자신의 생명을 내어준 것을 의미한다고 해석하는 것이 적절해 보인다. 이러한 해석은 시내산에서의 제사언약과 아브라함의 언약을 평행관계로 보기 때문이며, 시내산 언약에서 모세는 제물의 피를 절반은 여호와를 의미하는 '제단'에 또 나머지 절반은 '이스라엘 백성들'에게 뿌리는 것을 통해서 확인한다. 출애굽기 34장 24절에서는 모세는 이때의 피를 '나(여호와)의 희생의 피'라고 해석을 하고 있기 때문이다. 즉, 이 논문에서는 이 아브라함의 제사언약이나 시내산의 제사언약 모두를 '혼인예식의 메타포'로 보고 있는 것이다. 즉, 아브라함의 언약이란 '의무'가 강조되는 세상에서의 계약이 아니라, 제사제도에 나타난 바와 같이 혼인과 같은 '헌신맹

고 제사를 한 것이 아니라, 시드기야와 백성들 간의 계약으로서 시드기야의 선포로 성립되었기 때문이다. 이에 따라 예레미야 34: 18에서의 '쪼개는 행위'는 제사행위로 보아 시내산 언약에서의 '헌신맹세'를 저버린 것으로 해석하는 것이 바람직해 보인다. 제사에서 '쪼개는 행위'는 '예물을 드리는 행위'인데, 이것을 '자기저주의 맹세'로 보는 것은 불합리하기 때문이다. 즉, 생명 바쳐서 '헌신'하겠다고 약속하여 노예를 해방한 후에, 이스라엘이 또 다시 그 의지를 저버리자, 이제 여호와께서도 이러한 '헌신의 맹약'에 대해서 '자유하겠다'(렘34:17)고 선언한 것이었다. 그리고 그 결과는 예루살렘의 포로됨이었다. (필자)

25) 에살핫돈 문서에서의 '쪼개는 것'은 제사행위가 아님을 문서 자체에서 밝히고 있다. 이것은 의무이행에 대한 자기저주의 맹세인 것이다. 문서 본문에 의하면, "이 어린 양은 제물로 바치기 위함도, 잔치를 하기 위함도,…아니다.… 만일 마티일루가 이 조약을 위반하는 범죄를 저지른다면, 이 어린양이 우리에서 끌려나와 그 우리로 다시 돌아가지 못하고 그 우리를 다시 볼 수 없는 것처럼 마티일루가 … 다시는 돌아오지 못하고 그 땅을 다시 볼 수 없게 될 것이다. 이 머리는 양의 머리가 아니며 마티일루의 머리이며,…"(ANET, 532-533)[1]라고 말한다. 이것은 "제사를 위한 것이 아니라, 계약불이행시의 본보기용"이었던 것이다. 우리는 아브라함의 언약이나 모세의 제사 언약에서 '쪼개는 행위'를 이렇게 해석할 수 없다.

세'라는 것이다.26)

이 논문에서는 BC 20세기경의 마리문서의 '쪼개다'를 BC 8세기경의 에살 핫돈 문서의 '자기저주의 맹세'와 연결시키는 것을 채택하지 않고, 오히려 제 사의 메타포를 활용하여 해석한다. 즉, 마리문서의 해석은 그 본질이 유사한 BC17-13세기경의 히타이트 문서와 연결시켜 해석하여야 한다는 주장이다. 마리문서와 히타이트문서에서의 계약의 본질은 '사랑과 충성'인데 반하여 에살 핫돈의 문서는 잔인함과 폭력으로 제국을 형성하고자 하는 앗시리아의 정책이 담긴 계약양식이었으며, 에살핫돈 문서의 본문에서는 "양의 목을 자르는 행위 는 제사가 아니다"는 것을 본문에서 명백히 밝히고 있기 때문이다. 따라서 여

---

26) 여기에서 문제가 되는 것은 왜 잘라진 제물 사이로 '여호와의 불' 혼자서만 지나갔느냐인 데, 이것이 쌍무언약의 관점에서 설명이 안 되는 것은 아니다. 먼저는, 이 논문에서 취하는 입장으로서 아브라함 이 제물을 잘랐을 때 이미 아브라함은 자신을 '쪼개어서 헌신하여 드린 것'으로 일차적으로 파악할 수 있다. 여호와의 불은 그 다음에 지나간 것이다. 이와 같이 하여서 둘 다 지나간 것으로 파악할 수 있 다. 두 번째는, 첫 번째와 유사한 견해로서, 마리문서에서 두 당사자가 지나간 것은 양당사자가 동등한 입장에서의 협정이기 때문에 '쪼개는 행위'나 그 사이를 '지나가는 행위'를 모두 함께 이행해야 했다. 그런데, 인간과 신의 언약체결은 인간은 번제를 통하여 자신을 바치는 의미에서 먼저 '자신을 쪼개고', 신은 번제를 받은 후에 용서와 화목을 이루면서 그 사이를 '지나간다'라고도 볼 수도 있다. 이것이 제 사의 메타포인 것으로 보인다. 세 번째는, 모세의 시내산 언약에서는 제물의 피를 절반씩 제단과 이스 라엘 백성들에게 뿌렸는데, 아브라함의 경우에는 왜 여호와의 불 혼자만 지나갔느냐는 의문이 발생할 수 있다. 이것은 아브라함의 생애와 관련하여서는 '여호와의 의무이행'이 우선적으로 부각되어 나타나 던 시기였기 때문으로 해석될 수 있다. 본 논문에 의하면, 아브라함의 생의 특징은 아브라함이 민족 을 이루기까지는 여호와의 약속이 집중적으로 부각되어 나타난다. 이 특성을 감안하여 '여호와의 불'만 지나간 것으로 볼 수도 있다. (필자)

한편, 이와 같은 설명은 '쌍무적 요소'로 이 문제를 해석할 수 있다는 가능성을 제시하는 데에 그 의 미를 부여한다. 즉, 여기에서 말하고자 하는 것은 '쪼갠 짐승' 사이로 '여호와의 불'만 지나갔기 때문에 아브라함의 언약이 '일방언약'이라고 말하는 것은 그 근거가 매우 희박하다는 것이다. 다시 말해서, 아 브라함의 의무이행으로 보이는 모든 문구에 대해서도 '일방언약'으로 설명을 할 수 있어야 하는데, 그 중에서도 특히 아브라함의 생애의 시작과 관련이 있는 창12:2-3의 'בְּרָכָה 가 되라'는 명령과, 그의 생 애에서 가장 결정적인 사건으로서의 소돔과 고모라를 위한 중보기도의 근거로서 "여호와의 도와 율례 를 준행케 하기 위해서 선택하였다"는 창18:17의 말씀과, 아브라함의 생애에 대한 한 마디의 요약으 로서 창 26:5에 나타난 "이는 아브라함이 내 말을 순종하고 내 명령과 내 계명과 내 율례와 내 법도 를 지켰음이니라"는 결정적인 말씀들에 대해서도 일방언약으로 해석할 수 있어야 하는데, 그것은 불가능 하다. (필자)

'일방언약'으로 주장하는 근거는 성경본문 밖에 있는 에살핫돈 문서의 '자기저주의 맹세' 하나 밖에 없다. BC 20세기경의 마리문서나 BC 17-13의 히타이트문서에서의 '자기저주의 맹세'는 오직 본문에 속한다기 보다는 보충적인 역할을 하는 것으로 보이는데, 이것이 왜 언약의 주요행위인 '쪼개다'의 해 석이 되는 지는 매우 의아하다. 민수기 14장 21절에 의하면, 여호와는 '자신의 사심으로 맹세'를 하시 기 때문이다. 양자 간의 협정에서 '쪼개는 행위'의 핵심은 '헌신의 맹세'임이 분명하며, 폭력으로 국제 정세를 장악하였던 BC 8세기경의 에살핫돈의 문서에서만 그 조약의 본질이 변질되어 '자기저주의 맹 세'가 언약의 중심에 등장한 것으로 보인다. 아브라함의 연대는 마리문서와 일치하는데, 에살핫돈 문서 는 여기서 1000년 이상이 경과한 문서이다.(필자)

기 아브라함의 언약에서의 '쪼개는 행위'는 제사의 본질을 좇아서 '자기저주의 맹세'가 아닌 '헌신의 맹세'로 보고자 하는 것이다. 로버트 베노이 등은 마리 문서와 히타이트 문서는 사랑에 기반한 조약인데 반하여 에살핫돈의 문서는 폭력을 기반으로 하고 있어서 이 양자의 조약의 본질은 정반대라고 말한다.27) 이에 따라 언약도 사랑을 강조한 '헌신맹세'로 해석하는 방향이 있고, 의무와 책임을 강조한 '자기저주'로 해석하는 방향이 있는데, 기존에는 후자가 강조된 경향이 있었으나, 이 논문에서는 전자의 해석을 취한다는 것이다.

다. 아브라함의 언약과 시내산 언약의 관계 재설정

기존 연구에 의하면, 아브라함의 언약은 여호와의 '약속'이라고 규정하고, 시내산 언약은 이 약속의 성취를 위한 조건으로서의 '행위'라고 해석하는 경향도 존재하였다.28) 즉, 큰 구속사적 관점에서 이제 '아브라함의 언약'은 '약속'으로 이해를 하고, 시내산 언약은 이것의 '성취방법'으로 이해하는 경향이 있었던 것이다. 그런데, 아브라함의 언약과 시내산 언약을 면밀히 검토할 경우, 하나는 약속이고 또 하나는 의무이다는 형태가 아니다. 각각의 언약 내에 언약으로서의 완전성이 다 갖추어져 있다. 따라서 이 양자는 하나의 구체화되고 발전되는 과정이지 아브라함의 언약실현을 위한 방도로서의 시내산 언약과 같은 순차적인 패턴이 아니다. 아브라함의 언약은 그 자체로서 완전한 언약이며, 시내산 언약에 이르러서는 각 조항들이 고스란히 구체화되고 발전한다. 본 연구에서는 이러한 점에서 기존의 연구와 차별화가 된다.

---

27) 로버트 배노이의 "에살핫돈의 봉신조약과 헷족속의 종주권조약의 비교": a.역사적 서론의 결여, 헷족속의 역사적 서론은 봉신의 충성의 근거가 되는 영주의 은혜로운 행동을 기술한다. 반면 에살핫돈의 분위기는 무자비하게 탄압을 하며, 힘으로 윽박지르는 분위기를 나타냄으로 종주권 조약과는 내용뿐 아니라 정신에서도 다르다. b.실제적 진술의 결여, 앗수르 조약은 봉신에 의해서 영주에게 충성을 다 짐하는 진술을 결여하는 것은 역사적 서론이 없기에 영주의 자비로운 행위가 없기 때문이며, 역사적 서론이 없기 때문이다. 앗수르 조약은 저주의 발설부분에서 충성의 맹세를 하게 한다. 따라서 이는 조약을 맺는 양자의 관계가 다르다는 것이다. c.축복의 결여, 앗수르의 조약은 헷족속의 정신처럼 조약을 준수하는 것에 대한 축복을 선언하지 않는다. 이것이 양자의 관계의 차이에서 비롯되는 것이다. d, 결론으로 이상의 관찰은 클라인의 견해 즉 헷족속과 앗수르의 조약은 다르다는 것이다. 따라서 와이즈만의 헷족속의 조약이 에살핫돈에 이르기까지 변하지 않았다는 주장은 근거가 없다.   출처 : http://blog.daum.net/jungts0187/1852

28) 앞에서 살펴본 바와 같이 발터 침멀리, 존 스텍, 유진 H. 매릴, 앨런 로스, 세일해머 등은 양자의 언약이 하나는 은혜언약이며 또 하나는 행위언약이라는 것을 명확하게 밝히고 있으며, 월터 카이저는 이 양자의 언약의 본질이 달라서는 안 되고 같아야 한다고 주장하고 있다.

아브라함의 언약에 의하면, 여호와께서 아브라함을 위해서 하실 약속(A)으로서 "아브라함을 축복하여 큰 나라를 이루는 것"이 있다. 그리고 아브라함은 여호와를 위한 헌신의 약속(B)로서 "בְּרָכָה가 되는 것"이 있다. 그리고, 그 결과 성취되어지는 것(C)이 "열방이 아브라함을 통해서 복을 받는 것"이다. 이러한 아브라함의 언약이 이제 시내산 언약에서 A는 "아브라함의 후손이 국가를 이루는 것"으로 성취가 되어지므로, 이것은 역사적 서술로 바뀐다. 다음에 B에서 "בְּרָכָה가 되라"는 명제는 '십계명'으로 바뀐다. 그리고, C와 관련하여서는 "이스라엘에 성전이 건립됨"을 통해서 이제 열방을 향한 축복의 통로가 이스라엘에 생성된 것이다. 이제 열방은 이 성전에 나아와 기도하면 하나님께서 축복을 열방 중에 베푸실 것이다. 이와 같이 각각의 조항들이 동시에 구체화된다. 이와 같이 아브라함의 언약과 시내산 언약은 평행관계이다. 본 논문에서의 본문해석은 이와 같은 사실들을 나타내고 있는 것이다.

즉, 하나님께서 아브라함과 그의 자손을 향한 축복의 약속이 있는데(아브라함에게 하신 약속), 'בְּרָכָה'가 되고 '십계명을 준수'하면(행위적인 명령), 아브라함의 후손에게 "큰 민족의 축복(약속)을 이루어 주겠다"는 형태가 전혀 아니다. 아브라함의 언약은 '약속'이고, 시내산 언약은 이것을 이루기 위한 '행위적인 것'으로 보면 안 된다. 아브라함의 언약과 시내산 언약은 순차적으로 서 있는 것이 아니라, 동시에 구체화되는 형태로 서있다.

이에 따라 이 논문에서는 이 양자의 언약의 본질이 서로 다르지 않음을 입증하기 위해서 시내산 언약의 출발점인 출애굽 사건(1-18장)이 여호와와 아브라함 간에 맺은 언약의 이행이라는 측면을 집중하여 살펴보고자 하며, '베라카(בְּרָכָה, 축복함)가 되라'는 '십계명'과 평행관계이고, '아브라함으 통한 열방의 축복'은 '제사장국가가 되는 것'과 평행관계라는 것이다. 따라서 창세기 12장 2-3절과 출애굽기 19장 5-6절이 평행관계이다. 더 나아가서 창세기 15장의 '아브라함의 제사언약'이 출애굽기 24장의 '시내산 제사언약'과 평행관계이다. 그리고 이 모든 것은 한 저자에 의해서 서술되었다.

라. 창12:2b에 나타난 'בְּרָכָה'와 '십계명'의 관계이해

기존의 신학적 연구에서는 아브라함의 언약에서는 "בְּרָכָה가 되라"는 명령을

'여호와의 강한 의지'의 표현으로 해석을 하는 경향이 있었다.[29] 그리고 그 뒤
에 언급되는 "아브라함이 율례와 법도를 준행하였다"(창26:5 등)는 다양한 표
현들을 모두 신명기적 저술로 해석을 해 버렸다.[30] 이것은 JEDP 문서설의 영
향을 받은 것이다.

그런데 이 논문에서는 아브라함의 순종으로서 "'בְּרָכָה'가 되라"에 대한 해석
을 "축복하는 자가 되라"로 해석하였기 때문에 이제는 이 조항이 시내산 언약
에서는 어떻게 변하고 있는 지를 살펴볼 수 있게 되었다. 그리고, 이 논문에서
는 앞에서도 간략히 살펴본 바와 같이 창세기 12장 2-3절의 아브라함의 언약
이 어떻게 출애굽기 19장 5절로 변하는 지의 평행관계를 살펴봄을 통해서, 창
세기 12장 2절 하반부의 'בְּרָכָה'는 바로 '십계명'으로 발전된 것임을 논증한
다.

마. 창12:3에 나타난 '열방의 복'과 출19:6에 나타난 '제사장 국가'

아브라함의 언약의 승계로서 시내산 언약을 파악하기 때문에 아브라함의 언
약에서의 최종적인 목적이라고 말할 수 있는 "아브라함으로 인하여 열방이 받
는 복"(창12:3)은 시내산 언약에서 어떻게 발전하는가를 살펴보아야 한다.

대체로 기존의 선행연구에 의하면, 고든 웬함의 경우처럼 창세기 12장 1절
의 '가라'는 명령에 12장 2-3절의 모든 본동사들을 예속시키기 때문에 전체를
약속으로 취급한다. 그래서 아브라함의 언약이 의미하는 목표가 "아브라함이
받는 '땅'과 '씨'의 축복"이라고 보는 경향으로 흐른다. 이에 따라 모든 아브라
함에 관한 글을 읽는 이들이 이 약속의 성취만을 기대하게 되며, 그 결과 우
리의 신앙은 자기중심적인 축복의 신앙으로 흐르게 하고 있다. 이러하다 보니
아브라함의 언약과 출애굽기 19장 5-6절과는 단절을 초래하게 되었다. 이것
이 선행연구의 범위였다.

그런데 이 논문에서는 12장 2절의 전반부가 '여호와의 행하실 역할로서의
아브라함을 향한 축복'이며, 후반부가 '아브라함의 역할로서의 열방을 향한 축
복'으로 본다. 그리고 그 언약의 궁극적인 목적은 '열방의 축복(혹은 축복의

---

29) Wenham, *Genesis 1-15*, 275.
30) Sailhamer, *The Pentateuch as Narrative*, 67.

통로)으로서 아브라함의 출현'이다. 전자는 아브라함의 언약에서 "בְּרָכָה가 되라"는 '명령형'을 '약속'으로 보았을 경우의 아브라함 언약의 목표이며, "בְּרָכָה가 되라"는 명령형의 결과를 반영한 아브라함 언약의 목표이다. 기존의 언약에 대한 고찰에 있어서는 창세기 12장 3절의 "열방이 받는 축복"과 출애굽기 19장 6절의 "이스라엘이 제사장 국가가 되는 것"의 관계는 단절되어 있어서, 그다지 고찰되지 않았다. 그런데, 본 논문에서는 이 양자의 언약을 동일한 언약의 승계로 보기 때문에 이 문제를 고찰할 수 있게 된 것이다. 창세기 17장의 할례언약에 의하면, 언약의 당사자는 "여호와 vs 아브라함과 그의 자손"이므로, 창세기 12장 2-3절의 언약과 출애굽기 19장 5-6절의 언약은 서로 평행관계에 있어야 하는 것이다.

본논문의 연구에 의하면, 창세기 12장 3절의 '열방의 축복(혹은 축복의 통로)으로서 아브라함의 출현'은 출애굽기 19장 6절의 '제사장 국가의 출현'과 평행을 이룬다. 그리고 이 언약의 최종적인 성취는 '성전건립'을 통해서 모세오경 내에서 그 성취를 이룬다.

바. 시내산 언약의 후속편으로서의 모압언약

모압언약의 본질에 대한 선행연구의 관점은 대부분 시내산 언약의 '반복'으로 보았다. 즉, 대부분 기존의 시내산 언약과 그 내용이 일치하며, 다만 신명기 29장 1절(마소라 본문은 28장 69절) 이하의 부분만 '시내산 언약과 외의 것'이라고 말하였다. 이 견해에 의하면 모압언약은 '시내산 언약의 복사물 혹은 반복'일 뿐이다. 이러한 견해가 선행되어진 연구의 대다수를 차지하였다.

그런데, 모압언약의 범위를 정할 때, 신명기 29장 1절 (혹은 28장 69절)의 지시대명사 'אֵלֶּה (이것들)'의 지칭하는 범위가 매우 중요하게 부각된다. 이때 신명기 29장 1절의 지시대명사 'אֵלֶּה (이것들)'의 지칭하는 범위가 29장 1절 이하일 수 있으며, 혹은 이것을 수미상관구조의 결과로 볼 수 있기 때문이다. 이때 이 논문에서는 후자가 바른 판단임을 논증한다. 즉, 신명기 29장 1절의 'אֵלֶּה (이것들)'은 4장 45절의 'אֵלֶּה (이것들)'과의 수미상관구조에서 결과를 형성하는 지시대명사로 본다는 것이다. 그렇다면 이제 신명기의 대부분이 시내산 언약과 다른 두 번째 율법에 속하는 것이다.

우리가 앞에서 살펴본 바와 같이 신명기 5장 22-33절에 의하면, 모압언약은 기존의 시내산 언약의 보완 혹은 후속편에 속한다. 아브라함의 언약에 있어서 아브라함의 자손들의 순종이 시내산 언약으로 귀착되었는데, 이 일과 관련하여서 심각한 문제가 발생한 것이다. 이스라엘 측에서 그 의무를 전혀 이행해 내지 못하는 사태가 발생한 것이다. 모압언약은 이에 대한 모세의 후속 조치인 것이다.

사. 아브라함 언약의 온전한 성취를 말하는 모압언약

모압언약은 아브라함의 후손들이 그들의 역할을 전혀 이행해 내지 못한 것에 대한 대안으로서 '마음의 할례'에 대한 모세의 예언으로 결론을 짓는다. 즉 시내산 외의 언약(신27:1)을 모압언약은 말하고 있었던 것이다. 이 연구에서는 이 점을 중심으로 연구를 전개할 것이다.

이에 의하면, 모압언약은 시내산 언약의 후반부이면서, 혹은 시내산 언약의 보완인 것이다. 그래서 궁극적으로 아브라함의 언약의 "בְּרָכָה가 되라"는 여호와의 명령을 여호와께서 어떻게 이루어내실 것인지에 대한 예언인 것이다. 모압언약의 결론은 "여호와께서 훗날에 행하시는 마음의 할례"(신30:6)로 표현될 수 있을 것이다.

3. 연구방법

성경의 계시에 대한 가장 정확한 이해자는 어떻게 보면 그 성경의 계시가 최초로 임한 그 성경의 저자이다. 왜냐면, 말씀은 그 성경저자가 속한 그 상황 속에서 임하기 때문이다. 따라서 신학자들은 구약성경을 연구하기 위한 방안으로서 성경저자의 의도를 알기위해 진력하였다.

물론 초기와 중세시대에도 모세오경의 저자에 대해 이견이 없는 것은 아니었으나,[31] 거의 종교개혁의 시기에 이르기까지 모세오경의 저자에 대하여 그 저자를 모세로 보는 데 대하여 큰 이의를 제기하지 않았으며,[32] 모세오경 전

---

31) 허버트 M. 울프, 『오경개론』, 엄성옥 역 (서울 : 은성, 2002), 84.
32) 울프, 『오경개론』, 85.

체를 모세의 단일 저작으로 보고 성경해석을 시도하였다. 그러던 중 보덴스타인이나 홉스나 스피노자와 같은 학자들은 성경의 본문들 속에서 성경형성과 관련하여 많은 자료층들이 존재하는 것을 발견하였으며,[33] 성경전수의 과정 속에서의 편집과 수정의 흔적도 발견하였던 것이다.

가. 문서가설에 대한 태도

먼저, 이러한 자료층들에 대한 여러 가설들을 집대성하여 나타난 율리우스 벨하우젠의 JEDP 가설은 구약신학계에 큰 영향력을 행사하였다.[34] 이에 의하면, 모세오경 내에는 여러 자료층들이 존재한다는 것이었다. 이러한 사실은 성경해석에 중요한 기여도 하였으나, 성경을 해석하여야 하는 신학자들에게 큰 혼란으로도 다가와서 신학자들로 하여금 본문에 집중하지 못하게 하였다. 그들은 조금만 차이된 흔적이 나타나면 그 본문해석을 통해서 이것을 연결하는 것이 아니라, 이것을 빌미로 하여서 모두 자의적으로 자료층의 차이로 구분해 버렸다. 자료층을 구분할 수도 없고, 구분되었다고 발표한 근거로서의 그 원문서가 한 번도 발견된 적이 없음에도 불구하고,[35] 그의 견해를 수용한 자들은 그 층들을 찾기에 진력하였고, 급기야 '성경비평'은 깊은 어둠 속에 빠져버렸던 것이다.[36]

그 중에 가장 대표적인 사례가 '하나님의 이름'을 가지고 자료층을 분석하는 J가설과 E가설이다. 문서설에 의하면 J 문서는 남유다의 문서이며, E 문서는 북이스라엘의 문서인데, 이 양자가 서로 종교협약에 의해서 합쳐졌다는 것이다.[37] 그리고 이 전제가 받아들여지자 모든 학자들은 이제 성경을 둘로 쪼개기 시작하였다. 이 작업에 추가하여 급기야는 '요시야의 종교개혁'시에 발견한 힐기야의 율법책을 기반으로 하여서 신명기 가설(D)을 세우고,[38] 바벨론 신화의 요소에 대해서는 제사장 문서 가설(P)까지 등장하였다.[39] 이제 그들에게

---

33) 울프, 『오경개론』, 85.
34) 울프, 『오경개론』, 91.
35) 울프, 『오경개론』, 95.
36) 에드워드 J. 영, 『구약총론』, 홍반식 · 오병세 역 (서울 : 개혁주의신행협회, 1990), 21.
37) 울프, 『오경개론』, 88.
38) 울프, 『오경개론』, 89.
39) 울프, 『오경개론』, 89.

성경의 원래 본문은 사라져 버리고 말았던 것이다. 이러한 가설의 출현은 근세의 헤겔과 다윈 등의 진화적 사고가 크게 유행하던 시기에 학계에서 받아들여진 것이었다.40)

이 가설의 시발점은 벨하우젠의 J 문서가설과 E 문서가설인데, 성경본문을 좀더 살펴보면, 하나님의 이름을 Jehova로 지칭하는 경우와 Elohim으로 지칭하는 경우에는 분명한 차이가 존재한다. 오히려 'Jehova의 총회'로서의 'Elohim'의 신명사용은 유대 랍비적 용어사용으로서 이와 같이 하여도 충분한 본문설명이 되어진다.41) 이러한 현상에 대해 허버트 M. 울프는 "마찬가지로, 다른 사건들에 대한 이중의 이야기들도 합리적으로 설명된다"42)고 말하고 있다. 이렇게 신명 사용의 용도구분이 가능한데, 이것을 동일한 명칭에 대한 두 출처로 규정을 해 버린 것은 근거 없는 행위가 되어진다. 자료비평이 구약신학에 공로한 기여는 인정되지만, 이것을 이제 구체적으로 본문해석에 도입할 경우에는 상당한 신중을 기하여야 하는 입장이다. 이에 따라 본 논문에서도 자료비평 가설에 근거한 성경해석은 채택하지 아니한다.

예컨대, "아브라함이 나의 말을 준행하였다"(창 22:18b)의 연장으로서 "내 말을 순종하고 내 계명과 율례와 내 법도를 지켰다"(창26:5) 등에 대한 해석에 있어서 많은 주석가들은 이것을 신명기 기자의 편집으로 본다. JEDP 가설을 준용할 경우, 이 본문을 아브라함의 생애 속에서 'בְּרָכָה'적 의무의 이행으로 해석할 수 없다. 그런데, 이 논문에서는 JEDP 가설에 근거한 해석을 하지 않으며, 모세오경이라는 최종본문을 수용하여 해석을 시도한다.

나. 양식비평에 대한 태도

두 번째, 양식비평에 대한 태도이다. 우리는 양식비평의 발견을 성경해석을 위한 매우 유용한 도구라고 생각한다. 궁켈이나 그레스만 등은 성경의 양식을 통해서 구전을 중시하며 성경 형성시의 '삶의 정황'을 찾고자 하였다.43) 아브

---

40) 울프, 『오경개론』, 92.
41) 윌리엄 헨리 그린, "오경에 나타난 엘로힘과 여호와의 용법", 『구약신학 논문집』, (서울: 성광문화사, 1989), 43, 48.
42) 울프, 『오경개론』, 96.
43) 울프, 『오경개론』, 100.

라함을 위시한 성경 속의 인물들이나 저자들은 당시에 사용되던 문서 양식이나 제의 양식 등의 관용적으로 사용되던 일반적인 관례를 좇았다는 것이다.44) 특히 BC 2500-1700년경에 이르는 바벨론의 마리문서의 내용이나, BC 1700-1200년경에 이르는 힛타이트 문서나, 아마르나 문서 등은 매우 유용하다. 이에 대하여 본 논문에서는 이러한 양식비평 자료들은 성경 본문 해석을 위한 자료로 수용을 하기는 하되, 이것을 본문에 우선하여서 성경해석을 시도하지는 않는다. 왜냐면 본 논문은 성경의 최종본문을 존중하기 때문이다.

예컨대, 모세오경을 양식비평을 통해서 해석할 때, 그 모세오경의 모델이 되는 조약문서가 BC 2500-1700년경의 마리문서이냐, 아니면 BC 1700-1200년경의 힛타이트 문서이냐, 아니면 BC 8세기경의 에살핫돈 조약 문서이냐에 따라 아브라함의 언약에 대한 해석에 있어서 큰 차이를 가져온다. 특히 창세기 15장의 제사언약에서의 '쪼개다'는 문구를 해석하는 데에 있어서 그 차이가 두드러진다. 기존 자유주의 신학의 경우, BC 8세기경의 에살핫돈 조약 문서의 입장을 취하여서 모세오경을 해석한다. 대체로 양식비평의 태동이 JEDP 가설이 수용된 상태에서 받아들여졌기 때문에 BC 8세기경의 양식비평을 수용한 것이었다. 아브라함의 제사언약은 '정식의 언약체결'인데, 이것을 '여호와의 일방적인 자기저주의 맹세'로만 해석할 수는 없는 것이다. 제사의 '예물 드리는 자'는 간과되어 있다. 이러한 해석을 하는데 가장 결정적인 역할은 한 것은 바로 이 양식비평만을 통한 성경해석의 영향이었다.

한편, 이 논문에서는 양식비평의 문헌을 성경해석에 차용할 때에는 매우 신중한 자세를 취하고자 한다. 이 논문에서는 아브라함의 언약의 양식을 에살핫돈의 문서에 두지 않고, 마리문서와 힛타이트 조약 문서에 둔다. 이것이 성경 본문의 본질에 더욱 가깝기 때문이다. 다라서, 이 논문에서는 양식비평을 성경의 본문을 이해하고 해석하기 위한 도구로서 사용하는 것이지 이것을 본문에 우위에 두고, 먼저 양식비평을 통한 해석을 먼저 하고 그 후에 여기에 맞추어서 성경본문 해석을 시도하지는 않는다는 것이다. 왜냐면, 모세오경의 저자는 이러한 당시의 양식을 히브리식으로 발전시켜서 사용한 흔적들이 발견되기 때문이다. 특히 언약 개념과 제사개념이 그러한데, 성경 속에서는 힛타이트의 문

---

44) 울프, 『오경개론』, 100.

헌과 이러한 면에서는 차이가 존재한다. 그 계약의 상대가 세상의 군주가 아
닌 신이기 때문이다.

다. 문예비평에 대한 태도와 문예비평적 전제의 수용

한편, 헤르만 궁켈의 이러한 양식비평의 학문적 관심은 본문 자체의 양식들
을 살피는 일이라고 확신하였다.[45] 그리고 이것은 수사비평이 주요 방법론으
로 부상하는 데에 길을 열어놓았는데, 이것은 결국 성경의 본문에 다시금 집
중하게 하였기 때문이다. 제임스 뮬렌버그는 "양식비평과 그 이후"라는 논문
발표를 통해서 "본문이 갖고 있는 전달상의 의도에 관심을 기울이기 위해서,
해석자는 개개의 그리고 모든 세부사항들을 주목해야 한다"[46]고 말하였던 것
이다. 이것은 결국 폴 리코에 의하면 "성경본문 내의 세계"에 집중하는 것인
데, 이에 의하면, "본문 자체의 진술 내에서 행해지는 일련의 생각들과 상호작
용을 가리키며,… 실제세계에서의 가능성을 묻지 않는다"는 것이다.[47]

그리고, 이러한 성경본문을 중시하는 태도는 이제 성경을 하나의 완전성을
갖춘 문예적인 글로 보기에 이르렀다. 세일해머는 그의 책 『모세오경 신학』
에서 "오경에서의 텍스트 전략"이라는 소제목으로 그 전체의 구성이 하나의
완전성을 갖춘 글로서 손색이 없음을 보여주었다.[48] 그에 의하면, 모세오경은
역사적인 서술이면서도, 그 보다 우선적인 저자의 태도로서 그 안에 온전히
전하고자 하는 기승전결의 논리를 갖춘 문예적인 글로 본다.[49] 이에 의하면,
여기에는 최종적인 편집자가 존재하며, 이 편집자는 전적으로 원 저자의 정신
에 종속되어서, 그 원저자의 명의와, 그 원저자의 시대를 기반으로 사고를 전
개한다. 우리는 원 저자를 암묵적 저자로 인정한다. 그러면서도 후대의 모든
가필이 이 원저자의 의도를 훼손하지 않는다고 본다. 따라서 우리는 최종적으
로 형성되어 우리 손에 주어진 "구약의 최종적인 텍스트"를 중시여기고자 한
다.[50] 따라서 우리는 모세오경의 최종본문에 집중하여, 성경 본문에 대한 주

---

45) 브루그만, 『구약신학』, 104.
46) 브루그만, 『구약신학』, 105.
47) 브루그만, 『구약신학』, 109.
48) 세일해머, 『모세오경 신학』, 65-70.
49) 세일해머, 『모세오경 신학』, 95.
50) 세일해머, 『모세오경 신학』, 220.

석적 방법을 통하여서 위의 연구주제들의 문제들을 규명해 보고자 하는 것이다.

궁극적으로, 이 논문에서의 연구방법은 문예비평적 전제를 수용하고 있다. 이 논문은 문예비평적 전제에 따라 성경을 해석하여 성경저자의 동일성과 이야기로서의 완전성을 갖춘 성경본문을 중시여기겠다는 의미이다.[51] 이것은 오직 문예비평적 방법에 따라 성경을 해석하겠다는 것은 아니며, 문예비평적 전제에 따라 성경본문에 충실하여 해석을 시도하겠다는 의미인 것이다.

이에 따라, 이 논문에서는 성경본문을 해석할 때에도 문예비평적 전제를 수용하여 성경을 해석하고자 한다. 이에 따라, 성경 본문에서 사용된 단어의 용례들은 서로 일치할 수 있다. 예컨대, 아브라함의 '제단'에 대한 용례나 '번제' 등에 관한 용례가 창세기의 원역사에서부터 모세오경의 레위기에까지 나타나는데, 이 용례의 사용은 저자가 동일하므로 서로 동일하다고 파악할 수 있다는 것이다.

---

51) 세일해머, 『모세오경 신학』, 96.

1장 아브라함의 언약

1절 서론, 아브라함 언약에 대한 서론적 이해

1. 문단의 구분 및 구조분석

가. '신현을 통한 언약'을 기준으로 한 문단의 구분

아브라함에 관한 이야기는 창세기 12-25장에 이르며, 이 전체는 하나의 이야기를 이루고 있는데, 저자의 관점에서는 그 언약의 체결과 이 언약체결 사건들이 진행되면서 더욱 구체화되고 깊어져 가며 성취되는 과정들의 연속이다. 아브라함의 생애는 언약체결과 관련한 생애이다. 따라서 우리는 구조 이해를 위한 각 문단들을 구분한다면, 물론 여러 방법과 형태가 있겠으나, 이 논문에서는 "신현을 통한 언약적 사건"을 기준으로 하여 그 문단을 다음과 같이 구분하였다.

	언약의 말씀들	사 건 들
1	(창12-13장) 언약 제안과 언약적 삶의 시작	(창12:1-6) 가나안 땅으로 들어감을 통한 언약의 제시와 수락
		(창12:8-20) 기근으로 애굽으로 들어가며, 사래 사건 발생
		(창13:1-18) 아브라함의 가나안 정착과 언약적 삶의 시작
2	(창14-15장) 멜기세덱 의 축복과 제사언약	(창14:1-24) 네 왕과 전투 통한 롯의 구출, 및 멜기세덱의 축복
		(창15장) 제사언약의 체결
3	(창16-17장) 이스마엘 사건과 할례언약	(창16:1-16) 하갈과의 동침으로 이스마엘이 탄생한 사건
		(창17:23-27) 할례언약 체결
4	(창18-19장) 방문언약과 소돔을 위한 중보기도	(창18:1-16) 여호와와 천사들을 영접하고, 이삭잉태 소식 들음
		(창18:20-33) 소돔과 고모라를 향한 중보기도
		(창19:1-38) 소돔과 고모라의 심판과 롯의 구원
5	(창20-25장) 이삭의 탄생과 이삭의 번제언약	(창20:1-18) 아비멜렉과 사라 사건 발생
		(창21:1-21) 이삭의 탄생과 하갈과 그의 아들 이스마엘의 방출
		(창21:22-34) 아비멜렉과의 협약
		(창22:1-14) 이삭을 번제물로 드림
		(창22:19-25:11)사라의 죽음, 이삭의 결혼, 및 아브라함의 죽음

나. 문예적 구조분석

위의 사건들은 다음과 같은 동심원적 구조를 이루고 있는데, 이 동심원적 구조의 특징은 언약의 성립과 언약의 승계로 나타난다. A와 A′는 언약의 성립과 승계를 말하는데, 이 양자는 아브라함의 언약에서 인크루지오를 형성하고 있다. B와 B′는 사라를 통한 자녀라야 한다는 것을 의미한다. C와 C′는 소돔과 고모라를 구출하는 아브라함의 언약적 행위를 나타낸다. D는 아브라함 언약의 핵심적 사항으로서 할례를 통한 언약의 승계를 주제로 한다. 모세의 입장에서는 이 언약의 승계가 하나님 의도와 관련하여 매우 중요하다. 하나님께서는 이 세계 속에 아브라함의 자손을 통한 제사장 국가를 세우기를 원하셨던 것이다. 이 사상이 시내산 언약의 이슈로 고스란히 등장한다.

A.(창12:1-6) 아브라함이 가나안 땅으로 들어감을 통한 언약제시와 수락
　B.(창12:8-13:18) 애굽에서 사래사건 발생과 가나안에서의 언약적 삶
　　C.(창14:1-15:21) 소돔 고모라의 구출과 제사언약의 체결
　　　D.(창16:1-17:27) 이스마엘 탄생한 사건과 할례언약의 체결
　　C′.(창18:1-19:38) 여호와의 방문언약과 소돔 고모라 사건
　B′.(창20:1-21:34) 사라사건 발생과 이삭탄생, 그리고 이스마엘 방출
A′(창22:1-25:11) 이삭 번제 사건과 언약의 승계

아브라함에게 언약이 임하였는데(A), 갑작스럽게 그의 아내 사라사건이 나타나고, 여기에 여호와의 구원이 나타나 사라가 안전하게 보호된다(B). 그리고 이제 하나님과 아브라함 사이에 정식으로 제사를 통한 언약체결이 성립된다(C). 그런데, 아브라함은 오랜 기간 동안의 무자함으로 하갈과의 동침으로 인한 이스마엘 사건이 발생하자, 여호와 여기에 개입하여서 이스마엘은 언약 당사자가 아니라고 말하며, 할례언약을 통해서 사라를 통해 나오는 자가 언약의 당사자라고 말씀하신다(D). 어떻게 보면 이 할례를 통한 언약의 승계가 모세의 관점에서는 매우 중요한 대목이 된 것이다. 그리고 이제 이삭의 잉태소식을 듣는데, 이때 아브라함은 소돔과 고모라에 대한 중보기도의 여호와께로부터 받는다(C′). 여호와께서는 이러한 행위가 아브라함이 행해야할 '공도'라고

말하며, 이것이 곧 아브라함 켠에서 이행할 "בְּרָכָה로서의 순종"이었던 것이다. 이 사건 후에 또 다시 사라사건이 발생하며, 여기에서 여호와의 구원이 또 한 번 나타나고, 궁극적으로 이삭이 탄생하게 된다(B′). 그리고 이제 이삭 번제 사건과 관련하여서 이삭이 언약의 승계자가 된다(A′).

2. 아브라함 언약의 신학적 특징들

가. 아브라함 언약의 형태에 대한 이해

대체로 계약이라고 불리우는 모든 것들은 양당사자 간에 이루어진다. 특히 창세기 12장 1-4절은 이것을 시사하는데, 그 안에는 하나님의 약속이 있고 이에 따른 아브라함의 순종이 있는데, 이것이 하나의 계약형태를 띤다는 것이다. 특히, 계약문안에 속하는 12장 2-3절에서 12장 2절 상반부에는 "하나님의 약속"과, 12장 2절 하반부에 "너는 בְּרָכָה가 되라"는 명령형 동사가 이것을 시사한다.52) 그런데, 아브라함의 언약의 일반계약과는 상이한 특징이 하나 나타나는데, 이 언약이 이 양자 간의 계약이 주된 조문이 아니라, 이 언약의 목적은 "열방이 아브라함으로 인해 구원을 받는 것"이었다. 따라서, 아브라함의 언약의 당사자는 3자간의 언약으로까지 볼 수 있으며 이것 전체가 하나의 아브라함의 언약이다. 그래서, 아브라함에게 이루어진 아브라함이 수행해야 할 명령은 전체 언약에 부수된 조항이므로, 이 명령형 문구는 전체 약속의 일부가 될 뿐이다.

이것을 좀더 구체적으로 살펴보면, 창세기 12장 2-3절인데, 그 내용은 "① 내가 너를 큰 민족으로 만들고, 내가 너에게 복을 주며, 내가 너의 이름을 창대케 하니, ②너는 בְּרָכָה (축복하는 자)가 되어라. ③너를 축복하는 자에게는 내가 복을 주고 너를 저주하는 자에게는 내가 저주하리니 땅의 모든 족속이 너로 인해 복을 받으리라"이다. 이때 문법적으로 2절의 구분은 분리 액센트 기호인 '아트나'를 통해서 ①과 ②가 분리된다는 것이며, ①과 ②가 각각 명령형으로 구성되어 있다. 즉 아브라함의 언약의 문구는 양자에게 명령형을 사용함을 통해서 성립된 언약의 문구라는 것이다. 그런데, 이 계약 문구에는 한 가

---

52) 한편, 이에 대해 어떤 학자들은 12장 1절의 갈대아 우르를 '떠나라'는 여호와의 명령에 대한 순종이 이것을 의미한다고 말하기도 한다.

지 중요한 특성이 나타나는데, ③의 내용이 그것이다. 이 계약의 중요한 목적은 ①"아브라함이 받는 축복"이 아니라 ③"열방이 아브라함으로 인하여 복을 받는 것"이다. 이 ③은 하나님의 경륜과 왕국통치에 속하는데, 이 ③이 진정한 의미에서 언약의 목적이다. 이 ③이 이루어졌을 때, 여호와와 아브라함과 열방이 삼자 모두가 복에 들어온다. 그리고 아브라함의 진정한 축복과 구원은 분명히 ①"아브라함의 현실적인 축복(땅의 복)"과 ②"축복하는 자가 되는 것(도덕적)"과 ③"아브라함으로 인하여 열방이 복을 받는 제사장 국가가 되는 것"이 모두 이루어졌을 때가 진정한 구원이다. ①"현실에서의 축복"만이 진정한 축복이 아니고, 여기에는 ②"축복하는 자가 되는 것"것으로서의 도덕적 완전성에도 이르러야 한다. 더 나아가서는 이제 그 사람으로 인하여 하나님의 복이 흐르는 ③"열방을 위한 제사장 국가"가 되어야 한다. 이것이 진정한 축복이고, 하나님의 아브라함을 향한 구원 약속이다. 따라서 아브라함의 언약은 위의 ①∼③ 전체가 하나의 약속인 것이다.

따라서 여기에서 우리는 ①∼③을 '여호와의 약속'으로 볼 수 있고, 이에 대한 능동적인 반응으로서의 '순종'이 '아브라함의 언약'의 문안에 속한다. 그렇다면, 이에 대한 '순종'으로서 아브라함이 행해야 할 바는 무엇인가? 그것은 ②의 '베라카(בְּרָכָה, 축복함)가 되는 것'으로 순종을 표현하는 것이다. 따라서 ②의 문안은 ①과 쌍을 이루는 문안 같이 보이지만, 실질적으로는 ①∼③ 전체에 대한 '순종'으로서의 아브라함의 역할인 것이다. 이것이 아브라함의 계약의 형태이다.

한편, 아브라함의 생애는 ①(아브라함을 국가로 이루는 것)이 집중적으로 다루어지고, 아브라함은 ②의 '베라카(בְּרָכָה, 축복함)가 되는 것'을 통해서 그의 순종이 나타나는 시기이다. 따라서 이 아브라함의 시기에 대해서는 ①과 ②만을 집중하여 살펴보도록 해야 한다. 이때 형식적으로는 ①의 계약조건을 위하여, 아브라함이 ②의 순종을 보이는 것처럼 보이지만, 여기에서의 ②는 ①∼③을 위한 것이다. 그래서, 아브라함의 언약은 마치 그 형태가 쌍무처럼 보이지만, 하나님의 약속에 대한 순종으로 바라보아야 한다. 그래서, 여호와께서는 '나의 언약'이라는 용어를 자주 사용하신다. 따라서 우리는 여호와와 아브라함 간의 계약을 "여호와의 약속"과 "아브라함의 순종"의 형태로 구성된 언약이라고 칭하고자 한다. 이 용어는 일차적으로 양자 간에 서로를 향한 '헌신'이 반영된 개념인데, 이 양자를 향한 명령형의 동사를 사용하고 있기 때문에 부득이 '헌신'이라는 용어보다 이것을 '약속'과 '순종'으로 바꾸어서 칭하고자 한다.53)

나. '여호와의 약속'이 강조된 아브라함의 생애

언약이라면, 대체로 양당사자가 존재하기 때문에 양자간의 '헌신'노력이 지속적으로 나타나야 한다. 아브라함의 생애 속에서 여호와의 약속이행만 나타나는 것이 아니라, 이에 대한 아브라함의 반응과 순종도 또한 매우 중요하다. 이때 여호와의 '헌신'으로서의 '약속'이라면 "①내가 너를 큰 민족으로 만들고, 내가 너에게 복을 주며, 내가 너의 이름을 창대케 하니"이며, 아브라함의 '헌신'으로서의 '순종'이라면 "②너는 축복하는 자가 되어라"이다. 이때 아브라함의 생애를 보면 이 두 가지 요소에 대해 각각 최선을 다하는 모습이 모두 나타난다. 그런데, 아브라함의 생에 속에서 특히 중점적으로 나타나는 것은 아브라함을 한 국가로 만들고자 하는 '여호와의 약속 실행'이었다.

한편, '아브라함 측의 순종'은 아브라함의 국가가 형성된 후에 시내산 언약을 통해서 더욱 부각되어 나타나게 될 것인데, 그 이유는 원래의 언약의 목적인 "③아브라함을 통한 열방의 축복"은 아브라함이 국가를 이룬 후에 본격화될 것이기 때문이다. 이에 따라 아브라함이 국가를 이루기 전에 행하는 아브라함의 순종은 개인적인 차원에 머물게 될 것이다. 이에 따라 하나님의 경륜의 절차상 시급하게 요청되는 것은 아브라함이 국가를 이루는 것이었다. 이에 따라 아브라함의 생애 속에서는 "아브라함의 축복"이 주요 이슈로 나타나게 된다.

그런데, 이때 하나님께서 아브라함을 국가로 까지 발전시키길 원하시는데, 하나의 중요한 이슈가 존재하였다. 즉, 아브라함을 국가로 이루고자 하는 하나님의 의도는 '아브라함의 소유'로서의 '국가'가 아니라, '하나님의 소유'로서의 '국가'를 형성하고자 하시었다는 것이다. 따라서, 아브라함에게 그 자신의 자

---

53) 한편, 시내산 언약에서는 이 양자의 관계가 좀더 구체화되어서, 여호와 측에서 하여야 할 그 '약속'이 국가구성이라는 형태로 성취가 되었기 때문에 이것은 '역사적 서술'로 바뀌고, 아브라함의 자손의 측면에서는 '순종'이 더욱 구체화되고 강화되어서 '의무'가 될 수 있을 것으로 보인다.

손에 대해서 '하나님의 소유된 백성'이라는 철학이 정확하게 세워지기 전에는 아브라함에게 그 약속을 실현시켜 줄 수가 없었던 것이다. 아브라함에게 후손이 생겼을 때, 그 후손을 아브라함이 자신의 소유된 후손이라고 생각할 경우에는 하나님의 경륜에 차질이 오기 때문이었다. 이에 따라 하나님께서는 아무런 조건 없이 무조건적으로 백성들의 수를 중다히 할 수 없는 입장이었다. 그래서, 하나님께서는 아브라함에게 끝없이 그 자손에 대한 소유권을 주장하신다. 결국 아브라함의 생애를 통해서 아브라함이 씨름을 해야 했던 것은 아브라함의 후손에 대한 하나님과의 소유권 분쟁이었다. 하나님은 아브라함에게 자손을 주어서 큰 국가로 만들고자 하시었지만, 이것을 위해서 아브라함은 자신의 모든 자손을 하나님의 소유로 인정하여야 했던 것이다.

아브라함의 생애 속에서의 모든 대표적인 사건이면에는 이와 같은 여호와를 주인으로 섬기는 태도가 요청되었다. 하나님께서는 사라를 다른 남자의 손에서 두 번씩이나 건져내어 다시 주시었는데, 이제 사라를 통해서 탄생한 아들은 하나님의 소유이다. 두 번째, 제사를 통해서 언약을 체결했는데, 아브라함의 제사는 번제의 제사였다. 그리고 번제 제사의 본질은 생명과 소유를 여호와께 헌신하여 드리는 것이다. 세 번째, 할례의 문제도 마찬가지로 후손을 상징하는 양피를 베는 것은 그 후손을 하나님께 드리는 언약행위이다. 네 번째, 이삭의 번제 사건은 이제 이삭을 통해 나오는 모든 자손이 하나님께 드려진 것을 의미했다. 이제 이삭을 통해서 나오는 모든 자는 모두 하나님의 소유이다. 아브라함의 모든 소유가 하나님의 것이 되었을 때, 하나님께서는 아브라함을 거대한 국가로 형성할 수 있었던 것이다.

아브라함의 생애 속에서는 아브라함을 거대한 국가로 형성하기 위한 하나님의 노력이 여실히 나타나고 있다.

다. '언약의 승계'가 강조되어 나타나는 아브라함의 생애

아브라함을 거대한 국가로 만들고자 하는 하나님의 열심은 이제 '언약의 승계'로 나타난다. 그래야 국가가 탄생하기 때문이다. 그래서 아브라함의 언약속에 나타난 여러 가지 사건들은 모두 이 언약의 승계와 관련이 있다. 심지어는 아브라함은 그의 자손들을 대표하여서 언약을 맺는다. 여호와께서는 할례언약을 맺을 때, "내가 내 언약을 나와 너와 네 대대 후손의 사이에 세워서 영원한 언약을 삼고 너와 네 후손의 하나님이 되리라"(창17:7)고 하여서 아직 존재하지도 않는 아브라함의 후손들과 언약을 맺는데, 이때의 위임을 받은 자는 아브라함이었다. 아브라함 안에서 그의 후손들이 함께 계약을 맺었기 때문에, 그 아브라함의 언약이 승계되는 것은 당연하다.

먼저, 사라의 사건에 의하면, 아브라함만의 자손이 아니라, 아브라함과 사라의 자손이 언약의 자손이며, 이 자손에게 언약이 승계된다는 것을 의미한다. 두 번째, 제사를 통해 형성된 언약은 이제 할례를 통해서 승계되는데, 할례는 그 후손과 관련이 되어진다. 세 번째, 이삭의 번제 언약은 이제 이삭을 통해서 그 언약이 승계됨을 말하고 있는 것이다. 그리고 이렇게 언약이 승계되어야 아브라함의 자손을 통한 국가형성이라는 여호와의 약속이 이행되는 것이다.

그리고 하나님께서는 이 일을 애굽에서 이스라엘이 400년 동안 종살이를 하는 가운데에서 그 중다한 백성의 수를 이루신다. 그리고 애굽에서 탈출하게 함을 통해서 한 국가를 형성하시는 것이다. 여호와의 약속은 이렇게 성취된 것이다. 그리고 이 국가형성 이후에는 이제 아브라함의 자손들의 의무가 중점적으로 나타나게 된다.

라. '아브라함의 헌신과 순종'으로서의 'בְּרָכָה'적 삶

아브라함의 헌신과 순종은 "②너는 בְּרָכָה(축복하는 자)가 되어라"에 모두 집약되어 있다. בְּרָכָה는 '축복하다'라는 동사에 명사형 어미가 붙어서 명사를 이룬 것으로서 '축복함'이라는 번역이 적절한데, 여기에 명령형 동사와 한 구절을 이루므로 '축복하는 자'라는 해석이 적질하다. 모세오경에서 '축복'과 관련한 단어의 용례를 살펴보면, 거의 대부분 동사형으로 사용된다. 그리고 '축복'이라는 개별적 대상들에 대해 명사형으로 사용할 때에는 보통 복수형을 사용하여서 "בְּרכת"라는 용어를 사용하며, "בְּרָכָה"는 개별적인 축복으로 나타나기 전의 상태로서 '축복함'과 같은 의미로 사용되며, 사람에게 적용될 때에는 '축복권'과 같은 장자명분과 같은 권리를 말할 때 사용되는 것으로 보인다. 따라서 이 'בְּרָכָה'는 '축복하는 자'라는 의미가 적절하며, 향후에는 '제사장'이라는 의미와 연결되는 것으로 보인다. 이 용어가 발전하여서 한 국가에 적용될 경우

'제사장 국가'가 되는 것이다.

아브라함이 이에 대한 순종을 어떻게 수행하였나? 그의 생애 속에 이러한 노력의 사례가 나타나는가? 이것을 살펴보는 것도 또한 우리의 본문연구의 주요이슈가 될 것이다. 아브라함은 분명히 이러한 삶을 살았다. 먼저, 그가 모든 거주하는 장소에 이를 때마다 그는 '제단'을 쌓았는데, 이것은 아브라함이 그의 בְּרָכָה 적 순종을 이행하는 한 모습이다. 두 번째, 땅 문제로 노비들 간의 분쟁이 일어났을 때, 롯에 대한 그의 태도에서 그가 בְּרָכָה적 삶을 살았음이 여실히 드러난다. 세 번째, 그돌라오멜과의 전투를 통한 소돔과 고모라의 구출행위가 이것을 의미한다. 그리고 그 결과 제사언약이 체결된다. 네 번째, 여호와의 사자가 방문하였을 때, 나그네를 소중히 섬기는 그의 태도에서 그가 בְּרָכָה 적 삶을 살고 있음을 나타낸다. 다섯 번째, 소돔과 고모라에 대한 중보기도가 그의 대표적인 בְּרָכָה적 행위이다. 이때 여호와의 사자는 아브라함에게 나타나서 소돔과 고모라에 심판이 목전에 달하였으니, 아브라함에게 공도를 행하라고 촉구한다. 여기서의 공도는 בְּרָכָה적 행위로서의 소돔과 고모라를 위한 중보기도였던 것이다. 누군가의 중보기도로 그 땅이 심판에서 건짐 받기를 원하시는 여호와의 간절한 촉구가 있었던 것이다.

2절 여호와와 아브라함의 언약체결(창12-13장)

1. 여호와의 언약제안과 이것을 수락하는 아브라함 (창 12:1-4)

가. 본문의 구성

창세기 12장 2-3절은 '아브라함의 언약'을 한 마디로 요약해주는 구절이다. 따라서 이에 대한 해석이 본 논문에서 매우 중요한 위치를 차지한다. 그리고, 이것은 창세기 12장 1-4절에 대한 본문의 구성에서부터 그 해석이 시작된다. 12장 1-4절까지의 히브리어 본문은 다음과 같이 구성된다.

1 וַיֹּאמֶר יְהוָה אֶל־אַבְרָם לֶךְ־לְךָ מֵאַרְצְךָ וּמִמּוֹלַדְתְּךָ וּמִבֵּית אָבִיךָ אֶל־הָאָרֶץ אֲשֶׁר אַרְאֶךָּ :

2 וְאֶעֶשְׂךָ לְגוֹי גָּדוֹל וַאֲבָרֶכְךָ וַאֲגַדְּלָה שְׁמֶךָ וֶהְיֵה בְּרָכָה :

3 וַאֲבָרֲכָה מְבָרְכֶיךָ וּמְקַלֶּלְךָ אָאֹר וְנִבְרְכוּ בְךָ כֹּל מִשְׁפְּחֹת הָאֲדָמָה :

4 וַיֵּלֶךְ אַבְרָם כַּאֲשֶׁר דִּבֶּר אֵלָיו יְהוָה … :

먼저, 위의 본문의 구성에서 가장 먼저 참조하여야 할 사항은 분리 액센트 기호로서의 : (씰룩)에 대한 표기이다. 이 부호는 마침표의 역할을 한다. 따라서 위의 문장은 각각의 구절은 별도로 독립되어 해석되어야 한다. 두 번째는 2절이 '아트나'에 의해서 두 문단으로 구분될 수 있으며, 아브라함에게 복을 주는 앞의 문단(2절a)은 1인칭 청유형이고,[54] 아브라함에게 'בְּרָכָה'가 되라고 하는 뒤의 문단(2절b)은 2인칭 명령형이다. 세 번째는 3절에서 '열방이 복을 받는 것'도 1인칭 청유형이다. 한편, 이에 대해서 학자마다 다른 견해를 가질 수 있다.[55] 다음과 같이 번역되어야 한다.

1절, 여호와께서 아브람에게 말씀하시길, "너는 너의 친척과 아버지의 집을 떠나 내가 너에게 보이게 할 땅으로 가라.
2절, 그러면, 나는 너를 큰 민족으로 만들고, 네게 복을 주고, 네 이름을 창대케 할 것이고(청유형), 너는 'בְּרָכָה'가 될 것이다(명령형).
3절, 그러면, 너를 축복하는 사람에게는 내가 복을 주고, 너를 저주하는 사람에게는 내가 저주하리니 땅의 모든 족속이 너로 인해 복을 받을 것이다."
4절, 그리하여 아브람이 여호와께서 말씀하신대로 떠났다.…

이제 위의 4개의 구절을 해석할 때 문단의 구분이 해석과 관련하여서 매우 중요하게 부각된다. 그 유형은 다음과 같다.

---

54) Wenham, *Genesis 1-15*, 266 : 월터 카이저, 『구약성경신학』, 120 ; 고든 웬함이나 월터 카이저는 창세기 12장 2절 a 부분과 13절의 1인칭 동사를 모두 청유형(1인칭 명령형)으로 본다. 그러나 결국 이것을 미래에 대한 강한 의지로만 해석하며, 이것을 여호와의 구체적인 의무로 해석하지는 않는다.
55) 빅터 해밀턴, 『오경개론』, 강성열·박철현 역 (서울: 크리스챤 다이제스트, 2007), 103 ; 한편, 빅터 해밀턴의 경우에는 여기에 다섯 개의 미완료 동사와 한 개의 완료형이 있다고 말하기도 한다.

① 두 개의 명령에 대한 세 가지씩의 약속으로 보는 경우

앨런 로스나 알더스의 경우, 위의 창세기 12장 1절의 본문을 '여호와의 명령'으로 보고, 이 명령에 대한 순종의 결과 12장 2절에 주어지는 '여호와의 축복' 세 가지로 해석을 한다. 그리고 또 다시 12장 2절 하반부의 'בְּרָכָה(축복자)가 되라'[56])는 명령이 주어지고, 이에 대한 축복이 12장 3절에 이어지는 '열국이 복을 받는 통로'로서의 세 가지가 주어지는 것으로 해석한다.[57] 이것을 평행법으로 구조화시켜서 구성하면 다음과 같다.

A. 본토 친척 아버지의 집을 떠나라는 명령 (1절)
　　A'. 명령에 대한 순종으로 주어지는 세 가지 축복으로서 큰 민족이 됨 (2절 a)
B. בְּרָכָה가 되라는 명령 (2절 b)
　　B'. 명령에 대한 순종으로 주어지는 세 가지 축복으로서 '복의 기준(통로)'이 됨 (3절)
C. (아브람이 여호와의 말씀대로 떠남) (4절)

그런데, 이와 같은 해석에는 다음과 같은 구조분석에서 심각한 문제를 안고 있다. 즉, 이 해석은 분리 액센트 기호를 전혀 고려하지 않은 해석이다. 위의 문장들에서 12장 1-4절까지 모든 절에는 맨 마지막에 마침표를 의미하는 : 기호가 들어있다. 따라서 위의 B 문장은 2절 b에 속하고, B' 문장은 3절로 연결이 되는데 이것이 구조분할에서 오류라는 것이다. 2절b와 3절은 구분되어야 한다. 오히려 분리 액센트 기호에 의하면, 2절 a와 2절 b가 한 문장이며, 이 a와 b의 구분이 분리 액센트 기호인 '아트나'를 통해서 한 문장임이 입증되는

---

56) בְּרָכָה 에 대한 번역이 무엇이 정확한 지는 본론에 들어가서 본문을 해석하면서 논하기를 원한다. 이 논문에서는 '축복하는 자'라고 표기하고자 하는데, 이에 대해서는 많은 검토가 요청되므로 여기에서는 그냥 בְּרָכָה라고 표기하고자 한다.

57) 앨런 로스, 『창조와 축복』, 384 : G. Ch. 알더스, 『화란주석 창세기1』, 기독지혜사 편집부 역 (서울: 기독지혜사, 1986), 314.

것이다. 따라서 위의 해석은 구조분석에서 그릇된 해석이 된다. 이에 따라 해석도 또한 적절하지 못하게 된 것이다.

② 한 명령에 대한 4 혹은 6가지의 약속으로 보는 경우

어떤 학자들은 '떠나라'는 한 명령에 대한 4, 혹은 6가지의 약속으로 보는 견해이다. 고든 웬함은 한 명령에 대한 4가지의 약속으로 보고 있는데, 그 네 가지는 '땅', '많은 자손', '축복과 보호와 성공', '땅의 모든 족속의 축복'이다.[58] 이에 대해 그는 "2절부터 3절까지에 있는 모든 본동사들, 즉, '하게 하다', '축복하다', '창대케 하다', '되다', '축복하다', '저주하다', '복을 얻다'가 1절에 있는 '가라'는 명령형에 종속된다"고 말하고 있다. 따라서 이것은 '하나님의 의도'를 나타내는 동사들이라는 것이다.[59]

웬함이 위의 전체 본동사를 '하나님의 의도 혹은 의지'로 설명하는 이유는 2절 하반부의 모든 본동사들을 의지미래를 나타내는 '미완료형'으로 해석을 하고 싶은 것이다. 그런데, 2절 상반부에 나타나는 '축복하다' 등의 1인칭 명령형의 청유형이나, 2절 하반부에 나타나는 'בְּרָכָה가 되라'는 2인칭 명령형을 인위적으로 그와 같은 미완료형 혹은 의지 미래로 번역할 수는 없는 것이다. 명령형에 나타난 하나님의 의도는 분명하지만 이것을 굳이 미완료형을 쓰지 않고, 명령형 본동사를 쓰는 데에는 충분한 이유가 있을 것이다. 따라서 2절부터 3절까지의 모든 언약문구로서 쓰인 명령형 동사를 '약속'을 의미하는 '미완료형'으로 변경시킨 것은 적절한 해석이 되지 못한다.

③ 12장 2-3절을 '양자 간의 언약적 제안'으로 보는 경우

위의 12장 1-4절의 구절들은 1절의 '갈대아 우르를 떠나라'는 여호와의 명령이 여호와의 언약 제안이며, 이에 대해 4절의 '떠남'이 이 언약에 대한 수락으로서 "1절과 4절이 서로 인크루지오를 이룬다"고 보아야 한다. 2-3절은 제안하는 '언약의 내용'이다. 이것은 다음과 같은 구조를 형성하고 있다. 이것이

---

58) Wenham, *Genesis 1-15*, 275.
59) Wenham, *Genesis 1-15*, 275.

일반적으로 받아들여진 구조분석의 형태인 것으로 보인다.

  A. 본토 친척 아비 집을 떠나라는 명령을 통한 여호와의 언약제안 (1절)
    B. 아브라함의 축복을 자신에게 명령(청유)하고, 아브람은 בְּרָכָה가 되라고 명령(2절)
    B' 그러면, 열방이 그로 인하여 복을 받을 것을 명령(청유) (3절)
  A'. 아브람이 여호와의 말씀대로 떠남을 통한 언약의 수락 (4절)

  한편, 위의 구조분석에서 유념하여야 할 것은, 2절 전반부에서 여호와께서 아브람에게 하시는 축복 세 가지는 '권유형(1인칭 명령형)'이라는 것이다. 따라서 2절에서 '아브람의 축복' 구문과 'בְּרָכָה가 되라'는 구문은 조건절과 주절의 관계가 아니다. 서로 평행을 이루는 명령형의 두 문장의 결합이다. 그리고 더 나아가서는 3절에 나타나는 '열방에게 베풀어지는 복'도 청유형 문장이다. 이것을 굳이 명령형의 형태로 표기하면, "(1절)떠나라. (2절)내가 너를 축복하도록 나에게 명령할 것이며, 너도 בְּרָכָה(축복자)가 되어라.60) (3절)그러면, 나도 너를 통하여 열방에 나의 복이 흐르도록 나에게 명령할 것이다"는 내용이다. 한편, 명령형은 강한 의지를 나타내므로, "(1절)떠나라. (2절)내가 너를 축복하리니, 너도 בְּרָכָה(축복자)가 되어라. (3절)그러면, 나도 너를 통하여 열방에 나의 복이 흐르도록 할 것이다."라고 번역될 것이다.

  1절, 여호와께서 아브람에게 말씀하시길, "너는 너의 친척과 아버지의 집을 떠나 내가 너에게 보이게 할 땅으로 가라. - 언약의 제안
  2절, 나는 너를 큰 민족으로 만들고, 너에게 복을 주며, 너의 이름을 창대케 하도록 나에게 명령한다(1인칭 명령형). 그리고, 너는 축복하는 자가 될 것을 명령한다(2인칭 명령형).
  3절, 너를 축복하는 자에게는 내가 복을 내리고(1인칭 명령형), 너를 저주하는 자에게는 내가 저주하니, 땅의 족속 모두가 네 안에서(혹은 너를 통하여) 복을 얻을 것이다.- 언약의 본문

---

60) 두 개의 명령형 문장이 병렬되므로 '너도'라는 번역이 적절해 보인다.(필자)

4절, 그리하여 아브람이 여호와께서 말씀하신대로 떠났다. - 언약의 수락

한편, 여기에서 1인칭 명령의 경우, 주체자가 의무로 받아들일 만큼의 강한 의지를 나타낸다. 따라서 청유형 문장은 계약문장으로 손색이 없는 것으로 보여진다. 이 논문에서는 이 구조분석과 해석을 따른다.

나. 언약을 제안하는 여호와 (창12:1)

이 본문에서 나타나는 언약(혹은 계약)의 배경을 이해하기 위해서는 아브라함이 속한 시대의 신화적 배경을 이해하는 것이 필요하다. 이러한 신화적 배경에서 볼 때, 여호와께서 아브라함에게 언약체결과 관련하여 "너는 너의 본토 친척 아비 집을 떠나 내가 네게 지시할 땅으로 가라"는 말씀이 하나님의 언약에 대한 수용으로서 얼마나 중요한지를 알 수 있다. 이것은 바로 그의 개종을 의미하였다.[61]

아브라함이 속하여 살던 시대는 대체로 각 지역마다 신들이 존재하였으며, 그 신들이 그 지역들의 왕이었으며, 그 땅의 주인은 왕이신 신이었고, 이 신들이 그들의 땅을 봉신들(지상의 왕들)에게 하사한다. 특히 아브라함이 우거하던 메소보다미아 지역의 수메르 문화의 경우에, 라가쉬 비문의 루갈실라시(BC 2500-2350)는 "모든 땅들의 왕은 안(An)"이라고 하며, 움마의 루갈자게시(BC 2300)는 "엔릴을 모든 땅들의 왕"으로 칭하고, 우룩의 우투헤갈의 통치(BC 2116-2109)시의 수메르왕의 명단에는 그 왕권 자체가 하늘에서 내려왔으며, 인간이며 신이었던 두무지를 왕으로 소개한다. 이러한 신이 왕이다는 사상은 히타이트인들이나 이집트인들이나 우가리트, 아시리아 바빌론 모두에게 공통적으로 나타난다.[62] 즉 땅의 주인은 신이고, 그 땅에 속하여 사는 자들은 이 신의 백성들이며, 왕은 봉신으로서 이 땅과 백성들을 다스렸다.[63] 이때 왕궁과 신전은 동일한 장소에 존재하였다. 이러한 구조는 메소보다미아 전역에 적용된 것으로 보이며, 이집트도 또한 이와 다르지 않았고, 그리스도 마찬가지

61) 앨런 로스, 『창조와 축복』, 김창동 역 (서울: 디모데, 2007), 382.
62) 제프리 니하우스, 『시내산의 하나님』, 김진섭 역 (서울: 이레서원, 2009), 123-126.
63) 니하우스, 『시내산의 하나님』, 120-122; W.H. 슈미트, 『역사로 본 구약신앙』, 강성열 역 (서울: 나눔사, 1988), 36-37.

였다. 따라서 어느 지역에 우거하려면 그에 속한 신들을 섬겨야 한다. 성경이나 신화를 통해 당시를 고찰해보면, 이와 같은 신화적 배경 때문에 국가 간의 전쟁은 신들의 전쟁으로 여겨졌다. 이 그 전쟁의 승패에 신들이 참여하는 신들의 전쟁이었다.[64] 이것이 고대근동의 우주관이자 가치관이었다.

당시에 아브라함도 이러한 세계 속에서 살았다. 그의 부친은 그 신들의 우상을 팔아서 생계를 유지하는 전각장이였다. 그의 부친 데라는 처음에는 바벨로니아의 큰 수도였던 갈대아 우르에 살다가 하란으로 이사를 왔는데, 이 두 도시는 월신 신(Sin) 숭배의 옛 중심지들이었다.[65] 한편, 데라의 때부터 그들의 가나안 이전은 계획되어 있었던 것으로 보인다. 그들은 자신들의 종교를 떠나고 있었던 것이다.[66] 사도행전 7장 2절에서는 "그가 하란에서 살기 전 메소보다미아에 있을 때 하나님께서 아브라함에게 나타나셨다"고 기록하고 있기 때문이다. 당시에는 씨족의 신들이 땅의 신들과 동일시되는 시대였기 때문에,[67] 어떤 지역을 떠난다는 것은 이러한 개종의 의미를 지니고 있었다.

이러한 시대적 상황 속에서 여호와 하나님께서 아브라함에게 나타나셨는데, 이것은 성경에서 여호와께서 처음으로 자신을 드러낸 사건이었다.[68] 이때 여호와께서는 "너는 너의 본토 친척 아비 집을 떠나라"고 말씀하신다. 그 내용은 다음과 같다.

여호와께서 아브람에게 이르시되 너는 너의 본토 친척 아비 집을 떠나 내가 네게 지시할 땅으로 가라.(창12:1)

이것은, 여호와 하나님께서 아브라함에게 언약을 제시하고 있는 말씀이다. 여기에는 이미 그 안에 여호와 하나님의 나라 건설이 암묵적 전제로 자리잡고 있음을 알 수 있다. 즉, 여러 신들 중의 하나로 인정되던 당대의 정황 속에서, 이제는 최고신으로서의 여호와께서 아브라함 자신을 그의 봉신 혹은 그의 제

---

64) 호메로스, 『일리아스 오디세이아』, 이상훈 역 (서울: 동서문화사, 2013), 32-60.
65) 빅터 해밀턴, 『모세오경』, 117.
66) Calvin, *The Book of Genesis*, 321.
67) W.H. 슈미트, 『역사로 본 구약신앙』, 강성열 역 (서울: 나눔사, 1989), 36.
68) Thomas W. Mann, *The Book of the Torah* (Atlanta, John Knox Press, 1988), 32.

사장으로 부르고 있는 것이었다.

다. 언약의 내용 (창12:2-3)

여호와 하나님께서 아브라함을 부르시어 창세기 12장 2-3절의 언약을 말씀하신 것은, 이제 자신의 나라를 이 세계 속에 건설하고자 하는 계획의 일환이었다. 천지의 창조자이신 여호와 하나님께서는 이 세계 속에 자신의 나라를 세우고, 자신의 신민을 이루어서, 이 세계의 안녕이라는 자신의 고유의 목적을 이루고자 하시는 것이었다. 이러한 차원에서 아브라함의 언약은 기존의 원역사(창1-11장)에 나타나는 언약질서와 연속선상에 있다.[69] 이 아브라함의 언약은 분명히 하나님의 경륜에 관한 것이었다.

위의 12장 2-3절을 계약문구라고 전제하고, 명령형 동사로 쓰인 조항들이 각각의 역할을 말하며, 이 각각이 언약의 주체들이다. 한편, 이대 아브라함의 언약은 그 언약의 당사자들이 셋으로 확장될 수도 있는데, 그 세 번째는 '열방'이다. 여호와께서 인생들에 대한 창조자이시고, 대주재이시면서도 인생들에게 인격을 주시었기 때문에 이제는 인생들도 동등하게 한 언약의 당사자로 인정하고 있는 것이다. 이 언약의 당사자는 언약주체 A와 B로서의 여호와와 아브라함이며, 이 언약의 궁극적 효과 혹은 목적으로서 열방이 C로 나타난다.

여기에서 언약주체 A의 역할은 '약속'으로서 ①"내가 너를 큰 민족으로 만들고, 너에게 복을 주며, 너의 이름을 창대케 할 것을 나에게 명령(권유)한다"이며, 언약주체 B의 역할은 '순종'으로서 ②"너도 בְּרָכָה가 되어라"[70]이고, 계약의 객체 C에게 미치는 효과는 ③"너(아브라함을 의미)를 축복하는 자에게는 내가 복을 내리고, 너를 저주하는 자에게는 내가 저주하니, 땅의 족속 모두가 네 안에서(혹은 너를 통하여) 복을 얻는 것"이다. 여기에서 우리가 주목해야 하는 언약주체 A와 B의 조항인데, 이 양자가 어떻게 이 역할을 위해 최선을 다하는 지를 살펴보는 것이다. 물론 이 전체가 언약 조항이며, 궁극적인 언약은 ③에 있으므로, ②도 또한 여호와께서 이루실 것이다. 아브라함은 이에 대한 순종으로 나아갈 뿐인 것이다.

---

69) 스택, 『구약신학』, 98-110.
70) 여기에서 '너도'라고 번역하고자 하는 이유는 두 개의 명령형이 있기 때문이다. (필자)

① 여호와의 역할로서의 '약속' (창12:2 a)

우리는 위의 세 당사자의 역할을 표현하는 동사의 형태를 살펴보아야 한다. 이렇게 할 경우 이 계약은 기본적으로 언약객체 C를 위한 언약이었다.

먼저, 언약주체 A의 약속으로서, "אֶעֶשְׂךָ … וַאֲבָרֶכְךָ וַאֲגַדְּלָה …"의 해석인데, 여기에서 ָ 혹은 ִ를 '바브 연속법(도치형)'으로 보느냐, 아니면 '바브 병렬형'으로 보느냐에 대한 분별이 우선되어야 한다. 여기에서 맨 앞에 등장하는 אֶעֶשְׂךָ에 대한 해석이 중요한데, 이것은 여호와 자신을 향한 것으로서, '바브'의 형태로 보아 '바브 도치형'이 아니라 '바브 병렬형'이고, 여호와께서 여호와 자신에게 명령하고 권고하는 1인칭 청유형(명령형)이다. 고든 웬함이나 앨런 로스나 월터 카이저도 이 동사들을 이와 같이 1인칭 권고형(청유형)으로 본다.[71] 따라서, 이에 대한 가장 직접적인 해석은 "내가 너로 큰 민족을 이루고, 축복하고, 창대하게 할 것을 나에게 권고하고 명령한다"가 된다. 자기 자신에게 그 역할을 부과하고 있는 것이다. 여기에서 각각의 동사는 모두 '미완료형'이 아니라 '청유형'인데, 그 이유는 청유형에 사용되는 접미어 ָה 때문이다. 이 접미어는 청유형에 쓰이는 어미이기 때문이다. 따라서 이 문장들은 분명히 1인칭 미완료형이 아니라, 권고형(명령형)으로서 여호와께서 여호와 자신에게 명령형을 사용하여 자신의 역할을 부여하고 있는 문장이다.

② 아브라함의 역할로서의 '순종' (창12:3 b)

주체 B의 역할에 대한 묘사는 "וֶהְיֵה בְּרָכָה"를 통해 적나라하게 드러난다. 여기에서 וֶהְיֵה 는 '되라'는 의미의 2인칭 명령형임은 분명하다. 그리고, 여기에서는 뒤에 따라오는 בְּרָכָה에 대한 번역이 중요한데, 이것은 능동형의 동사 בָּרַךְ (축복하다)에 명사형 어미가 붙어서 명사화 된 것이다. 따라서 이 בְּרָכָה는 '축

---

71) Wenham, *Genesis 1-15*, 266 : 앨런 로스, 『창조와 축복』, 388 : 월터 카이저, 『구약성경신학』, 120 ; 한편, 고든 웬함이나 앨런 로스나 월터 카이저도 이 12장 2절의 동사를 청유형으로 보지만, 이것을 여호와편의 의무조항으로까지 해석하지는 않는다. 즉 12장 2절의 여호와의 아브라함을 향한 축복문구를 계약조항으로 확장하여 보지는 않는다는 것이다.

복 자체, 혹은 축복 덩어리'72)라는 표현도 적절하지만, 명령형 동사와 결합된 것을 보았을 때, 그 보다 더 능동성을 부여하여서 '축복함, 혹은 축복자'라는 번역이 더욱 적절해 보인다. 예컨대, 신명기 33장 1절에서 모세가 마지막으로 이스라엘 12지파를 축복하는 내용을 개역성경은 "하나님의 사람 모세가 죽기 전에 이스라엘 자손을 위하여 축복함이 이러하니라"고 말하고 있다. 이때의 '축복함'이 곧 בְּרָכָה 이다. 만일 이 בָּרַךְ (축복하다)가 수동형이라면 '축복 받는 것'이라는 형태로 번역할 수 있겠지만, 이 동사는 분명히 능동형의 동사이므로 '축복함'이 적절할 수 있을 것이다. 한편, 고든 웬함은 이 בְּרָכָה에 대해서, "어떤 번역본들은 수동 분사형에 대한 명사화로 보는 번역본이 있는가하면, 카일과 델리취, 볼프, 베스터만은 이에 대해 능동적인 의미를 부여하였다"73)고 말한다. 즉 능동태 동사의 명사화인 것을 말하고 있는 것이다.

그런데, 이제 아브라함에게 "너는 בְּרָכָה 가 되라"고 하는 것은 인격적 존재를 향한 명령이다. 이때의 동사가 만일 '미완료형'이라면 "너는 בְּרָכָה 가 될 것이다"로 하여야 할 것이며, '완료형'의 문장이라면 "너는 이미 בְּרָכָה 가 되었다"로 하여야 할 것이다. 그런데, 이 문장은 분명히 인격적 존재를 향한 명령으로 나타나고 있다. 이것은 이제 그에게 어떤 '행위'로 작용하는 것이다. 이 בְּרָכָה 적 행위에 대하여, 창세기 18장 17-18절에서는 "아브라함은 강대한 나라가 되고 천하 만민은 그를 인하여 복을 받게 될 것이 아니냐. 내가 그로 그 자식과 권속에게 명하여 여호와의 도를 지켜 의와 공도를 행하게 하려고 그를 택하였나니"라고 말하며, 창세기 26장 5절에서는 "이는 아브라함이 내 말을 순종하고 내 명령과 내 계명과 내 율례와 내 법도를 지켰음이니라"74)고 한다. 따라서, "너는 בְּרָכָה 가 되라"는 말씀은 "너는 축복함이 되라"에서 더 발전하여 "너는 축복하는 자가 되라"고 번역될 수 있는 것이다.

이것은 여호와께서 세상을 축복하기 위한 '축복의 도구'75)로서 아브라함을

72) 이병규,
73) Wenham, *Genesis 1-15*, 276.
74) Sailhamer, *The Pentateuch as Narrative*, 67 ; 세일해머는 "이 구절은 비평주의 학자와 보수주의 학자를 포함한 대개의 성경학자들에 의해서 '신명기적 본문'으로 여겨진다"고 말하는데, 이 논문에서는 JEDP 가설을 채택하지 아니하며, 보수주의 학자들이 이것을 신명기적 본문으로 받아들이고 있다고 말하는 세일해머의 견해는 근거 있는 이야기가 아닌 것으로 판단한다.
75) 월터 카이저, 『구약성경신학』, 최종진 역 (서울: 생명의 말씀사, 1989), 115 ; J.H. 세일해머, 『서술로서의 모세오경』, 김동진·정충하 역 (서울: 크리스챤 서적, 2007), 266 ; 월터 브루그만·토드

선택한 것으로 볼 수 있는 것이다.76) '복을 받는다'는 수동형 동사가 명사가 된 것으로 보아 '복을 받음', 혹은 여기에 인격적 의미를 부여하여 '복을 받는 자'로 번역하는 것은 틀린 번역으로 보인다. 한편, 이때 월터 카이저도 "누구에게 대하여 복이 될 것인가"77)라고 물으며, "주위 사람들(곧, 열방)"이라고 말한다. 그리고, 이렇게 해석 될 때, 그 다음 4절에 이어지는 계약의 객체 C 로서의 '열방'이 복을 받는 것과 연결이 되어 진다. 아브라함이 이러한 축복하는 자가 될 때, 그들이 아브라함을 축복하면 그들이 복을 받는 연쇄고리가 형성된다. 월터 카이저는 "아브라함이 구원의 제사장적 중개자가 되는 것"이라고 말한다.78) 즉 아브라함의 여호와를 향한 기도와 제사행위를 통하여서 모든 열방이 하나님의 복 안에 들어오며, 만유통일이 되어지는 것이다. 만일 아브라함이 이러한 축복자, 중보기도자, 혹은 제사장으로서의 בְּרָכָה의 역할을 수행하지 않으면, 4절은 3절과의 아무런 인과관계를 갖지 못한다.

③ 'בְּרָכָה'와 'בִּרְכֹת'의 용례에 대한 분석

한편, 모세오경에서 '복'에 관한 용례를 살펴보면, 대부분의 '복'에 관한 것은 '동사형, בָּרַךְ'의 형태를 취한다. 이것은 분명히 복을 베푸시는 분이 유일하신 여호와 하나님이기 때문으로 보인다. 그리고 명사형으로 쓰일 경우는 'בְּרָכָה'와 'בִּרְכֹת'라는 단어가 존재한다. 이때, 이 양자의 관계는 문법적 형태상 'בִּרְכֹת'는 'בְּרָכָה'의 복수형으로 보인다. 보통 번역들에서는 이 양자에 대해서 '복'이라고 번역을 한다. 이러한 단어들이 사용되는 용례를 보면 다음과 같다.

먼저, 'בְּרָכָה'라는 단어는 상당히 '추상적인 복'이며, '집합적인 복'이고, 어떤

리나펠트, 『구약개론』, 김은호·홍국평 역 (서울: 기독교문서선교회, 2014), 118-119.

76) "בְּרָכָה"를 "복의 통로" 혹은 "복의 도구"로 번역되기 위해서는 "בְּרָכָה"는 "축복 받는 자"로 번역되어서는 안 되며, "축복하는 자(제사장과 같은)"로 번역되어야 한다. 이 개념은 후에 시내산 언약에서는 "제사장 국가"로 연결되어 지는 용어이다. 대부분의 글들은 이러한 취지를 이해하고 있으면서도, "בְּרָכָה"를 "축복 받는 자"로 번역하고 있다. (논자의 견해)

77) 월터 카이저, 『구약성경신학』, 47 ; 월터 카이저는 "'그는 복이 될 것이다'로 말하는데, 그것은 단순히 자신의 축복을 받거나 그의 이름이 축복의 공식이 될 것을 의미하는 것이 아니라, 그를 하나님의 축복의 매개체와 근원으로 부양하는 것이다.…아브라함 자신이 어떻게 그의 주위의 사람들에게 축복의 매개체가 될 수 있었는가 하는 문제였다"고 말한다.

78) 월터 카이저, 『구약성경신학』, 48.

'축복에 대한 권세'와 같고, 구체적인 '복'이 있기에 앞서서 존재하는 '축복하는 권세를 가진 자의 축복함'과 같은 자리에서 사용된다. 다음의 경우는 '복'으로서 'בְּרָכָה'가 사용되었다.

a. '축복 자체'로 해석이 가능한 경우 :
(신 11:26) 내가 오늘날 복בְּרָכָה과 저주를 너희 앞에 두나니
(신 28:8) 여호와께서 명하사 네 창고와 네 손으로 하는 모든 일에 복בְּרָכָה을 내리시고 네 하나님 여호와께서 네게 주시는 땅에서 네게 복을 주실 것이며
(신 30:19) 내가 오늘날 천지를 불러서 너희에게 증거를 삼노라 내가 생명과 사망과 복בְּרָכָה과 저주를 네 앞에 두었은즉 너와 네 자손이 살기 위하여 생명을 택하고

b. '축복함'으로 해석이 가능한 경우
(신 11:29) 네 하나님 여호와께서 네가 가서 얻을 땅으로 너를 인도하여 들이실 때에 너는 그리심산에서 축복בְּרָכָה을 선포하고 에발산에서 저주를 선포하라.
(신 30:1) 내가 네게 진술한 모든 복בְּרָכָה과 저주가 네게 임하므로 네가 네 하나님 여호와께 쫓겨간 모든 나라 가운데서 이 일이 마음에서 기억이 나거든
(신 33:1) 하나님의 사람 모세가 죽기 전에 이스라엘 자손을 위하여 축복함בְּרָכָה이 이러하니라.

c. '축복하는 자' 혹은 '축복하는 권세'로 해석이 가능한 경우 :
(창 27:12) 아버지께서 나를 만지실진대 내가 아버지께 속이는 자로 뵈일지라 복בְּרָכָה은 고사하고 저주를 받을까 하나이다.
(창 27:35) 이삭이 가로되 네 아우가 간교하게 와서 네 복בְּרָכָה을 빼앗았도다.
(창 27:36) 에서가 가로되 그의 이름을 야곱이라 함이 합당치 아니하니이

까 그가 나를 속임이 이것이 두 번째니이다 전에는 나의 장자의 명분을 빼
앗고 이제는 내 복ּבְרָכָה을 빼앗았나이다 또 가로되 아버지께서 나를 위하여
빌 복ּבְרָכָה을 남기지 아니하셨나이까.

(창 27:38) 에서가 아비에게 이르되 내 아버지여 아버지의 빌 복ּבְרָכָה이 이
하나뿐이리이까 내 아버지여 내게 축복하소서 내게도 그리 하소서 하고 소
리를 높여 우니

(창 27:41) 그 아비가 야곱에게 축복한 그 축복ּבְרָכָה을 인하여 에서가 야곱
을 미워하여 심중에 이르기를 아버지를 곡할 때가 가까왔은즉 내가 내 아
우 야곱을 죽이리라 하였더니

(출 32:29) 모세가 이르되 각 사람이 그 아들과 그 형제를 쳤으니 오늘날
여호와께 헌신하게 되었느니라 그가 오늘날 너희에게 복ּבְרָכָה을 내리시리
라.(제사장의 임명)

(신 11:27) 너희가 만일 내가 오늘날 너희에게 명하는 너희 하나님 여호와
의 명령을 들으면 복ּבְרָכָה이 될 것이요.

(신 23:5) 네 하나님 여호와께서 너를 사랑하시므로 발람의 말을 듣지 아
니하시고 그 저주를 변하여 복ּבְרָכָה이 되게 하셨나니

이에 반하여 'ּבִּרְכֹת'는 '복수형'으로서 가시적으로 이해할 수 있는 '구체적인
복들'이라는 용어로 사용되는 특성을 지니고 있다. 이 경우에는 대체로 '~에
게 주어진 복'으로서 사용되며, 소유격의 대상으로서 '~의 복'을 말할 때 사
용된다.

a. '구체적인 복들'로 해석이 가능한 경우 :

(신 28:2) 네가 네 하나님 여호와의 말씀을 순종하면 이 모든 복ּבְּרָכֹת이 네
게 임하며 네게 미치리니

(신 33:23) 납달리에 대하여는 일렀으되 은혜가 족하고 여호와의 복ּבִּרְכֹת이
가득한 납달리여 너는 서방과 남방을 얻을지로다.

b. '~에게 주어진 복'을 의미하는 경우 :

(창 28:4) 아브라함에게 허락하신 복בְּרָכָה을 네게 주시되 너와 너와 함께 네 자손에게 주사 너로 하나님이 아브라함에게 주신 땅 곧 너의 우거하는 땅을 유업으로 받게 하시기를 원하노라.

(신 12:15) 그러나 네 하나님 여호와께서 네게 주신 복בְּרָכָה을 따라 각 성에서 네 마음에 즐기는 대로 생축을 잡아 그 고기를 먹을 수 있나니 곧 정한 자나 부정한 자를 무론하고 노루나 사슴을 먹음 같이 먹으려니와

(신 16:17) 각 사람이 네 하나님 여호와의 주신 복בְּרָכָה을 따라 그 힘대로 물건을 드릴지니라

c. '~의 복'을 의미하는 경우 :

(창 39:5) 그가 요셉에게 자기 집과 그 모든 소유물을 주관하게 한 때부터 여호와께서 요셉을 위하여, 그 애굽 사람의 집에 복을 내리시므로 여호와의 복בְּרָכָה이 그의 집과 밭에 있는 모든 소유에 미친지라.

(창 49:25) 네 아비의 하나님께로 말미암나니 그가 너를 도우실 것이요 전능자로 말미암나니 그가 네게 복을 주실 것이라 위로 하늘의 복בְּרָכָה과 아래로 원천의 복בְּרָכָה과 젖먹이는 복בְּרָכָה과 태의 복בְּרָכָה이리로다.

(창 49:26) 네 아비의 축복בְּרָכָה이 내 부여조의 축복בְּרָכָה보다 나아서 영원한 산이 한없음 같이 이 축복בְּרָכָה이 요셉의 머리로 돌아오며 그 형제중 뛰어난 자의 정수리로 돌아 오리로다.

(레 25:21) 내가 명하여 제 육년에 내 복בְּרָכָה을 너희에게 내려 그 소출이 삼년 쓰기에 족하게 할지라.

위에 의하면, 'בְּרָכָה'가 명령형 등을 통하여 사람과 접목이 될 경우에는 '장자권'과 밀접한 관계가 있으며, '제사장적 권세'와 밀접한 관계가 있다. 위에서 'בְּרָכָה'는 에서가 그의 장자권을 빼앗길 때, 이 'בְּרָכָה'를 빼앗겼다고 말하면서 그의 아비 이삭에게 반론을 제기하고 있다. 여기서의 'בְּרָכָה'는 축복하는 권세로서 이스라엘의 장자권 안에 내포된 것을 의미하는 것으로 보인다. 즉 언약의 승계를 의미하는 것이다. 그리고, 레위인들에게 여호와께서 "בְּרָכָה를 놓았다"고 할 때의 그 'בְּרָכָה'는 제사장의 권세와 관련이 있어 보인다. 따라서

'בְּרָכָה'가 단순한 '축복함'이지만, 이것이 사람에게 명령형으로 쓰일 때에는 이와 같은 '축복하는 자'로서의 '제사장'의 의미를 지닌 것으로 보인다. 원래 바라크라는 어원에는 '무릎꿇다, 기도하다'의 의미를 내포하고 있기도 한데, 이것은 제사장의 본질이다.

④ 언약의 성취로서의 '열방이 갖는 유익' (창12:3)

이 언약에는 계약의 객체 C가 갖는 유익이 존재한다. 세 번째, 효과 C에 대한 이해인데, 이것은 하나님의 의도이다. 그 내용은 "너를 축복하는 자에게는 내가 복을 내리고, 너를 저주하는 자에게는 내가 저주할 것이니, 땅의 족속 모두가 네 안에서(혹은, 너를 통하여) 복을 얻을 것이다."라는 내용이다. 이때 "너를 축복하는 자에게는 내가 복을 내리고"는 1인칭 '명령형(청유형)'이며, "땅의 족속 모두가 네 안에서(혹은, 너를 통하여) 복을 얻을 것이다"는 장래에 궁극적으로 이루어질 '미완료형'으로서 '재귀적'[79]용법이다.

이 C조항은 "너는 축복자(בְּרָכָה)가 되라"는 언약주체 B의 역할과 직접적으로 연결되어 진다. 여호와 하나님은 자기 자신(주체A)에게 "아브라함에게 땅과 신민을 주라"고 명령을 하고, 언약 주체B인 아브라함에게 "축복자가 되라"고 명령을 하고 있다. 그리고 이제 주체 B가 여기에 순종을 하면, 이제 주체 A는 주체 C를 축복할 수 있게 되는 것이다. 이와 같이 하여서 하나님의 경륜의 구조가 완성되는 것이다.

한편, 이 열방이 아브라함으로 말미암아 복을 받는 것은 매우 중요한 의미를 내포하고 있다. 이것이 곧 언약성취의 모습인 것이다. 아브라함이 '땅'과 '씨'의 축복을 받는 12장 2절 상반부의 약속이 궁극적으로 성취하고자 하는 언약성취가 아니다. 그것은 여호와의 역할에 속하며, 이것은 아브라함의 בְּרָכָה적 역할과 결합하여, 궁극적으로 12장 3절의 "아브라함을 통하여 복을 받는 열방"의 모습이 나타난다. 이렇게 아브라함과 그의 자손들이 제사장 국가라는

---

79) Claus Westermann, *Genesis*, A Practical Commentary Vol. 1, Trans. by David E. Green (Michigan : William B. Eerdmans, 1987), 99. 베스터만에 의하면, 이에 대한 번역으로서 "스스로를 축복할 것이다"라고 해석하여 재귀적으로 번역할 것인지, "복을 받을 것이다"고 하여서 수용의 의미로 번역할 것인지, "복 될 것이다"로 번역하여 수동의 의미로 번역할 것인지에 대해서는 학자들마다 다양한 견해가 존재한다.

'복의 통로'가 되어 나타나는데, 그 모습이 곧 언약의 진정한 성취이며, 더 나아가서는 우리의 구원의 개념인 것이다. 이 일은 궁극적으로 우리 구원의 창시자이신 예수 그리스도를 통해서 완전한 성취를 이룬다.[80] 이것은 우리가 창세기 12장 2절 상반부의 '아브라함을 향한 하나님의 땅과 씨에 축복'을 궁극적인 '아브라함의 언약'으로 보고, 이것을 이루는 것으로서 '시내산 언약'의 '율법'으로 보는 도식이 잘못되어 있음을 증명한다. 아브라함의 언약이 고스란히 시내산 언약으로 발전하며, 또한 시내산 언약이 고스란히 새 언약으로 발전하는 것이다. 이 세 언약이 각각 분할되어 하나는 약속을 말하고, 또 하나는 그 약속실현의 방법을 말하는 것이 아니다.

⑤ 언약 내용에 대한 포괄적인 이해와 아브라함의 순종

위의 언약 제안의 내용은 크게 세 가지인 데, 하나는 하나님의 아브라함을 향한 큰 백성으로의 축복이며, 또 하나는 아브라함에 '베라카(בְּרָכָה, 축복함, 축복하는 자)'가 되는 것이며, 마지막은 아브라함을 통하여 열국이 복을 받는 것이다. 아브라함은 위의 세 가지를 이해할 때, 포괄적으로 이해하고 받아들였다. 즉, 자신을 향한 명령형은 "베라카(בְּרָכָה, 축복함)가 되라"이지만, 이 명령형은 이것만으로는 이해될 수 없다. 이 명령형은 "아브라함을 통하여 열국이 복을 받는 것"을 위한 도구적 기능을 한다. 의미 없는 명령형이 아니라, "아브라함을 통하여 열국이 복을 받는" 하나님의 경륜을 향한 거룩한 참여를 이해하면서, "베라카(בְּרָכָה, 축복함)가 되라"는 내용을 이해하고 있는 것이다. 따라서 위의 세 가지 전체를 하나의 약속으로 이해할 수 있는 것이지, 위 세 가지 중에서 자신의 해야 할 태도로서의 "베라카(בְּרָכָה, 축복함)라 되라"는 구절만을 붙드는 것은 아니다. 이러한 차원에서 "베라카(בְּרָכָה, 축복함)가 되라"는 문구도 또한 약속의 범주에 들어간다.

그렇다면, 위의 세 가지의 언약 내용을 들었을 때, 아브라함의 순종의 태도는 무엇일까? 그것은 바로 "베라카(בְּרָכָה, 축복함)가 되는 것"이었다. 이것은 하나의 계약조건으로서의 의무이행이라기 보다는 순종에 더 가깝다. 표면적으

---

80) Calvin, *The Book of Genesis 1*, 348.

로는 의무이행으로 보이지만 궁극적으로는 언약제안에 대한 순종이다. 그러면
서도 이 '순종'이라는 용어에 대해서는 '율법과 규례'라는 용어를 적용하여도
된다. 이 '베라카(בְּרָכָה, 축복함)가 되는 것'은 '약속에 대한 반응'으로서의 '순
종'이면서도 또한 거룩한 '율례'가 되는 것이다. 한편, 많은 학자들의 경우에
아브라함의 언약에 이러한 조건이 추가되는 것을 꺼려하지만, 이 '순종'은 언
약에 대한 자연스러운 '반응'이라고 볼 수 있을 것이다.[81]

이에 따라 아브라함의 생애 속에서 주요 사건들이 나타날 때마다 하나님께
서는 아브라함에게 '믿음'을 칭찬하시고(제사언약), '완전함'을 요구하시고(할
례언약), '규례와 법도'를 행할 것을 요구하시며(방문언약), '내 말을 지켰다'
(이삭번제언약)고 말씀하시며, 그의 생애 끝에 가서는 "아브라함이 율례를 지
켰다"는 표현을 사용하신다. 이것은 아브라함이 모든 생애 속에서 '베라카
(בְּרָכָה, 축복함)적 태도'를 견지하였다는 것이다. 심지어는 사라사건 때에도 아
브라함은 '베라카(בְּרָכָה, 축복함)적 태도'를 지켰을 것으로 우리는 추정할 수도
있는 것이다.

라. 아브라함의 언약제안에 나타난 신학적 의미

아브라함의 언약은 신학적인 여러 가지 의미를 함축하고 있다. 먼저, 신-인
협력의 신비가 있으며, 두 번째는 하나님의 경륜의 모습이 담겨져 있고, 세 번
째는 상호 언약적 성격이 담겨져 있다.

① 아브라함의 언약에 나타난 신-인 협력의 신비

아브라함의 언약이 시사하는 바에 의하면, 여호와 하나님께서는 이 세계 속
에서 자신을 '대리'하여 세상을 '축복하는 자'를 세우고자 하고 있으며, 아브라
함 이전의 모든 언약도 이와 같은 의미를 지니고 있고, 아브라함 이후에는 이
들이 곧 '제사장'들이다. 하나님은 분명히 "하나님을 대신하여 세상을 축복하
는 자"를 세우고자 하신다. 어쩌면 창세기 1장 27절의 '하나님의 형상'의 진

---

81) 빅터 해밀턴, 『모세오경』, 106-107 ; 빅터 해미턴의 경우, 이에 대해 "편무계약에서 조차 어느 정
도의 상호성이 존재한다"고 말한다.

정한 기능은 바로 이것을 의미하는 것으로 보인다.

아브라함은 בְּרָכָה 로의 부르심에 대해서 이러한 고귀한 직분에 참여하는 것임을 알았다. 아브라함은 그 가치를 인식하였으며, 그와 같은 가치에 헌신하는 것의 위대함을 인식하였다. 아브라함이 세상에서의 축복을 원하였다면 그는 갈대아 우르를 떠나지 않았을 것이다. 그의 개종의 결단은 바로 이것을 진리의 추구를 의미하는 것으로 보인다. 그리고, 이것은 하나의 거룩한 의무일 수 있지만 동시에 하나의 위대한 권리행사였으며, 아브라함은 여기에 참여한 것이었다. 그는 이제 하나님을 대신한 축복자가 된 것이었다. 진정한 가치를 추구하는 자에게 세상에서 이 보다 더 가치 있는 일은 존재하지 않는다.

예컨대, 십계명이 이러한 בְּרָכָה 적 순종의 이행이었다면, 이것은 의무가 아니라 축복의 권리를 행사하는 행위였다. 그 언약의 취지를 깊이 이해하고 있는 모세의 입장에서 이것은 십계명의 의무이행이 아니라, 하나님의 동역자로서의 참여였으며, 모세는 이것은 어렵지 않은 계명이라고 말한다. 아브라함의 언약을 잘 이해하는 자에게 십계명은 의무가 아닌 권리의 행사였다. 아브라함은 이것을 잘 알았으며, 여기에 참여한 것이었다.

② 아브라함언약에 나타난 하나님의 경륜

기본적으로 아브라함의 언약은 아브라함 선대들에게 여호와께서 한 언약과 배치되지 않는다. 모세오경의 저자가 동일인이라면, 이 '언약'이라는 용어는 한 가지 의미를 지니고 있다. 아브라함의 선대들과 맺은 모든 언약은 여호와가 어느 누구를 선택하는 것은 항상 열방과 만유가 여호와 하나님의 복안에 들어오는 것을 위해서였으며, 아브라함의 언약도 이와 마찬가지였다.[82] 따라서 아브라함의 언약은 다음과 같이 도식화가 가능한데, 언약의 본질이 같은 것이라면, 이것은 아담의 언약도 다음과 유사하게 도식화될 수 있을 것이다.

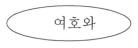

여호와

---

82) 스택, 『구약신학』, 98-110.

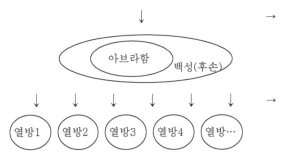

아브라함의 후손을 번성케 함을 통한 여호와의 나라 형성 (주체A의 약속)

복의 통로 혹은 축복하는 자로서의 축복행위 (주체B의 순종)

③ 아브라함의 언약의 성격

　국어사전적 의미로 "'계약'란, 관련되는 사람이나 조직체 사이에서 서로 지켜야 할 약속에 대하여 글이나 말로 정하여 두는 것"을 말하며, 법률적인 의미에서 "계약이란, 사법상 일정한 법률 효과를 목적으로 하는 당사자 간의 의사표시 합치에 의한 법률행위이다"고 표현된다. 이러한 계약의 개념은 우리에게 상식적으로 받아들여진 통념이다. 한편, 이 계약 중에서 신과 인간 사이에 맺어진 계약을 우리는 언약이라고 부르고 있다. 이와 같이 계약의 가장 기본적인 형태는 이해관계자가 둘 이상인 경우를 의미하고, 이러한 차원에서 아브라함과 하나님 간의 계약도 이에 속한다. 이러한 계약은 대체로 주체 A와 주체 B가 서로에 대해서 책임과 의무를 다함을 통해서 공동목적 C를 달성하고자 하는 것이다. 일반적으로 모든 계약은 이 틀 안에 있다.

　이때, 모세오경의 저자에게 이 아브라함의 언약의 틀을 기존의 언약적 틀을 통해서 이해하려는 경향이 있었던 것은 분명하다. 그렇다면, 아브라함의 언약은 고대근동역사를 감안하였을 때, 어떤 형태의 언약적 틀을 이용하여 이해하려고 하였을까? 주체 A와 주체 B의 위치가 동등할 경우에는 이것을 계약으로서 협정이라고 부르는 것이 타당하며, 이러한 예가 아비멜렉과 아브라함 사이에도 존재하였다. 그런데, A가 우월한 경우로서는 왕과 제후 사이에 이루어지는 '왕의 하사 조약', 혹은 '종주-봉신 조약'이 있는데, 대체로 학자들은 아브라함의 언약을 이해할 때, '왕 하사 언약'에서 그 모델을 찾으려 한다.[83] 한

---

[83] 김영숙, "아브라함의 언약에 관한 연구," 안양대학교 신대원 석사 (1998), 7 ; 강성호, "창세기15장, 아브라함 언약에 관한 연구," 감리교신학대학원 석사 (2012), 53. 어떤 학자들은 바인벨트의 영향 아래에서 노아언약, 창15장의 아브라함의 언약, 다윗언약을 '왕 하사언약'이라고 하며, 창17장의 아브라

편, 이와 같이 아브라함의 언약을 '왕 하사 조약'이나 '종주봉신 조약'에서 찾으려 하는데, 이것을 통해서도 아브라함의 언약을 다 설명하지 못하는 몇 가지 문제들이 존재한다. 그 대상이 '신'이기 때문이다. 따라서 이렇게 모세가 당대의 조약을 참조하여 언약책을 작성한 데에는 하나의 의사소통적인 측면이 강하다고 하겠다.

먼저, 아브라함 언약이 '왕 하사 조약'이라면 땅과 신민에 대한 하사가 이루어져야 하는데, 아브라함에게 하사된 것은 아무것도 존재하지 않는다. 그리고, 아브라함에게도 위에서 우리가 살펴본 바와 같이 '열방을 축복하는 자'로서의 분명한 역할이 존재한다.[84] 따라서 '왕 하사 조약'만을 가지고 아브라함의 언약을 모두 설명할 수는 없다.

두 번째, 그리고 더 나아가서 당시에 '왕 하사언약'이 '종주 봉신 언약' 처럼 고대근동사회에서 일반화되어 유행하였던 것 같지는 않다. 왕의 땅 하사언약은 고대근동사회에서 언약의 패턴으로 유행한 적은 없고 간헐적으로 그 흔적을 찾아볼 수 있을 뿐이었다. 특히, 모세의 시대에 큰 의미 있게 다가온 언약의 패턴은 BC15-12세기에 히타이트 제국의 평화를 가져오고 고대근동사회의 평화를 가져오는데 큰 영향력을 행사하였던 히타이트의 종주-봉신언약이었다. 이와 같은 종주-봉신조약은 고대근동세계 특히 히타이트 제국에서의 왕들의 지역에 대한 통치방법이었다.[85] 그리고 모세는 이러한 것을 준용하여 시내산 언약서를 작성하였다.[86] 그렇다고 하여서 이 '종주 봉신'언약을 아브라함의 언

함의 언약이나 모세언약을 종주권조약이라고 하는데, 필자의 견해로는 성격상 모세오경 속의 모든 언약은 오히려 종주권조약의 성격과 유사한 것으로 보인다. 성경 속에 나타나는 모든 언약들 중에 그렇게 아무런 책임이 없는 일방적인 선물로서의 '왕 하사언약'이 있는지에 대해서는 면밀한 검토가 요청된다고 말하고 싶다. 노아언약에도 어떤 측면에서는 "땅에 충만하고 번성하라…이는 하나님이 자기형상대로 지으셨음이니라"(창9:1-7)는 명령조항이 존재하는데, 이것은 '무지개 언약'(창9:8-17)과 어떤 관계를 가지고 있는 것으로 보이기 때문이다.

84) 현대의 신학자들이 말하는 "왕 하사 언약"은 "힛타이트왕 핫투실리스 3세와 그의 가신인 다타샤의 울미-테습과 맺은 조약"과 같은 경우인데, 여기에는 아무런 조건 없이 땅이 봉신에게 주어진다. 바른 통치를 원하는 조약이 아니며, 그냥 축복자체의 선물이다. 그런데 아브라함의 언약은 이러한 형태의 언약이 아니다. "축복하는 자가 되라"는 명령형이 존재하며, 하나님의 세계에 대한 바른 통치를 요구한다.

85) 강성호, "창세기15장, 아브라함 언약에 관한 연구," 감리교신학대학원 석사 (2012), 53-54. 강성호는 "고대 서아시아에서 BC 2400-650년 사이에 이루어진 조약들 중 약 80-90개가 지금까지 전해진다. 이 조약들은 BC 1400-1200년 사이에 히타이트 제국과 체결된 조약들과 BC 900-700년 사이에 신 앗시리아 제국의 영향국가들 사이에 맺어진 조약들, 이렇게 두 가지 그룹으로 나뉘어진다"고 말한다.

86) 발터 침멀리, 『구약신학』, 김정준 역 (서울: 한국신학연구소, 1990), 48-49.

약에 접목시키기도 어렵다. 아브라함에게 주어진 것은 아무것도 없었고, 약속만이 존재할 뿐이었다.

세 번째, 아브라함 시대에 유행하던 언약의 패턴은 '마리 조약'이다. 그리고 이 패턴이 창세기 15장의 '제사언약'에 반영이 되어 있다. 문제는 이 마리문서에 나타난 '자르다'에 대한 해석에서 문제가 되고 있다. 그 마리문서의 본질이 어떠하든지 간에 창세기 15장에 나타난 '자르는 행위' 혹은 '쪼개는 행위'는 분명히 '제사행위'였다. 그리고 마리문서의 본질은 '상호 헌신'이었으며,87) 이것이 아브라함 언약의 본질과 일치하는데, 그 대상이 둘 다 사람이라는 점이다. 그런데, 아브라함의 언약의 대상은 한 쪽은 신이기 때문에 마리언약을 접목시킬 때에는 무엇인가의 차별성이 존재할 수 있다. 결과적으로 아브라함의 언약이 신과의 관계를 말하는 '제사언약'이라면, 이 언약의 본질은 '상호 헌신'을 의미하며, 최상의 상호헌신은 '혼인메타포'인 것이다. 계약주체 A로서의 여호와의 '약속 혹은 선물(예컨대, 땅과 국민)'이 주어지지 않은 상태에서 계약주체 B의 아브라함의 '의무'는 성립하지 않기 때문이다. 따라서, 아브라함의 언약은 상호간의 믿음과 헌신을 근거로 한 '상호의 헌신맹세'인 것이다. 그리고 이것이 이스라엘의 제사제도의 기원을 이루는 것으로 보인다. 이 아브라함의 '제사언약'이 시내산의 '제사언약'으로 이어지고, 이것이 이스라엘의 제사제도로 정착한 것으로 보인다.

마. '떠남'을 통해 언약을 수락하는 아브라함 (창12:4)

그의 부친 때에 이미 갈대아 우르를 떠나 하란에 거하던 아브라함이 이제 하란을 떠나 가나안으로 출발한다. 이것은 하나님과의 계약을 수락하기 위하여 아브라함이 본토 친척 아비 집을 떠난 것을 의미한다. 고든 웬함도 이것을 "하나님의 말씀에 대한 아브라함의 응답이다"88)고 한다.

한편, 아브라함이 이제 마치 봉신에게 주어진 영지와 같은 곳으로 떠나갔으나, 그곳은 다른 민족에 의하여 점유되고 있는 미개척지로서, "갈 바를 알지

---

87) ANET, 482-490 ; 마리문서의 편지들은 한결같이 그 시작을 "내 주께 말하라, 당신의 종 ―로부터"로 시작하며, 그 내용이 '자발적인 충성'이 근거되어 있다. 또한 주전 14세기의 아마르나의 편지도 그러하다. 이 문서들은 앗수르의 에살핫돈 문서와 그 성격이 다르다.

88) Wenham, *Genesis 1-15*, 269.

못하고 떠나는 것"으로서 성경은 이 장면을 묘사하고 있다. 따라서 여기에는 아브라함의 하나님을 향한 헌신과 믿음이 요청되었다. 이에 대해 창세기 12장 4절은 "이에 아브람이 여호와의 말씀을 좇아 갔고"라고 말하고 있다.

> 이에 아브람이 여호와의 말씀을 좇아 갔고 롯도 그와 함께 갔으며 아브람이 하란을 떠날 때에 그 나이 칠십 오세였더라.(창 12:4)

이렇게 하여 하나님과 아브라함 사이에 언약이 실행되었다. 여호수아는 "아브라함의 아비, 나홀의 아비 데라가 강 저편에 거하여 다른 신들을 섬겼으나 (수 24:2)"라고 말하여서 아브라함의 때부터 이제 아브라함은 여호와를 섬기는 자가 되었다. 그리고 그 신이 보여주신 땅을 향하여 나아가게 된 것이다. 비록 그의 나아감이 미개척지였으나, 그는 여호와의 신전과 여호와의 땅을 향하여 나아간 것이었다. 갈대아 우르나 하란은 당시에 "메소보다미아 신들의 땅"이었기 때문이었다.

2. '여호와의 신현'과 '아브라함의 단 건립'을 통한 언약합의에 대한 선언

가. 가나안 땅에서 시작된 아브라함의 언약적 삶 (창12:5-6)

아브라함이 갈대아 우르를 떠나서 가나안에 들어옴을 통해서 이제 아브라함은 언약적 삶을 시작하게 되었다. 그 내용을 성경은 다음과 같이 소개하고 있다.

> 아브람이 그 아내 사래와 조카 롯과 하란에서 모은 모든 소유와 얻은 사람들을 이끌고 가나안 땅으로 가려고 떠나서 마침내 가나안 땅에 들어갔더라. 아브람이 그 땅을 통과하여 세겜 땅 모레 상수리나무에 이르니 그 때에 가나안 사람이 그 땅에 거하였더라.(창 12:5-6)

아브라함의 위와 같은 행동은 여호와의 언약제시에 대한 아브라함의 수락에 해당한다. 그래서 이것은 언약에 대한 합의가 일어났음을 의미한다. 그래서, 이제 이 언약적 합의에 대한 모종의 선포가 이 양자 사이에 나타나야 한다. 즉, 여호와께서 아브라함에게 창세기 12장 1-3절을 통해 언약을 제안하였으며, 4절을 통해 언약이 합의에 이르렀으며, 이제 아브라함에게 언약적 삶은 시작된 것이다. 한편, 모레 상수리나무 지역에 대해 드 무어는 "신탁과 특별한 관련이 있었을 것이다"[89]고 말한다. 알더스에 의하면, 고대 세겜은 팔레스틴 지역의 수도였으며, '모레 상수리나무'가 성스러운 나무로 여겨지는 현상은 가나안에서 일반적인 일이었다고 말한다. '모레'는 '예언하는' 혹은 '가르치는'이라는 의미를 내포하고 있다.[90] 크라우스 베스터만에 의하면, 이곳은 고고학적 발견에 의하면 주전 17세기에 크게 번성한 곳이었으며, 아브라함의 도착전부터 거룩한 장소로 활용되고 있었고, 상수리 나무는 신탁을 받는데 사용되었다.[91]

나. 언약의 합의에 대한 선언

여호와께서 창세기 12장 1절을 통해서 아브라함에게 '떠나라'고 말씀하심을 통해서 언약의 제안을 하셨고, 이제 12장 4절을 통해 '떠남'을 통해서 아브라함이 언약을 수락하였다. 그렇다면, 계약 관계에서는 이제 또 다시 이에 대한 확인이 반드시 필요하다. 창세기 12장 7-8절은 이것을 시사하고 있다. 즉, "여호와는 아브람에게 나타나서 언약을 재확인하심"을 통해서 합의를 선언하며, 이에 대해 아브라함은 "여호와를 위하여 단을 쌓고, 그 이름을 이곳에서 부름"을 통하여 이 선언에 동참하고 있는 것이다. 다음은 이것을 의미한다.

여호와께서 아브람에게 나타나 가라사대, 내가 이 땅을 네 자손에게 주리라 하신지라. 그가 자기에게 나타나신 여호와를 위하여 그곳에 단을 쌓고, 거기서 벧엘 동편 산으로 옮겨 장막을 치니 서는 벧엘이요 동은 아이라 그가 그곳에서 여호와를 위하여 단을 쌓고 여호와의 이름을 부르더니, 점점

---

89) Wenham, *Genesis 1-15*, 279.
90) Gerhard Charles Aalders, The Book of Genesis, Bible Studnt's Commentary Vol. 1, Trans. by William Heynen (Michigan: Zondervan Publishing House, 1981), 270.
91) Westermann, *Genesis*, 100.

남방으로 옮겨 갔더라.(창12:7-8)

위에서 "여호와께서 아브람에게 나타나 가라사대"라고 하는 구절은 신현과 관련한 구절로서, 이것은 중요한 언약행위임을 시사하고 있는 내용이다. 여호와께서 자신이 이행하여야 할 약속에 대해 선포함을 통해서 여호와 켠에서의 '언약의 합의'를 선언하고 있는 것이다.

이에 대한 아브람의 반응은 '단'을 쌓는 것으로 나타난다. 여호와의 신현에 반응하여 "여호와를 위하여 단을 쌓고, 그 이름을 부른다"는 것은 이제 그가 여호와를 위한 제사장이 되었음을 시사하는 내용이다. 이것은 아브라함 켠에서 '수행하여야 할 역할'을 선포함을 통해서 아브라함 켠에서의 '언약의 합의'를 선언하고 있는 것이다.

만약, 이것이 자신이 수행해야할 역할을 선언함을 통해서 이 언약적 합의를 각각 수행하였다면, 이제 여호와의 주요 역할은 "아브라함에게 땅을 주어 국가를 이루는 것"이라면, 아브라함의 주요 역할은 "여호와를 위하여 단을 쌓고, 그의 이름을 부르는 것"이다. 이것은 제사장적 행위로서 이것이 곧 아브라함의 초기 'בְּרָכָה적 행위'에 속한다.

이에 따라 창세기 12장 안에 "단을 쌓는다"는 용어가 다섯 차례나 반복하여 나온다. 아브라함은 이미 그의 순종으로 나아갔으며, 여호와께서도 마찬가지이다. 그 중에서도 특히 여호와의 약속이행이 아브라함과 족장들의 생애에서 크게 부각되어 나타난다. 이 양자는 곧바로 자신들의 언약조항을 향하여 나아갔던 것이다. 이 아브라함의 순종은 "여호와께서 아브라함을 열방을 위한 축복의 통로로 세우겠다"는 하나님의 언약에 대한 순종이었던 것이다.

다. '여호와의 응락', '신현을 통한 땅과 자손(씨)의 약속' (창12:7a)

하나님의 언약제시에 대해 아브라함이 하란을 떠나서 가나안에 들어옴을 통해서 언약을 수락하였다. 이제 언약적 합의에 이르른 것이다. 어떻게 보면 아브라함은 이때 하나님의 언약 안에 들어온 것이다. 이제 그 이후로는 여호와께서 일방적으로 아브라함을 이끄실 것이다. "베라카(בְּרָכָה, 축복함)가 되라"는 명령에 대한 순종은 이 안에 이미 포함되어 있어서 그것 또한 여호와께서 이끄실 것이다. 사실 아브라함의 실질적인 책임은 이렇게 그가 가나안 땅에 들어옴을 통해서 완수가 되었던 것이다.

이제 여호와 하나님께서는 자연스럽게 그 다음 절차를 안내하여야 한다. 그것은 바로 신현을 통한 '언약에 대한 합의의 선언'이었다. 알더스는 이 말씀을 "창세기 12장 1절에 주어진 약속의 성취"[92]로 본다. 그 내용은 다음과 같다.

여호와께서 아브람에게 나타나 가라사대 내가 이 땅을 네 자손(씨)에게 주리라 하신지라.

וַיֵּרָא יְהוָה אֶל־אַבְרָם וַיֹּאמֶר לְזַרְעֲךָ אֶתֵּן אֶת־הָאָרֶץ הַזֹּאת

위의 언약의 내용은 이제 아브라함의 언약의 성취시기를 시사한다. 그것은 그의 자손의 때에 이루어진다. 특히 위의 히브리어 זֶרַע 는 단수형 명사로서 '자손' 보다는 '씨'로 번역되는 것이 오히려 일반적일 수 있다. 이 언약은 이 '씨'에 속하여 있는 '백성들'에게 주어질 것이다. 이 씨는 집합명사이다.[93]

위의 언약의 말씀은 창세기 12장 2절에 대한 반복이지만, 더욱 중요한 의미를 발견할 수 있는데, 그것은 이제 아브라함의 생애 속에서 하나님께서 집중하고자 하는 행위를 예상할 수 있다. 이제 여호와 하나님께서는 자신의 약속 이행을 그 '씨'에게 집중하고자 하신다는 것이다. 아브라함의 생애는 이 '씨'의 탄생 문제에 집중하여 있다. 그리고 이 '씨'는 복수명사로는 사용되지 않고, 항상 집합명사로만 사용되며,[94] 이 '씨'안에는 한 국가(혹은 모든 자손들)가 내재하여 있다.

한편, 앞으로 보겠지만 아브라함의 생애 속에서 이 씨와 관련한 모든 문제가 계속 발생하는데, 이것은 '여호와의 약속 불이행'이 아니라, 오히려 모두 여호와의 '언약이행'에 대한 충실성을 의미한다.[95] 다음에 설명 되겠지만, 아

---

92) Aalders, The Book of Genesis, 272.
93) 월터 카이저, 『구약성경 신학』, 123.
94) 월터 카이저, 『구약성경 신학』, 123.
95) 우리는 사라 사건을 생각할 때, 왜 갑자기 아브라함에게 이러한 시련이 닥치느냐 라고 말할 수 있는데, 모세오경 저자의 관점은 그렇지 않다. 그것은 재난과 같은 시대적인 상황이었고, 그러한 피할 수 없는 시대적인 상황 속에서도 아브라함의 씨를 보호하기 위해 사라를 구원하는 하나님의 손길을 보아야 한다는 것이다. 이것은 바로 아브라함을 국가로 만들고자 하는 여호와의 언약 실행인 것이다.

브라함이 그 자손을 갖게 될 자질이 갖추어져 있지 않았기 때문에 그 모든 문제들이 발생한 것이었기 때문이다.[96]

라. '단(제단)을 쌓음'을 통한 '아브라함의 응락' (창12:7b-9)

'단(제단)'을 쌓는 것은 분명히 '신현'과 관련이 있으며, '신현'에 대한 '대응물'이다. 신현의 장소는 이제 거룩해지며, 그곳은 신현이 기억되는 장소이고, 하늘과 연결된 사닥다리가 생성되는 장소이다. 위의 본문에 의하면, 이 단은 "자기에게 나타나신 여호와를 위하여" 세워지며, "여호와의 이름을 부르는 장소"이다. 이것을 앨런 로스는 "하나님의 계시에 대한 아브라함의 응답이다"[97]고 말하며, 칼빈은 여기에서는 분명히 예배가 드려졌으며, "제단은 하나님을 예배하는 외적 형식이다"[98]고 말하며, 알더스도 "이곳에서 예배가 이루어졌다"[99]고 말한다.

① '단(מִזְבֵּחַ)'에 대한 용례

우리는 먼저 이 '단(מִזְבֵּחַ)'에 대한 용례를 살펴보아야 한다. 우리가 문예비평적 관점에 따라 모세오경의 최종 텍스트를 받아들이는 입장이라면, 이 오경의 암묵적 저자는 동일한 의미를 가지고 이 '단(מִזְבֵּחַ)'이라는 용어를 사용했을 것이기 때문이다.

먼저, 이 '단(מִזְבֵּחַ)'이라는 용어는 맨 먼저 노아의 제사에서 나타난다. 이때 이곳에서 집례 되는 제사는 '번제'였다. 그리고 그 결과물은 하나님과의 '화목'이었다. 학자들은 이에 대해 처음의 번제 내에는 존재하는 화목제의 성격이 후에 분리되어 나타난 것으로 본다.[100] 더 나아가서는 번제 안에는 속죄제의 기능도 존재하였는데, 이것도 또한 번제에서 분화되어 나타난 것으로 본다.

---

96) 뒤에 언급되겠지만, 사라사건은 아브라함에게 그의 후손이 하나님의 소유된 백성이라는 것을 가르치고, 아브라함에게 자기부인의 신앙을 가르치기 위한 것으로 보인다. 이 사건이 없었더라면 아브라함은 자신과 사라에게서 태어난 자를 자신의 소유된 백성이라고 말할 수 있었는데, 이 사건으로 인해서 이제 그의 자손은 하나님의 소유가 되는 것이다. 사라를 여호와께서 구출하였기 때문이다.

97) 앨런 로스, 『창조와 축복』, 394.

98) John Calvin, *Genesis1*, 354.

99) Aalders, The Book of Genesis, 272.

100) 유진 H. 메릴, 『구약신학』, 333.

즉, 이 '단(מִזְבֵּחַ)'은 '번제의 장소'였던 것이다. 그럼에도 이 '단'에서 제사가 드려졌는지에 대해서는 여러 견해들이 존재한다.101)

두 번째, 이 '단(מִזְבֵּחַ)'이라는 용어는 이곳에 창세기 12장 7절의 아브라함의 언약을 확증할 때 나타난다. 노아의 경우에도 언약을 확정할 때, 제사가 드려졌는데, 이제 아브라함도 이와 동일하게 '단(מִזְבֵּחַ)'을 쌓는다. 이곳에서 제사는 창세기 15장에서 이루어진다. 우리는 이 창세기 15장을 '번제(혹은 번제와 화목제)'로 이해할 필요성이 존재하며, 많은 학자들이 여기에 동의한다. 이 '번제'를 기반으로 하여서 그 제사언약을 해석하여야 하는 것이다.

세 번째, 이 '단(מִזְבֵּחַ)'이라는 용어는 시내산 언약체결시와 모압언약 체결시에 '언약체결식'의 일환으로 나타난다. 이 '단'을 세우는 행위는 바로 '언약 합의의 선포'에 해당한다. 그러면서도 동시에 '언약실행의 장소'이며, '언약의 실행'에 해당하는 것이다.

네 번째, 레위기의 제사가 진행되는 곳으로서 나타난다. 이곳에서는 이제 '번제단'이라는 구체적인 이름으로 발전한다. 모세에게 있어서 이때 나타나는 '단(מִזְבֵּחַ)'은 분명히 노아의 '단(מִזְבֵּחַ)'과 아브라함의 '단(מִזְבֵּחַ)'과 시내산 언약의 '단(מִזְבֵּחַ)'을 염두에 두고 있다. 이에 의하면, 이 '이스라엘의 제사'는 '언약적 행위'와 동일하다. 언약을 기억하는 것일 뿐만 아니라, 언약을 실행하는 곳이기도 하다. 이스라엘은 언약을 실행함을 통해서 이 언약적 합의를 선언하였던 것이다.

② "자기에게 나타나신 여호와를 위하여"

이 '단(מִזְבֵּחַ)'은 '여호와를 위한 제단'으로서 우리의 '헌신의 장소'이다. 이 단은 '약속이행을 위한 자기저주의 맹세'의 단이 아니라, '생명을 드리는 헌신'의 단이다. 아브라함의 제사언약에서 아브라함이 제물을 '쪼개어' 놓았는데, 그 '쪼갠 고기 사이'로 여호와 만이 지나가셨을 때, 이에 대한 해석을 대부분의 학자들은 '여호와의 자기저주의 맹세'라고 하는데, 이 제단의 용도는 그러한 용도라기 보다는 오히려 서로를 향한 '헌신 맹세'의 용도로 보여진다. 이에 대한 사항은 창세기 15장의 '제사언약'에서 구체적으로 살펴보도록 하는데, 창세

---

101) Wenham, *Genesis 1-15*, 279.

기 15장의 해석시에 사용된 '단'은 여기의 '단'과 일치한다는 것을 우리는 유념하여야 할 것이다.

③ "여호와의 이름을 불렀더라"

여호와의 이름을 부르는 것은 창세기 4장 26절에 최초로 "셋도 아들을 낳고 그 이름을 에노스라 하였으며 그 때에 사람들이 비로소 여호와의 이름을 불렀더라"고 말하고 있으며, 그 다음에 여기에서 나타난다. 아브라함이 이와 같이 "여호와를 위해 (단을 쌓고) 여호와의 이름을 불렀다"는 것은 인간 고유의 창조 목적인 하나님의 형상의 회복이자 하나님의 만유를 위한 제사장적 행위로 보여진다. 이것은 분명한 예배행위로 보여진다.[102]

즉, 이 아브라함의 행위는 에노스 이후에 처음 나타나는 것으로 보아 "여호와를 위한 제사장적 행위의 부활"을 의미하는 것으로 보인다. 즉, 이것은 '제사장적 순종'의 이행, 혹은 '아브라함의 בְּרָכָה적 사명에의 순종'이다는 것이다. 즉, 아브라함은 단을 쌓을 뿐만 아니라, 그곳에서 자신에게 주어진 'בְּרָכָה적 명령'에 순종함을 통해서 여호와의 신현에 반응하고, 언약적 합의를 행동으로 옮긴 것이다. 따라서, 이것은 여호와의 소유된 온 세상을 위해 "여호와를 위한 기도 혹은 예배를 드린 것"으로 해석하여도 무방할 것으로 보인다.

이 본문에는 '(제단을) 쌓았다'고 말할 때, '쌓았다'는 동사 בָּנָה 를 사용하는데, 이 단어는 '짓다, 재건하다, 설립하다, 지속시키다'를 의미하며, 지속적으로 그러한 행위를 하는 것을 내포하고 있다. 추측컨대, 제단을 세웠으면 그 고유의 목적에 따라서 그곳에서 예배를 드렸다고 간주하여야 한다.[103] 그 단에 머무는 기간 동안은 줄곧 그와 같이 하였을 것이다. 아브라함은 이제 자신의 거처와 제단을 동일시하고 있다. 마치 메소보다미아의 신전과 왕궁이 함께 있었던 것처럼, 이제 아브라함도 자신의 거처에 신전을 두고 있는 것이다. 아브라함은 이 제단에서 열방을 축복하는 일을 하고자 하는 것이다. 이렇게 하여 하나님과 아브라함 사이의 계약이 실행되기 시작한 것이다. 풀핏은 이 자리에

---

102) Wenham, *Genesis 1-15*, 280.
103) John Calvin, *Genesis1*, 354 ; 앨런 로스, 『BKC 강해주석, Vol. 1, 창세기』, 강성렬 역 (서울: 두란노, 1983), 91. : 루터는 이 단을 세우고 여호와의 이름을 부른 것을 선교를 수행한 것으로 해석한다.

나중에 성전이 건립된다고 말한다.104) 한편, 아브라함의 'בְּרָכָה'의 기능은 이러한 제단과 아울러서 '열국을 위한 제사장 국가의 역할'로 이어진다.

3. 언약 위기의 극복으로서의 '사래 사건' (창12:10-20)

가. 가나안에 발생한 기근과 애굽으로 피신하는 아브라함

이와 같은 언약적 삶을 사는 아브라함에게 갑작스러운 위기가 찾아 왔다. 가나안에 큰 기근이 온 것이다. 아브라함은 여호와의 제사장과 같은 지위에 봉해 졌으나, 현실은 냉혹하였다. 아브라함은 기근을 피하여 물이 풍부한 애굽으로 피난을 가야만 했다. 이에 대해 혹자는 아브라함이 하나님의 언약을 받은 후에, 얼마 지나지도 않아서 이러한 일이 발생하는가라는 생각을 할 수 있는데, 그러한 이유에 대해서는 저자(나래이터)는 '공백'으로 처리한다. 이 일은 가나안 전역에 일어난 기근으로 보이며, 이러한 피난은 하나의 난민을 이루어 애굽으로 유입된 것으로 보인다.

이때 아브라함에게 가장 난처한 것은 아내 사라의 미모였다.105) 아브라함이 이를 곳에서 방랑자의 처지에 있을 자신을 죽이고, 아내를 차지할 것이 명백해 보였다. 당시의 정황에서 이러한 것은 빈번했던 것으로 보인다. 두려움에 처한 아브라함은 이제 아내를 누이라고 속이기에 이르렀는데,106) 이것은 처음 출발시부터 서로 약속된 것으로 보인다.107) 한편, 이에 대해 아브라함의 거짓말에 대해 아브라함의 도덕성에 많은 문제를 제기하나,108) 이때 저자는 이 사건에 대한 아브라함의 심경이나 그 외의 여러 정황에 대해서는 별도로 소개하고 있지 않으며, 이것을 아브라함의 믿음 없음이라고도 말하지 않는 것이 특이하다.

---

104) Thomas Whitelaw, 『풀핏 주석, Vol. 1, 창세기』 송종섭 역 (대구: 보문출판사, 1979), 494.
105) Wenham, *Genesis 1-15*, 288 ; 웬함은 이때 사래의 나이가 64세였는데, 그의 외모가 눈에 띄게 아름다웠다는 사실에 대해서는 의아하게 여긴다. 그러나 베스터만은 능히 가능하였을 것으로 추정한다.
106) Wenham, *Genesis 1-15*, 288 ; 후리인의 관습에 의하면 남자는 여자를 아내겸 누이로 맞아들일 수가 있었다고 말한다.
107) J. P. Lange, 『랑게주석, Vol. 2, 창세기』, 김진홍 역 (서울: 로고스, 2010), 44.
108) 앨런 로스, 『창조와 축복』, 402.

한편, 이렇게 사라가 애굽 궁에 소환되어 갔을 때, 아브라함의 심경과 태도는 어떠하였을까? 이때 우리가 가장 궁금한 것은 '열방을 축복하는 자'로서의 '베라카(בְּרָכָה, 축복함)적 역할'에 대해서는 아브라함은 어떤 태도를 취하였을 것인가가 궁금하다. 어떻게 보면 자신의 목숨을 해하는 자에 대해서도 축복할 수 있었을 것인가 하는 의문이 우리에게는 있는 것이다. 이에 대해 성경저자는 침묵하고 있지만, 아브라함은 이러한 상황 속에서도 그 믿음을 지키고 있었을까라는 질문을 할 수 있지만, 성경저자는 이에 대해서도 '공백'으로 두고 있다.

그런데, 중요한 것은 이러한 사건이 아브라함의 생애 속에서 두 차례나 일어나고, 심지어는 이삭에게도 동일하게 나타난다. 그리고, 이러한 사건들은 모두 "이주, 속임, 탈취, 구원, 대면, 결론"으로 이루어진 공통적 형태로 이루어지며, 이 사건들의 공통점은 모두 '씨'에 대한 위협이었다.109) 이 사건을 클라우스 베스터만은 "위기에 처한 조상의 어머니"110)라고 부른다. 이 사실이 자꾸 소개되는 것을 보았을 때, 문예비평적 관점에서 보면, 이 사건에는 저자가 직접 언급하지 않은 중요한 '여백(혹은, 간극)'이 존재한다. 우리는 이 반복되는 사건에 대한 '여백'을 염두에 두고 있어야 한다. 여기에는 무엇인가의 저자의 메시지가 존재한다.

나. 애굽의 궁전에서 일어난 사래사건

아브라함 당시의 애굽은 매우 고도로 발달한 사회였다. 이 시기의 애굽은 이미 고왕국시대를 지나서 중왕국 시대 혹은 중왕국 시대를 지난 제2중간기에 해당한다.111) 이미 그곳은 신정국가로서 존립하고 있었으며, 이미 대국으로서의 위치를 점하고 있었다. 이미 피라미드가 세워지는 지역이었으며, 문명이 고도로 발달하였다. 이때, 바로는 애굽의 태양신 로의 아들이었으며, 구약에 나오는 모든 애굽왕에 대한 히브리 명칭이다.112) 이러한 상황 속에서 아브

---

109) 송병현, 『엑스포지맨터리 창세기』 (서울: 국제제자훈련원, 2011), 260-261 : 세일해머, 『서술로서의 모세오경』, 269.
110) Westermann, *Genesis*, 101.
111) 문희석, 『구약성서배경사』 (서울: 대한기독교서회, 2008), 116.
112) 카일·델리취, 『구약주석, Vol. 1, 창세기』, 고영민 역 (서울: 기독문화사, 1979), 217.

라함 시대의 기근은 오리엔트 지역 전역에 확산되었던 것 같다. 요셉의 때와 같은 기근으로 보이는데, 애굽은 나일강의 유익으로 인하여 물이 풍성하였다. 이때도 요셉의 때와 마찬가지로 수많은 난민들이 애굽으로 유입되어 들어왔던 것 같다.

이렇게 제국과도 같은 규모의 국가의 수장인 바로를 아브라함이나 사라가 곧바로 접할 수는 없었을 것이다. 그럼에도 불구하고 그녀는 바로 왕의 구애로 인하여 바로의 궁에 들어가게 되었으며, 사라는 왕을 만나기 위하여 대기 중이었을 것이다.113) 이때 사라와 바로의 관계에서 무슨 일이 일어났는지에 대해서 저자는 또한 '공백'으로 두고 있다.

다만, 여기서 저자가 강조하고자 하는 것은 여호와의 직접적인 개입으로 말미암아 아브라함이 잃어버렸던 아내를 다시 찾은 것이다. 이로 인하여 여호와와 아브라함의 언약적 위기가 극복되고 있는 것이다. 그 내용은 다음과 같다.

이에 바로가 그를 인하여 아브람을 후대하므로 아브람이 양과 소와 노비와 암 수 나귀와 약대를 얻었더라. 여호와께서 아브람의 아내 사래의 연고로 바로와 그 집에 큰 재앙을 내리신지라. 바로가 아브람을 불러서 이르되 네가 어찌하여 나를 이렇게 대접하였느냐 네가 어찌하여 그를 네 아내라고 내게 고하지 아니하였느냐. 네가 어찌 그를 누이라 하여 나로 그를 취하여 아내를 삼게 하였느냐 네 아내가 여기 있으니 이제 데려가라 하고 바로가 사람들에게 그의 일을 명하매 그들이 그 아내와 그 모든 소유를 보내었더라. (창12:16-20)

이와 같이 여호와가 애굽 왕에게 직접 나타나 사라를 구원한 사건은 이스라엘 자손에게 있어서는 대대로 기념할 수 있는 기념비적인 사건이었다. 이 사건에는 분명히 이 글을 기록하는 저자의 의도가 존재한다. 그리고 이 저자의 의도가 곧 하나님의 의도이다. 혹자는 이 사건을 출애굽에 대한 모형이라는 관점에서 그 의미를 부여하며,114) 또한 혹자는 "여호와의 능치 못함이 없음을 보여주는 것"115)이라는 데에 의미를 부여하나, 아브라함의 생애 전체를 통해

---

113) Wenham, *Genesis 1-15*, 289.
114) 앨런 로스, 『창조와 축복』, 403.

서 이 사건을 조명해 보았을 때에는 이 사건은, 여호와와의 언약적 관점에서 살펴본다면, 그 보다는 오히려 여호와의 "아브라함의 씨에 대한 소유권 주장" 이다.

다. 사래사건이 갖는 의미 : "자손(씨)에 대한 소유권 주장"

아브라함의 생애를 말하고 있는 저자는 '아브라함의 자손'에 관심이 있는 것이 아니라, '하나님의 소유된 자손'에 관심이 있는 것으로 보인다. 아브라함의 언약과 평행관계에 있는 것으로 보이는 출애굽기 19장 5,6절에서 드러난 바와 같이 하나님은 자신의 소유된 백성을 세우려고 아브라함을 불렀기 때문이다. 하나님의 소유된 나라여야 하는데, 아브라함에게서 탄생한 자손들이라면 일반적인 사람들의 당연한 생각으로는 그 자손은 아브라함의 자손이다. 아브라함과 사라가 결혼을 하여 아들을 낳았기 때문이다. 이때 여호와는 사라의 소유권과 더 나아가서는 그로 인하여 탄생할 자의 소유권을 아브라함을 향하여 주장하고 있는 것이다. 사라를 통하여 낳은 자손은 여호와의 것이라는 의미이다. 이 사라의 사건은 이삭이 탄생하기 전까지 두 차례나 나타났으며, 또한 이삭에게서도 나타난다. 또한 하나님께서는 이제 아브라함과 그 자손들에게 자녀를 생산하는 부위에 할례를 명하여서 아브라함과 그 자손들까지 자신의 것이라고 주장을 하신다. 아브라함이 자신이 낳은 자녀를 자신의 자녀라고 하면 안 되고, 아브라함의 자손이기 전에 먼저 하나님의 자손이라는 것을 중심으로 고백하여야 했던 것이다. 또 이렇게 해서 낳은 이삭마저도 하나님은 아브라함에게 제물로 바치라고 하신다. 그때 이삭은 하나님께 바쳐졌다. 이삭을 통해서 탄생한 모든 자들도 이제는 하나님의 것이고, 하나님의 백성이며, 하나님의 나라이다. 아브라함이 이것을 명확히 이해하기 전에는 아브라함에게 하나님께서는 자녀를 주지 않을 것이다. 아브라함의 생애 전체를 통해서 이 '여백'을 해석하면 이러한 결론이 도출되어 나타난다.

라. 사래사건에 나타난 아브라함의 '베라카(בְּרָכָה, 축복함)적 태도'

만일 사래사건이 여호와의 '아브라함의 자손에 대한 소유권 문제'가 쟁점이

---

115) 월터 카이저, 『구약성경신학』, 123.

었다면, 아브라함은 이 사건을 계기로하여서 자신의 자손이 이제 자신의 것이 아니라, 여호와의 것임을 인식하여야 했다. 그리고 이 사건을 계기로 하여서 아브라함은 이제 자신의 자손에 대해서 자신의 것이라고 주장하면 안된다는 것을 인식하여야 했다. 이것은 아브라함이 '자기부인'을 알아가기 위한 서막이 었다. 이러한 차원에서 사라사건 속에서도 우리는 아브라함의 '베라카(בְּרָכָה, 축복함)적 태도'를 읽을 수 있는 것이다. 우리는 앞의 서론에서 아브라함의 '베라카(בְּרָכָה, 축복함)적 태도'에는 '자기부인'도 포함된다는 것을 논리적으로 고찰한 바가 있기 때문이다.

4. '언약적 삶'을 회복한 아브라함

가. 가나안 복귀와 제단의 회복 : 'בְּרָכָה적 삶'의 회복 (창 13: 1-4)

하나님의 큰 기적이 기근시에 발생했던 사라사건을 통해서 나타났다. 바로 는 전폭적으로 변하였고, 도리어 아브라함을 후대하며, 그에게 상당한 가축들 을 주었다. 그리고 이로 인해 도리어 아브라함이 애굽에서 나올 때, 많은 은금 이 풍부하게 되었다. 애굽에서 나온 이 사건을 고든 웬함은 바로의 사례에 대 한 행위의 보상이라고 말하며, 출애굽시에 이스라엘 백성들이 받은 은금도 마 찬가지라고 말한다.116) 혹자는 이 사건을 출애굽의 모형으로 연결시킨다.117)

그리고 무엇보다도 아브라함에게 중요한 것은 "처음 단을 쌓은 곳으로 돌아 와, 다시 거기서 여호와의 이름을 부르게 되었다"는 것이다. 저자(나래이터)는 아브라함이 "단을 쌓고, 거기서 여호와의 이름을 부르는 것"을 매우 의미 있 게 소개한다. 이것은 기존의 'בְּרָכָה적 삶의 회복'을 의미하며, '여호와의 제사장 의 직분'을 성실히 수행하게 되었다는 것을 의미하고 있기 때문이다. 그는 다 시금 계약주체 B로서의 본연의 자세에 충실하게 된 것이다. 이것을 본문은 다 음과 같이 소개하고 있다.

아브람이 애굽에서 나올새 그와 그 아내와 모든 소유며 롯도 함께 하여 남 방으로 올라가니, 아브람에게 육축과 은금이 풍부하였더라. 그가 남방에서

---

116) Wenham, *Genesis 1-15*, 296.
117) Sailhamer, *The Pentateuch as Narrative*, 142.

부터 발행하여 벧엘에 이르며 벧엘과 아이 사이 전에 장막 쳤던 곳에 이르니, 그가 처음으로 단을 쌓은 곳이라 그가 거기서 여호와의 이름을 불렀더라. (창 13:1-4)

아브라함이 애굽으로 들어가기 전의 상황을 소개하는 문단에서, 아브라함이 단을 쌓은 것은 네 번이나 반복되어 나타나며, 정착이 이루어지는 곳에서는 매번 반복하여 "여호와의 이름을 부른 것"을 소개하고 있다. 이것은 이 단에서 '예배 행위'가 일어났음을 의미한다. 아브라함은 아마 이러한 삶을 평생토록 지속한 것으로 보인다. 이 '제단'과 "여호와의 이름을 부르는 것"을 합하여 우리는 "בְּרָכָה적 삶의 회복"이라고 말할 수 있겠다. 그리고, 이것은 아브라함이 성실하게 계약주체 B의 언약을 이행하기 위해서 최선을 다하고 있음을 보여준다.

한편, 이 다음 문단에서부터는 이러한 행위가 직접적으로 소개되지 않을 수 있다. 그래도 우리는 아브라함에게 이러한 삶이 지속되었음을 전제하여야 한다. 왜냐하면, 만약 아브라함이 이러한 행위를 중단했다면, 나래이터는 이것은 계약을 위반한 것이기 때문에 이에 대해서 언급하여야 하기 때문이다. 그래서, 이러한 언급이 없다면, 이러한 삶은 지속되고 있다고 전제하여야 한다.

나. 롯과의 분리에서 나타난 아브라함의 בְּרָכָה적 태도 (창13:5-13)

아브라함의 언약에 대한 '믿음'과 '순종'의 태도는 '단'을 쌓고, "여호와의 이름을 부르는 행위"에만 나타난 것은 아니다. 그의 언약에 대한 이러한 태도는 '이웃'을 향하여 분명히 나타나고 있다. 가나안으로 복귀한 후, 아브라함의 재산은 크게 증식이 되어서 개인적인 사병을 기를 수 있을 만큼 되었다. 그런데 이때 조카 롯과의 관계에서 문제가 발생하였는데, 아브라함의 종들과 롯의 종들 간의 다툼이 일어난 것이었다. 이것은 서로가 소유가 많아서 발생하게 된 다툼으로서 '축복'이 그 원인이었으며,118) 이것은 창세기의 여러 족장들 사이에서도 지속적으로 나타난다.

롯은 어떻게 보면 아브라함의 신앙 동역자이자, 아들 같은 조카였으며, 서로

---

118) Wenham, *Genesis 1-15*, 296.

의지하여 주변국가들의 위협을 방어할 수 있는 동료였다.119) 그럼에도 불구하고, 비즈니스에서의 충돌은 지속적인 고통을 산출하고 있었다. 이러한 사태를 접하면서 아브라함은 자신들의 노력으로는 해결할 수 없는 부득이한 사항이 발생했음을 깨닫는다. 아브라함은 항상 여호와 앞에서 'בְּרָכָה'로서의 삶을 결단하며 사는 자였다. 이때 그는 이미 사랑의 사람이 되어 있었던 것이다.120) 이에 따라 최선을 다하여서 롯을 사랑으로 배려한다.121) 이에 대해 베스터만은 "싸움이나 전쟁은 영토와 양식의 문제에서 발생하며,"122) "족장 아브라함은 자신의 권리를 포기함으로써 분쟁을 평화롭게 해결하였다"123)고 말한다. 그리하여 롯에게 다음과 같이 말한다.

> 아브람이 롯에게 이르되 우리는 한 골육이라 나나 너나 내 목자나 네 목자나 서로 다투게 말자. 네 앞에 온 땅이 있지 아니하냐 나를 떠나라 네가 좌하면 나는 우하고 네가 우하면 나는 좌하리라. (창 13:8)

'축복하는 자, בְּרָכָה'로서의 삶은 이와 같이 기도행위 속에서 뿐 아니라, 삶 속에서의 "덕과 관용"으로 자리잡는다. 이러한 것을 보더라도 아브라함은 'בְּרָכָה적 삶'에 자신의 인생의 방향을 정하고 살고 있음을 알 수 있다. 아브라함의 삶에 대해서 창세기에서는 언약과 관련된 것 외에 별다른 것에 대해서는 침묵하고 있다. 그러면서도 우리는 몇 가지의 소개를 통해서 이 '여백'을 메울 수 있다. 이러한 삶의 태도는 단지 롯이 아니라, 모든 사람에게도 이와 같은 축복자로서의 태도를 견지한 것으로 보인다. 여호와의 방문언약(창18:1-5)에 나타난 '부지 중에 천사를 대접한' 아브라함에 대한 후대의 평가(히13:2)도 이와 같으며, 궁극적으로는 창세기 26장 5절에서는 아브라함의 생애 전체를 요약하면서 "아브라함은 내 말에 순종하고 내 명령과 내 계명과 내 율례와 내 법을 다 지켰다"고 선포하기에 이른다.

---

119) 칼빈, 『창세기 주석』, 352.
120) Wenham, *Genesis 1-15*, 300.
121) 칼빈, 『창세기 주석』, 356.
122) Westermann, *Genesis*, 107.
123) Westermann, *Genesis*, 109.

사후적으로 볼 때, 롯은 모압과 암몬족속의 조상이다. 그리고, 모압은 다음에 이스라엘이 출애굽하여 가나안으로 돌아올 때에 그 길을 막았던 민족이었다. 이에 대해 모세오경의 저자는 롯을 언약에서 배제시키고자 한다.[124] 그리고, 그 약속의 땅에서도 배제시키고자 한다. 그래서, 오경의 저자는 아브라함과 롯의 다툼을 소개하며, 이와 같은 연유로 인하여 롯은 풍요로 가득 차 보이는 소돔을 향하여 떠나게 된다.

롯과의 분쟁은 아브라함으로 하여금 "하나님께서 일찍이 보여주신 그 약속의 땅"에 이르게 하였다. 하나님께서 세상을 사랑하였던 롯을 약속의 땅에서 배제하신 것이었다. 그리고, 이제 헤브론에 있는 마므레 상수리 수풀 근처에서 아브라함은 또 다시 'בְּרָכָה'적 임무를 실행할 수 있는 '제단'을 세우고, 이제 정식으로 그의 삶은 'בְּרָכָה'로서의 삶으로 진입하였다. 마므레 상수리 수풀 지역은 상수리 나무의 위용으로 인해 당시에 종교적으로 유명한 장소였다. 아브라함이 이 지역을 떠나지 않은 것은 아마 이러한 종교적 행위와 관련된 것으로 보인다.

다. 언약에 대한 반응으로서의 아브라함의 삶

아브라함은 사라 사건 이후 가나안으로 돌아와서 삶을 영위하는 가운데, 여호와와의 언약을 성실하게 수행한 것으로 보인다. 그의 삶은 제단을 중심으로 한 축복하는 제사장으로서의 예배하는 삶이었으며, 그 예배의 내용 따라 삶을 영위하는 자였다. 이러한 삶에 대한 응답으로서 이제 여호와께서 다시 한 번 그 '여호와의 언약'을 확증하신다.

5. 언약을 '확증'하는 여호와

가. 계약주체 A로서의 약속을 확증하는 여호와 (창13:15-17)

'베라카(בְּרָכָה, 축복함)'로서의 아브라함의 결단과 그러한 삶의 영위 (계약주체B의 행위)에 발맞추어서 여호와께서 반응(계약주체A의 행위)하신다. 어떻게

---

124) Wenham, *Genesis 1-15*, 299.

보면 아브라함 언약의 문예적 기법의 가장 큰 특징은 "언약을 중심으로 한 여호와 하나님과 아브라함 간의 서로를 향한 헌신"에 관한 이야기이다. 이 양자의 언약실행은 계속 동시에 확인되고 전달되어야 한다. 상호헌신이기 때문이다. 아브라함의 단을 쌓는 행위를 통해 아브라함의 언약이행이 있자, 이제 또 다시 여호와께서는 언약에 관한 확언을 말씀을 하신다.

아브라함이 롯을 떠나고 이젠 아브라함은 서쪽으로 향하게 되었다. 이에 하나님께서 다음과 같이 말씀하신다. 원문을 직접 직독직해하면 다음과 같은데, 여기서 유의해서 보아야 할 것은 '동사'의 형태에 대한 번역이다. 다음은 창세기 12장 2-3절과 인크루지오의 역할을 하고 있다.

> 보이는 땅을 내가 너와 네 자손에게 주니(혹은, 주리니) 영원히 이르리라. 내가 네 자손으로 땅의 티끌 같게 하리니 사람이 땅의 티끌을 능히 셀 수 있을진대 네 자손도 세리라. 너는 일어나 그 땅을 종과 횡으로 행하여 보라 내가 그것을 네게 주리라.(창13:15-17)
>
> 15절 כִּי אֶת־כָּל־הָאָרֶץ אֲשֶׁר־אַתָּה רֹאֶה לְךָ אֶתְּנֶנָּה וּלְזַרְעֲךָ עַד־עוֹלָם
> 16절 וְשַׂמְתִּי אֶת־זַרְעֲךָ כַּעֲפַר הָאָרֶץ אֲשֶׁר אִם־יוּכַל אִישׁ לִמְנוֹת אֶת־עֲפַר הָאָרֶץ גַּם־זַרְעֲךָ יִמָּנֶה
> 17절 קוּם הִתְהַלֵּךְ בָּאָרֶץ לְאָרְכָּהּ וּלְרָחְבָּהּ כִּי לְךָ אֶתְּנֶנָּה

위의 해석에서 중요한 부분, 그리고 논쟁이 될 수 있는 부분이 15절에서의 אֶתְּנֶנָּה에 대한 해석이다. 보통 경우 이를 해석할 때, '줄 것이니'라고 해석을 한다. 미완료 1인칭에 대명사 접미사가 추가된 형태로 해석을 한다. 그런데, 이것은 자세히 보면 1인칭 청유형(명령형) "ה+ 어근+ א"에 "땅을 의미하는 3인칭 여성지시대명사 "ן"이 추가된 것이다. 따라서 이것은 '계약주체A'의 약속에 대한 조항의 확인이다. 이와 같이 주체 A의 역할에 대해서 청유형을 사용하는 것은 앞(창세기 12장 2절)에서 살펴본 바와 같이 아브라함의 언약의 '상호 헌신'적 성격 때문이다.

'베라카(בְּרָכָה, 축복함)'로서의 아브라함의 행위 다음에 이제는 여호와께서 자신의 약속을 또 한번 상기시키시며 확증하신다. 그리고 이러한 확증에 따라 '베라카(בְּרָכָה)'의 효과가 더욱 풍성히 나타난다. 이 두 번째 언약의 확증 후에 아브라함은 그곳에 이르러서 또 다시 '베라카(בְּרָכָה)'로서의 약속이행을 위한 제단(객체C의 효과)을 쌓는다. 즉, 단을 쌓는 것은 위의 주체A의 언약적 행위에 대한 언약주체 B의 순종과 감사로서의 반응인 것이다.

나. '단을 쌓음'통해 '계약주체 B'로서 반응하는 아브라함 (창13:18)

롯의 사건은 '베라카(בְּרָכָה)'로서의 아브라함의 모습과 그의 삶을 여실히 보여준 사건이었다. 여호와께 단을 쌓고, 자신이 속한 권속과 열방을 위하여 축복하며 기도할 때, 하나님의 진정으로 원하시는 것은 그들을 "사랑하고, 섬기고, 용서하고, 평화하고, 축복하는 것"이었다. 입술만의 축복이 아니었다. 아브라함이 사랑의 사람이 되지 않는다면, 그는 진정한 '축복하는 자'로서의 '베라카(בְּרָכָה)'가 될 수 없었다. 아브라함은 여기에 순종하였으며, 그는 그에게 속한 모든 권속들에 대해서 최선을 다하여 섬겼던 것이다. 아브라함으로부터 섬김을 받은 롯은 모압과 암몬 족속의 조상이 되었다. 그리고 무엇보다도 아브라함은 보이지 않는 멀리 있는 이웃을 섬긴 것이 아니라, 자신에게 속한 권속들을 최선을 다하여 사랑으로 섬겼던 것이다. 롯과의 사건을 통해서 아브라함은 제사장으로서의 중보기도만 하는 것이 아니라, 삶 속에서도 힘써 사랑으로 이웃을 섬기고 있음이 여실히 드러난 것이다. 그는 "물이 많고 풍요로운 좋은 곳" 혹은 '자신의 소유'를 포기하고서라도 '베라카(בְּרָכָה)'로서의 그 사랑을 실천하였던 것이다. 아브라함은 가나안에 들어와서도 여전히 그 언약에 충실하였던 것이다.

앞에서 언급한 바와 같이 여호와 하나님과 아브라함의 계약 관계는 열방을 위한 축복의 행위로 결과를 맺는다. 즉 단을 쌓는 것으로 집중이 된다. 이에 대한 내용은 다음과 같다.

> 이에 아브람이 장막을 옮겨 헤브론에 있는 마므레 상수리 수풀에 이르러 거하며 거기서 여호와를 위하여 단을 쌓았더라.(창13: 18)

한편, 마므레와 헤브론은 아브라함 이야기의 중심지가 되며, 상수리 나무는 당시 종교적 관점에서 그 상수리 나무로 인하여 '신탁'과 관련한 장소로 유명

하였다.125)

다. '아브라함 언약의 내용'에 대한 인크루지오로서의 '언약의 확증'

여호와께서 아브라함에게 제시한 계약문구에는 한 문장에 계약주체 A의 약속으로서의 "아브라함을 향한 여호와의 축복" 문구와 계약주체 B의 순종으로서의 "בְּרָכָה가 되는 것"의 문구가 나타나 있다. 그런데, 이제 이 언약을 확증하는 이곳에서는 이 양자의 역할이 나누어져서 표기된다. 여호와께서는 땅과 신민에 대한 축복 문구를 훨씬 정치하게 묘사한다. 그리고 아브라함의 역할에 대해서는 "여호와를 위하여 단을 쌓았다"고 묘사한다. 이 단은 여호와를 위한 단이었으며, 이제 여호와께 속한 모든 나라를 위한 제사장적 단이었음을 알 수 있다. 즉, בְּרָכָה적 행위를 아브라함은 부단히 수행하고 있음을 말하고 있는 내용이다.

모세오경의 저자는 창세기 12장 2,3절의 내용을 이제는 창세기 13장 15-18절에서 다시 한번 언급함을 통해서 그 언약의 확실성을 강조하고 있는 것이다. 이것은 문예적인 인크루지오 기법으로서 어떤 이슈를 강조할 때 사용되는 기법이다.

라. 아브라함의 언약의 신학적 특성

위의 언약을 재확인하는 구절들에서는 특이한 현상이 하나 나타나는데, 여호와 자신에 대한 '명령형으로서의 권고형'의 동사가 사용되어지고, 아브라함의 약속 이행에 대해서는 아무런 언급이 없다. 이것은 앞으로의 아브라함의 생애 속에서의 언약 개념을 이해할 때, 중요한 복선이 된다. 우리는 아브라함을 향한 명령은 왜 갑자기 사라지고 있는지를 면밀히 검토하여야 한다. 그 해답은 현재 아브라함의 상황에 있는 것으로 보인다.

만일, 아브라함의 언약을 당대의 조약의 관점에서 볼 때, 그와 유사한 것으로서 '왕 하사언약' 혹은 '종주권 언약'으로 볼 수 있으며, 이 틀을 통해서 아브라함의 언약의 현주소를 이해해 볼 수 있다. 이때 아브라함의 언약의 위치

---

125) Wenham, *Genesis 1-15*, 299.

는 "땅이 아브라함에게 온전히 하사 되거나 주어진 것"도 아니고, 이러한 계약주체 A의 땅 하사가 진행되고 있는 중이다. 따라서, 아브라함의 시대에는 계약주체 A의 사역이 더욱 중요하게 부각되는 것이다. 현재 아브라함의 상황은 아래의 그림과 같이 계약주체 A의 약속이 속히 실행되어야 한다. 어떻게 보면 아브라함 시대로부터 출애굽의 시기까지는 오직 계약주체 A의 약속만이 강조되어 나타난다. 따라서 아브라함의 생애는 이렇게 '자손'이 주어지는 과정으로서의 삶이 될 것이다. 다음에서 점선으로 표기된 부분은 아직 주어지지 않은 상황이다.

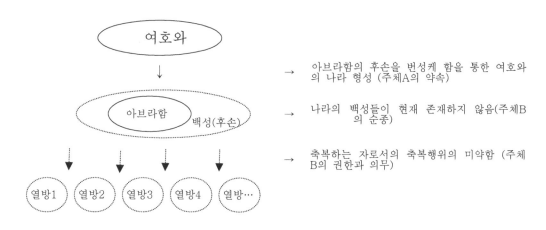

출애굽 이후에는 이제 위의 도표에서 국가가 성립되어 나타난다. 이제 그 이후로는 오히려 언약의 형태가 주체 B의 역할이 강조 되어 나타나는 '종주권적 계약'의 형태를 띨 수 있게 된다. 이때에는 주체 A의 약속은 어느 정도 성취가 되었으므로 '역사적 서술'로 이 조항이 대체되고, 주체 B에 대한 역할이행을 강조하게 될 것이다. 이때, 아브라함의 제단을 중심으로 한 '베라카(בְּרָכָה)적 삶'의 연장선에 '십계명'과 이에 따른 '제사제도'가 주체 B의 순종에 따른 율법으로 나타날 것이다.

3절 '제사'를 통한 언약체결식(창14-15장)

1. 마므레 상수리 수풀 근처에서의 아브라함의 삶

우리는 여호와의 신현을 기준으로 하여 아브라함의 생애를 구분하고 있는데, 창세기 14장-15장의 이야기에 나타나는 신현은 '제사를 통한 언약체결'이라는 사건이었다. 한편, 이 시기는 창세기 13장 14-18절의 '여호와의 언약에 대한 확증'으로 인해 펼쳐진 삶의 연장에 있다. 이 시기는 마므레 상수리 수풀 근처에서의 아브라함의 삶인데, 이 시기가 아브라함의 생애에서 최절정의 시기였다.

이 시기를 대표하는 구절로서는 앞에서 언급한 창세기 13장 18절의 "이에 아브람이 장막을 옮겨 헤브론에 있는 마므레 상수리 수풀에 이르러 거하며 거기서 여호와를 위하여 단을 쌓았더라"는 말씀을 택할 수 있는데, 이 지역은 앞에서 살펴본 바와 같이 상수리 나무를 통한 신탁을 기대하게 하는 종교적 장소였다. 여기에서 "여호와를 위하여 단을 쌓았더라"는 말씀은 앞에서 살펴본 바와 같이, 아브라함의 'בְּרָכָה' 혹은 여호와의 '제사장'으로서의 역할을 성실하게 수행하였음을 의미한다. 당시에는 족장들이 이러한 제사장의 역할을 수행한 것으로 보인다. 그리고 그의 이러함 삶 속에 여호와 하나님의 큰 축복이 있었다. 이때의 삶을 다음과 같이 요약해 볼 수 있다.

먼저, 그는 제단을 세우고 성실함으로 여호와를 섬기고 있었는데, 그의 섬김은 'בְּרָכָה적 삶'이었다. 그의 축복의 대상은 창세기 12장 3절에 나타난 "여호와께 속한 모든 열방 곧, 주변의 부족들과 뭇 열방들"이었다. 이것은 그의 도덕적 성숙을 의미한다. 그의 선함은 그의 삶 속에서 도처에서 나타난다. 앞에서 롯에 대한 태도나, 또 롯과 그가 속한 동맹국들을 돕는 행위나, 부지중에 여호와와 그의 사자들을 영접한 행위나, 소돔과 고모라를 위한 중보기도 등 그의 생애에서 지속적으로 강화되어 나타나고 있다. 그는 거룩한 사람으로 변하고 있었던 것이다.

두 번째, 그의 이러한 선한 삶과 더불어 큰 부요와 축복이 넘쳐났다. 그는 어느덧 사병을 삼백 십 팔 인이나 기를 만큼 부와 능력을 소유하고 있었다. 알더스는 "아브라함은 아마도 상당한 규모의 사막 부족의 족장이었을 것이다"[126]고 말한다. 그는 지략과 능력으로 네 나라 왕들의 동맹체를 무찌른

---

126) Aalders, The Book of Genesis, 280.

다.127) 당시의 나라들은 부족국가 형태를 벗어나지 못한 것으로 추측되지만, 그럼에도 불구하고 그는 거의 맹주의 차원에 까지 그 지위가 상승되어 있었던 것이다.

세 번째, 그는 분명히 열방의 왕들을 위해서 기도하고 있었으며, 주변 국가들의 평화를 위해서 기도하고 있었다. 이것이 하나님과 관련한 그의 역할이었기 때문이다. 창세기 12장 3절의 내용은 이것을 의미한다. 이렇게 준비가 되었었기 때문에 그는 롯의 포로 되는 사건이 발생했을 때, 곧바로 군대를 일으킬 수가 있었다. 그의 군대 동원은 당시의 그 지역에 큰 평화를 가져 왔다. 이러한 내용들로 볼 때, 그는 당시의 열왕들에게 거의 구원자의 수준에 이르렀다. 그러했기 때문에 지극히 높으신 하나님의 제사장 멜기세댁이 나와서 그를 공개적으로 축복하였다. 그는 거의 그 지역의 맹주의 지위에 까지 올랐을 수 있다. 아브라함의 군대가 그들을 구원하였기 때문이다. 한편, 아브라함의 이 사건은 상당히 역사적 사실 위에 그 기반을 두고 있는 것으로 보인다.128)

네 번째, 그러면서도 그는 전쟁의 승리 후에 세상의 왕들처럼 맹주의 지위에 오르지 않는다. 여전히 섬기는 자의 태도를 유지한다.129) בְּרָכָה적 태도를 견지하고 있는 것이다. 그는 다른 부족들의 위에 오르지 않고, 여전히 섬기며 축복하는 자로 남는다.

어떻게 보면, 이 시기의 아브라함의 삶은 그의 언약이 궁극적으로 성취될 때의 모델과도 같은 삶이었다. 마므레 상수리 나무 수풀 근처에서의 삶은 아브라함 언약 성취에 대한 하나의 표적처럼 자리 잡을 수 있게 되었다. 모세오경의 저자는 아브라함의 이 시기에 이러한 의미를 부여하고 있는 듯하다.

2. 그돌라오멜과의 전투와 멜기세댁의 축복

가. 동맹국들 간의 전쟁과 구원자가 된 아브람 (창14:1-16)

아브라함의 인생에서 두 번째 장면이 열리게 된다. 그것은 그의 주변국들 간에 대대적인 전쟁의 발발이었는데, 열방 부족국가들이 모두 전쟁에 참가한

---

127) Wenham, *Genesis 1-15*, 305.
128) Aalders, The Book of Genesis, 281.
129) Westermann, *Genesis*, 114.

세계대전과 같은 혼란스러운 상황의 발생이었다.130) 여기에 구체적인 많은 이름들이 명기된 것은 이것이 분명한 역사적 사건이었음을 말해주고 있으며,131) 글렉은 "고고학의 증거에 의하면 주전 1900년경에 이 지역에 침략에 의한 큰 파괴가 있었다"132)고 말한다. 14장 4절에 의하면, 이러한 전쟁이 발발하게 된 것은 조공에 관한 문제 때문으로 추정되며, 이것은 모든 평화를 깨뜨리는 욕심에서 기인한다. 그돌라오멜을 비롯한 4왕이 연합하여, 이미 인근 족속들을 모두 쳤으며, 이에 대응하여 소돔 왕 베라를 비롯한 5왕의 연합군이 싯딤 골짜기에 모여 4왕들과 교전을 하게 되었다. 그 결과 소돔 왕과 고모라 왕은 달아나고, 군사들은 도망하였으며, 네 왕은 소돔과 고모라의 모든 재물과 양식을 빼앗아 가고, 소돔에 거하는 아브람의 조카 롯도 사로잡고 그 재물까지 노략하여 갔다.

이에 도망한 자가 와서 아브람에게 고하였으며, 이때 아브람은 마므레의 상수리 수풀 근처에 거하였다. 이에 아브람이 그 조카의 사로 잡혔음을 듣고 집에서 길리고 연습한 자 삼백 십 팔 인을 거느리고 단까지 쫓아가서, 그 가신을 나누어 밤을 타서 그들을 쳐서 파하고 다메섹 좌편 호바까지 쫓아가 모든 빼앗겼던 재물과 자기 조카 롯과 그 재물과 또 부녀와 인민을 다 찾아오게 되었다.

나. 멜기세덱의 축복 (창14:17-24)

이렇게 아브람이 그돌라오멜과 그와 함께 한 왕들을 파하고 돌아올 때에 소돔왕이 사웨 골짜기 곧 왕곡에 나와 그를 영접하였고, 살렘 왕 멜기세덱이 떡과 포도주를 가지고 나왔는데, 그는 지극히 높으신 하나님의 제사장이었다. 용어의 의미하는 바에 따라 그는 아브라함과 동일한 하나님을 섬기고 있었으며,133) 알더스에 의하면 "참 하나님을 섬기는 전통을 이어받은 사람"134)이었던 것이다. 그는 아브라함을 다음과 같이 축복하였으며, 이에 아브라함은 이

---

130) 에드워드 J. 영, 『구약총론』, 홍반식 · 오병세 역 (서울: 개혁주의신행협회, 1990), 59.
131) Aalders, The Book of Genesis, 281.
132) 영, 『구약총론』, 59.
133) Aalders, The Book of Genesis, 289.
134) Aalders, The Book of Genesis, 289.

그 얻은 것에서 십분의 일을 멜기세덱에게 주었는데, 멜기세덱의 이름은 '의의 왕'이라는 의미를 가지고 있으며, 이 사람은 성경에 언급된 최초의 제사장이다.[135]

천지의 주재시요 지극히 높으신 하나님이여 아브람에게 복을 주옵소서. 너희 대적을(너의 대적들을) 네(너의) 손에 붙이신(완료형) 지극히 높으신 하나님을 찬송할지로다.(창14:20, 개정)[괄호는 원문 직역]

이 멜기세덱의 정체는 무엇이며, 그가 한 행위는 무엇인가? 우리는 아브라함에게서 발생하는 모든 사건들은 그와 하나님 사이의 체결된 언약을 기반으로 하여서 이해되어야 한다. 이것이 모세오경 저자의 의도이다.

먼저, 이러한 멜기세덱의 축복은 아브라함의 언약에 대한 모든 열방의 확인이라는 의미를 지닌다. 멜기세덱은 מַלְכִּי와 צֶדֶק의 합성어로서 '의의 왕'이라는 의미를 지니고 있다.[136] 그래서, 신약의 저자들은 이 사람을 선재한 예수 그리스도의 행위로 보고자 했다. 이것은 아브라함의 행위가 단순히 자신의 혈육에 속한 롯을 구원한 행위가 아니라, 이것은 열방을 위하여, 악을 응징한 'בְּרָכָה'의 행위였음을 말한 것으로 보여진다. 의의 왕 멜기세덱의 등장과 선포는 아브라함의 행위가 이러한 행위의 일환이었음을 공증하고 선포하는 것이었다.

두 번째, 그는 '천지의 주재'이신 '최고신'의 공인된 제사장으로서 아브라함을 찾았는데, 이것은 아브라함의 의로움을 온 천하에 공인하는 역할을 하였고, 이것은 이제 그 일대의 모든 왕들이 아브라함을 멜기세덱의 반차를 잇는 제사장으로 아브라함을 인정한 것을 의미하는 것이었다. 그는 멜기세덱에 의하여 공식적으로 그의 '베라카(בְּרָכָה, 축복함)'적 직분이 승인된 것이었다.

세 번째, 이때 멜기세덱의 아브라함을 향한 축복문구는 "천지의 주재시요 지극히 높으신 하나님이여 아브람에게 복을 주옵소서. 너의 대적들을 너의 손에 붙이신 지극히 높으신 하나님을 찬송할지로다"였다. 이것은 아브라함의 행위에 대한 여호와의 축복을 당대의 공인된 제사장이 축복을 한 것이었다. 아

---

135) Wenham, *Genesis 1-15*, 317.
136) Wenham, *Genesis 1-15*, 316.

브라함은 이제 축복을 받을 만한 자격을 공적으로 확인 받은 것이다. 이러한 멜기세댁의 축복은 아브라함의 'בְּרָכָה적 직분'에 대한 '제사언약' 체결의 요건이 충족된 것을 의미한다. 아브라함의 'בְּרָכָה로서의 직분'은 의무이자 최고의 권리였으며, 최고의 축복이기 때문이다.

다. 소돔왕의 제안과 아브라함의 거절

이때 소돔 왕은 아브람에게 "사람은 내게 보내고 물품은 네가 취하라."고 말하였으며, 이에 아브라함은 소돔 왕에게 다음과 같이 말한다.

> 천지의 주재시요 지극히 높으신 하나님 여호와께 내가 손을 들어 맹세하노니, 네 말이 내가 아브람으로 치부케 하였다 할까 하여 네게 속한 것은 무론 한 실이나 신들메라도 내가 취하지 아니하리라. 오직 소년들의 먹은 것과 나와 동행한 아넬과 에스골과 마므레의 분깃을 제할지니 그들이 그 분깃을 취할 것이니라.(창14:18-24)

세상 왕들 사이에서의 전쟁의 이유는 오직 전리품이었다. 이 전쟁이 발발한 이유도 '조공'이나 '전리품' 때문에 침공이 일어났고, 연합군이 결성되었다. 그리고, 그돌라오멜이 소돔왕을 이겼으며, 이제 아브라함이 그돌라오멜을 이기고, 그 전리품들을 되찾아 왔으므로, 소돔왕이 아브라함에게 그 전리품들을 취하라고 하는 것은 자연스러운 것이었다. 이에 대하여 아브라함은 단호히 거절하는데, 여기에는 다음과 같은 이유가 존재하였다.

먼저, 자신의 행위는 'בְּרָכָה'로서의 행위, 곧 복을 베푸는 행위로서 전쟁을 수행하였는데, 여기에서 반대로 재물을 받게 되면 자신의 행위는 세상의 왕들과 마찬가지로 복을 취하기 위해서 한 행위로 전락된다는 것이다. 이에 대하여 아브라함은 "지극히 높으신 여호와께 손을 들어 맹세하며", 소돔왕의 제안을 단호히 '거절'한다.

두 번째, 그럼에도 불구하고 자신들과 동행한 용병들과 이 일에 참여한 다른 동맹국들의 병사들에게는 당시의 원리에 따라 그와 같이 분깃을 주어도 무방하다는 것이다.[137] 그래서, 그들에게는 분깃을 할당하여 준다.

이와 같이 하여, 아브라함은 자신의 행위를 통하여 여호와께서 저희를 구원하였음을 알게 한다. 한편, 토마스 만은 이에 대해 "아브라함이 소돔 왕에게서 보답받는 것을 거절하고 여호와로부터 보답 받게 될 것이다는 약속의 모습을 보여준다"138)고 말한다.

라. 열국을 위한 제사장으로 드러난 아브라함

위의 멜기세덱의 아브라함을 향한 태도와 소돔 왕에 대한 아브라함의 태도는 아브라함의 'בְּרָכָה적 태도'를 주변 모두에게 알린 사건이 되었다. 이 사건을 계기로 많은 부족들이 아브라함의 정체성을 이해하게 되었다. 이것은 창세기 12장 3절의 말씀이 예시적으로 성취된 것을 가리킨다.

더 나아가서 멜기세덱의 축복은 아브라함이 복을 받을 자격이 있다는 것에 대한 공인이었다. 이 멜기세덱의 축복사건으로 인해서 이제 아브라함은 명예로워지게 된 것이다.139) 이제 아브라함의 축복은 여호와께서 행해야 할 공적인 약속으로 승화된 것이다. 만일 아브라함이 복을 받지 못하면 이것은 공의에 위배된다. 이 멜기세덱의 축복은 아브라함에게 다음 문단에서 언급하는 '제사언약'의 축복으로 이어지는 것이다.

한편, 창세기 12장 3절에 언급된 열방의 축복과 저주와 관련하여서는 이제 아브라함을 축복하는 멜기세덱은 번성할 것이고, 아브라함을 힐난하는 소돔왕은 하나님의 저주를 받을 것이다.140) 그돌라오멜 사건과 관련하여서 보인 소돔왕과 살렘왕의 두 왕의 상반된 태도는 마치 창세기 12장 3절의 예언에 대한 설명으로 보인다.141) 향후, 멜기세덱의 거하던 처소인 예루살렘은 훗날 하나님의 성전이 되고, 소돔은 멸망을 당한다.

3. '씨 혹은 자손'에 대한 여호와의 약속 (창15:1)

가. 아브라함에게 대두된 '후사'의 문제

137) Wenham, *Genesis 1-15*, 317.
138) Thomas W. Mann, *The Book of the Torah*, 34.
139) Calvin, *The Book of Genesis*, 386.
140) Wenham, *Genesis 1-15*, 317.
141) Sailhamer, *The Pentateuch as Narrative*, 147.

아브라함은 그의 여호와를 위한 제단을 쌓는 행위와 더 나아가서는 그돌라오멜 왕과의 전투에서의 승리와 전리품에 대한 태도 등을 통해서 열방을 위한 제사장의 역할을 나름대로 힘 있게 수행하고 있었다. 이것은 분명히 여호와 하나님의 은혜로 인한 것이었다. 그럼에도 불구하고 아브라함의 깊은 내면에는 '심한 두려움'이 존재하였다. 창세기 13장 14-17절의 여호와의 언약확증 후에 세 번째 신현의 첫 마디가 "두려워말라. 내가 너의 방패이다"는 말씀을 통해서 이것을 알 수 있다. 그리고 이어지는 문단들을 통해 보면 이 두려움의 가장 큰 이유는 바로 '후사'의 문제였던 것으로 보인다.

그리고 그 두려움을 촉발시킨 사건은 바로 그돌라오멜 왕과의 전투 이후였다. 이것을 알 수 있는 구절은 15장 1절의 '이후에'라는 단어인데, 그돌라오멜 왕 사건 이후를 뜻하기 때문이다. 당시의 사회는 씨족국가 형태였는데, 아브라함에게는 주변에 아무런 혈족이 없었다. 주변의 왕들 사이에서 주목받는 존재가 되었는데, 정작 본인의 군대는 모두 용병일 뿐이었으며, 아브라함이 진정으로 의지할 자는 아무도 없었다. 학자들은 아브라함이 그돌라오멜 왕과의 전투 이후에 이들의 보복에 대한 두려움 등이 있었을 것으로 추측한다.[142] 그러나 그 두려움의 원인이 무엇이지는 본문이 밝히고 있지 않으며, 다만 후사 문제에 대한 아브라함의 깊은 갈등만을 소개하고 있을 뿐이다. 후사가 있어야 부족을 이루며 나라를 형성해 나갈 수가 있는데, 후사가 없으니 주변에는 용병 뿐이고, 자신은 항상 홀홀단신이었다. 친척인 롯도 떠나가고 없다. 이러한 두려움과 후사의 문제는 함께 다가왔다.

나. '씨와 땅'의 약속 : "두려워말라, 나는 너의 방패이며, 상급이다"

아브라함의 언약에 비추어 보았을 때, 땅과 후손을 주시는 것은 주체A, 곧 여호와의 약속조항이기도 했다. 아브라함은 물론 여호와의 은혜로 "단을 쌓고, 그돌라오멜 왕의 연합군을 물리침"을 통해서 나름대로의 약속을 이행하고 있는데, 어찌된 영문인지 아브라함은 여전히 무자하였다. 여호와 켠에서의 약속 이행이 되지 않고 있는 상황이었다. 그리고 아브라함의 생애 속에서는 '여호와

---

142) John Calvin, *Genesis1*, 398 ; 한편, 혹자는 이 '두려움'을 신현시에 수반하는 두려움으로 해석하는 경우도 존재한다.

의 약속이행'이 집중적으로 부각되고 있음을 알 수 있다. 이러한 현상은 출애굽 사건까지 이어진다.

여호와께서는 창세기 12장 1-2절에 "본토 친척 아비 집을 떠나, 내가 네게 지시할 땅으로 가라"고 하고, 그곳에서 "큰 민족을 이룰 것이다"고 하였다. 이 것은 실질적으로는 여호와 하나님께서 이 세계 속에서 자신의 나라를 이루고자 하는 비젼이었다. 그리고, 이때 여기에 부름 받은 주체 B에게 요청하는 것은 "하나님을 대신하여 열국을 축복하는 제사장의 직분"을 감당하는 것이었다. 그런데, 정작 여호와 하나님의 나라가 존재하지 않고, 그 기미도 보이지 않는다. 그돌라오멜 왕을 물리칠 정도로 아브라함을 향한 축복은 임하였는데, 정작 이 부족국가를 이끌 후사가 생기질 않는다. 속히 후사가 생겨서 지금의 어려움에 대해서도 함께 대처하고, 국가로서의 제사장 직분도 수행하여야 하는데, 이에 대한 동역자로서의 후사가 존재하지 않는다. 자신과 공동운명을 이루어서 신변의 문제를 상의하고, 이후의 제사장 국가로서의 문제를 상의할 자들도 없다. 그래서, 궁여지책으로 생각해 낸 것이 다메섹인 엘리에셀이었다.

이런 정황에 대한 해명은 여호와 하나님 켠에 존재할 수 있다. 아브라함의 입장에서는 자신의 생명의 위기 속에서 이러한 발상을 할 수 밖에 없었으며, 이렇게 길리운 자를 후사로 세우는 것은 당대의 관행이기도 하였다.[143] 이러한 상황 속에서 신현으로서의 하나님의 음성이 들려온 것이었다. 그 내용은 다음과 같다.

> 이 후에 여호와의 말씀이 이상 중에 아브람에게 임하여 가라사대 아브람아 두려워 말라. 나는 너의 방패요, 너의 지극히 큰 상급이니라.(창15:1)
>
> אַחַר הַדְּבָרִים הָאֵלֶּה הָיָה דְבַר־יְהוָה אֶל־אַבְרָם בַּמַּחֲזֶה לֵאמֹר אַל־תִּירָא אַבְרָם אָנֹכִי מָגֵן לָךְ שְׂכָרְךָ הַרְבֵּה מְאֹד

먼저, 하나님께서는 아브라함에게 '두려워말라'고 하시며 나아오신다. 뒤의 문맥들을 고려할 때, 여기에서의 '두려움'은 하나님의 임재시에 수반되는 그러한 거룩한 두려움이 아닌 것으로 보인다. 주변 환경으로 인해 아브라함 안에 내재된 두려움이다.[144] 아브라함에게는 방패가 필요하였는데, 그것은 아브라

---

143) Wenham, *Genesis 1-15*, 328.

함과 공동 운명체를 이루어 주변의 위협에 함께 대처할 백성들이었다. 아브라함의 입장에서 혈육을 함께 하는 후사가 실질적인 힘이고 방패였다. 당시의 모든 주변의 정황들이 그러했다. 가부장적인 부족국가를 이루면서 점차 강대해져서 나라를 이루어갔다. 이때, 여호와 하나님께서는 "자신이 방패이다"고 하신다. 이 '방패'는 군사적인 용어로서,145) 여호와께서는 '후사' 대신에 "자신이 아브라함을 감싸는 보호자가 되어 주신다"는 것이었다.146) 이 '방패'라는 말씀의 이미지는 "하나님이 아브라함을 둘러싼다"는 이미지로서, 하나님 안에 거하는 아브라함의 모습을 제공해 준다.

그리고, 이 신현의 두 번째 주제는 본인 자신을 비롯한 식솔들과 후일의 후손들이 거처할 "땅으로서의 상급"이었다. 이 땅이 있어야 그곳에 그의 후손들이 기거하며, 그곳에서 나오는 소득으로 먹고 마시는 것이다. 아브라함의 입장에서는 땅이 곧 소득이며, 생명양식의 산출지였다. 이때, 여호와 하나님께서는 자신이 곧 '상급, 급여, 소득'이라고 하신다. 위에서 '상급'으로 번역된 히브리어 שָׂכָר 는 '급료, 임금, 보수, 상급'을 의미하며, '용병의 임금'이나 '군사적 약탈물'을 나타내는 용어이다.147) 이것은 가장 풍부한 물질의 공급을 의미하는데,148) 여호와께서는 자신이 '땅'을 대신하여 "생명양식이 되어 주겠다"는 것이다. 이것은 하나님께서 아브라함의 생명양식이 되어 아브라함 안에 들어오는 이미지를 제공한다. 상급은 내 양식이어서 내가 그것을 먹기 때문이다.

이에 따라 위의 두 이미지를 합하여 보면, 여호와 하나님과 아브라함이 서로 하나가 되는 이미지이다. 사실 이것은 결혼을 통하여 둘이 하나가 되는 이미지를 가지고 있다. 서로가 서로에게 자신을 주어서 둘이 하나가 되는 이미지인 것이다. 이 사건의 결론으로서 '제사언약'이 이루어지는데, "여호와께서 방패와 상급이시다"는 이미지가 여기에 반영되어 있는 것으로 추정된다. 제사의 궁극적인 지향점을 살펴보면, 번제는 제사자가 자신의 생명을 주는 것이고, 화목제는 여호와가 자신의 생명을 주는 것이다. 그래서, 궁극적으로 두 주체가 서로 하나가 된다. 따라서, 이 제사의 이미지는 그 둘의 혼인과 같은 이미지로

---

144) Calvin, *The Book of Genesis*, 399.
145) Wenham, *Genesis 1-15*, 327.
146) Calvin, *The Book of Genesis*, 399.
147) Wenham, *Genesis 1-15*, 327.
148) Calvin, *The Book of Genesis*, 400.

이어지는 것이다. 따라서, 위의 "여호와께서 방패와 상급이시다"는 말씀은 이 제사언약의 표제와 같은 문구로 보여진다.

그리고 더 나아가서 '제사'와 '언약'은 서로 동전의 양면과 같이 서로 연결 선에 있다. 여기의 제사언약의 본문 창세기 15장 18절에 의하면, "언약을 맺다"의 히브리식 표현에서 '맺다'는 동사는 '자르다'를 의미하는 כָּרַת 라는 동사를 사용하는데, 이것은 '제사'에서 제물을 '자르는 행위'를 의미한다. 이것은 '언약과 제사'는 서로 결합되어 있다는 것을 알 수 있다.

다. 아브라함의 생애에 나타나는 '여호와의 약속'

이 본문의 특징은 계약주체 A로서의 여호와의 약속이 부각되어 나타난다. 아브라함은 그돌라오멜 사건과 관련하여서 멜기세덱(의의 왕)으로부터 '그의 의로움'을 공인을 받았다. 즉, 계약주체 B로서의 약속이 이행되고 있었으며, 이것을 멜기세덱이 확증한 것이었다. 그렇다면, 이제 계약주체 A의 약속은 어떻게 하여야 한다는 것인가? 이에 대한 갈등이 이곳에서 나타나고 있는 것이다. 여호와의 약속실행이 주된 주제가 되고 있는 것이다. 그런데, 이 문제는 아브라함의 생애 전체를 통해서 집중적으로 나타난다.

라. 여호와의 "두려워말라…"와 아브라함의 '베라카(בְּרָכָה)적 태도'

여호와께서 아브라함에게 "너는 '베라카(בְּרָכָה, 축복함)'가 되라"고 하시는 말씀은 "너는 두려워말라…"는 명제와 동떨어진 명제처럼 보인다. 여기에서 "너는 두려워말라…"는 명제는 "내가 너를 축복하리라"는 명제와 관련한 반응으로서의 순종을 의미하기 때문이다. 여기에서 "너는 두려워말라…"는 명제는 아브라함이 자신의 모든 소유와 자손의 문제를 하나님께 산제사의 제물로 드리는 결단을 통해서만 이를 수 있는 명제이다. 따라서 이것은 "자기부인 명제"인 것이다. 이에 대해 우리는 서론에서 "너는 '베라카(בְּרָכָה, 축복함)'가 되라"는 명제는 아브라함의 언약 전체의 명제(창12:2-3)에 대한 반응이라고 전제하였다. 즉 "베라카(בְּרָכָה, 축복함)가 되라"는 명제에는 '축복하는 자'로서의 '이웃사랑'만이 아니라, '자기자신을 부인(우상척결)'하는 '하나님 사랑'의 명제도 포함되어 있다는 것이다.

이에 따라 아브라함이 창세기 15장에서 "너는 두려워말라…"는 명령을 받은 후에 이것을 "믿음으로 이루어낸 것"에 대해서 하나님께서는 "아브라함이 내 명령과 규례를 지켰다"고 하시는 것이다. 이러한 내용이 반영된 것이 '제사 언약'이다.

4. 여호와에 대한 아브라함의 믿음 (창15:2-8)

가. 세상적인 '방패'와 '상급(급료, 소득)'을 의지했던 아브라함

하나님께서 "내가 아브라함의 방패가 되고 급료(상급)가 되겠다"고 말한 이면에는 아직은 아브라함이 여호와를 자신의 '방패와 상급'으로 삼고 있지 않았다는 것을 의미한다. 아브라함은 '두려움'의 환경 속에서 자신의 생존을 위해서 '방패'와 '상급'이 필요했는데, 이것은 곧 '후사와 땅'의 또 다른 표현이었다. 그런데, 본문의 말씀은 여호와께서 바로 '방패'와 '상급'이 되겠다고 한 것은, 여호와께서 바로 '후사'와 '땅'이라는 의미를 내포하고 있는 것이다. 그런데, 아직은 하나님 자신이 아브라함의 '후사'나 '땅' 대신에 '자기 자신'을 영원히 주어서 아브라함과 자신이 하나가 되고자 하시는 그 의미를 모르고 있다. 그런데, 이제 "내가 아브라함의 방패가 되고 급료(상급)가 되겠다"고 하신 것은 어떻게 보면 '후사와 땅'의 실체는 '하나님 자신'이었으며, 하나님 자신(계약주체A)이 아브라함(계약주체B)에게 주는 여호와의 진정한 선물(혹은 하사물)이었던 것이다.

'후사와 땅'을 매개로 하여서 '하나님 자신'을 주고자 하셨던 것이다. 그래서, 이 양자가 하나 되는 것을 추구하였는데, 이것이 '제사언약'의 메타포이다. 이것이 주체 A가 언약의 주체 B에게 주고자 하는 '하사물'이었다. 왕의 하사물로서 주신다는 것은 하나님의 나라를 준다는 것을 의미하는데, 이것의 진정한 의미는 하나님 자신을 주는 것을 의미한다. 그래서 서로 하나가 되는 것을 의미한다. 그리고 이것을 구체화하여 표현한 것이 '제사'이고, 또한 '언약'이다. 따라서 "나는 너의 방패와 상급이다"는 메타포에는 이러한 서로가 하나가 되는 이미지를 가지고 있다. 방패로서의 여호와는 아브라함을 둘러싸고 있으며, 상급(소득, 급료)으로서의 여호와는 아브라함에게 자신을 내어주어서 여호와가 속하고 있다.

한편, 아브라함은 제사를 통한 언약을 체결하기까지는 아직은 이 내용을 이해하지 못한 것으로 보인다. 그래서, 아브라함은 자신의 실제적인 '방패'와 '상급'으로서 '후사'문제와 '땅'의 문제를 여호와께 꺼낸다.

나. 씨(후사)에 대한 문제를 꺼내는 아브라함

이 '씨'의 문제는 아브라함에게 우리가 생각하는 것보다 훨씬 민감한 문제였다. 아브라함 당시의 고대세계에서는 법의 기능이 취약하여서 스스로의 힘으로 자신을 보호하여야 하였다. 그리고, 이때 가장 큰 힘이 되는 것은 결국 혈육이었다. 시편기자는 이에 대해 "자식은 장사 수중의 화살과 같다"(시127:4)는 표현을 쓴다. 또한 이 혈육의 문제 중에서도 후사의 문제는 일정 소유를 가진 자에게는 더욱 긴요하였다. 이러한 문제는 아브라함에게는 직접적으로 다가온 문제로 보인다. 자신은 갈수록 연로하여 가는데, 함께 할 혈육도 없고, 자신의 소유를 함께 관리해 나갈 후사도 없으며, 일생 동안 쌓아온 모든 소유도 이젠 다른 자들에게 귀속된다. 따라서 연로한 자가 후사도 없이 큰 공동체를 이끈다는 것은 매우 고통스런 문제였다. 우리는 이러한 아브라함의 갈등과 고통이 여호와 하나님과의 대화에서 물씬 풍겨나고 있음을 느낄 수 있다.

만일 여호와와 아브라함이 맺은 언약이 확실하다면, 하나님의 계획이 "신정국으로서의 그의 나라의 창설"이라면, 그 신정국가를 이룰 '백성' 혹은 그 '백성으로서의 자손'이 있어야 한다. 창조주의 강한 의지였으므로 '씨'를 주는 것은 언제든지 가능할 텐데, 이 일은 여전히 드러나지 않고 있다. 이 문제는 아브라함에게 심각하게 다가왔으며, 그 수위가 절정에 이르고 있다. 주변국들에게 위협을 받는 상황에 이르른 것이다. 하나님의 약속이어서 이것을 믿고, 지금까지 행해 왔는데, 이 후사의 약속이 무한히 연기되고 있었던 것이다. 이에 그는 나라 형성을 위한 그의 자손으로서 별도의 후사를 생각하기에 이르렀던 것이다. 이에 다음과 같은 대화가 여호와 사이에 오간다.

아브람이 가로되 주 여호와여 무엇을 내게 주시려나이까 나는 무자하오니 나의 상속자는 이 다메섹 엘리에셀이니이다. 아브람이 또 가로되 주께서

내게 씨를 아니주셨으니 내 집에서 길리운 자가 나의 후사가 될 것이니이
다.(창15: 2-3)

위의 아브라함의 말은 아브라함의 평소의 상식 안에서의 생각을 의미한다.
이에 대해 고든 웬함은 아브라함의 불평이 섞인 목소리라고 한다.[149] 아브라
함은 이 문제를 오래토록 생각한 것으로 보인다. 그렇기 때문에 여호와께서
나타나시자 곧바로 아뢴 것이다.

다. 아브라함의 요청에 대한 여호와의 거절

여호와께서는 아브라함이 세상의 방법을 좇는 것을 거절하신다. "그 사람은
너의 후사가 아니라"고 하신 것은 '아브라함의 요청'에 대한 거절을 의미하는
말씀이다. 그 뒤에 따라 나오는 '뭇별들과 같은 자손에 대한 약속'은 아브라함
에게는 현실적이지 않다. 이 약속을 지금까지 믿었는데, 지금의 현실은 그와
정반대였다. 이에 대해 하나님께서는 아브라함의 요청을 거절하심을 통해서
자신은 여전히 언약을 이행하고 있다고 선언하신 것이다. 그리고, 그러한 지연
의 이유는 아브라함이 깨닫고 순종해야할 내용이 되는 것이었다.

여호와의 말씀이 그에게 임하여 가라사대 그 사람은 너의 후사가 아니라
네 몸에서 날 자가 네 후사가 되리라 하시고 그를 이끌고 밖으로 나가 가
라사대 하늘을 우러러 뭇별을 셀 수 있나 보라 또 그에게 이르시되 네 자
손이 이와 같으리라.(창15:4,5)

여호와의 아브라함의 요청에 대한 거절은 많은 '여백'을 담고 있다. 그리고
또 다시 주어지는 먼 훗날에 주어질 후사에 대한 약속은 오직 아브라함으로
하여금 '여호와에 대한 믿음'으로 향하게 한다.

먼저, 우리는 위의 약속에서 아브라함이 먼 훗날에 나타날 후손들을 바라보
고 소망을 얻었는지, 아니면 하나님 자신만을 바라보고 소망을 얻었는지를 숙
고해 보아야 한다. 위의 약속에는 묘한 역설이 존재하는데, 아브라함의 진정한

---

149) Wenham, *Genesis 1-15*, 328.

소망이 '세상의 후사'를 얻는 것이었다면, 위의 말씀은 절망적일 수 있다. 아브라함의 생애 속에서는 주어지지 않는 약속이기 때문이다.

두 번째, 이것은 아브라함에게 이제 그 소망의 대상을 하나님 자신에게 향할 때에만 취할 수 있는 약속이다. 따라서 위의 약속은 아브라함이 현실을 포기하고 헌신의 결단을 하였을 때 받을 수 있는 여호와의 말씀이었던 것이다. 위의 말씀은 다른 말로 표현하면, 여호와 만을 '방패와 상급'으로 받아들일 때에만 수용 가능한 그러한 약속이었던 것이다.

세 번째, 이제 아브라함은 '아무것도 없는 상황'에서 '무수히 많은 것이 존재하는 것'으로 믿어야 한다. 자신에게는 '후손'이 없는데, '무수한 후손'이 있는 것으로 믿어야 한다. 이것은 '세상에 대한 포기(자기부인)'와 아울러서, '하나님 한 분만을 소망할 때'에만 형성될 수 있는 형태의 믿음이다. 이러한 믿음은 '하나님에 대한 믿음'으로만 생성될 수 있는 믿음이었던 것이다. 아브라함은 이제 '없는 것을 있는 것 같이' 믿어야 한다. 이것은 눈에 보이는 현실을 통해서는 불가능하며, 오직 하나님 한 분만을 믿을 때 가능한 믿음이 되었던 것이다. 그리고 아브라함은 이때 이 마음을 확정한 것으로 보인다.

아브라함은 하나님의 이러한 의도를 알아차리고, 엘리에셀 문제를 포기한다. 그리고 이제 여호와를 믿는 믿음 만으로 모든 위기를 극복하고자 결단을 한 것이었다. 이에 대해 성경에서는 아브라함이 "여호와의 말씀을 믿었다"고 하지 않고, "여호와를 믿었다"고 말하고 있으며, "이것을 그의 의로 여겼다"고 말한다.

라. "여호와에 대한 믿음"과 "믿음으로 말미암는 의"

위의 여호와의 거절 다음에 이어지는 "의로 여김을 받는 아브라함의 믿음"은 모세오경의 저자(나래이터)의 말로 보인다. 그 내용은 다음과 같다. 이것은 신구약 성경 전체를 통하여 매우 중요한 구절이 되었다.

아브람이 여호와를 믿으니 여호와께서 이를 그의 의로 여기시고 (창15:6)
וְהֶאֱמִן בַּיהוָה וַיַּחְשְׁבֶהָ לּוֹ צְדָקָה

'여호와의 거절'과 위의 "아브람이 여호와를 믿으니"라는 구절 사이에는 무수히 많은 영적인 현상들이 존재하는 것으로 보인다. 이것이 순식간에 이루어진 고백처럼 보이지만 그 안에는 무한한 영적 단계들이 존재한다. 칼빈은 이 시간적인 상황을 주시해야 한다고 하며, 하나님에게서 부름을 받은 후에 많은 햇수가 지나서야 믿음으로 의롭다함을 받았다고 말한다.150) 아브라함은 창세기 15장 4-5절의 말씀의 원뜻을 이해한 것으로 보인다. 그리고 이제 그 결과로서 "여호와를 믿는 것"으로 나타난 것이다. 이때 아브라함은 여호와께서 주시는 "후사나 땅"을 믿은 것이 아니라, "여호와를 믿음"을 통해서 '의롭다함'을 받은 것이다. 그 결과 이제는 "여호와가 '방패'와 '상급'"이 되었으며, 여기에서 제공하는 이미지는 "여호와와 하나 되는 이미지"인데, 방패는 아브라함을 둘러싸고, 상급은 양식으로 아브라함 내면에 들어온다. 이제 여호와께서 진정으로 아브라함의 '방패'와 '상급'이 된 것이다. 여호와께서는 아브라함이 자신은 전적으로 방패와 상급으로 받아들인 것에 대해, 즉 하나님에 대한 전적인 신뢰에 대해, 이것을 '그의 의'로 여기신 것이다. 이 아브라함의 믿음은 우리 모든 믿는 자들에게 믿음의 기준을 제공하는 내용이 된다. 이 구절로 인하여 사람들은 아브라함을 믿음의 조상이라고 부르며,151) 베스터만은 "'이를 그의 의로 여기시고'의 표현은 받아들여지 수 있는 희생제의의 제사장적 용어이다"152)고 말한다. 한편, 이 믿음의 내용은 다음과 같이 설명될 수 있다.

먼저, 아브라함의 믿음을 의미하는 וְהֶאֱמִן בַּיהוָה 를 해석해 보면, "그가 여호와를 믿도록 스스로를 만들다"이다. 먼저, וְהֶאֱמִן 은 와우 연속법의 히필 완료형이므로, 히필 미완료로 해석을 하여야 하여, "스스로를 믿도록 만들다"이며, 미완료형이므로 지금부터 앞으로도 그렇게 한다는 의미를 담고 있다. 믿음에는 이와 같이 믿고자 하는 자의 의지가 수반된다.

두 번째, 그 믿음의 대상은 בַּיהוָה 이다. 이때의 בַּ는 목적격 전치사(타동성의 בַּ) 로 보아야 한다. 그렇다면, 이때의 믿음의 대상은 '여호와'이다. 이것을 아브라함이 "후사와 뭇별과 같은 자손들의 축복"에 대한 믿음을 가진 것을 통해 "의롭다 함을 받았다"고 말하면 정반대로 해석하게 된 것이다. 이에 대해 성

---

150) Calvin, *The Book of Genesis*, 408.
151) Westermann, *Genesis*, 120.
152) Westermann, *Genesis*, 119.

경은 분명히 "여호와를 믿었다"고 밝히고 있다. 오히려 그 앞에 있는 "나는 너의 방패와 상급이다"는 말씀에 대한 믿음으로 보아야 한다. 즉, "여호와 자신을 방패로서 믿었으며(신뢰했으며)", "여호와 자신 만을 상급, 곧 생명양식으로 삼았다"는 것이다. 그래서, 궁극적으로 "여호와와 서로 하나 되는 것을 믿었다"는 것이다.

세 번째, 여호와께서는 바로 이러한 믿음을 의로 여기신 것이다. 아브라함은 다만 현실의 두려움에 대한 극복이 최대의 관심사 였는데, 이에 대한 극복의 일환으로 "여호와 만을 신뢰"했던 것이다. 훗날에 주어질 "뭇별들과 같은 자손들의 축복"을 가지고, 그 두려움의 위기를 극복한 것은 아니었다. 여기서의 믿음은 "여호와 자신에 대한 믿음, 혹은 여호와를 방패와 상급으로 믿는 믿음, 혹은 그와 하나 됨을 이루는 믿음"이었다. 그리고, 여호와께서는 바로 이것을 의로 여기신 것이었다.

마. 정식 언약체결(제사언약)의 자격을 갖춘 아브라함의 믿음

이러한 아브라함의 믿음은 이제 여호와와 정식으로 제사를 통한 언약을 체결할 수 있는 요건을 갖추어 주었다. 제사를 통한 언약체결은 이러한 아브라함의 믿음에 대한 확증이었다. 언약은 서로를 향한 희생과 헌신의 언약인데, 제사에서 핵심적인 용어는 '자르다, 혹은 쪼개다'인데, 고대 근동세계에서의 정식의 언약체결은 제사를 통해서였다. 이제 아브라함이 여호와와 정식으로 언약을 체결할 수 있는 자격이 갖추어졌다. 이에 여호와께서는 "~의로 여기신 후에, 또 그에게 이르시되"라고 하여서, "의로 여기신 후의 결과로서" 다음의 언약의 말씀을 상기시키며, 이것을 놓고 제사를 통한 언약을 체결하게 된다.

또 그에게 이르시되 나는 이 땅을 네게 주어 업을 삼게 하려고 너를 갈대아 우르에서 이끌어낸 여호와로라. 그가 가로되 주 여호와여 내가 이 땅으로 업을 삼을 줄을 무엇으로 알리이까. 여호와께서 그에게 이르시되 나를 위하여…(창 15:7-8)

한편, 아브라함의 "믿음으로 말미암는 의"에 대한 가장 탁월한 해석자는 사도 바울이었다. 이때 사도 바울은 여기서 소개되는 '아브라함의 믿음'을 '믿음으로 말미암는 의'의 표본으로 삼는다. 그리고, 이 '믿음'을 인친 것이 '할례'라고 한다. 한편, 이 '할례'는 창세기 18장의 내용인데, 이 '할례언약'은 이곳의 '제사언약'을 그의 후손들에게 확장시킨 것이다.

그리고, 할례와 제사 둘 다의 핵심 용어는 '쪼개다, 혹은 자르다'이다. 제사는 자신의 생명을 대신하여 짐승을 쪼개는 것이고, 할례는 자신의 양피를 쪼개어서 제사의 표식을 몸에 지니는 것이다. 그렇다면, 믿음으로 말미암는 의와 할례 사이에 제사가 있는 것이다. 그렇다면, 뒤에 언급되는 제사나 할례는 곧 믿음이 그것의 내용물인 것이다.

5. '제사'를 통한 언약체결

"언약을 맺다"를 히브리어로는 "언약을 자르다"라고 표현한다. 이때 여기서의 자르는 것은 '제사'를 의미한다. 따라서 이로 인해 "언약=제사"라고 공식이 성립하는 것으로 보인다. 그리고, 이스라엘의 제사에는 '번제'를 통한 예물 드리는 자의 헌신과 '화목제'를 통해 예물을 받는 자의 헌신이 서로 결합하여 둘이 하나가 되는 '상호헌신'이며, 서로 한 생명이 되는 것이며, 둘이 하나가 되는 '혼인예식'이다. 이제 여호와와 아브라함은 제사를 통해서 둘이 하나가 된다. 여호와는 아브라함을 큰 국가로 만들기 위해 헌신하고, 아브라함은 여호와를 위하여 여호와의 소유된 열방을 축복하는 일에 헌신하였다. 그래서, 궁극적으로 이 양자는 열방에 복을 끼치게 하고자 한다. 이 창세기 12장 2-3절의 아브라함의 언약을 온전히 이루기 위해서 이젠 서로 한 생명이 된 것이다. 이것이 곧 제사언약이었다. 제사언약은 분명히 아브라함의 언약을 공식화한 것이었다. 우리는 이러한 시각에서 제사언약을 바라보아야 할 것이다.

창세기 12장 2-3절이 언약 제안이라면, 이제 제사는 이 언약을 공식화한 것이다. 이 양자는 무관하지 않다. "'쪼갠 고기' 사이로 여호와의 불만 지나갔다"고 말함을 통해서 여호와만 이 언약의 당사자가 되었다고 보는 것은 적절해 보이지 않는다. 고대로부터 제사는 드리는 자와 받는 자가 하나가 되는 예식이었다. 만일 창세기 15장의 아브라함의 제사가 창세기 12장 2-3절의 아브라함의 언약내용을 공식화한 것이라면, 아브라함의 제사 속에서는 아브라함의 언약이 담겨 있다. 그리고, 이 아브라함의 제사와 아브라함의 후손들이 맺은 계약인 시내산 제사언약이 평행관계라면 여기에도 아브라함의 언약이 담겨 있는 것이되며, 결국 이스라엘의 제사 속에는 아브라함의 언약이 내재해 있는 것이라고 보아야 한다. 따라서 "언약=제사"의 개념이 여기에서 도출되는 것이다. 이제 여호와께서는 생명을 다하여 아브라함을 축복하여 큰 민족을 이룬다. 그리고 아브라함은 생명을 다하여 열방을 축복한다. 그래서 이제 이스라엘은 제사장 국가로 출현을 하고 이를 통해 열방이 축복과 구원 안으로 들어온다.

가. 모세오경의 '제사 개념'을 활용한 '아브라함 제사 언약'의 해설

① '쪼개는 행위'에 대한 해석

'제사'와 '언약'은 밀접한 관계에 있는 것은 거의 확실하며, 이에 따라 언약체결과 제사제도 설계에 밀접한 관련이 있는 것으로 추정된다. 창세기 15장 18절에서 '언약을 맺다'라는 표현을 사용하는데, 이때의 '맺다'라는 동사를 사용할 때, '자르다'를 의미하는 כָרַת 라는 동사를 사용한다. 즉 'כָרַת בְּרִית, 언약을 맺다'를 직역을 하면 '언약을 자르다'는 형태가 된다. 이때의 כָרַת 는 제사에서 나타나는 '자르는 행위'를 의미한다.[153] 이것은 '자르는 제사행위'를 통해 '언약'을 맺기 때문으로 보이며, 이스라엘의 제사는 이 언약의 지속적인 확인절차로 보인다. 이에 의하면, 언약과 제사는 서로 동전의 양면과 같다. 제사가 곧바로 언약적 행위인 것이다. 노아의 경우에도 제사를 통해서 여호와와 언약을 체결한다.

이때 제사언약에서의 '쪼개다, 자르다'는 "자기저주의 맹세로서의 '쪼개다, 자르다'"가 아니라, "상대방을 위한 헌신의 맹세로서의 '쪼개다, 자르다'"이다. 이스라엘의 제사에서의 제물은 항상 예물로서 사용되었기 때문이다. 한편, 베스터만은 여기서의 아브라함의 행위는 '제사의식'이었지 '맹세 행위'는 아니었는데, "제사용 짐승들은 낱낱이 필요하지만 맹세행위에는 한 마리만 필요하다"고 말하며, "모세오경 저자는 의례적인 맹세에 대해서는 거부감을 가지고

---

153) 발터 침멀리, 『구약신학』, 60.

제사행위로 변경시켰을 것이다"고 말한다.154) 이스라엘 백성들이 제사의 제물을 드릴 때는, 율법을 지키지 않으면 내 목을 자르겠다고 자기저주의 맹세를 하면서 제물을 드리는 것이 아니라, 헌신과 속죄와 감사의 마음으로 제물을 드리기 때문이다.

아브라함은 마리문서 시기의 사람인데, 그의 언약체결식에서의 '쪼개다'는 마리언약의 본질에 비추어 이러한 행위를 하였을 것이다.155) 그런데 연구결과에 의하면, 마리문서(BC 25-17세기)에 있어서의 계약의 본질은 '상호간의 충성과 사랑'의 '헌신'의 의미를 담고 있었다.156) 그리고, 그 후대(BC 17-12)에 속하는 히타이트 문서의 경우에도 그러하였다.157) 이 히타이트 종주문서는 매

---

154) Westermann, *Genesis*, 121.
155) 발터 침멀리, 『구약신학』, 김정준 역 (서울: 한국신학연구소, 1990), 61. ; 침멀리는 "노트(Noth)는 마리문서(BC2500-1700)를 연구했는데, 여기에 보면 군주가 서로 싸우는 종족들 사이에 들어서서 화해를 시도하였다. 이 때에 당나귀를 잡아 제사를 지냈는데, 이렇게 함으로써 계약이 성립되었다"고 말한다.
156) 우리가 고대근동의 계약사상을 이해할 때, 마리문서의 시대를 BC 2500-1700 년경으로 보고 있으며, 이때 마리는 메소보다미아의 주요 도시중의 하나였고, 아브라함이 이 지역에 속했을 것이라는 추측이 강하기 때문에 미라문서에서의 '(나귀를) 쪼개다'의 개념을 계약시의 중요한 의식행위로 이해한다. 마리 문서의 편지를 소개하면 다음과 같은데, Ibal-II이 그의 주군에게 보낸 편지이다. "내가 하누와 이다마라 사이에 '나귀를 자르기' 위해 떠났습니다.… 내가 나귀 새끼를 잡게 하였고, 하누와 이다마라 사이에 평화를 정착시켰습니다.…내 주께서 기뻐하시기 바랍니다." 이때 나귀를 자른 것은 희생을 드리는 제사행위 였다.(『고대근동신화문학선집』, p781)
   한편, 이 편지에서 보는 바와 같이, 로버트 배노이에 의하면, 이 시기의 국제조약의 기본정신은 '사랑과 헌신'이었다. 마리문서와 마찬가지로 그 다음 세대에 해당하는 BC 2000-1000 사이의 국제조약 문서로서의 힛타이트 조약문서도 그렇다. 서로 간의 충성과 사랑이 그 본질이다. 특히 모세는 힛타이트 조약문서의 영향을 많이 받은 것으로 보인다. 이계약의 본론을 이루는 주요부분들에는 이러한 서로를 향한 충성과 사랑의 표현이 그 근간을 이룬다. 그런데, 앗수르의 조약문서에서의 '자르는 행위'는 본보기용이다.
157) 마리문서와 마찬가지로 그 다음 세대에 해당하는 힛타이트 조약문서가 그렇다. BC 2000-1000 사이의 국제조약 문서는 충성과 사랑이 그 본질이다. 특히 모세는 힛타이트 조약문서의 영향을 많이 받은 것으로 보이는데, 여기에서 국제조약 문서의 전문용어는 사랑이었다. 이것은 후일에 다윗과 히람왕의 관계에도 나타난다.
   히타이트의 봉신조약 양식은 모세에게도 중요한 영향을 미친 것으로 보인다. 히타이트는 BC15세기경부터 12세기에 이르기까지 제국으로 존재하며 이집트와 대립하였는데, 이때 히타이트는 주변의 모든 제후국들을 봉신조약을 통해서 평화와 안정을 이루어내었다. 그리고 심지어는 이집트의 람세스 2세와의 이집트-히타이트 조약은 제국의 평화를 가져온 유명한 조약이 되었다. 오히려 마리문서에 나타나는 계약의 명맥은 힛타이트 제국의 봉신조약이다. 이 히타이트 제국의 종주조약은 시내산언약과 모압언약에 기틀을 제공하고, 신명기 법전에 중요한 정신과 요소들을 제공하였다.
   이때 힛타이트 문서에서는 양국가가 제사를 지내지는 않았고, 대신에 자신의 수많은 신들을 증인으로 출두시킨다. 한편, 이 부분이 시내산 언약에서는 제사로 대체된 것으로 보이며, 아마 이것이 마리문

우 유명하였는데, 히타이트는 이 조약을 통하여서 제국의 평화를 이루었고 이 집트와도 평화를 이루었다. 이 유명한 조약 문서는 모세시대와 그 시대를 같이 한다. 그리고 이 조약문서의 형태를 모세는 '시내산 언약'의 틀로 사용하였다. 이때 히타이트 조약 문서도 '충성과 사랑'을 기반으로 하여 문서가 작성되었다. 그런데, '쪼개는 행위'는 마리문서에서는 나타나는데, 히타이트 문서에는 나타나지 않고 신들을 증인으로 출석만 시킨다.

한편, 양식비평 학자들은 창세기 15장의 언약체결식을 해석하는 방법으로서 기존에는 BC 25-17세기 경의 마리문서에 기록된 고대근동세계의 언약체결식을 인용하여 설명하였다.158) 그리고 이때 '쪼개는 행위'에 대한 해석에 있어서는 BC 8세기경의 앗수르 에살핫돈 조약문서의 내용을 참조로 하여 해석을 하였는데, 이러한 행위는 언약당사자들 간의 언약준수를 위한 '자기저주의 맹세'라고 해석을 하였다. 그런데, 여기에는 많은 검토가 요청된다. 왜냐면, 이 양자(마리문서와 에살핫돈 문서)의 사이에는 약 1천년이라는 너무 큰 시간적 공백이 존재하며, 마리조약의 문서나 힛타이트조약의 문서는 앗수르의 에살핫돈 계약의 문서와 그 본질에 있어서 판이하게 다르기 때문이다.159) 전자는 사랑과 충성을 기반으로 하여 문서를 작성하였으며,160) 후자는 공포를 그 기반으

서의 '쪼개는 것'과 평행을 이루는 것으로 보이지만, 히타이트 문서에 '쪼개는 행위'는 나타나지 않는다.

158) 침멀리, 『구약신학』, 63 ; 침멀리는 "이 약속은 특히 자세히 묘사되어 있는 희생동물을 쪼개는 의식을 통하여 확인된다. 이 피 흐르는 고기조각 사이에서 야웨는 책임질 것을 자세히 검토한다. 이 의식이 예레미야 34:18 이하에서는 인간 영역에서 수행된다. 이 의식은 BC 8세기 바르가야 왕과 아르파드의 마티엘의 조약에도 나타난다. 이 조약의 끝 구절 가운데 '이 송아지를 쪼갠 것 같이 마티엘을 쪼개며 그의 고관들을 쪼갤 것이다'라는 주석이 붙어 있는데, 이것은 이 의식을 수행함에 있어서 가정적인 자기저주가 중요함을 보여주는 것이다."라고 말한다.

159) 로버트 배노이의 "에살핫돈의 봉신조약과 헷족속의 종주권조약의 비교" : a.역사적 서론의 결여, 헷족속의 역사적 서론은 봉신의 충성의 근거가 되는 영주의 은혜로운 행동을 기술한다. 반면 에살핫돈의 분위기는 무자비하게 탄압을 하며, 힘으로 윽박지르는 분위기를 나타냄으로 종주권 조약과는 내용뿐 아니라 정신에서도 다르다. b.실제적 진술의 결여, 앗수르 조약은 봉신에 의해서 영주에게 충성을 다짐하는 진술을 결여하는 것은 역사적 서론이 없기에 영주의 자비로운 행위가 없기 때문이며, 역사적 서론이 없기 때문이다. 앗수르 조약은 저주의 발설부분에서 충성의 맹세를 하게 한다. 따라서 이는 조약을 맺는 양자의 관계가 다르다는 것이다. c.축복의 결여, 앗수르의 조약은 헷족속의 정신처럼 조약을 준수하는 것에 대한 축복을 선언하지 않는다. 이것이 양자의 관계의 차이에서 비롯되는 것이다. d, 결론으로 이상의 관찰은 클라인의 견해 즉 헷족속과 앗수르의 조약은 다르다는 것이다. 따라서 와이즈만의 헷족속의 조약이 에살핫돈에 이르기까지 변하지 않았다는 주장은 근거가 없다. 출처 : http://blog.daum.net/jungts0187/1852

160) 이안열, "신명기에 나타난 하나님 사랑의 연구," 연세대학교 신대원 (석사, 2005), 7 ; 이안열은 "אָהֵב (사랑하다)는 고대근동의 정치조약의 전문용어였다. 기원전 18세기부터 7세기까지 주권자와 봉

로 하여 문서를 작성했기 때문이다.161)

　따라서, 이곳에서는 '쪼개다'의 의미를 에살핫돈 문서의 '자기저주의 맹세'로 해석하지 아니하고, 히브리 고유의 '제사개념'으로 해석하고자 한다. 즉, 아브라함의 '제사언약'은 '노아의 제사'와 모세의 '시내산 언약의 제사'의 중간에 위치하고 있으며, 그 모세오경의 저자가 동일인이기 때문이다. 한편, 고든 웬함 등을 비롯한 많은 학자들이 "이 제물은 모두 희생제사의 제물이었다"162)고 말한다. 이럴 경우 에살핫돈 문서에 따라 '자기저주의 맹세'로 해석하는 데에는 무리가 따르는데, 에살핫돈 문서의 경우 그 본문에서 이 '쪼개는 것'에 대해서 "이 어린 양은 제물로 바치기 위함도, 잔치를 하기 위함도,…아니다.… 만일 마티일루가 이 조약을 위반하는 범죄를 저지른다면, 이 어린양이 우리에서 끌려나와 그 우리로 다시 돌아가지 못하고 그 우리를 다시 볼 수 없는 것처럼 마티일루가 … 다시는 돌아오지 못하고 그 땅을 다시 볼 수 없게 될 것이다. 이 머리는 양의 머리가 아니며 마티일루의 머리이며,…"(ANET, 532-533)라고 말한다. 이것은 "제사를 위한 것이 아니라, 계약불이행시의 본보기용"이었던 것이다. 우리는 아브라함의 언약이나 모세의 제사 언약에서 '쪼개는 행위'를 이렇게 해석할 수 없다. 여호와께서 맹세의 표현으로서 자신의 목을 이렇게 쪼개겠다고 말한 것은 아니다. 고든 웬함의 말처럼 "여호와는 자신의 사심을 가리켜서 맹세하는 분"(신 32: 40)이시다. 여기서 '쪼개는 것'은 제사행위를 말한다. 서로를 향하여 자신의 목숨을 내어주는 '헌신'의 용도이며, 이것은 한 생명이 되는 '혼인의 메타포'인 것이다. 그리고 예레미야 34장

신, 왕과 신하를 결합시키는 충성과 우정을 묘사하기 위해서 사랑(אַהֲבָה)이라는 용어가 사용되었다. 이 사랑은 고대근동의 법률상의 어휘요 국제관계를 가리키는 전문용어였다. 패배한 통치자는 그의 정복자에게 사랑이란 용어를 사용해서 충성을 서약했다"고 말한다.

161) 앗수르의 정책은 공포로서 유명하였다. 이들은 잔인함으로 속국들을 복속시켰고, 사르곤 2세는 북이스라엘을 멸망시켰다. 그의 아들이 산헤립이며, 또 그의 아들이 에살핫돈인데, 그의 '봉신조약'이 유명하다. 그런데, 이 봉신조약은 히타이트의 종주조약과 그 근본정신과 형태에서 본질적인 차이가 존재한다. 그리고 그 다음에 '자기저주의 맹세'가 언약준수에 대한 효과로서의 '자기저주 혹은 축복'에 대한 문안이 따른다. 이때 앗수르는 '자기저주'만을 강조한다. 로버트 배노이는 그의 『구약의 언약양식』에서 멘델홀의 연구에 대해 평가를 하며, 클라인의 주장을 통하여 이 양자의 언약은 근본적으로 히타이트 언약과 정신적인 면뿐 아니라 내용적인 면에서도 차이가 존재한다고 말한다. 이것은 매우 적절한 표현이다. 이 '봉신조약'은 양자가 인정된 조약이 아니다. 공포로 굴복시키는 조약일 뿐이다. 여기에서는 서로를 향한 헌신의 의사표시는 전혀 없으며, 일방적인 힘에 의한 굴복으로서의 맹세가 있고, 그 다음에 맹세를 어길 시의 '자기저주'문안만 존재할 뿐이다.

162) 고든 웬함, 『모세오경』, 79.

18절도 '자기저주의 맹세'로 볼 수 없다.163)

이렇게 '헌신의 맹세'로서의 '쪼개다'였을 것이다. 한편, 모세오경 해석에 있어서 '자기저주의 맹세'로서의 '쪼개다, 자르다'로 볼 경우, 이스라엘의 제사에 대한 해석은 불가능해 진다. 번제의 제사에서 제사자가 자신을 의미하는 제물을 '잡아서, 각을 뜨는 것'은 '헌신의 맹세'를 의미하며, 창세기 15장에서 '제물을 쪼개는 것'이 제사의 행위였다면, 이것은 제사자로서의 아브라함이 여호와에게 자신을 바치는 번제의 의미로서 해석하여야 하는 것이다. 한편, 현대의 많은 학자들의 경우 양식비평의 영향을 받아 여기에서의 '쪼개는 것'을 '자기저주의 맹세'로 보지만, 고든 웬함 등의 학자는 "여호와는 자신의 사심을 가리켜 맹세한다"고 말하며, 그러한 판단을 보류하는 형태를 취한다.164)

② 시내산 제사언약과의 평행관계로서의 아브라함의 제사언약

창세기 15장의 제사언약의 사건은 분명히 출애굽기 24장의 '시내산에서의 제사언약'에 영향을 미쳤을 것이다. 왜냐면 그 계약의 내용이 동일한 계약이

---

163) 일반적으로 '자기저주'에 대한 성경적 근거를 학자들은 예레미야서 34장 18절의 예를 인용한다. 예레미야가 시드기야에게 이스라엘의 노예해방과 관련하여 "송아지를 둘에 쪼개고 그 두 사이로 지나서 내 앞에 언약을 세우고 그 말을 실행치 아니하여 내 언약을 범한 너희를…(렘34:18-20)"이라는 표현을 사용하고 있기 때문이다.

그런데, 이때 "송아지를 둘에 쪼개고 그 두 사이로 지나서 내 앞에 언약을 세우고"는 이스라엘 방백들이 별도의 제사를 드리며 노예해방에 대한 언약을 체결한 것이 아니라는 것이다. 예레미야 34장 8절에 의하면, 계약은 존재하였으나 이 계약은 노예해방 문제에 관한 별도의 제사가 있었던 것은 아니었으며, 시드기야가 시내산 언약을 기반으로 한 선포였던 것이다. 따라서, 여기에서 말하는 계약은 예레미야 34장 13-15절에서 말하는 바와 같이 시내산에서 맺은 계약을 지칭한다. 그때 그들은 출애굽기 24장 5-7절에 의하면, "여호와께 소(수송아지)로 번제와 화목제를 드리게 하고,… 언약서를 가져다가 백성들에게 낭독하여 듣게 하니"라고 말하고 있다. 여기를 보면 분명히 화목제가 언급되어 있다. 이것은 '자기저주의 맹세'가 아니라, 양자 간의 '헌신의 맹세'였던 것이다.

따라서, 이 구절은 '자기저주의 맹세'가 아니라, 오히려 "헌신에 대한 맹세를 하고도 그 맹세를 저버린 것"이라는 표현이 더 적절하다. 여호와의 관계에서 이 구절을 '자기저주'의 구절로 사용할 수는 없다. 왜냐면, 이 언약체결의 행위는, 예레미야는 예레미야 34장 13절에 의하면, 출애굽기 24장 7절에서의 그 언약체결을 의미하며, 이것은 '번제와 화목제'의 제사를 통한 헌신의 맹세를 의미하기 때문이다. 이에 의하면, 위에서 "송아지 사이를 지난 것"은 '헌신'의 의미였다. "송아지 사이를 지나고도" 여호와와의 언약을 저버린 것은 "헌신에 대한 포기"를 의미하지, 자기저주에 대한 실현으로서의 심판은 아니었던 것이다.

164) Wenham, *Genesis 1-15*, 332 ; 웬함은 "하나님의 맹세들은 일반적으로 '자기 죽음의 자기저주'가 아니라, '나의 사는 것으로 야웨가 말하노라'(민 14:21)의 형태를 취한다"고 말한다.

며, 그 당사자들도 동일한 당사자들이기 때문이다(창17:7). 따라서 아브라함의 제사언약과 모세의 시내산언약은 서로 평행관계에 있다. 월터 카이저는 "창세기 15장의 '연기, 풀무, 타는 횃불'과 출애굽기 19장의 '연기, 가마, 불'과 조화 된다"고 하며, 이 "양자 간의 관계를 직접적으로 관련" 시켰다.[165] 그렇다면 이제 아브라함의 제사언약에 대한 해설은 출애굽기 24장의 '시내산 제사언약'과 함께 해석되어야 한다. 또한 모세의 출애굽기 24장의 '시내산 제사언약'은 레위기의 '5대제사'와 또한 평행관계에 있는 것으로 추정될 수 있다. 그렇다면, 이제 아브라함의 창세기 15장의 제사언약은 레위기의 '제사'를 통해서도 설명이 가능해 진다는 의미가 된다. 레위기의 '제사'보다 시내산에서의 '제사언약'이 먼저 있었고, 또한 시내산의 '제사언약'보다 아브라함의 '제사언약'이 먼저 있었다. 그래서, 오히려 아브라함의 '제사언약'이 이 모든 '제사들'보다 우선적이다. 그러나 뒤에 있는 '제사 제도' 등을 통해서 아브라함의 '제사언약'을 해석할 수 있는 것으로 보인다. 그렇다면, 레위기의 제사제도에 나타난 '쪼개는 행위'를 아브라함 언약의 '쪼개다'와 연결시키는 것이 적절해 보인다. 따라서 창세기 15장의 제사언약은 레위기의 5대 제사와 연결된 것일 수 있는 것으로 보인다.

더 나아가서 이 아브라함의 제사는 노아의 제사와도 연관이 있는 것으로 추정된다. 소위 모세 오경의 저자 입장에서는 그렇다. 그리고 이 아브라함의 제사는 노아의 제사와 모세의 제사의 중간에 위치하여 그 가교 역할을 하는 것으로 파악된다. 한편, 유진 H. 메릴은 노아의 제사에 대해 다음과 같이 말한다. 그 안에는 5대제사의 모든 요소가 다 포함되어 있다.

노아의 제사는 비록 번제라고 불리고 속죄의 함의가 있을지라도 또한 화목제 같은 것이다. 이 용어들의 일반적 병치는 그것들이 상호 교환적이거나, 아마도 화목제가 번제에 근거를 두고 있거나 후속되는 것이었을 것이라는 결론으로 인도한다(참고: 출20:24; 24:5; 32:6; 레4:10 외). 노아는 이같이 여호와의 은혜로우신 구원에 대한 공물로서 번제를 드렸지만, 그 제물은 또한 인간의 죄와 그 분의 심판으로 위협받은 것처럼 보이는 여호와와 인

---

165) 월터 카이저, 『구약성경신학』, 83-84.

간의 관계를 새롭게 하는 것을 말했다.166)

노아의 제사는 분명히 '번제'라고 불리웠다. 그런데, 그 효과는 속죄와 화목의 효과였다. 이에 따라 우리는 '번제'에서 '속죄제'가 분화되어 나타나고, '화목제'가 분화되어 나타난 것임을 알 수 있다. 이에 따라, 우리는 모세의 제사를 멀리서 바라보며 이와 관련하여 아브라함의 제사를 살펴보고자 하는 것이다. 아브라함의 제사에서는 레위기의 5대 제사와 유사한 메타포가 모두 나타나고 있다. 이러한 5대 제사를 기반으로 하여 해석을 시도해 보고자 하는 것이다.

③ 이스라엘의 제사제도를 통한 아브라함 제사언약에 대한 해설

이제 모세오경의 본문 내에서 사용되고 있는 제사 개념으로서 레위기의 5대 제사개념을 통해서 아브라함의 제사 언약을 해석하고자 한다. 그 관계는 희미하지만 그 5대 제사의 정신은 이미 아브라함의 제사언약에서부터 나타나고 있다. 그리고 그러한 관계성은 앞에서 살펴본 바와 같이 노아언약에서도 나타났던 것이다. 이제 다음에서는 아브라함의 제사언약에 내포된 번제 · 소제, 속죄 · 속건제, 화목제의 요소를 찾아보고자 한다. 여기서 번제 · 소제는 '헌신'을 의미하며, 속죄제는 '속죄'를 의미하고, 화목제는 '하나 됨'을 의미한다.

먼저, 아브라함의 제물을 쪼개는 행위는 레위기의 번제의 행위와 연결이 된다. 모세의 레위기 5대 제사에 의하면, '번제와 소제'를 한 데 묶을 수 있으며, 이것은 "생명과 소유와 소득을 하나님께 불로 태워 올려 드리는 행위"이다. 우리의 생명을 하나님의 양식으로 올려드리는 '헌신'의 행위이다. 아브라함이 제물과 자신을 '동일시'167)하여 제물을 '쪼개어' 놓는 것은 바로 이와 같은 여호와를 향한 헌신의 행위로서 이것이 번제의 제사로 발전한 것으로 보인다.

두 번째로, 아브라함 자손들의 400년 동안의 종살이는 '속건제, 속죄제'와

---

166) 유진 H. 메릴, 『구약신학』, 333.
167) 원래 제사에서의 제물의 취지는 제물과 제물 드리는 자가 동일시 되는데, 만일 이 사건을 제사로 볼 수 있다면, 이것은 바로 아브라함이 자신과 제물을 동일시하여 하나님께 드린 행위가 된다.

연결이 가능하다. '속죄제와 속건제'는 죄 사함을 위한 제사로서, 죄의 삯으로 내 생명을 드리는 것인데, 이때 생명 대신 제물을 드려서 속죄하는 행위이다. 여기의 본문에서는 "400년 동안의 애굽에서의 종살이"에 대한 여호와의 예언이 여기에 해당하는 것으로 보인다. 만일 이 '제사언약'이 모세의 제사제도와 관계가 있다면, 이스라엘의 400년 동안의 종살이는 '속죄제'로서의 의미를 지니는 것으로 보인다.

그리고, 최종적으로 "여호와의 불이 제물 사이로 지나간 것"은 '화목제'와 병치 될 수 있다. '화목제'는 하나님께서 자신의 생명을 제사자에게 나누어 주심을 통해서 서로 하나가 되는 행위이다. 시내산 언약의 제사에 의하면, 제물의 피의 절반을 여호와의 단에 뿌리고, 나머지 절반은 이스라엘 백성들에게 뿌리고 있다. 그리고 출애굽기 34장 25절에 의하면, 이 피뿌림에 대하여 '나(여호와)의 희생의 피'라는 용어를 사용하고 있다. 보통 '희생'이라는 용어는 화목제의 제물에 관해서 사용하는 용어이다. 이것은 후일 새 언약에서의 '성찬의 피'와도 일치한다.

번제의 행위를 통해 아브라함의 생명을 양식으로 취하신 여호와께서는 이제 도리어 자신의 생명을 아브라함에게 나누어주고 계시는 것이다. 이와 같이 하여서 이 양자는 서로 하나가 된다. 고든 웬함의 경우에도, "쪼개 놓은 짐승들이 이스라엘을 나타낸다면 이 (지나가는) 행동은 자기 백성과 더불어 행하시는 하나님을 묘사하는 것일지도 모른다"168)고 말한다. 칼빈도 '제사' 혹은 '쪼개는 의식'을 이와 같이 "희생제 내에서 서로 함께 유합되어 그들이 더 한층 몸 안에서 신성하게 연합되게 하였던 의식이었다"고 말하며, 또한 예레미야 34장 18절의 '쪼개는 것'도 또한 이와 같은 일환(예: 헌신을 통한 연합)으로 이해한다.169)

한편, 이러한 제사언약의 결과 이루어지는 둘이 하나가 되는 메타포는 여호와가 아브라함의 '방패'와 '상급'이 되는 것이 동일한 메타포를 가지고 있는 것으로 보인다. 즉, 제사언약은 이 언약의 출발점이었던 "내가 너의 방패와 상급이다"는 신현의 말씀을 실행으로 옮긴 것을 의미하는 것이다.

---

168) Wenham, *Genesis 1-15*, 332.
169) Calvin, *The Book of Genesis 1*, 413.

나. 짐승을 쪼개어서 벌려놓는 아브라함 (창15:9-11절)

아브라함이 "땅에 관한 약속을 어떻게 믿을 수 있겠습니까"라고 묻자 하나님께서는 아브라함에게 '제물'을 준비하라고 하시는데, 이것은 '희생제물'을 의미하며,170) 그렇다면 이 행위는 곧 '제사'를 의미한다. 후에 드러나겠지만 이것은 제사를 통해 서로 하나가 되고자 하시는 것으로서, 이것을 통해 자신의 언약을 확증하고자 하시는 것이었다. 제사는 하나님께서 인간과 언약을 체결하는 고유의 방식으로 보여진다. 그래서 "언약을 맺다"라고 할 때, 사용되는 '맺다'라는 동사는 제사를 의미하는 'כָּרַת, 자르다' 라는 동사를 사용한다. 즉 직역하면 "언약을 자르다"가 되는 것이다.

이에 따라, 제사에서 사용하는 '자르다'는 동사는 서로를 향한 '자기저주의 맹세'가 아니라, 서로의 생명을 상대방에게 양식으로 내어주는 하나 됨, 혹은 '헌신의 맹세' 혹은 '혼인예식'을 의미하는 것으로 보는 것이 타당하다.171) 모세의 제사제도가 그러하기 때문이며, 이것이 바로 언약에 대한 가장 확실한 확증이다. 아브라함이 "땅에 관한 약속을 어떻게 믿을 수 있겠습니까"라고 묻자, 여호와는 "서로 한 생명이 되자"고 제안하고 있는 것이다. 이것이 곧 '제사언약'이며, 15장 1절에 언급된 "두려워 말라, 나는 네 방패요 상급이다"는 말씀에 대한 응답으로서, 이에 대한 인크루지오로서 '제사언약의 체결'인 것이다.

아브라함이 "주 여호와여, 내가 이 땅으로 업을 삼을 줄을 무엇으로 알리이까"에 대한 대답으로 여호와께서는 다음과 같이 '번제의 제사'를 드리라고 하신 것이다. 그 내용은 다음과 같다.

---

170) Aalders, *The Book of Genesis*, 294.
171) John Calvin, *Genesis1*, 413 ; 칼빈의 경우에도 이곳에서의 '쪼개다'의 개념을 희생제라고 말하며, 이것은 고대 근동지역에서의 동맹을 맺을 때 행하는 행위였다고 말하며, "이 희생제 내에서 서로 함께 유합되어 그들이 더 한층 한 몸 안에서 신성하게 연합되게 하였던 의식이었다"고 말한다. 그런데, 양식비평의 발달과 더불어 이 예식은 '자기저주의 맹세 예식'으로 해석되었는데, 논자는 이것을 반대하여 '쪼개는 것'은 제사제도의 일환으로서 '서로를 향한 헌신의 맹세'이며, 화목제와 같이 제물을 통해 '한 생명이 되는 것'이며, '둘이 하나가 되는 혼인예식'으로 보고자 한다. 아브라함은 짐승을 쪼갤 때 자신을 쪼개었으며, 여호와의 불이 짐승 사이를 지나갈 때 여호와께서는 자신을 쪼개셨다.

여호와께서 그에게 이르시되 나를 위하여 삼년 된 암소와 삼년 된 암염소
와 삼년 된 양과 산비둘기와 집비둘기 새끼를 취할지니라. (창15:9)

위의 말씀은 "여호와께서…나를 위하여" "제물을 취하라"고 하신 것이다.
고든 웬함은 여기에서 '취하라'는 용어에 대해 "매우 자주 나오는 이 어휘는
종종 희생제사와 같은 의식을 소개할 때 사용되곤 한다"[172]고 말한다. 그리고
이러한 제물은 바로 "아브라함의 하나님을 향한 헌신의 믿음"의 표현으로서,
사실은 아브라함이 자신의 생명을 여호와께 드리는 것을 의미한다. 출애굽기
13장 2절에 의하면, "드리는 자와 제물"은 동일시 된다. 그리고 모세가 바로
에게 나아와서 이스라엘 백성이 여호와의 산에 가서 희생제사를 드려야 한다
고 반복적으로 주장하였는데, 그것은 바로 여기의 창세기 15장의 아브라함의
'제사 언약'임이 분명하다. 이 '제사언약'은 창세기 17장의 '할례언약'을 통해
서 아브라함의 후손들에게 고스란히 승계되기 때문이다. 이때 모세나 바로가
사용하는 어휘가 '희생, 곧 번제'라는 어휘였다. 아브라함의 '제사사건' 속의
'쪼개다'는 이와 같이 '희생(자바흐)'의 의미인 것이다.

히브리식 제사에서의 '쪼개다'는 '생명을 드리는 것'과 관련을 지어야 한다.
여기서의 짐승을 둘로 '쪼개는 것'은 모세가 바로 앞에서 말한 출애굽의 이슈
인 "여호와께 희생을 드리다"(출5:3)를 의미하는 זָבַח와 같은 의미이다. 따라서,
제사언약의 출발은 '헌신'이다. 따라서 위에서 '쪼개다'는 의미는 "아브라함이
자신을 쪼갠 것"으로서, 여호와 하나님을 위한 '희생(זָבַח)'과 '헌신'의 표현이
다. 고든 웬함을 비롯하여 일반적인 신학자들은 이것을 '제사행위'로 본다.[173]
레위기의 번제에서의 그 번제물에 안수하는 것은 "제물과 번제를 드리는 사람
자신과의 동일화"[174]를 의미하기 때문이다. 아브라함이 "믿음으로 의롭다함을
얻은 것"은 앞에서 살펴본 바와 같이 이러한 '헌신'에 기반하여 여호와를 의뢰

---

172) Wenham, *Genesis 1-15*, 331.
173) Wenham, *Genesis 1-15*, 331.
174) 전정진, 『레위기 어떻게 읽을 것인가』, 31. ; 제물 드리는 자의 안수는 "예배자와 제물의 동일시"
    라는 견해외에도 노트는 죄의 전가라는 의미만을 부여하기도 한다. 한편, 사도 바울은 로마서 12장 1
    절에서 "너희 몸을 하나님이 기뻐하시는 산제사의 제물로 드리라"고 하신다. 이것은 곧 그 자신이 제
    물임을 의미한다. 이삭의 번제에서도 이삭은 바로 아브라함 자신이었다. 따라서 제물을 쪼개는 것은
    바로 그 자신을 쪼개는 것이다.

했기 때문이다. 아브라함이 이 행위를 먼저 하였는데, 이러한 헌신으로 표현된 여호와 신뢰가 곧 믿음인 것이다. 아무 조건도 없이 생명 드리기까지 여호와 자신만을 사랑한 것이 곧 믿음이었다. 그 내용은 다음과 같다.

> 아브람이 그 모든 것을 취하여 그 중간을 쪼개고 그 쪼갠 것을 마주 대하여 놓고 그 새는 쪼개지 아니하였으며 솔개가 그 사체 위에 내릴 때에는 아브람이 쫓았더라.(창15:9-11)

한편, 위의 아브라함의 행위에 대한 모세오경의 저자의 해석이 간극처럼 존재한다. 모세오경의 저자인 모세는 이 사건을 레위기 제사사건의 '번제'의 메타포와 연결시킨다. 그렇다면, 아브라함의 위의 행위는 이 짐승들을 올려드리는 것은 자신의 생명을 하나님께 올려드리는 행위가 된다. '번제'에는 아무런 조건이 없다. 단순히 자신의 생명을 하나님의 양식으로 올려드리는 것이며, 하나님께서는 이때 우리의 생명을 받으신다. 자신의 생명을 다하여(드림을 통하여서) 하나님을 사랑하는 행위인 것이다. 이 쪼개어진 짐승들의 생명을 받으신다. 다음에 레위기의 번제에서는 이 짐승을 태워서 그 연기를 올려드린다. 그러면 하나님께서 이 연기를 흠향하신다. "번제란 올려드린다"는 의미를 지니고 있다.

위의 내용에 의하면 제물을 쪼갠 당사자는 아브라함이다. 아브라함은 먼저 이와 같이 자신을 대신한 제물을 쪼개어서 여호와께 드린다. 이것이 제사자의 자세이다. 언약체결은 이렇게 자신을 헌신하여 쪼개어서 드리는 것이다. 그리고, 다음에는 여호와의 불이 이 쪼갠 고기 사이로 지나가는데, 이것은 여호와께서도 자신을 아브라함에게 내어주신 것을 의미하는 것으로 보여진다. 고대 근동세계에서 계약을 체결할 때, 이와 같이 두 당사자 모두가 제물 사이를 지나갔는데, 먼저는 아브라함이 제물을 쪼개어서 드림을 통해서 지나갔고, 그 다음에는 여호와의 불이 그 쪼갠 고기 사이를 지나감을 통해서 여호와도 또한 아브라함에게 자신을 내어 주신 것이다.

한편, 예레미야 34장 18절에 의하면, 이스라엘이 쪼갠 고기 사이를 지나고도 언약을 저버렸다는 유명한 표현이 있다. 이것도 또한 마찬 가지이다. 이 예레미야의 말씀은 과거의 시내산 언약에서의 번제와 화목제를 지칭한 것으로 보는 것이 오히려 타당해 보인다. 이때 이스라엘이 고기 사이를 지나간 것이 아니라, 번제의 제사, 곧 고기를 쪼개어서 드림을 통해서 고기 사이를 지나갔던 것이다. 이 예레미야 34장 18절도 마찬가지로 '자기저주의 맹세'가 아니라, 번제를 통한 '헌신의 맹세'로 보아야 한다. 예레미야의 마은 그와 같은 '헌신의 맹세'를 하고 언약을 저버린 것으로 해석하는 것이 바람직해 보인다.

다. 400년 동안의 고난을 통한 속죄(창15:12-16)

아브라함이 번제의 제물을 올려드리고, 해질 때에 아브라함은 깊이 잠들게 되었고, 그때 캄캄함이 임하므로 심히 두려워하게 되었다. 대체로 '캄캄함'은 모세에게 있어서 측량할 수 없는 '여호와의 임재'를 상징하며, '깊은 두려움'을 수반한다. 고든 웬함은 이것을 "경외심을 일으키는 신적활동이다"[175]고 하며, 토마스 만은 이를 "묵시의 순간이다"[176]고 표현한다. 한편, 이 내용은 모세가 십계명을 받기 위해 하나님 계신 곳으로 가까이 나아간 내용과 유사한 이미지를 제공한다. 모세가 의도하는 것은, 자신이 시내산에서 경험한 것처럼, 그의 선조 아브라함이 꿈 속에서 하나님의 임재를 경험하고, 그 임재 속으로 아브라함이 들어간 것을 말하고자 하는 것이다. 그 내용은 다음과 같다.

해질 때에 아브람이 깊이 잠든 중에 캄캄함이 임하므로 심히 두려워하더니,(창 15:12)

וְהִנֵּה אֵימָה חֲשֵׁכָה גְדֹלָה נֹפֶלֶת עָלָיו

모세는 하나님의 계신 암흑으로 가까이 가니라.(출 20:21)

מֹשֶׁה נִגַּשׁ אֶל־הָעֲרָפֶל אֲשֶׁר־שָׁם הָאֱלֹהִים

위의 창세기 15장 12절을 원문 그대로 번역할 때, 이 구절의 맨 앞에 감탄

---

175) Wenham, *Genesis 1-15*, 331.
176) Thomas W. Mann, *The Book of the Torah*, 36.

사 '보라 (hehold)'를 삽입하여야 한다. 따라서 이 구절은 "보라, 그의 위에 임한 큰 캄캄함의 두려움을", 혹은 "보라, 큰 두려움을, 그의 위에 큰 캄캄함이 임하였기 때문이다."라고 번역하여야 한다. 한편, 세일해머는 위의 정황을 모세의 시내산에서의 하나님의 계신 흑암에 들어가는 것과 평행을 이룬다고 말하는데,[177] 우리는 이 메타포를 그와 같이 이해하여야 한다. 모세가 시내산에서 백성들을 대신하여 흑암 속으로 들어가서 계명들을 받을 때의 모습을 출애굽기 20장 21절에서 소개하는데, 그 내용을 번역하면, "모세는 하나님의 계신 깊은 짙은 어둠으로 가까이 가게 되었다"이다. 모세가 체험한 이 어둠은 "신비주의 신학"에서 깊은 주제 중 하나에 해당하는데, 닛사의 그레고리는 그의 저서 『모세의 생애』에서 영혼의 상승의 궁극에 이르렀을 때, 암흑이 나오며, 이곳이 하늘의 모형을 좇아 지은 성막에 존재하는 속죄소가 지칭하고 있는 참 지성소라고 말한다. (『모세의 생애』 II, 164-167)[178] 이곳이 신비신학에서 추구하는 존재의 맨 끝이다. 이곳은 두려움의 장소이다. 이제 이 어둠 속에서 음성이 들려오는 것이다. 그리고 이러한 여호와 하나님의 임재가 재현되어 있는 곳이 성막에서의 속죄소였다. 그리고 여기에서 속죄가 일어난다. 아브라함에게 일어난 흑암과 두려움은 이와 같은 신비주의적 메타포이지 단순한 흑암이 아니었다.

우리는 위의 정황을 이와 같은 하나님의 임재로 보아야 하며, 하나님의 면전에 선 것으로 보아야 하며, 속죄가 일어나는 현장(속죄소)으로 보아야 한다. 창세기에는 이러한 설명이 결여되어 있지만, 후대의 신비체험을 한 사람들의 해석이 그러하였다. 그리고, 이때 들려오는 여호와의 음성은 다음과 같이 "아브라함과 아브라함의 자손들을 거룩하게 하기 위한 속죄"에 관한 내용이었다. 그리고, 애굽에서의 생활은 바로 이러한 속죄제의 진행과정이었던 것이다. 알더스는 이에 대해 "고난을 통해 영광에 이르는 작업이다"[179]고 말하며, 칼빈은 "여호와의 다루시는 과정이다"[180]고 하는데, 이것은 제사장 국가로 이끄시기 위한 죄를 씻어내는 과정인 것이다. 모세오경의 저자는 애굽의 400년을 이

---

177) Sailhamer, *The Pentateuch as Narrative*, 152,
178) 닛사 그레고리, 『모세의 생애』, 고진옥 역 (서울: 은성,   ), 129-130.
179) Aalders, The Book of Genesis, 295.
180) Calvin, *The Book of Genesis 1*, 415.

와 같이 속죄의 역사로, 혹은 속죄제의 일환으로 보고자 하는 것이다. 그 내용은 다음과 같다.

여호와께서 아브람에게 이르시되 너는 정녕히 알라 네 자손이 이방에서 객이 되어 그들을 섬기겠고 그들은 사백년 동안 네 자손을 괴롭게 하리니, 그 섬기는 나라를 내가 징치할지며 그 후에 네 자손이 큰 재물을 이끌고 나오리라. 너는 장수하다가 평안히 조상에게로 돌아가 장사될 것이요, 네 자손은 사대 만에 이 땅으로 돌아 오리니 이는 아모리 족속의 죄악이 아직 관영치 아니함이니라 하시더니(창15:12-16)

이 구절은 이스라엘이 애굽으로 들어가서 그곳에서 번성하며, 그곳에서 고난을 받는 400년을 말하고 있다. 만일 이 구절이 제사와 관련한 메타포라면, 모세는 이 400년을 "아브라함의 후손들에 대한 속죄제의 과정"으로 파악하고 있는 것으로 보인다. 역사 내에는 이와 같은 속죄의 제사로서의 기능이 존재하는 것으로 보인다.

라. 쪼갠 고기 사이로 지나가는 횃불 (창15:17)

여호와께서 '쪼갠 고기' 사이로 '지나간 것'을 앨런 로스를 비롯한 많은 학자들이 이것을 '자기저주'를 통한 여호와 하나님의 일방적 맹세언약이라고 말하며,[181] 고든 웬함은 여호와는 "자신의 사심을 통해 맹세한다"고 말하여 이러한 방향으로 해석하는 것이 완전하지 않음을 말한다. 한편, 양식비평의 영향을 받지 않은 칼빈과 같은 경우에는 모세오경에서 사용하는 제사의 취지에 따라 '헌신맹세'로 본다. 여기에서는 히브리의 제사개념을 따라서 여호와의 이스라엘을 향한 '헌신맹세'로 본다.

즉, 이 본문은 출애굽기 24장의 시내산 제사언약과 평행을 이루고 있으며, 히브리적 제사 개념에서 화목제로 표현되어지는 '여호와의 헌신 맹세'로 보여진다는 것이다. 이 출애굽기 24장에 대한 해석으로서 출애굽기 34장 25절에서 여호와께서는 '나의 희생의 피'라는 용어를 사용하고 있다. 여기에서 횃불

---

181) 앨런 로스, 『창조와 축복』, 462.

사이로 지나가는 여호와의 불은 화목제의 '희생의 피' 혹은 '성찬'과도 같이 하나님께서 자신의 생명을 내어준 것으로 해석하는 것이 모세오경의 취지에 이치한다는 것이다. 따라서 여기에서는 이와 같은 해석을 취하고자 한다.

하나님께서는 아브라함에게 약속한 땅이 있었다. 그리고 이 땅을 통해서 아브라함과 그의 후손들은 '생명양식에 해당하는 שָׂכָר (상급, 임금, 급료, 소득)'을 얻게 된다. 이때 여호와께서는 창세기 15장 1절에서 자신이 곧 שָׂכָר라고 하신 것이다. 번제를 통하여서는 아브라함이 자신의 생명을 하나님께 드려서 하나님의 양식이 되게 하고, 이제 속죄가 이루어진 후에는 하나님이 자신의 생명을 아브라함에게 나누어주신다. 함께 서로를 먹고 마심을 통해서 한 생명이 이루어지는 것이다. 고대근동언약에서는 극도의 사건이 벌어진 후에 생명으로 계약의 대가를 지불했는데, 이스라엘의 언약에서는 이미 서로 생명을 나눈다. 그 내용은 다음과 같다.

> 해가 져서 어둘 때에 연기 나는 풀무가 보이며 타는 횃불이 쪼갠 고기 사이로 지나더라. (창15:17)

위에서 '연기 나는 풀무가 보이며 타는 횃불'을 직역하면, "보라, 연기 나는 용광로와 고기 사이로 지나가는 불타는 빛나는 횃불을"이 된다. 여기에서의 '연기와 불'은 하나님의 임재를 상징한다.[182] 이것은 고대근동언약에서와 같이 그 고기 사이로 지나간 자가 자신의 생명을 내놓는 행위이다. 하나님께서는 그 고기에 자신의 생명을 얹었다. 모세의 화목제에서는 이 음식을 제사장과 제물을 드린 자가 함께 먹는다. 이것은 신약시대의 성찬행위와 같은 행위이다. 그리고, 이 행위를 통해서 제사 드린 자와 하나님이 하나가 되는 것이다. 이것은 하나님과 사람들 사이의 화목제의 전형인 것이다.

마. 혼인을 의미하는 제사언약

위의 제사 언약에는 혼인에 대한 메타포가 존재한다. 서로의 생명을 주고 받아서 하나가 되는 것이다. 번제와 속죄제와 화목제를 통해서 이 연합이 성

---

182) Wenham, *Genesis 1-15*, 331.

취되는 것이다.

바. 제사와 언약의 관계 (창15:18)

본 논문의 성경연구 방법에서 문예비평적 관점을 취한다. 이 경우에는 완성된 텍스트가 중요한 의미를 지니며, 창세기의 저자와 레위기의 저자가 동일하다는 점을 주목해 보아야 한다. 모세오경의 저자로서 모세는 창세기 7장의 노아의 제사와 레위기의 제사의 중간에 위치하는 창세기 15장의 짐승을 쪼개는 것은 서로 연관이 되어 있다. 비록 창세기 15장의 짐승을 쪼개는 것이 마리 문서에 나타난 바와 같은 고대근동의 언약체결 형태를 취하였다고 할지라도 여기에는 분명히 여호와의 신민으로서의 특유의 재해석이 개입하여 있으며, 우리는 이것을 더욱 완성된 모형으로 파악한다.

창세기 15장 18절에서는 '자르는 것'과 '언약'을 일치 시킨다. 그리고, 만약 우리가 앞에서 살펴본 바와 같이 여기서의 '쪼개는 것'이 '자르는 것'으로서의 '제사'와 일치한다면, 이제 '연약=제사'라는 등식이 성립하는 것이다. 창세기 15장 18절의 내용을 살펴보면 다음과 같다.

여호와께서 아브라함과 함께 언약을 (자름을 통해서) 세웠다.(창15:18)

כָּרַת יְהוָה אֶת־אַבְרָם בְּרִית

위에서 כָּרַת 는 '자르다'는 의미로서, '(짐승을)쪼개다'와 같은 의미를 지닌다. 따라서 원문 구대로 번역을 한다면, "여호와께서 아브라함과 함께 언약을 자름을 통해서 세웠다"라고 하여야 한다. 그리고, 여기에서 '자르는 것'을 '제사'로 환치한다면, "여호와께서 아브라함과 함께 언약을 제사를 통해서 세웠다"고 말할 수 있는 것이다.

사. 언약을 세우시는 여호와 하나님 (창15:18-21)

이와 같은 제사의 결론으로서 하나님께서는 아브라함과 더불어 다음과 같은 언약을 체결하신다. 이때 중요한 것은 18절에서 "이 땅을 네 자손에게 주었다"라는 완료형을 사용하고 있다. 그 땅의 소유자인 하나님이 주셨으니, 그 땅도 이미 주어진 것이었다. נָתַתִּי 는 נָתַן 의 2인칭 완료형으로서 "주는 행위가 이미 마쳐졌다"는 것을 의미한다.

> 그 날에 여호와께서 아브람으로 더불어 언약을 세워 가라사대 내가 이 땅을 애굽강에서부터 그 큰 강 유브라데까지 네 자손에게 주노니 곧 겐 족속과 그니스 족속과 갓몬 족속과 헷 족속과 브리스 족속과 르바 족속과 아모리 족속과 가나안 족속과 기르가스 족속과 여부스 족속의 땅이니라 하셨더라.(창15:18-21)

한편, 위에서 간과해서는 안 될 것은 위의 언약은 계약주체 A의 나라를 세우고, 그 나라를 계약주체 B에게 하사하겠다는 계약주체 A의 약속에 관한 사항이었다. 창세기 15장은 계약주체 A의 약속에 관한 것을 집중하여 소개한다. 계약주체 B의 순종에 관한 것은 후에 계약주체 A의 약속이행이 출애굽을 통하여 온전히 실현되면서 본격적으로 나타난다. 물론 아브라함은 이때에도 이미 계약주체 B로서의 자신의 역할을 다하고 있었다. 이것은 창세기 18장의 '방문언약'에서 본격적으로 드러난다. 다만 여기서는 계약주체 A의 역할이 부각되어 있다.

아. 복의 개념을 바꾸어 주신 여호와 하나님

위에서 언급한 바와 같이 여호와께서는 "자신이 방패이며 상급이다"고 말씀하신 후에 그 내용을 다 이루셨다. 방패는 후사의 문제를 의미하며, 상급은 땅의 문제를 의미한다. 아브라함은 '후손과 땅'을 구했는데, 정작 하나님께서는 그 실물이 도착하기 전에 먼저 '후손과 땅'을 '하나님 자신'으로 대체하신다. 이제 아브라함은 '하나님 자신' 안에서 '뭇별과 같은 충만한 자손들'을 보아내어야 한다. 아브라함의 그의 받을 복의 내용으로서 '후손과 땅'을 염두에 두고, 이것이 아브라함이 생각하는 '복의 개념'이었는데, 이 사건을 통해서 진정한 복은 '자손과 땅'이 아니라, "하나님 자신을 소유하는 것"으로 바꾸어 주신 것이다. 그리고 이것이 성경적인 진정한 의미의 '복의 개념'이고, '진정한 믿음'이었던 것이다.

보통의 경우 복을 이해할 때, '후손과 땅'이었다. 이것은 고대근동사회에서는 생명유지와 관련한 것이었다. 치안이 불안정한 상화에서 자신의 생명을 지켜주고, 자신의 가업을 유지시켜 줄 수 있는 사람은 내 혈육 밖에 없었다. 그리고, 후손들이 나타남을 통해서 비로소 부족국가를 이루어서 내 생명을 보전하는 '방패'가 되었다. 또한 이 후손들이 살아갈 수 있는 양식은 모두 '땅'에서 나온다. '땅'이 없으면 생명 위협으로 다가온다. 아브라함은 땅이 없으므로 타 부족들의 영역에 들어가서 삶을 영위하고자 할 때, 자신의 아내를 누이라고 속여야만 하는 비참함 속에 빠져야 했다. 이러한 문제를 해결 받는 것이 당시의 '축복의 개념'이었다. 이것은 전혀 이상한 개념이 아니었다. 그런데, 하나님께서는 이제 이 개념을 뒤짚은 것이다. 이 '후손과 땅'을 '자기 자신'으로 뒤짚은 것이다.

4절   자손을 대표하여 체결한 '할례언약'(창16, 17장)

1. 제사언약에서 할례언약까지의 아브라함의 삶

가. 이 기간 동안의 일반적 정보를 생략하고 있는 모세오경의 저자

제사언약에서부터 할례언약까지의 기간은 최대 20년 정도에 이를 수 있다. 만일 제사언약때 바쳐진 3년 된 제물들이 가나안에 들어왔을 때를 기준으로 한 제물이었다고 가정한다면, 그로부터 7년후 이스마엘 사건이 발생하였고, 이스마엘 탄생후 13년 만에 할례언약을 위해 여호와께서 다시 찾으셨다. 따라서 이 시기는 제사언약 후에 20년 정도에 해당할 수 있으며, 이 시기는 아브라함의 여호와 신앙 형성과 관련하여서 절대적으로 중요한 시기였다.

그런데 이 기간에 대한 기록은 전무하다. 전후에 대한 아무런 정보 없이 중간 즈음에 이스마엘 사건이 기록되어 있을 뿐이다. 우리가 알 수 있는 정보는 제사언약에서 주어진 메시지가 이 기간 동안의 삶을 지배했을 것이며, 할례언약에서 이 시기에 대한 특징을 요약하면서 접속사적 역할을 하는 구절이 있을 뿐이다. 우리는 이것들을 근거로 하여서 이 시기의 아브라함의 삶을 추적해 볼 수 밖에 없다.

한편, 이렇게 이 시기의 아브라함의 일반적인 삶을 대거 생략해 버린 것은 모세오경의 저자가 철저히 언약 중심의 사고를 가지고 있다는 것을 의미한다. 언약과 관련한 다른 정보 외에는 소개하고 싶은 마음이 별로 없다. 이러한 현상은 이후로도 계속된다. 심지어는 이러한 현상은 모세오경 전체에서 이루어진다. 모세오경의 저자는 언약과 관련한 책을 쓰고 싶어하며, 자신의 글을 하나님과 자신들의 조상과 맺은 계약서를 쓰는 듯한 태도로 아브라함의 삶을 묘사하고 있다. 이러한 비장함 때문에 다른 혼잡물들이 여기에 섞이면 안 된다. 아브라함의 모든 행보를 소개할 때, 모세오경 저자는 하나님과 그가 맺은 언약과 관련하여서만 소개하며, 이러한 것을 통해서 그는 언약책을 쓰고 있는 것이다. 이것이 저자가 아브라함의 일반적인 삶을 과감히 삭제할 수 있는 근거로 보인다.

나. 이 기간 동안의 아브라함의 삶

이에 따라 제사언약 후에 이루어진 아브라함의 모습을 일단 그의 삶의 양태를 통하여 파악하여야 한다. 이에 의하면, 그의 삶은 제사언약에 이어진 삶이었다. 왜냐하면, 제사언약과 할례언약은 무관한 언약이 아니라, 사도 바울에 의하면, '제사언약' 때 주어진 아브라함의 '의롭다함'을 '인치는 사건'으로서 '할례언약'을 소개하고 있기 때문이다. 아브라함은 제사언약을 근거로 한 삶을 살았다. 물론 이 두 언약 사이에 이스마엘 사건이라는 큰 굴곡과 위기가 있었지만 단절은 존재하지 않는다. 이렇게 아브라함이 제사언약에 근거한 삶을 살았다면 제사언약의 결론적인 메시지가 그의 삶의 기준이 되었을 것이다. 그 결론들을 개략적으로만 요약하면 다음과 같다.

먼저, 그는 "하나님을 방패와 상급으로 삼고 살았다"고 보아야 한다. 이것은 제사언약을 한 마디로 나타내는 구절이다. 이에 따라, 이제 그는 후사를 통해 안정을 취하려는 것이 아니라, 하나님을 소유함을 통해서 안정을 취하려고 하였다. 그가 이 문제에서 한계를 보이기는 했지만, 그의 노력은 항상 존재하였다.

두 번째, 아브라함에게 여호와에 대한 믿음이 생성되었는데, 하나님은 이 믿음을 의롭다고 하시었다. 이 믿음은 여호와에 대한 믿음이었는데, 그 취지는 제사에 반영되었다. 따라서, 그에게는 제사에 대한 이해가 어느 정도 자리 잡은 것으로 보인다. 그가 수양과 염소와 송아지를 드린 것은 번제적 의미로서 자신의 생명과 소유를 모두 여호와께 드린다는 의미였고, 여호와께서 제물 사이를 지나가신 것은 여호와께서 자신의 생명을 아브라함에 주신다는 화목제의 의미로서 이것은 서로 하나 되는 의미였다. 혼인에 대한 메타포가 아브라함에게 형성되었다. 이렇게 하여서 아브라함은 "하나님을 방패와 상급으로" 삼았다. 그가 이제 하나님의 것이 되었음을 깊이 이해하게 되었다. 이것이 그의 삶에 크게 반영되었을 것이며, 주체 A의 약속으로서의 '땅과 자손'에 관한 믿음도 이와 같은 내면의 변화를 통해서 그에게 확신으로 자리 잡았다.

세 번째, 그는 여전히 원래의 언약에 따라 주체 B의 순종을 실행하고 있었다. 이에 대한 별도의 언급이 없음은 여전히 아브라함은 하나님과의 언약을 준수하고 있음을 의미한다. 아브라함은 창세기 12장 2-3절의 언약에 따라 "여호와의 제사장, בְּרָכָה"로서의 약속을 성실히 수행하고 있었다고 보아야 한다. 여호와와 아브라함 사이에 여전한 계약관계가 유지되고 있음을 통해서 우리는 이러한 것을 추정할 수 있다.

다. 이스마엘 사건

그럼에도 불구하고 이 시기에 아브라함이 완전하지 못한 것이 존재하였음이 드러나는데, 이것은 '할례언약'을 위하여 하나님께서 아브라함에게 다가왔을 때 하나님께서 하신 말씀에서 드러난다. 하나님께서는 아브라함에게 "완전하라"고 하시며, "내 눈 앞에서 행하라"고 하신다. 아브라함이 하나님의 관점에서 행한 것이 아니라, 자신의 관점에서 행하여 자신의 생각에 따라 언약을 해석하고 행하였음이 드러난 것이다. 무엇이 불완전함 가운데서의 인간적인 행동이었던가? 그것은 그의 이스마엘 사건이었다. 이것은 제사언약의 위배였으며, 아브라함과 하나님 간의 계약의 중대한 위배에 속하였다. 아브라함은 인간적인 생각을 받아들여서 살며시 후사의 위기를 비껴가려고 하였다. 이러한 조치는 당시의 사회적 관습이었으며,[183] 대리모를 두는 관습은 주전 30-10세기

---

183) 앨런 로스, 『창조와 축복』, 471.

- 116 -

사이에 대규모로 퍼져있었고,184) 사래의 이에 대한 태도는 당시에 존경받을
만한 태도이기도 하였다.185) 그래서 아브라함은 자신이 이 사건을 죄로 여기
지도 않았으며, 자신이 계약을 위배한 사실도 모르고 있었다. 이때 발생한 불
완전함은 다음과 같이 요약될 수 있다.

먼저, 자신의 힘으로 안정을 취하려는 의도가 있었다. 하갈을 통해 이스마엘
을 낳은 것이 그것인데, 아브라함은 하나님을 '방패와 상급'으로, 그리고 '힘의
근원'으로 삼는 일에 완전하지 못하였다. 그가 이 제사언약의 명제에 해당하는
이 구절에 성실하였다면, 사래의 말을 듣지 않았을 것이다. 그는 여전히 후사
의 문제로 인하여 삶의 불안정을 느끼고 있었으므로, 사라의 제안을 받아 들
여서 하갈을 통해 이스마엘을 낳은 것이었다. 이것은 '후사'를 통해 삶의 안정
을 취하려는 태도였다.

두 번째, 아브라함은 이 문제를 대수롭게 생각하지 않았으며, 죄로 여기지도
않았다. 17- 18절에 의하면 아브라함은 여호와께 다른 후사 문제는 언급할
생각도 없이, "이스마엘이나 하나님 앞에 살기를 원하나이다"라고 말한다. 이
구절에 의하면, 아브라함에게는 여호와를 향하여서 어떠한 거리낌도 존재하지
않는다. 이것은 당시의 관행과 같았으며,186) 이와 같은 형태로 후사를 취하는
것은 신속히 자신의 후사들을 생산하여서 부족국가를 이루려는 당대의 자연스
러운 행위였다.

세 번째, 그럼에도 불구하고 아브라함의 이러한 행위는 '하나님 보시기에'
혹은 '하나님의 감취인 뜻'에 의하면, 심각한 계약위배에 해당하였다. 하나님
께서는 "하나님께서 예비한" 아브라함의 자손으로 "하나님 나라의 백성"을 구
성하려고 했는데, 이 원대한 계획에 차질이 온 것이었다. 이에 대해 하나님과
모세오경의 저자만이 이 사건이 "하나님과 아브라함 사이의 중대한 계약위배
이다"는 것을 알고 있다. 극중 인물인 아브라함은 전혀 인식하지 못하고 있다.
이것은 "하나님의 관점"을 인식할 때, 혹은 "나래이터의 눈으로 볼 때"에만
알 수 있는 사안이었던 것이다. 그는 제사언약의 본질인 '하나님과의 연합'에
대해서 소홀하였던 것이다. 그래서, 하나님께서는 아브라함에게 첫 인사로서

---

184) Wenham, *Genesis 16-50*, 7.
185) Wenham, *Genesis 16-50*, 7.
186)

"너는 내 앞에서 완전함으로 행하라"고 하신 것이다.

네 번째, 하나님과 아브라함 사이의 계약에 의하면, '하나님의 나라'를 건설하는 것, 혹은 '자손과 땅'을 확보하는 것은 전적으로 주체 A로서의 여호와의 약속에 속하였고, 이 '자손과 땅'은 또한 전적으로 '하나님의 나라, 혹은 하나님의 소유'였다. 만일 이 일에 있어서 아브라함의 힘과 능력으로 인한 '자손과 땅'의 형성이라면, 이것은 주체 A와 소유권의 문제가 발생할 수 있었다. 따라서, 주체 A의 나라의 건설과 관련하여서는 주체 A의 노력이 인정되어야 했으며, 전적으로 그의 권한이었다. 그런데, 아브라함은 이것을 간과하고 있었는데, 이것은 그의 불완전한 이해 때문이었다. 불가피하기는 하지만, 이러한 깊은 하나님의 뜻에 대한 이해의 부족으로 아브라함은 인간적인 입장에서의 자신의 후사를 생각한 것이었다. 이렇게 아브라함 자신의 뜻과 계획, 그리고 자신의 생식능력으로 자손을 이루면, 이제 아브라함의 자손에 대해서 하나님과 아브라함 사이에 소유권 분쟁이 일어난다. 아브라함이 자신의 후손을 자신이 낳았고 양육했으니 자신의 것이라고 주장하고, 하나님도 저희를 자신의 백성이라고 한다면, 한 대상을 놓고 서로 자신의 것이라고 주장하는 형국이 되는 것이다.

결국, 이러한 문제는 할례언약의 필요성을 부각시켰다. 할례언약은 아브라함이 제사언약을 통해서 자신의 생명을 번제의 제물로 드린 것처럼, 이제는 자손도 또한 하나님께 드리는 행위였던 것이다. 할례언약에서 '표피를 베다'는 것은 바로 이러한 의미를 지니고 있다.

2. 씨에 대한 하나님의 의도 (창 16장)

가. 아브라함의 최초언약, 제사언약, 그리고 할례언약의 관계

우리가 아브라함의 언약을 온전하게 이해하려면, 하란 땅에서 받은 맨 처음의 아브라함의 언약과, 가나안에 들어와서 체결된 제사언약, 그리고 20여년 후로 추정되는 할례언약의 관계에 대한 이해가 필요하다.

창세기 12장 2-3절의 언약은 상호헌신 계약으로서, 하나님(계약주체A)과 아브라함(계약주체B) 모두가 서로를 향한 '헌신의 약속'을 한다. 그래서, 이 양자에 대해서 명령형으로 문장이 주어진다. 창세기 12장 2절에 의하면, 하나님 자신에 대해서 1인칭 명령형인 권고형을 사용하여, 이것을 직역하면 "내가 너로 큰 민족을 이루도록 나에게 명령한다"고 번역 될 수 있다. 그리고 아브라함에 대해서는 2인칭 명령형을 사용하여, "너는 בְּרָכָה(축복하는 자)가 되라"고 말씀하신다. 이것은 양자 간의 헌신 약속을 나열한 것이다. (한편, 제사언약과 할례언약에서는 1인칭의 하나님 자신에 대해서만 명령형이 사용되어진다.) 그리고, 이에 대한 효익의 주체로서 객체 C가 나타나는데, 이들은 최종적인 복의 수혜자로서, 하나님의 복이 만물의 끝에 까지 이르는 것을 의미한다. 이것은 최초로 하나님과 아담과 맺은 창조질서와도 관련이 있다. 이것을 도식화하면 다음과 같은데, 다음의 그림은 이 언약이 최종적으로 실행되었을 경우, 완성되어 나타나는 최종적인 그림이다.

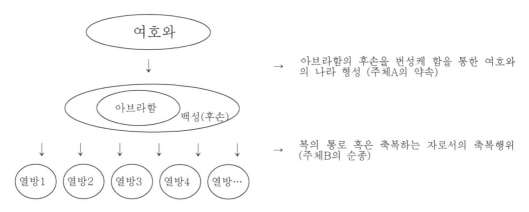

이에 대하여 현재의 이 계약관계는 다음과 같은 현실적인 국면에 있다. 앞의 그림과 다음 큄의 차이는 주체A의 약속에 해당하는 후손들 혹은 백성들 혹은 그 나라가 현실적으로 존재하지 않으며, 주체B의 בְּרָכָה적 행위도 미약하다. 아직 이루어지지 않은 것은 점선으로 표시하였다.

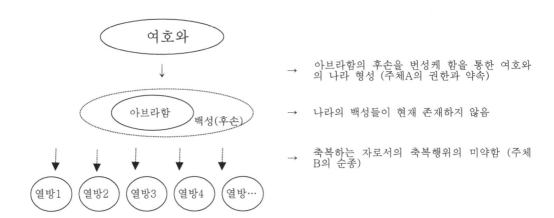

이러한 상황 속에서 하나님께서는 먼저 아브라함을 통해서 자신의 국가를 세우고자 하신다. 이 국가를 세우는 것이 자신의 약속이고, 여기에 아브라함을 제사장으로 혹은 봉건적 영주로 세우고자 하신다. 이때, 주체 A의 나라 건설이 더디고 미약할수록 주체B의 행위 또한 미약하고 더디어 진다. 아직은 주체 B의 역할이 적극적으로 수행되는 것은 아니다. 그런데, 주체 A의 약속이 이루어진 출애굽 이후의 시내산 언약에서는 오히려 주체 A의 행하신 일은 역사적 서술로 변화를 가져오며, 주체 B의 역할이 하나님의 경륜과 관련하여서 더욱 중요해 지는 것이다. 주체 B가 베라카(בְּרָכָה, 축복함)적 행위를 왕성하게 하면 할수록 이 세계 속에 '하나님의 나라'가 실현된다.

제사언약이 아브라함과 맺은 언약이었다면, 이제 할례언약은 아브라함의 백성(후손)들을 하나님의 백성들로 편입시키는 과정인 것이다. 아브라함의 후손들은 이 할례 언약을 보면서 자신을 자신의 것으로 주장할 수 없다. 그들은 이미 아브라함 안에서 하나님께 바쳐졌다. 이에 대한 계약체결이 곧 할례언약인 것이다.

나. 주체 A의 나라 건설과 관련하여서 발생하는 가장 중요한 문제

하나님께서 하나님의 나라를 아브라함을 통해서 건설하려고 할 때 발생하는 중요한 문제가 하나 존재하는데 앞에서 언급한 것 처럼, 이 세상의 풍속에 의하면 아브라함에게서 낳은 자는 아브라함의 소유로 오해 되어질 수 있다. 아브라함의 능력으로 아이를 낳았으니 그 후손들은 아브라함의 국가가 되는 것이고, 아브라함의 국가가 된다. 그런데 하나님께서는 '하나님의 나라', 곧 '하나님의 소유된 백성'을 일으키고자 하신다. 이때 백성들에 대한 소유권분쟁이 나타난다. 하나님은 그의 나라를 세우고자 하시고, 이곳에 그의 제사장과 같은 청지기 혹은 영주로서 아브라함을 세우고자 하시는데 중요한 차질이 발생하는 것이다.

그렇다면, 아브라함의 것을 하나님이 뺏으시는 것인가? 하나님께서 창조자이시라면 그것은 뺏는 것이 아니라, 원래 하나님의 것이었다. 그럼에도 불구하고 인생들은 눈에 보이는 바 대로 행하여 자신의 것이라고 주장할 수 있다. 이에 대해서 하나님께서는 분명하게 하고 일을 시작하셔야 했는데, 아브라함의 생애 속에서는 이에 대한 여러 가지 표적들이 존재한다. 그리고 모세오경의 저자는 이것을 부각시키는 데에 아브라함의 전 생애를 할애한다. 그리고 제사 언약 후에는 20여년의 세월이 경과되어야 했다.

첫 번째 소개하고자 하는 표적은 사라의 불임이다. 아브라함에게 문제가 있었던 것이 아니라 사라에게 문제가 있었던 것이다. 그러한 사라를 통해 후손이 탄생한다면, 이것은 그 씨에 대해서는 하나님께서 개입한 것이 되며, 하나님께서 주신 것이 된다. 아브라함이 그 소유권을 주장할 수 없다.

두 번째 소개하고자 하는 표적은 아브라함은 사라를 두 번씩이나 빼앗길 수도 있었다. 심지어는 남의 아내가 될 수도 있었으며, 아브라함은 이 상황에 대해서 어떻게 해 볼 도리가 없었다. 하나님의 기적으로 아브라함은 사라를 아내로 유지할 수가 있었다. 사라는 결국 하나님의 것이었다. 그렇게 해서 사라를 통해서 낳은 아들은 하나님의 것이다.

세 번째 표적은, 아브라함은 '제사언약'을 통해서 자신을 제물을 번제로 드렸는데, 이것은 그의 생명과 소유를 드린 것을 의미한다. 이것은 아브라함의 생명도 또한 하나님의 것임을 의미한다. 아브라함은 하나님께 자신의 생명을 바치고, 하나님의 종이 된 것이다. 그렇다면, 이제 아브라함을 통해 낳은 아들은 하나님의 것이다.

네 번째 표적은, 아브라함은 할례언약을 이제는 그의 자손까지 하나님께 드린다. 그리고 자신과 자신의 후손을 하나님께 드리겠다는 할례언약을 실행하지 않는 모든 백성은 하나님의 나라에서 쫓겨나야 한다.

다섯 번째 표적은, 이것 전체를 아우르는 표적으로 맨 마지막에 이르러서 아브라함은 그의 외아들 이삭을 하나님께 드린다. 그렇다면, 이제 이삭을 통해 낳은 자녀들은 모두 하나님의 것이다. 이렇게 해서 아브라함의 후손은 이제 '하나님의 것'이며, '하나님의 나라'가 되는 것이다.

다. 아브라함의 '후손'을 향한 하나님의 뜻

이렇게 해서 드러나게 되는 하나님의 뜻은 아브라함의 후손은 하나님의 소유이며, 아브라함의 소유가 아니라는 것이다. 아브라함은 제사언약을 통해서 자신의 생명을 '쪼개어' 바쳤다면, 이제 할례언약을 통해서 그의 후손의 표피를 '베어서' 바쳐야 한다. 이 예식이 할례예식이었다. 그리고 더 나아가서 이러한 할례의식을 마음에 하는 것이 마음의 할례이며, 향후의 신약 시대에는 이것이 세례로 자리 잡는다.

이것이 의미하는 바는 하나님께서 아브라함의 '후손과 땅'에 대한 소유권주장이다. 이제 아브라함의 '재산', 혹은 그의 모든 '후손과 땅'은 하나님의 소유가 되었고, '하나님의 나라'로 거룩하게 승화되었다. 이때 아브라함이 가장 경계하여야 할 사항은 이젠 더 이상 자신의 '후손과 땅' 혹은 자신의 '재산'에 대해서 자신의 소유권을 주장해서는 안 된다. 그렇다면, 아브라함이 '자신의 생명 보전'을 위해서 '후손과 땅'을 소유하고자 했는데, 그의 생명을 보장하는 것, 즉 안정은 어떻게 취하여야 하나? 이것은 앞에서 제사언약을 통해서 언급된 바와 같이 "하나님 자신을 소유함"을 통해서 취하여야 한다. 하나님께서 아브라함에게 "너는 내 앞에서 행하여 완전하라"는 의미는 바로 이와 같은 의미였다.

한편, 여호와께서는 아브라함과 맺은 할례언약을 통해서 그의 자손까지 이 언약을 확대시키신다. 하나님은 아브라함의 '제사언약'을 아브라함과 그의 후손에게로 확장하여 계약을 체결하신 것이다. 이제 아브라함의 후손은 '할례'를 받기만 하면, 곧바로 아브라함의 '제사언약'에 참여하게 된다. 그리고, 그 확대된 언약은 그리스도를 통하여 우리에게도 그 언약이 이르고 있는 것이다. 위의 할례언약의 메시지는 이제 고스란히 우리에게도 적용된다.

3. 표제 : "너는 내 앞에서 행하여 완전하라"(창17:1)

가. "나는 전능한 하나님이라, 너는 내 앞에서 행하여 완전하라"

여호와 하나님께서 아브라함과 제사 언약을 맺으신 후에 약 20여년으로 보이는 시간이 흐른 후, 아브라함의 99세 때에 여호와 하나님께서 찾아오시어서 할례언약을 말씀하시었는데, 대체로 하나님의 말씀은 그 첫 한 마디에 모든 것을 함축하고 있다. 이는 이 전체의 제목과 같은 말씀인 것이다. 그 내용은 다음과 같으며, 이 말씀과 인크루지오를 이루는 말씀은 바로 '할례 언약'이다.

나는 전능한 하나님이라. 너는 내 앞에서 행하여 완전하라.(창17:1)
אֲנִי־אֵל שַׁדַּי הִתְהַלֵּךְ לְפָנַי וֶהְיֵה תָמִים

먼저, "나는 전능한 하나님이라"고 말씀하신다.[187] אֲנִי־אֵל שַׁדַּי 는 '전능한 하나님'으로서, 하나님께서는 모든 것을 아시고, 모든 것을 하실 수 있는 분이신 것을 아브라함에게 먼저 상기시킨다. 하나님은 오랜 기간 동안 아브라함에게 침묵하셨으므로, 이제 아브라함은 자신도 모르게 하나님이 이제는 멀리 계신 분이시고, 이 세상은 우리끼리 살아가는 세상이 되어 있으며, 모든 가치관에서도 하나님은 현실과 떨어져 계신 분이시다. 그리고 하나님을 향하여 이러한 개념을 가질 때, 우리에게는 세상 가치관이 스며든다. 하나님을 믿으면서도 우리의 생각 따라 이 세상을 헤쳐 나간다. 이 말씀에 비추어보면, 아브라함의 지난 20년 동안에도 이러한 현상이 나타났을 것으로 보인다. 그러한 것에 대한 대표적인 행위가 이스마엘 사건이었다. 제사언약이 있었음에도 불구하고, 아브라함은 자신의 힘으로 자신의 후사 없음의 절박한 문제를 해결하려 했던 것이다. 그런데, 이 사건을 통해서 드러나는 중요한 것이 있는데, 아브라함은 지난 20년 동안 '전능하신 하나님'에 대한 믿음이 없었음이 드러난 것이다. 그리고, 그 결과 아브라함은 '후사'를 통해서 자신의 현실적 불안을 없애려는 세상적인

---

187) Wenham, *Genesis 16-50*, 19 ; 고든 웬함은 "다른 곳에서 쓰이고 있는 '여호와'라는 이름이 이 장에서는 쓰이지 않는다"고 말한다. 이것은 아마 아브라함의 세속화와 관련된 듯하다.(필자)

생각을 온전히 제거하지 못했고, 하갈을 통해서 이스마엘을 낳는 그의 연약함이 드러났던 것이다. 사실 할례언약의 본질은 "전능하신 하나님에 대한 믿음"이 그 주제였던 것이다.

두 번째, הִתְהַלֵּךְ לְפָנַי은 "너는 너로 하여금 너 자신을 내 면전에서(나를 향하여) 행하게 해라"라는 의미이다. הִתְהַלֵּךְ은 "걸으라, 행하라"를 의미하는 "הָלַךְ" 동사의 히트파엘 명령형이다. 그리고 לְפָנַי은 "내 면전에서"라는 의미이다. 이에 따라 두 번째 문단을 해석하면, "너는 너로 하여금 너 자신을 내 면전에서(나를 향하여) 행하게 해라"라는 의미이다. 즉, 아브라함은 지난 20년을 하나님 관점에서 자신의 문제를 극복한 것이 아니라, 자신의 관점에 따라 자신의 절박한 문제를 해결하였을 수 있다. 아브라함은 자신의 가치관 하나 하나를 하나님 앞에서 점검하지 못했다. 그 대표적인 사례가 이스마엘 사건이었다. 창세기 17장 17, 18절을 보면, 아브라함은 이스마엘 사건을 결코 죄로 생각하지 않았다. 그래서 그는 이 사건을 하나님이 지적할 때, 심중에 웃으면서 "사라는 구십 세니 어찌 생산하리요 하고, 이스마엘이나 하나님 앞에서 잘 살기를 원하나이다"라고 말했던 것이다. 아브라함은 사라를 통해 후사를 얻는 것은 생각하지도 못했으며, 혈육 없이 노년의 나이에 세상을 살아가는 것이 너무 두려워서 너무도 자연스럽게 하갈을 택하여 이스마엘을 낳았던 것이다. 그는 '전능하신 하나님'에 대한 믿음에 대해서는 그다지 염두에 두지 않았다. 이에 대해서는 하나님만 그렇게 생각하고 있으며, 오경의 저자인 모세만 그것을 죄로 간주하고 있다. 우리는 모세오경의 저자가 주는 단서를 통해서 본문들을 일차적으로 해석할 필요가 있다.

세 번째, וֶהְיֵה תָמִים은 "완전하게 하라"를 의미한다. 아브라함은 물론 지난 20년 동안 제단 중심의 삶을 살며, 'בְּרָכָה'의 행위를 성실하게 수행하였다는 것을 의미하며, 이제는 이 일에 완전한 '순종'을 요구하신 것이며, 이와 같은 "순종에 대한 약정을 맺고 계시는 것"[188]이다. 이것은 창세기 17장 4절에 아브라함을 다시 찾은 하나님이 아브라함을 향하여 "너는 열국의 아비이다"고 말씀하시는 내용에서 그 근거를 찾을 수 있다. 아브라함은 계약주체 B의 약속을 충실히 이행하며, 지난 20년을 살아왔음을 알 수 있다. 아브라함의 언약에

---

188) Calvin, *The Book of Genesis 1*, 443.

는 분명히 이러한 '순종'의 요소가 그 전 생애에 모든 사건마다 깔려있다.189) 이것이 없이 아브라함에게 "너는 열국의 아비이다"라는 호칭으로 축복할 수는 없는 것이다. 그런데, 문제는 계약주체 A의 약속이행에 대한 믿음에서 완전하지 못하였다. "완전하게 하라"에서 문제가 되는 것은 계약주체 B의 약속으로서의 "בְּרָכָה적 삶"에서의 문제라기 보다는 "계약주체 A에 대한 믿음"에서 불완전함이 드러난 것이었다. 우리는 이제 아브라함이 그 언약의 어떤 것을 위배하였는지를 살펴보아야 한다. 이것이 할례언약의 본질을 의미할 수 있기 때문이다.

나. "행하여 완전하라"가 요구하는 아브라함의 "베라카적 태도"

"너는 내 앞에서 행하여 완전하라"는 명제는 '할례언약'을 통해서 결실을 맺는다. 이것은 '제사언약'과 그 취지를 같이 하는데, '제사언약' 자체가 아브라함의 자손문제로서 엘리에셀을 후사로 세우면서 발생한 사건이었다. 이것을 계기로 아브라함은 자신의 후손을 하나님께 온전히 바쳤다. 그런데 아브라함은 이제 또 다시 이스마엘 사건을 발생시킨다. 아직도 아브라함은 후손문제에 있어서 하나님께 온전히 올려드리지 못한 것이다. 이 문제는 아브라함이 자신의 후손을 진정으로 하나님께 번제의 제물로 바쳐야 한다. 이 일은 이삭을 번제로 드리면서 그 완성에 이른다. 아브라함에게 '큰 민족'이라는 축복을 하기 위해서는 이 자손을 온전히 '하나님의 소유'로 바쳐야 한다. 하나님께서는 '아브라함의 후손'을 '하나님의 소유된 백성'으로 삼고자 하시는 것이다. 아브라함은 이 일에 '완전함'을 보여야 한다. 그는 '할례'를 통해서 그의 후손들을 하나님께 바친다. 아브라함은 할례를 통하여 또 다시 한걸음 더 깊은 '자기부인'을 한 것이었다. 그리고 이것이 곧 "아브라함의 베라카(בְּרָכָה, 축복함)적 태도"였던 것이다. 여호와께서는 이 일에 온전한 순종을 이룬 아브라함에게 "아브라함은 나의 명령과 규례에 순종하였다"고 말씀하시는 것이다.

다. 언약의 내용을 거룩하게 하신 하나님

---

189) 창세기 26장 5절에서 모세오경 저자는 그의 전생애를 바라보면서, "이는 아브라함이 내 말을 순종하고 내 명령과 내 계명과 내 율례와 내 법도를 지켰음이니라 하시니라"고 말한다. 신현의 모든 현장에서 이러한 '순종'의 요소는 한번도 빠짐 없이 거론된다.

하나님과 아브라함의 원래 언약은 계약주체 A로서의 여호와 하나님께서는 "아브라함에게 땅과 자손을 주는 것"이었고, 계약주체 B로서의 아브라함은 "בְּרָכָה(축복하는 자)가 되는 것"이었고, 그 결과로 계약객체 C는 계약주체 B의 축복으로 말미암아 계약주체 A의 복을 받는다. 하나님께서는 자신의 세계를 이와 같이 형성하고 계시며, 이것은 모세오경를 넘어서서 오늘날에 이르기까지 이어지고 있다. 이때 계약주체 A로서의 하나님께서는 먼저 계약주체 B를 하나의 나라로 이루고자 하신다. 그래서, 계약주체 B의 축복하는 행위를 아브라함 한 개인의 행위가 아니라, 제사장 국가로 세워서 국가 단위의 'בְּרָכָה'를 기획하고 계신다. 창세기 12장 2-3절에서 선포된 계약의 내용은 이것이었다.

이제 15장의 '제사언약'에서는 계약주체 A의 약속이행이 집중적으로 나타난다. '땅과 자손'을 주시면서 하나님께서 아브라함을 부르셨는데, 아브라함은 무자하였으므로, 과연 하나님의 나라가 존재하는가의 의심을 불러일으킬 수 있는 상황이었다. 그래서, 아브라함은 다메섹인 엘리에셀을 자신의 후사로 세우고자 하였다. 이때 하나님께서는 "네 몸에서 날 자가 네 후사이다"고 하면서, "하늘의 뭇별과 같은 자손과 가나안 땅"을 제사언약을 통해서 '후손들'을 약속하시었다. 이것은 계약주체 A의 약속이었다.

그런데, 이때 계약의 내면에 중요한 변화가 있었는데, 이제 계약주체 B는 계약주체 A의 약속인 '땅과 자손'을 통해 '삶의 안정, 혹은 세상에서의 행복'을 찾으려 하면 안 되었다. 이제 계약주체 B로서의 아브라함은 '땅과 자손' 대신에 '하나님 자신'을 추구하여야 한다. 이때 비로소 '땅과 자손'은 '하나님 나라'로서 거룩하게 승화한다. '땅과 자손'을 통해 아브라함이 삶의 안정을 취하고, 세상에서의 행복을 얻으려 하면 이것은 '죄'가 된다. 제사언약은 이것을 의미한다.

왜냐면, 아브라함은 번제와 소제를 통해서, 아브라함 자신의 생명과 소유를 하나님께 바쳤기 때문이다. 그리고, 여호와께서는 이제 아브라함의 죄를 사하시고, 이제 화목제를 통하여서 하나님 자신의 생명을 아브라함에게 주신다. 그렇게 해서 하나님께서는 아브라함의 '방패와 상급'이 되시어서, 하나님과 아브라함은 한 생명이 된 것이었다. 이제 아브라함의 얻게 될 나라의 축복은 아브라함의 축복이기에 앞서서 하나님 나라의 확장이었고, 하나님 자신의 기쁨이었다. 그런데, 이것을 아브라함이 자신의 안정이나 행복 증진을 위해서 이용하려 하면 문제가 발생하는 것이다.

이렇게 '제사언약'을 통해서 아브라함의 자손문제는 거룩하게 승화하였다. 아브라함은 '후사'로 인해서 삶의 안정을 취하면 안 되고, 오직 '하나님에 대한 믿음'으로만 안정을 찾아야 했던 것이다. 이렇게 아브라함의 '후사'문제는 거룩하게 승화하였는데, 아브라함은 또 다시 하갈을 통하여 '후사'로서 이스마엘을 생산하고, 그를 '후사'로 생각하고 있었던 것이다.

라. 이스마엘 사건과 관련한 아브라함의 허물

'제사언약'의 본질은 아브라함이 '후사'를 통해 삶의 안정을 찾지 말고, "하나님 자신을 방패와 상급으로 삼는 것"이었다. 즉 계약주체 A가 주기로 한 '땅과 자손'은 하나님의 약속이며, 계약주체 B인 아브라함의 약속은 'בְּרָכָה(축복하는 자)'였다. 그런데, 계약주체 A가 약속한 '땅과 자손'의 문제에 대한 응답이 너무도 지연되고, 현실적인 삶 속에서의 불안정이 너무도 증폭되어서, 아브라함은 다멕섹인 엘리에셀을 후사로 세우려 했다. 이때 하나님께서는 '땅과 자손'을 소유함을 통한 삶의 안정을 '하나님 자신'을 소유함을 통한 삶의 안정으로 대체해 주시었다.

이제 아브라함은 '삶의 안정'을 위해서 '후사'의 문제를 건드리면 안 된다. 삶의 안정은 '하나님 자신을 소유함'을 통해서만 이루어야 한다. 아브라함은 이제 복의 개념을 바꾸어야 했다. 아브라함의 '후사 문제'는 이제 "하나님 나라의 백성을 구성하는 것"으로 차원이 바뀌었다. 이제 아브라함의 후사 문제는 다른 차원으로 거룩하여 진 것이다. 이것은 이제 아브라함의 것이 아니라, 하나님의 것이 되었다. 따라서, 아브라함이 이것을 통해서 계속 안정을 찾으려 하면, 하나님의 백성을 더럽히는 일이 발생하게 되는 것이다. 예컨대, 우리가 우리의 재산을 하나님께 번제의 제물로 올려드린 후에, 다시금 이것을 내 것으로 취하려고 하면 그 재물이 더러워지는 것과 같은 원리였다.

세상의 사람들은 '땅과 후손'을 통해서 삶의 안정을 찾는다. 이것만을 "삶의 안정을 주는 생명 양식(복)"으로 이해한다. 그런데, 이제 아브라함에게는 "삶의 안정을 주는 생명 양식(복)"은 하나님 자신으로 대체되었다. '땅과 후손'은 이제 하나님께 드려져서 거룩하게 되었고, 아브라함도 이 후손을 거룩하게 하여야 한다. 왜냐면, 그것은 '하나님의 백성들'이기 때문이다. 이것을 통해서 안정을 얻으려고 하여서 '땅과 후손'을 내 것으로 취하려 하면 안 된다. 그것은 우상숭배로 전락하게 된다.

제사언약 이후에도 아브라함은 수많은 인생고를 겪었다. 이러한 인생고를 겪다보면, 이때 보여지는 하나님은 '전능하신 하나님'이 아니었다. 자연스럽게 아브라함에게 세상적 가치관이 스며들었던 것이다. 아브라함은 자신의 생명을 부지하기 위한 일환으로서 하갈을 통해서 이스마엘을 낳았던 것이다. 그런데, 이렇게 낳고 보니 많은 분란이 일어났다. 하갈이 사라를 핍박하기 시작한 것이다. 당시의 부족 사회에서는 아버지의 유산이 모두 자녀들에 의해서 관리되기 때문에 자녀들이 많은 여인들이 결국은 전체를 장악하게 되어있었다. 이에 대한 폐단을 알고 아브라함과 사라는 더 이상 자손을 갖지 않았다. 그리고 시간이 흘러 여기에 이르렀던 것이다.

이제 하나님께서 찾아오신 이유는 약속의 때가 가까웠는데, 아브라함이 이제는 그 가치관을 완전하게 하여야 하였다. '전능하신 하나님(엘 샤다이)'을 기준으로 하여서 자신의 삶을 돌아보아야 했다. '제사 언약'의 본질을 되살려야 하는 가운데에 있었던 것이다. 이것을 촉구하고 부활케 하는 것이 '할례언약'인 것이다. 이 모든 것이 '전능하신 하나님'에 대한 믿음이 없어서 연유된 것이었다.

4. 할례언약의 내용들 (창17:2-8)

가. 주체 A의 약속이 강조된 '할례언약'

앞에서 살펴본 바와 같이 할례언약에서는 주체 A의 약속이 강조되어 있다. 따라서, 하나님 자신에 대해서는 명령형을 쓰고, 아브라함이 장래 어떻게 될 것인지에 대해서는 미완료형을 쓴다. 그 내용은 다음과 같다.

내가 내 언약을 나와 너 사이에 세워 너로 심히 번성케 하리라 하시니
아브람이 엎드린대 하나님이 또 그에게 일러 가라사대
내가 너와 내 언약을 세우니 너는 열국의 아비가 될지라. (창 17:2-4)

וְאֶתְּנָה בְרִיתִי בֵּינִי וּבֵינֶךָ וְאַרְבֶּה אוֹתְךָ בִּמְאֹד מְאֹד
וַיִּפֹּל אַבְרָם עַל־פָּנָיו וַיְדַבֵּר אִתּוֹ אֱלֹהִים לֵאמֹר
אֲנִי הִנֵּה בְרִיתִי אִתָּךְ וְהָיִיתָ לְאַב הֲמוֹן גּוֹיִם

위의 본문에서 2절a를 보면, 하나님은 '하나님(나)의 언약, בְרִיתִי'을 '하나님과 아브라함' 사이에 세우신다. 이때의 언약은 계약 주체 A의 역할이 강조된 "나(하나님)의 언약"인데, 이것은 "하나님께서 주도하시는 언약을 의미"[190]하기도 한다. 그러면서도 '하나님과 아브라함' 사이에 세워진 언약이다. 창세기 12장 2-3절에서는 이러한 '나의'라는 문구가 존재하지 않는다. 그런데, 여기에서는 '하나님의 역할'에 대한 사항을 집중적으로 말하기 때문에 '나의 언약'이라는 용어를 쓰고 있는 것이다. 그러면서도 '나와 너 사이에, בֵּינִי וּבֵינֶךָ'라는 형태로 묘사한다. 할례언약에서는 아브라함에게 후사를 주고자 하는 여호와의 약속이행이 강조되기 때문이다. 이제 이 '후사와 자손'의 언약이 이행된 후의 시내산 언약에 이르러서는 주체B (아브라함의 후손)의 약속이행이 강조되어 '십계명'이 중시된다.

이제 2절b는 'וְאַרְבֶּה'는 '번성하다'를 의미하는 רָבָה 의 1인칭 권고형(명령형)이다. ה+어근+א 는 1인칭 권고형을 의미한다. 그래서, 이것을 직역하면, "나는 나에게 아브라함을 번성하게 하도록 명령한다"라고 번역될 수 있다. 자기 자신에 대한 명령형인 것이며, 이것은 자신의 역할을 명시한 조항이다.

반면, 4절b의 'וְהָיִיתָ לְאַב הֲמוֹן גּוֹיִם'는 "열국의 아비가 될 것이다"로 번역되는데, 이것은 와우 완료형을 사용한 '미완료형'이다. 따라서 예언적 성격의 미완료형이다. 즉 2절b의 하나님의 행위로 말미암아, 4절b의 아브라함에게 이루어지는 예언이다. 따라서 이 할례언약과 관련해서는 계약주체 B의 행위가 강조되어 나타나지는 않는다. 이 시기는 하나님께서 자신의 역할이행을 위해서 전력하시는 시기이기 때문이다.

---

190) Wenham, *Genesis 16-50*, 21.

그런데, 여기에서 '열국의 아비'라는 용어사용이 의미하는 바를 살펴볼 필요성이 존재한다. 여기에는 주체B의 역할이행이 전제되어 있기 때문이다. 열국의 아비가 된다는 것은 열국의 'בְּרָכָה'가 된다는 의미이기 때문이다. 이것은 단순히 자손이 많아진다고 해서 이루어지는 문제는 아니다. 주체 B의 약속이행이 전제된 상태에서 자손이 많아질 경우, 이러한 용어를 사용할 수 있기 때문이다.

나. 언약에 대한 아브라함의 주의점

하나님은 아브라함을 번성하게 하실 것이다. 이에 관련해서는 아브라함은 아무런 행위를 취할 수 없다. 그런데, 이와 같은 아브라함의 번성과 관련해서 아브라함이 주의할 것이 있다. 만일 아브라함이 이러한 후손의 번성과 관련하여 그의 후손들을 자신의 후손이다고 그 소유권을 주장할 경우 큰 문제가 야기된다. 아브라함은 이 할례언약과 관련하여서 명심하여야 할 것은, 혹은 이 할례언약의 취지는 아브라함을 통해서 주어지는 자손의 소유권이 하나님에게 있다는 것이다. 하나님께서는 아브라함을 통하여 하나님의 나라를 세우시고, 여기에 아브라함을 봉신으로 임명하고자 하시는 것이다. 하나님께서 자기 자신에게 명령하셨고, 아브라함은 아무런 댓가 지불 없이 자신에게 위탁된 것이기 때문에 아브라함은 이에 대한 소유권을 주장하면 안 된다.

이것은 주체 A이신 하나님과 주체 B인 아브라함 사이의 제2의 언약이 되어 버린다. 위에서 언급된 것은 분명히 주체A의 역할인데, 주체 A를 받아들이는 태도는 주체 B의 'בְּרָכָה'로서의 역할에 앞서서 존재하는 또 하나의 의무로 자리를 잡게 되는 것이다. 이것은 의무라기 보다는 '바른 인식'이라는 표현이 더 적절하다. 이것은 오히려 주체B의 고유의 약속이행보다 더 중요하게 자리 잡는 행위가 되어 버린 것이다. 할례언약은 아브라함의 자손에 대한 여호와의 무조건적 약속이기는 하지만, 주체A에게 소유권을 인정하는 것은 어떻게 보면, 주체 A와의 관계를 나타내는 보다 더 소중한 약속으로 떠 오른 것이다.

다. 아브라함에게 행하실 일에 대한 하나님의 서술

이와 같이 후손과의 관계를 확정하신 하나님께서는 이제 이것을 계약의 명문조항에 삽입하신다. 즉, 하나님께서는 주체B1에 속하였던 아브라함을 그의 후손으로서의 주체B2로 확장시키신다. 따라서 할례언약은 아브라함 언약의 환경변화에 따른 갱신이다. 이스마엘 사건으로 인해 기존의 계약에 문제가 와서 다시 계약을 체결하신 것이 아니다. 여전히 하나님과 아브라함 사이에 맺은 창세기 12장 2-4절의 계약 내용은 힘 있게 진행되고 있다. 이스마엘 사건이 아브라함의 취약점을 드러내었지만, 그러한 것이 하나님의 사랑을 끊을 수는 없었다. 하나님께서는 이스마엘 사건을 할례언약으로 계약을 심화하고 확장하는 도구로 사용하신 것이다.

이제 하나님께서는 자신의 할 얘기를 아브라함에게 다 전달했기 때문에, 이제는 자신의 해야할 일을 본격적으로 수행하고자 하시며, 그렇게 하여도 이제는 아브라함과의 사이에서 소유권 문제는 발생하지 않는다. 그래서, 자신이 할 일을 아브라함에게 다음과 같이 말씀하시는데, 먼저 아브라함의 이름을 바꾸어주신다. 그리고 그로부터 열국과 열왕들이 나올 것이라고 말씀하신다. 그 내용은 다음과 같다.

> 이제 후로는 네 이름을 아브람이라 하지 아니하고 아브라함이라 하리니 이는 내가 너로 열국의 아비가 되게 함이니라. 내가 너로 심히 번성케 하리니 나라들이 네게로 좇아 일어나며(직역: 내가 나라들을 너에게 줄 것이며), 열왕이 네게로 좇아(직역: 너로부터) 나리라.(창17:5-6, 개역 한글, 괄호 안은 직역)

5절 וְלֹא־יִקָּרֵא עוֹד אֶת־שִׁמְךָ אַבְרָם וְהָיָה שִׁמְךָ אַבְרָהָם כִּי אַב־הֲמוֹן גּוֹיִם נְתַתִּיךָ

6절 וְהִפְרֵתִי אֹתְךָ בִּמְאֹד מְאֹד וּנְתַתִּיךָ לְגוֹיִם וּמְלָכִים מִמְּךָ יֵצֵאוּ

5절을 보면, 하나님께서는 아브라함의 이름을 '고귀한 아비'를 뜻하는 '아브람'에서, '열국의 아비'를 뜻하는 '아브라함'으로 바꾸어주셨다. 그리고, 6절에서는 이에 대한 과정을 설명하는데, "하나님께서 열국을 아브라함에게 주기 때문"이었다. 아브라함이 열국을 축복하는 제사장 국가가 된다는 것 자체에 이와 같은 영적 권위가 임하는 것으로 보인다. 그렇게 아브라함에게 열국이 주어졌기 때문에 이곳에서 파송되어서 열국으로 열왕들이 파송되어 나아간다.

이것은 신약시대에 이르러서 복음전도를 통해서 실현되었다.

위의 설명은 분명히 육적인 이스라엘을 말하는 것이 아니다. 육적 이스라엘의 아브라함의 자손은 '이스라엘'이지 '열국'은 아니기 때문이다. 위의 얘기는 분명히 '영적인 이스라엘'에 관한 이야기로 보인다. 계약조건에 의하면, 아브라함의 씨로 인하여 형성된 그 제사장 나라가 열국들을 축복함을 통해서 열국들이 복을 받는다. 그리고 더 나아가 '영적 이스라엘'은 열국으로 나아가 복음을 전함을 통해서 그곳이 '하나님의 나라'가 되게 한다.

라. 아브라함의 후손들(계약주체 B2)로 확장되어지는 아브라함 언약

창세기 15장의 '제사언약'을 통해 아브라함은 분명히 '번제의 제사'를 통하여 자신의 '생명'을 드리는 '제사언약'을 체결하였다. 그렇기 때문에 아브라함은 사실상 '하나님의 소유'가 되었다. 이와 같은 '헌신의 맹세'가 제사의 기능이다. 그런데, 이제 여호와께서는 이 '제사언약'을 그의 후손에게 확장시키신다. '아브라함'이 하나님의 소유이므로 이제 '그의 후손'도 하나님의 소유이다. 이때 여호와께서는 아브라함이 그의 후손들을 대표하여 언약을 체결하게 하신다. 심지어는 그리스도인들까지도 여기에 참여한다.[191] 그것이 곧 할례언약이었다. 이와 같이 하여서 그의 후손들은 모두 아브라함 안에서 이 계약에 참여하였다. 이러한 취지의 할례언약을 다음과 같이 아브라함에게 말씀하신다.

> 내가 내 언약을 나와 너와 네 대대 후손의 사이에 세워서 영원한 언약을 삼고 너와 네 후손의 하나님이 되리라. 내가 너와 네 후손에게 너의 우거하는 이 땅 곧 가나안 일경으로 주어 영원한 기업이 되게 하고 나는 그들의 하나님이 되리라.(창17:7-8)

위의 문안에 의하면, '나(하나님)의 언약'에 세 계약주체가 등장한다. '하나님'과 '아브라함'과 '아브라함의 후손'이다. 이때 후손은 단수형을 쓰고 있는데, 이것은 집합명사이기 때문이다. '할례언약'을 통해서 여호와가 그들의 하나님이 되고자 하신다고 말씀하신다. 그리고 이제 이 언약에 동의하면, 할례를 행

---

191) Aalders, *The Book of Genesis*, 306.

하면 된다. 그러면 자동적으로 아브라함의 언약에 참여하게 되는 것이다. 아브라함은 그의 후손들을 대표하고 대신하여서 이 언약을 체결한 것이었다. 이것은 마치 신약 시대의 예수 그리스도께서 그에게 속할 모든 믿는 자들을 품에 품으시고 십자가에서 구속을 이룬 것과 같은 메타포인 것이다.

5. 할례언약의 체결을 통한 계약주체의 확장 (창17: 9-27)

이제 계약주체 A이신 여호와의 '할례언약'에 대한 구체적인 설명은 계약주체 B인 아브라함에게 모두 설명이 되어졌다. 그리고 할례의 방법은 '양피를 베는 것(자르는 것)'이었다. 한편, 이 '양피를 베는 것'은 고대근동의 다른 지역에서도 행해지던 풍습이었다. 그 내용은 다음과 같다.

> 하나님이 또 아브라함에게 이르시되 그런즉 너는 내 언약을 지키고 네 후손도 대대로 지키라. 너희 중 남자는 다 할례를 받으라 이것이 나와 너희와 너희 후손 사이에 지킬 내 언약이니라. 너희는 양피를 베어라 이것이 나와 너희 사이의 언약의 표징이니라. 대대로 남자는 집에서 난 자나 혹 너희 자손이 아니요 이방 사람에게서 돈으로 산 자를 무론하고 난지 팔일만에 할례를 받을 것이라. 너희 집에서 난 자든지 너희 돈으로 산 자든지 할례를 받아야 하리니 이에 내 언약이 너희 살에 있어 영원한 언약이 되려니와 할례를 받지 아니한 남자 곧 그 양피를 베지 아니한 자는 백성 중에서 끊어지리니 그가 내 언약을 배반하였음이니라. (창17:9-14)

할례는 당시 고대근동지역에서도 유행하는 것이었는데,[192] 그 방법은 '양피를 베는 것'이었다. וּנְמַלְתֶּם אֵת בְּשַׂר עָרְלַתְכֶם 을 해석하면, 먼저 표피에 해당하는 עָרְלַתְכֶם은 '포피(생식기의 외부를 둘러싼 피부)'를 의미하지만, 한편에서는 '완전한 음경 전체(the whole penis)'를 의미하기도 한다. 그리고, וּנְמַלְתֶּם은 "너희들은 벨 것이다"로 번역이 가능하다. 이것은 단순히 표피를 자르는 것이지만, 어떻게 보면 "성기를 자르는 것"이라는 의미를 담고 있다. 이것은 "자신들의

---

192) Westermann, *Genesis*, 131.

후손을 하나님께 바치는 것"을 의미한다.[193] 당시의 정황 속에서 '후손'은 '장사 수중의 화살'과 같이 자신의 '힘의 근원'으로서 '모든 재산'과 다를 바가 없었다. 이것을 바친다는 것은 자신의 '생명과 모든 소유'를 하나님께 바친다는 것을 의미한다. 이러한 예식을 행한 자만이 '하나님의 소유'된 '하나님의 나라'에 속할 수 있다. 왜냐면, 그들이 곧 하나님 나라의 백성들이기 때문이었다.

그리고, 할례의 대상은 "너희 집에서 난 자든지 너희 돈으로 산 자든지" 모두가 그 대상이었다. 즉, 그의 소유 전체가 이러한 할례의 대상이 되었다. 이것은 한편으로는 그들 모두도 하나님의 것이 되는 것이었다. 이것은 헌신이지만, 한편에서는 거룩해지는 경로이기도 했다. 이렇게 함을 통해서 이제 '아브라함의 공동체'가 '하나님의 나라'가 되는 것이었다. 따라서 아브라함과 그의 후손들은 이 할례언약을 "율법과 규례로서 지켜야"[194] 한다. 하나님은 아브라함과 그의 후손들의 육체 속에 언약을 새겨주고 계시며, "너는 내 언약을 지키라"고 말씀하신다.[195] 즉, 아브라함의 공동체에 속한 자들은 모두 자신이 여호와의 것임을 선언하여야만 한다.

이러한 할례언약에 대한 명령 후에 하나님께서는 아브라함의 아내 사라의 이름을 '사래'에서 열국의 어미를 뜻하는 '사라'로 이름을 바꾸어 주었다. 그리고, 아브라함은 그 자신을 비롯하여서 그의 공동체 전체에 대해서 할례를 행하였다.

5절 'בְּרָכָה'로서의 반응을 촉구하는 '방문언약' (창18, 19장)

1. 여호와의 '방문 언약'[196]

---

193) Wenham, *Genesis 16-50*, 23 ; 고든 웬함에 의하면, "당시에 할례는 고대 근동지방에서는 이집트인과 가나안인, 아랍인들을 포함해서 이스라엘의 대다수 이웃 나라들이 할례를 행했다"고 한다.
194) Aalders, The Book of Genesis, 308.
195) Calvin, *The Book of Genesis 1*, 451.
196) '방문언약'이라는 용어는 이 논문에서 편의상 사용하는 용어이다. 여호와께서 소돔과 고모라의 심판과 관련하여 방문한 것을 지칭한다.

가. 'בְּרָכָה'로서의 행위를 밝혀주는 소돔과 고모라 사건

창세기 12장 2-3절에 나타난 최초의 아브라함의 언약과 이에 대한 표적으로서의 '사래사건', 그리고 이에 대한 확증으로서의 '제사언약', 그리고 이것을 그의 후손들에게 확장 시키는 '할례언약'이 아브라함의 생애를 통해서 명백하게 제시되었다. 이러한 모든 언약들의 공통점은 여호와의 약속이행에 중점을 두고 있다. 왜냐면, 여호와의 뜻은 아브라함을 통해 나라를 이루며, 이 나라를 제사장 국가로 세워서, 이 나라가 열국을 위한 중보자가 되게 하는 것이 여호와의 경륜이기 때문이었다. 따라서, 이 나라를 형성하기까지의 아브라함의 בְּרָכָה적 행위는 아직은 미약할 수 밖에 없기 때문이었다. 따라서 아브라함의 생애는 여호와의 약속이행에 그 중점을 두고 진행되었다.

그런데, 이제 그의 말년에 이르렀을 즈음에 소돔과 고모라에 큰 패역이 있어 천상에서의 회의가 있었고, 이제 그 나라들을 심판하여야 하는 상황이 발생하였다. 어떻게 보면 이 세계가 모두 그와 같은 위기에 처하여 있으나, 이 세상을 하나님의 나라로 계획하고 계시는 하나님의 입장에서는 이 세상을 축복하고, 또한 이러한 심판 아래에 있는 나라들을 위한 중보자가 필요하였던 것이다. 그리고 여호와께서는 이 일을 위해서 아브라함과 그의 자손을 'בְּרָכָה'로 세우신 것이었으며, 이들이 이와 같은 용서와 사랑으로 저희 열방을 섬기는 것을 '공의'라고 선포하신다. 여호와께서는 창세기 19장 19절에서 이것을 위해서 "아브라함과 그의 후손들을 선택하였다"고 말하고 있는 것이다. 이것이 곧 'בְּרָכָה'의 개념 정의인 셈이 된다.

이것은 창세기 12장 2절 b에 나타난 '베라카(בְּרָכָה, 축복함)'적 약속에 대한 이행의 촉구이다. 그 동안의 제사언약이나 할례언약 등에서는 아브라함을 향하여 명령형의 동사를 사용하지 않는다. 그런데, 이제 여호와께서는 소돔과 고모라의 사건을 접하면서 정식으로 아브라함에게 이 계약에 대한 약속이행을 촉구하여, "공의를 행할 것을 명령"한다. 이때의 '공의'요청에 대해 아브라함은 여호와께 '중보기도'를 하였던 것이다. 이것이 아브라함이 이해하고 있는 '공의'였으며, 'בְּרָכָה적 사명'이었던 것이다. 여호와께서는 바로 이것을 위해 아브라함과 그의 후손을 선택하였다는 것이다. 그리고, 그가 이 명령에 순종할 때 그로 인하여 열방이 복을 받게 된다. 창세기 19장 19절에서, 여호와께서는

"내가 그로 그 자식과 권속에게 '명하여' 여호와의 도를 지켜 의와 공도를 행하게 하려고 그를 택하였나니, 이는 나 여호와가 아브라함에게 대하여 말한 일을 이루려 함이니라"고 말한다.

나. 여호와의 아브라함 방문의 목적

여호와와 아브라함과의 언약관계는 상호헌신으로서 여호와의 방문 목적이 "소돔과 고모라에 대한 중보기도의 요청"이었다. 그렇지만, 이때 여호와 자신의 약속이행에 대해서도 분명히 하신다. 그래서, 자신의 약속이행에 대해 아브라함에게 언급하는 것을 잊지 않으신다. 그것은 바로 "명년 이맘 때에 사라에게 아이가 있을 것이다"는 내용이었다. 여전히 양자 간의 계약은 정상적으로 진행되고 있다는 것을 알리신 것이다. 여호와께서는 아브라함을 방문하면서 먼저 이것을 알리신다. 그리고 그 다음에 아브라함에게 소돔과 고모라에 대한 천상회의의 결정을 밝히심을 통해서 아브라함의 언약이행도 동시에 촉구하시는 것이다. 상호간의 헌신약속을 지키라는 것이다.

아브라함의 생애에서 아브라함의 'בְּרָכָה' 언약이행과 관련하여 가장 적나라했던 사건은 단연 소돔과 고모라를 위한 중보기도였다. 그리고, 이에 대한 중보기도가 있기 전에 "여호와의 아브라함 방문"이 있었다. 이 사건은 아브라함의 '할례언약'이 있은 이후에 그리 오래되지 않은 시기에 발생한 것으로 보인다. '할례언약'을 말할 때에 여호와 하나님께서 사라의 잉태시기를 "내가 명년 이맘 때에(창17:21)"라고 하셨는데, 이번에 또 다시 "내년 이맘 때에(창18:10)"라고 말하는 것을 보았을 때, 할례 언약 직후로도 볼 수 있는 것이다.

또 뒤에 "사라가 장막 뒤에서 웃는 것(창18:12)"을 보면 알겠지만, 사라는 '할례언약' 때에 하나님께서 아들을 잉태할 것이다고 말했음에도, 아직도 여전히 믿지 않고 있었던 것이다. 이것은 아브라함의 언약이행에 나태해 질 수 있는 그러한 태도였다. 이에 대해 여호와께서는 이번 방문을 통해서 "내년 이맘 때에 아이가 있을 것이다"는 사실을 두 번씩이나 되풀이하여 말한다. 여호와는 성실히 이 언약에 참여하고 있으므로 아브라함도 그와 같이 약속에 성실하라는 것이었다. 그렇다면, 아브라함도 이제 이 중요한 시기에는 자신의 언약에 최선을 다하여 동참하여야 한다.

이번 여호와 방문의 진정한 목적은 하나님의 평화의 질서를 깨뜨리는 소돔과 고모라에 대한 심판을 어찌되었건 막아 보고자 함이었다. 이 일에 누군가가 중보자로 나서주어야 하는 것이다. 그리고 이 일과 관련하여서 아브라함에게 'בְּרָכָה'로서의 약속이행을 촉구하기 위해 방문하신 것이었다.

다. 할례언약과 방문언약의 관계

할례언약과 창세기 17장의 할례언약의 사건과 창세기 18장의 여호와의 방문 사이에 연속성이 존재하는 것으로 보인다. 따라서, 할례언약과 여기의 방문언약 사이에는 의미 있는 상관관계가 존재한다. 할례언약이 여호와의 약속이행을 강조한 내용이라면, 여기의 방문언약에는 아브라함의 약속이행이 강조되고 있다고 보아야 한다.

첫 번째 근거로서, 창세기 18장 서두의 '선행사'를 사용한 내용전개의 시작 때문이다.[197] 개역성경에 의하면, 18장 1절을 "여호와께서 마므레 상수리 수풀 근처에서 아브라함에게 나타나시니라"고 번역하고 있는데, 사실상의 원문에는 '아브라함에게'가 아니라 '그에게'라고 말하고 있기 때문이다. 이것은 이 사건이 할례언약의 연속선에 있음을 의미하는 것이다.

두 번째 근거는, 할례언약에서 말한 "내가 명년 이 기한에 사라가 네게 낳을 이삭과 세우리라(창17:21)"는 말씀과 이번의 방문언약에서 말해지는 "기한이 이를 때에 내가 정녕 네게 돌아오리니 네 아내 사라에게 아들이 있으리라(창18:10; 14)."는 말씀의 내용이 중복된다. 이때 창세기 18장 10절과 14절에 나타난 '기한이 이를 때'를 의미하는 כָּעֵת חַיָּה (회생 혹은 소생하는 때)를 '명년 이맘때'라고 번역하는 번역서들(표준새번역, 공동번역, 현대인의 성경)이 존재한다. 고든 웬함도 이에 대한 번역을 '명년'으로 번역한다.[198] 오히려 후자가 더 적절한 번역일 수 있다. 그렇다면, 창세기 18장 10절과 14절에 두 번에 걸쳐 반복적으로 나타난 이삭 탄생의 시기는 창세기 17장 21절의 시기와 동일한 기간을 의미하므로, 할례언약의 시기와 방문언약의 시기는 그다지 멀지 않은 시기에 일어난 사건일 수 있다는 것이다. 즉, 이 양자는 연속선상에

---

197) Sailhamer, *The Pentateuch as Narrative*, 161.
198) Wenham, *Genesis 16-50*, 27.

있는 사건이었다.

앞에서 살펴본 바와 같이 제사언약과 할례언약이 동일한 내용의 언약으로서 여호와의 약속이행을 집중적으로 부각하여 언급하였다면, 이와 쌍을 이루는 방문언약은 이제 아브라함과 그의 자손의 약속이행을 부각하여 언급하고 있는 내용인 것이다.

2. 여호와의 방문 (창18:1-8)

가. 아브라함에게 나타나신 여호와 (창18:1a)

모세오경의 나래이터인 저자는 이때 여호와께서 아브라함을 방문한 것을 알고 있다. 여호와가 지상에 내려왔다는 것은 무언가 하늘의 천상회의에서 위중한 일이 발생하였다. 이에 대해 성경은 다음과 같이 말하고 있는데, 원문에는 '아브라함에게'가 아닌 '그에게'라고 표기되어 있다.

여호와께서 마므레 상수리 수풀 근처에서 그(아브라함)에게 나타나시니라. (창18:1 a)

이 사건을 베스터만도 '신현'으로 이해한다.[199] 그리고 대체로 모세오경의 저자는 어떤 심판에 대한 구원 행위가 이루어질 경우에는 '엘로힘'이라는 명칭보다 '여호와'라는 고유명사를 사용한다. 만일 '엘로힘'을 '여호와의 총회'라고 본다면, 여호와의 총회에서 소돔과 고모라에 대한 심판이 결정되었으며, 이에 대한 구원자로서 여호와가 아브라함에게 찾아온 것이다. 이러한 패턴은 노아의 심판이 땅에 적용될 때에도 나타났던 패턴이다.

나. 부지 중에 여호와를 영접하는 아브라함 (창18:1b-8)

아브라함은 오정 즈음에 장막 문에 앉았다가, 세 사람을 발견하고, 그를 영접하게 되는데, 이때 부지중에 여호와를 영접하게 되었다. 그는 낯선 사람의

---

199) Westermann, *Genesis*, 135.

방문을 환대하였는데, 나중에 그들이 여호와와 그의 사자들인 것을 알게 되었
다.[200] 이는 아브라함의 'בְּרָכָה'로서의 인격적 성숙을 말한다. 그 내용을 성경
은 다음과 같이 소개하고 있다.

　　오정 즈음에 그가 장막 문에 앉았다가, 눈을 들어 본즉 사람 셋이 맞은편
　　에 섰는지라 그가 그들을 보자 곧 장막 문에서 달려나가…내가 떡을 조금
　　가져오리니 당신들의 마음을 쾌활케 하신 후에 지나가소서 당신들이 종에
　　게 오셨음이니이다. 그들이 가로되 네 말대로 그리하라. (창18:1b-4)

　한편, 위의 문장들에서 세일해머는 모세오경 저자의 명사의 수와 관련한 동
사의 사용에 관해 주목하고 있다. 이 셋에 대해서 단수명사를 사용하기도 하
고, 복수명사를 사용하기도 하는가 하면, 복수명사에 단수동사를 대응시키고
있다는 것이다.[201] 아마 이 셋 중에 한 존재의 위상이 신적 위상을 지닌 것으
로 아브라함은 파악하고 있었다는 것을 의미한다. 그리고 그가 바로 여호와였
던 것이다.
　위의 사건을 가리켜서 히브리서 저자는 아브라함이 "부지중에 여호와를 영
접하였다"고 표현한다. 고대 근동사회에서의 나그네를 영접하는 것은 신을 영
접하는 것이라는 관습이 있었는데, 아브라함의 이 행위는 평소의 아브라함의
미덕이 "부지 중에 여호와를 영접한 것"으로 나타난 것이다.

다. 여호와께 음식을 제공하는 아브라함

　아브라함은 여전히 그 세 사람이 신적인 존재인 줄은 인지한 것 같으나, 그
들이 여호와인 줄은 알지 못하는 것으로 보인다. 다만, 아브라함의 그 나그네
를 선대하는 선한 마음이 이제 최선을 다하여 이 나그네들을 대접한다.

　　아브라함이 급히 장막에 들어가 사라에게 이르러 이르되 속히 고운 가루
　　세 스아를 가져다가 반죽하여 떡을 만들라 하고, 아브라함이 또 짐승 떼에

---

200) 앨런 로스, 『창조와 축복』, 505 : Wenham, *Genesis 16-50*, 45.
201) Sailhamer, *The Pentateuch as Narrative*, 161-164.

달려가서 기름지고 좋은 송아지를 취하여 하인에게 주니 그가 급히 요리한 지라. 아브라함이 뻐터와 우유와 하인이 요리한 송아지를 가져다가 그들의 앞에 진설하고 나무 아래 모셔 서매 그들이 먹으니라. (창18:5-8)

육신을 입고 배고픔과 목마름에 있던 여호와께서 이제 아브라함에게 극진한 대접을 받게 되었다. 고든 웬함은 송아지를 취하는 것은 거의 황족에 대한 환대에 필적하는 것이다고 말한다.[202] 조금의 떡이 이와 같이 변한 것이었다.[203] 아브라함은 지금 부지중에 여호와를 대접하고 있는 것이다. 여호와의 정체가 드러난 것은 식사 후에 대화의 시간을 통해서 였기 때문이다.[204]

라. 아브라함을 방문한 여호와

이에 따라, 모세오경 저자의 입장에서 이들을 볼 때, 이들의 자리는 하늘 보좌에서 다루어져야 할 대화와 교제가 이제는 친구와 같은 상황으로 전개되어 펼쳐지게 되었다. 아브라함이 여호와에게 나아간 것이 아니라, 여호와께서 아브라함의 위치로 오시어서 서로 대화하게 된 것이었다. 이제 아브라함은 여호와의 영광의 존전에서 두려움 가운데에서 서로 말하는 것이 아니라, 평등함 속에서 진실 된 말을 할 수 있게 된 것이다. 모세에 의하면 사람은 여호와를 보면 죽는데, 아브라함은 이제 여호와와 대면하여 친구처럼 말하였다.

이에 따라 이후에 펼쳐지는 모든 식사나 서로 간에 오가는 대화는 이제 제사행위의 일환으로 간주될 정도로 거룩하게 승화되었다. 여호와가 아브라함을 벗처럼 대한 것이다. 인간 존재로서는 상상할 수 없는 사건이 벌어진 것이었으며, 모세는 아브라함의 영적 지위를 이와 같은 거룩한 상황으로 까지 승귀시킨다. 이제 다음에 이루어지는 여호와와 아브라함의 대화는 여호와의 보좌 앞에서 이루어지는 대화와 다를 바가 없는 것이다.

이제 나그네의 모습으로 오신 여호와께서는 이제 사라의 잉태 문제를 언급한다. 그리고 이때의 나그네의 언급은 나그네의 언급이 아니라, 여호와께서 아브라함과 언약에 관해 언급으로 승화한다. 따라서 다음의 내용들은 '방문언약'

---

202) Wenham, *Genesis 16-50*, 55.
203) Wenham, *Genesis 16-50*, 55.
204) Wenham, *Genesis 16-50*, 47.

이라고 불리울 수 있게 되는 것이다.

3. 여호와의 약속이행, "사라의 아들 예언" (창18: 9-16)

가. 여호와의 "사라의 아이"에 관한 예언

여호와께서 사라에게 "명년 이맘때에 아들이 있을 것이라"고 예언을 하신다. 이것은 할례언약에서 자신의 약속으로서 말씀하신 내용이 이루어져 있을 것을 확인하는 형태로 서술된다. "보라 사라에게 아들이다"라는 형태로 원문에는 서술되어 있기 때문이다.

> 그가 가라사대 기한이 이를 때에(직역: 명년 이 맘 때에) 내가 정녕 네게로 돌아오리니 네 아내 사라에게 아들이 있으리라 하시니 사라가 그 뒤 장막 문에서 들었더라.(창18: 10)

이것은 어떻게 보면, 그 동안 할례언약에서 언급되던 여호와 자신에게 명령형(청유형, אֶתְּנָה)으로 주어지던 그 약속(창17:2)이, 이제는 방문언약에서는 동사 없이 "보라, 사라에게 있는 아들을(הִנֵּה־בֵן לְשָׂרָה)"이라는 형태로 묘사된다. 나중에 이 말씀은 또 다시 언급되는데, 이때에도 동사는 없이 "사라에게 아들이"라는 형태로 묘사된다. 믿음이 약해져 있는 아브라함과 사라에게 여전히 양자 간의 언약 관계는 진행되고 있음을 상기하신 것이다. 오히려 여호와의 결정적 약속은 이미 완수된 것을 통보하고 있는 것이다. 그렇다면, 이제 요청되는 것은 아브라함이 자신의 בְּרָכָה적 직무에 더욱 경성하여 깨어있는 것이다.

나. 아브라함에게 언약을 상기시키는 여호와

한편, 이때 아브라함과 사라는 여호와의 언약에 대해서 포기상태에 있었다. 이에 대해 여호와께서는 "여호와께 능치 못한 일이 있겠느냐 기한이 이를 때에 내가 네게로 돌아오리니 사라에게 아들이 있으리라"고 말씀하심을 통해서 다시금 아브라함과 사라가 그 언약에 집중하기를 원하시는 것이다.

아브라함과 사라가 나이 많아 늙었고 사라의 경수는 끊어졌는지라. 사라가 속으로 웃고 이르되 내가 노쇠하였고 내 주인도 늙었으니 내게 어찌 낙이 있으리요. 여호와께서 아브라함에게 이르시되 사라가 왜 웃으며 이르기를 내가 늙었거늘 어떻게 아들을 낳으리요 하느냐. 여호와께 능치 못한 일이 있겠느냐 기한이 이를 때에 내가 네게로 돌아오리니 사라에게 아들이 있으리라. 사라가 두려워서 승인치 아니하여 가로되 내가 웃지 아니하였나이다 가라사대 아니라 네가 웃었느니라.…(창18:11-14)

다. 상호헌신으로서의 양자의 약속이행

여호와께서 아브라함에게 이행하고자 하는 언약과 아브라함이 여호와께 이행하고자 하는 언약은 어떤 측면에서는 서로 조건절로 구성된 것이 아니다. 동시에 각자의 본분을 다하여야 한다. 이에 따라, 여호와께서는 위의 "사라의 아이"에 대한 예언과 소돔과 고모라에 대한 중보의 기도를 직접적으로 연결시키지 않는다. 여호와측의 약속과 아브라함의 순종은 조건절이 아니다. 여호와께서 이와 같이 하시면, 우리가(아브라함이) 이와 같이 하겠다는 형태가 아니다. 여호와께서는 아브라함에게 현재의 소돔과 고모라의 위급한 실상을 알림을 통해서 그의 약속이행을 촉구하실 뿐이다.

이제 아브라함이 여호와를 전송하러 나왔을 때, 여호와께서는 자신의 "소돔과 고모라의 심판 계획"을 아브라함에게 알리실 뿐이다. 여호와의 약속이행이 적극적으로 완료되었다는 소식을 들은 아브라함의 마음은 크게 고무되었을 것이다. 절대적인 숙원이 해결되었다는 것이다. 이때 아브라함은 더욱 힘을 내어 이젠 여호와께 감사하는 마음으로 자신의 직무에 참여할 것을 다짐하는 것이다. 그리고, 그것은 바로 소돔과 고모라를 향한 중보기도 였던 것이다.

4. "בְּרָכָה"의 순종을 촉구하는 "방문언약" (창18:16-21)

가. "나의 하려는 것을 아브라함에게 숨기겠느냐"(창18:16-17)

이쯤에 이르렀을 때에는 아브라함은 그 사람이 여호와인 줄을 이제 알게 되었다. 여호와가 아브라함이 마치 벗처럼 이야기하는 상황이 전개된 것이다. 그러면서도 이제 여호와의 한 마디 한 마디는 여호와의 말씀으로서 결코 무를 수 없는 하나의 계약조항이 되고, 하나의 법칙처럼 자리 잡는다. 이제 "그 사람들이 거기서 일어나서 소돔으로 향하고 아브라함은 그들을 전송하러 함께 나갔는데," 이때 여호와께서 다음과 같이 이르신다.

> 여호와께서 가라사대 나의 하려는 것을 아브라함에게 숨기겠느냐.(창 18:17)
> 아브라함은 강대한 나라가 되고 천하 만민은 그를 인하여 복을 받게 될 것이 아니냐. 내가 그로 그 자식과 권속에게 명하여 여호와의 도를 지켜 의와 공도를 행하게 하려고 그를 택하였나니, 이는 나 여호와가 아브라함에게 대하여 말한 일을 이루려 함이니라.(창18:18-20)
> 여호와께서 또 가라사대 소돔과 고모라에 대한 부르짖음이 크고 그 죄악이 심히 중하니
> 내가 이제 내려가서 그 모든 행한 것이 과연 내게 들린 부르짖음과 같은지 그렇지 않은지 내가 보고 알려하노라. (창18:21)

먼저, 17절에서 "나의 하려는 것을 아브라함에게 숨기겠느냐"라고 하신다. 이제 이것은 '하나님의 회의'에 아브라함을 부르시는 내용이 된 것이다.[205] 이에 대해 베스터만은 "이때 아브라함은 그 약속으로 인하여 높이 올리움을 받는다. 그 결과 그는 하나님의 계획에 참여할 수 있는 권한을 부여받는다"[206]라고 말한다. 이때 여호와께서 하고자 하시는 일은 21절의 내용으로서 "소돔과 고모라에 대한 부르짖음"으로서 '이들에 대한 심판'에 관한 사항이었다. 그리고 18-19절은 여기에 삽입된 내용인데, 그 내용은 여호와와 아브라함과의 사이에 맺어진 언약의 내용이다. 우리는 이 내용을 자세히 살펴보면 아브라함의 'בְּרָכָה'로서의 역할이 무엇인지를 구체적으로 알 수 있다.

나. 천하만민이 그를 인하여 복을… (창18:18)

---

205) Wenham, *Genesis 16-50*, 50.
206) Westermann, *Genesis*, 138.

삽입구절의 첫 번째 내용은 "아브라함은 강대한 나라가 되고, 천하 만민은 그를 인하여 복을 받게 될 것이 아니냐"이다. 그런데, 이 내용을 자세히 보면, 중간에 하나의 조항이 빠져 있다. 우리는 창세기 12장 2-3절의 원래의 아브라함의 언약의 내용을 다음과 같이 도식화할 수 있다.

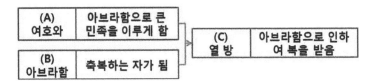

이와 관련하여 창세기 18장 18절의 내용에는 (A)여호와의 약속이행과 (C) 열방이 받을 유익은 존재하는데, (B)아브라함의 약속이행이 빠져있다. 즉 다음과 같은 구조로 되어 있는 것이다.

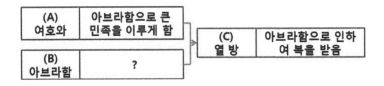

이제 위의 여호와의 말씀을 들으면서, 아브라함은 논리적인 틀을 생각할 것이고, 그 사이에 자신의 역할이 존재한다는 것을 깨닫게 되는 것이다. 이 상황에서 자신이 바로 천하만민을 위한 중보자임을 알게 될 것이고, 그 열방의 자리에 소돔과 고모라를 놓게 되는 것이다.

다. 아브라함의 순종(계약주체B)을 구체화시켜 주는 여호와

아브라함은 분명히 위의 여호와의 말씀에서 자신의 역할을 생각해 내었다. 그것은 바로 자신이 "열방을 축복하는 자"가 되어야 하는 것이었다. 그런데, 지금 소돔과 고모라는 멸망하게 될 위기에 처하였다. 그곳에는 자신의 유일한 혈육인 롯의 가족이 거주하고 있다. 아브라함이 소돔과 고모라에서 받은 상처는 잊어버리고 이제 자신이 그곳을 위한 중보자가 되어야 하는 것이 하나님의 뜻이었다. 이러한 논리 속에 있을 때, 여호와는 이것을 다음과 같은 말씀으로 더욱 구체화시켜 준다. 다음의 내용이 곧 'בְּרָכָה'의 구체적인 정의이다.

내가 그로 그 자식과 권속에게 명하여 여호와의 도를 지켜 의와 공도를 행하게 하려고 그를 택하였나니, 이는 나 여호와가 아브라함에게 대하여 말한 일을 이루려 함이니라.(창18:19)

כִּי יְדַעְתִּיו לְמַעַן אֲשֶׁר יְצַוֶּה אֶת־בָּנָיו וְאֶת־בֵּיתוֹ אַחֲרָיו וְשָׁמְרוּ דֶּרֶךְ יְהוָה לַעֲשׂוֹת צְדָקָה וּמִשְׁפָּט לְמַעַן הָבִיא יְהוָה עַל־אַבְרָהָם אֵת אֲשֶׁר־דִּבֶּר עָלָיו

먼저, 여호와와 언약을 맺을 때, 계약주체 B로서의 아브라함의 약속조항은 "בְּרָכָה가 되라"는 명령형으로 되어 있다. 이 양자의 계약에 의하면, 아브라함이 'בְּרָכָה'가 되는 것은 '명령 צִוָּה'이다. 아브라함은 여호와와 계약을 맺었는데, 이 때 자신의 순종에 대해서 명령을 받은 것이다. 이 계약으로 인해 여호와의 명령은 법적인 효력을 갖는다. 이제 아브라함은 자신에게 뿐만 아니라, 그의 후손들과 권속들에게도 명령을 하여야 한다.

두 번째, 그 명령의 내용은 "여호와의 도를 지켜 의와 공도를 행하는 것"이다. 한편, 창세기 12장 2절에서는 "בְּרָכָה(축복하는 자)가 되라"는 명령을 받았다. 이때 이 양자는 서로 일치한다. '축복하는 행위'가 곧 "여호와의 도(יְהוָה דֶּרֶךְ)이며, 의와 공도(צְדָקָה וּמִשְׁפָּט)"인 것이다. 아브라함은 이제 이것을 명령으로 받은 것이다.[207] '축복하는 행위'는 '사랑과 용서'에 그 기반을 두고 있는데, 이것이 이제 '의와 공도'와 동일한 명제가 되는 것이다.

세 번째, 여호와께서는 위의 말씀 후에 이제는 소돔과 고모라의 심판상황을 말씀하신다. 이것은 바로 이제 이 소돔과 고모라를 향하여 בְּרָכָה적 행위를 하라는 것이었다. 하늘의 천상회의를 통하여 소돔과 고모라에는 심판이 정하여졌다. 그래도 여호와께서는 한 죄인을 구원하시기 위해서 의인을 선택하시고, 그에게 그 죄인을 위해서 기도하게 하시는 것이다.

네 번째, 여호와께서는 이것을 위해서 아브라함과 그의 권속들을 선택하시었다는 것이다. 이 명제만으로 보면 여호와에게 궁극적인 목적은 아브라함 보다는 오히려 여호와의 창조한 열방이다. 아브라함이 여호와와 함께 여호와의 열방을 향하여 향하지 않으면, 아브라함은 여호와의 뜻을 잘못 이해한 형국이

---

207) Wenham, *Genesis 16-50*, 50.

되는 것이다. 여호와께서는 아브라함을 축복하기 위해 아브라함을 선택한 것이 아니다. 열방을 위해서 아브라함이 선택된 것이다.

다섯 번째, 이와 같이 하여서 "여호와가 아브라함에게 대하여 말한 일이 이루어진다"고 하신다. 아브라함이 죄인을 끝없이 용서하고 사랑하고 섬김을 통해서 열방이 복을 받지만, 이때 비로소 아브라함이 강대한 나라가 되고, 열방에서 으뜸이 된다.

라. 'בְּרָכָה'의 개념에서 나타난 'צְדָקָה와 מִשְׁפָּט'

위의 내용은 'בְּרָכָה'의 또 다른 설명이다. 이것은 모세오경 내에서 다음과 같이 발전적으로 확장된다. "내가 그로 그 자식과 권속에게 명하여 여호와의 도를 지켜 의와 공도를 행하게 하려고 그를 택하였나니"이다. 여기에서 중요한 전환점이 하나 발생하는데, 여호와는 계약주체 B의 약속으로서의 'בְּרָכָה(사랑으로 축복하는 행위)'를 단순히 주체A와의 계약관계가 아니라, "여호와를 섬기는 자가 따라야 할 도리"이면서, "인간으로서의 의로운 행위"이며, "인간으로서의 공적인 도리"라고 말한 것이다. 이 방문언약을 통해서, 계약주체 B의 약속인 'בְּרָכָה(사랑, 축복)'가 이스라엘에서는 '공의'로 승격되고 있는 것이다. 즉, '사랑=공의'의 공식이 여기서 성립하고 있는 것이다. 사랑의 행위는 다른 아닌 공의였던 것이다.

먼저, "다른 사람을 축복하는 행위"가 '여호와의 도'라고 하신다. 즉, '하나님께서 걸으시는 길'이라는 것이다. 여호와는 이 세상을 대하면서 그렇게만 걸으신다. 죄인이나 악인에 대해서도 마찬가지이다.

두 번째는, 이와 같이 "다른 사람을 축복하는 것"이 곧 '의, צְדָקָה'라고 하신다. 모세오경에서 말하는 "공의는 곧 사랑"인 것이다. 이 용어는 모세의 용어로서 구약성경 전체에 적용되어야 한다. 모세오경에서 말하는 '공의'는 '사랑'이지 "인간의 판단에 의한 옳은 행위"가 결단코 아니다.

세 번째는, 이것이 곧 'צְדָקָה와 מִשְׁפָּט'이다. 이 두 단어는 모세오경과 선지서의 주제이며,[208] 쌍을 이루는 모세의 전문용어인데, 선지서의 모든 '공의와 정의'는 이렇게 "다른 사람을 사랑하는 행위"로 이해되어야 한다.

---

208) Wenham, *Genesis 16-50*, 50.

네 번째, 여호와께서는 'בְּרָכָה'를 이렇게 'צְדָקָה와 מִשְׁפָּט'로 승격시킨 후에, 이제 모세는 이것을 '이스라엘의 법'으로 승화시킨다. 그리고 그것이 곧 '율법과 규례'이다. 그러므로 율법의 핵심은 'בְּרָכָה, 곧 사랑'이며, 아브라함의 언약과 율법은 동일 선상에 있는 것이다. 율법은 아브라함의 언약을 실현시키기 위한 도구로 이해되면 결코 안 된다. 이 양자는 같은 내용이 더욱 강화 발전되는 것이지, 그 본질이 서로 다르지 않다. 이것이 언약 개념의 본질이다. 이러한 차원에서 이 사건은 매우 중요하다. 하나님께서는 여기에서 'בְּרָכָה'를 '공의'로 승화시키셨고, 나중에 출애굽시에는 이것을 '법'으로 승화시키셨다.

다섯 번째, 'בְּרָכָה' 자체의 숭고함과 위대한 효과를 아는 자는 이것이 '구속하는 법'이 아니라, 내가 적극적으로 취하여야 할 축복이며, 하늘의 '신령한 복'에 속한다. 아브라함은 주체 A의 약속으로서의 '땅과 자손에 대한 축복', 그리고, 이것의 연장으로서의 자신이 땅에서 받게 될 '개별적 축복'은 이것과 비교가 되지 않는다는 것을 알고 있다. 이러한 "בְּרָכָה, 쩨대크와 미쉬파트, 그리고 율법"은 그것 자체가 마치 의무처럼 보이지만, 변화된 사람의 심령에는 그것 자체가 '진정한 축복'인 것이다. 그는 다른 축복을 위해서 이 일을 하는 것이 아니라, 이것 자체가 내가 다른 것을 희생하고서라도 취하여야 할 축복이다.

이렇게 '사랑=공의'의 개념은 이제 모세오경 뿐만 아니라, 이스라엘의 역사 속에서 일반적인 용어가 된 것으로 보인다. 기존의 제사언약과 할례언약이 이제는 방문언약을 통해서 이와 같이 발전하고 있는 것이다.

마. 소돔과 고모라의 상황을 말씀하시는 여호와

이제 위와 같이 "בְּרָכָה가 되라"는 계약 조항을 현실에 적용시켜 구체화한 후, 여호와께서는 다음과 같이 말씀하신다. 그것은 그들의 부르짖음으로 인하여 소돔과 고모라에 심판이 다가왔으니, 곧 소돔과 고모라를 위해서 중보기도를 하라는 것이었다.[209]

여호와께서 또 가라사대 소돔과 고모라에 대한 부르짖음이 크고 그 죄악이

---

209) Wenham, *Genesis 16-50*, 50.

심히 중하니

내가 이제 내려가서 그 모든 행한 것이 과연 내게 들린 부르짖음과 같은지
그렇지 않은지 내가 보고 알려하노라. (창18:21)

5. 아브라함의 중보기도와 소돔과 고모라의 심판

위의 '방문언약'은 아브라함을 향한 강력한 중보기도의 압박이었다. 이제 소
돔과 고모라는 그들의 불의가 극에 달하여서 심판을 받게 된다. 그럼에도 아
버지이신 여호와께서는 저를 긍휼히 여기신다. 그래서, 중보기도자를 찾으신
것이다. 이것이 아버지의 마음이며, 열국의 아비된 아브라함의 마음인 것이다.
그래서, 아브라함은 이 문제를 놓고 하나님께 진심으로 최선을 다하여 중보기
도를 한다. 창세기 18장 20-33절까지 인데 그 내용은 대략 다음과 같다.

그 사람들이 거기서 떠나 소돔으로 향하여 가고 아브라함은 여호와 앞에
그대로 섰더니, 가까이 나아가 가로되 주께서 의인을 악인과 함께 멸하시
려나이까, 그 성중에 의인 오십이 있을지라도 주께서 그 곳을 멸하시고 그
오십 의인을 위하여 용서치 아니하시리이까.
…아브라함이 또 가로되 주는 노하지 마옵소서 내가 이번만 더 말씀하리이
다 거기서 십인을 찾으시면 어찌 하시려나이까 가라사대 내가 십인을 인하
여도 멸하지 아니하리라. 여호와께서 아브라함과 말씀을 마치시고 즉시 가
시니 아브라함도 자기 곳으로 돌아갔더라.(창18: 21-33)

여호와와 아브라함 사이에 밀고 당기는 중보의 기도가 있었던 것이다.210)
이때 서로 간에는 공평이라는 규칙이 있었다. 아브라함의 간절함은 이제 "의
인을 악인과 함께 멸하시려나이까"라는 명분이었다. 이에 기반하여서 아브라
함은 여섯 차례를 간구함을 통하여서 의인 열명이 있으면 멸하지 않기로 서로
합의한다.

의인 오십 인은 지속적인 아브라함의 간구로 십 인까지 떨어졌다. 소돔과
고모라에 의인 열 명만 있어도 하나님께서 멸하지 않기로 한 것이었다. 그런

---

210) Wenham, *Genesis 16-50*, 51.

데, 결과는 이때 소돔과 고모라에는 의인 열 명이 없어서 심판을 받아 멸망을 당하였다.

6절 언약의 완성과 승계로서의 '이삭 번제 언약' (창20-22장)

1. 블레셋 땅 그랄 지역으로 거처를 옮긴 아브라함

아브라함이 헤브론의 마므레 상수리 나무 수풀근처에서 하란 땅에서 가나안 땅으로 이주한 후에 그의 대부분의 날들을 보내었는데, 이 마므레 상수리 나무 수풀근처는 아모리 족속의 땅이었으며, 그들과 협정을 맺고 거할 수 있었다. 소돔과 고모라와도 이와 유사한 협정이 있었던 것 같다. 그런데, 이제 소돔과 고모라가 심판을 받아 멸망을 당하자 이제 아브라함의 거처마저 어떤 위기가 온 것 같다.[211] 같이 의지하여 서로 비즈니스적인 거래를 하던 곳이 없어져서 인지, 심판이 임하여서 흉포한 곳으로 변해 버리자, 이제 아브라함의 거처 또한 위태롭게 된 것이다. 그리하여 또 다시 방랑자의 신세가 되어서 이제 새로운 지역인 그랄로 그 거처를 옮겼는데, 이곳은 블레셋 땅으로서 아비멜렉 왕이 통치하는 지역이었다. 그랄은 헤브론에서 약 70㎞정도 떨어진 거리였다.

헤브론에 거할 때 아브라함은 부자였으며, 어떻게 보면 과거의 소돔과 고모라를 구원한 사건의 연속선에서 보면 그는 하나의 군주와 같은 세력과 명성도 있었던 것으로 보이는데, 그러한 내용을 본문은 소개하고 있지 않다. 그는 갑자기 이 새로운 지역에 이르자 객이 되어 버렸으며,[212] 그는 과거에 애굽에서 아내 사라를 누이라고 속인 것처럼 여기에서도 또 다시 자신의 목숨을 위해서 그의 아내 사라를 자신의 누이라고 소개하는 위치로 전락한다. 이에 대해 아브라함이 사라에 대해서 속인 이유는 "이 곳에서는 하나님을 두려워함이 없으니 내 아내를 인하여 사람이 나를 죽일까 생각하였음이요,…"라고 말할 뿐이

---

211) Calvin, *The Book of Genesis 1*, 520.
212) Wenham, *Genesis 16-50*, 70.

다.

　그러자, 아비멜렉이 그의 누이를 아내로 취하기 위해 사라를 데려간다. 사라의 외모에 반하였는지, 혹은 아브라함과 정략적 결혼을 위해서인지 본문은 아무 것도 밝히고 있지 않다. 다만, 정황상 추적해 볼 수 있는 것은 이때 사라는 진즉 경수가 끊겼고, 그녀의 나이 90세였다. 그리고 아비멜렉이 사라를 직접 그 외모를 보고 사라를 데려간 것이 아니라 아브라함이 이곳으로 이주해 왔다는 소식을 듣고 "(사람을) 보내었다, 그리고 사라를 취하였다"고 말한다. 그리고 아브라함이 소유한 가산을 그대로 가지고 이주해 왔다면 그는 부자였으며, 그랄 왕도 그돌라오멜 왕의 침공 사건에서 아브라함이 행한 일을 알고 있었을 수도 있다. 따라서 아비멜렉 왕은 화친의 의도로 그의 누이와 결혼하기를 청하였을 수도 있다. 그러나 일반적인 본문의 뉘앙스는 아브라함은 자신의 목숨마저 위태로와 자신의 목숨을 보전하기 위해 아내를 누이로 속였는데, 그것은 아내의 외모의 아름다움 때문이었다고 말한다.

　이 본문의 의도는 이러한 역경 속에서 사라의 정절을 지킨 여호와의 기적을 부각시키길 원할 뿐이다.

2. 사라의 두 번째 위기와 여호와의 직접적 개입

가. 사라의 두 번째 위기와 그것의 갖는 의미

　본문 저자에 의하면, 아브라함이 문제가 있어서 사라에게 아이가 생기지 않은 것이 아니었다. 사라에게 문제가 있었다. 그래서, 아브라함은 하갈을 통해서는 아들을 낳았고, 다음에 사라가 죽은 후에 후처 그두라를 통해서는 또한 여섯 명의 아들을 또 낳는다. 사라는 경수가 끊겼으며, 이제 또 다시 사라는 다른 사람의 아내로 취해지는(חקל) 일이 발생한다. 그녀는 이삭을 낳고, 이삭은 또한 야곱을 낳아야 하며, 그 후손이 이스라엘인데, 이러한 위기를 당한 것이다. 이 후에 전개될 역사를 이 글의 저자는 이미 알고 있다. 그러면서도 이 글을 여기에 싣는다. 그리고 이렇게 이 글을 여기에 싣는 이유는 그러한 우여곡절에도 불구하고 하나님의 기적으로 사라가 보존 되었다는 것을 강조하기 위해서였다. 그리고 더 나아가서 이렇게 불임하는 여성에게서 태어난 아이는 여호와의 행하심 때문이었다.

이 본문을 집필하는 모세 오경의 저자는 사라를 통해서 탄생하는 아이에 대해서 관심이 깊다. 그리고 본문의 저자는 아브라함 언약과 관련한 주체 A의 행위 혹은 약속이행에 관심이 깊으며, 여기에 얽힌 하나님의 기적을 강조하길 원한다. 사라는 두 번씩이나 위기를 당한다. 그리고 그 위기의 시점은 여호와의 직접적인 아기탄생의 약속이 있은 직후에 항상 발생한다.

처음의 사건은 아브라함이 여호와께로부터 언약의 말씀(창12:2-3)을 받은 바로 직후였다. 그리고 지금의 사건은 아브라함이 여호와께로부터 방문을 통해 언약의 말씀을 "명년 이맘때"로 받은 직후 였으며, 언약의 성취시기인 이삭의 탄생 직전이다. 이렇게 절대절명의 시기에 또 다시 사라의 사건이 발생한 것이다. 그리고 이 사건에 대한 아브라함의 태도에 대해서 모세오경의 저자는 "공백"으로 처리할 뿐이다. 저자의 의도는 아브라함의 태도에 관심이 있는 것이 아니다.

언약의 자손에 대해 관심이 있으며, 그 언약의 자손의 소유권에 대해서 관심이 있는 것이다. 여호와께서는 여호와의 백성을 이 세계 속에 건설하길 원하신다. 육신으로는 아브라함과 사라의 자손이지만, 영으로는 하나님의 자손을 원하시는 것이다. 아브라함의 생명을 번제의 제물로 받으신(창15장, 제사언약) 여호와께서는, 그 후손들을 제물로 받으시고(창17장, 할례언약), 사라를 취하심을 통해서(창12장, 창20장), 이삭을 자신의 소유로 삼고자 하신다. 그리고 그 이삭을 번제로 받으심(창22장)을 통해서 전 이스라엘을 자신의 소유로 삼고자 하신다. 이 아브라함의 역사를 공부하는 모든 이스라엘 자손들은 자신들이 이미 하나님의 소유로 드려진 바 되었음을 알게 되는 것이다. 자신에 대해서 자신이 주인이라고 말하면, 이 사람은 자신의 정체성을 부인하는 것이고, 하나님의 신사의 물건을 도적질하는 자가 되는 것이다.

나. 사라의 구원

마치 세상의 세력들은 모세가 탄생하였을 때 모세를 없애려 온갖 수단들을 동원하였으며, 후에 예수 그리스도의 탄생시에도 이러한 현상은 또 다시 등장하는데, 그 기원을 아브라함과 사라의 사건에 두고 있는 것으로 보인다. 이스라엘은 이러한 역경을 극복하고 탄생한 하나님의 신민인 것을 강조하고자 하는 것이다.

아비멜렉이 사라를 아내로 취하려 하자, 여호와께서 아비멜렉의 꿈에 현몽하여 말씀하시는 내용을 성경은 다음과 같이 소개하고 있다.

> 그 밤에 하나님이 아비멜렉에게 현몽하시고 그에게 이르시되 네가 취한 이 여인을 인하여 네가 죽으리니 그가 남의 아내임이니라. 아비멜렉이 그 여인을 가까이 아니한 고로 그가 대답하되 주여 주께서 의로운 백성도 멸하시나이까. 그가 나더러 이는 내 누이라고 하지 아니하였나이까 그 여인도 그는 내 오라비라 하였사오니 나는 온전한 마음과 깨끗한 손으로 이렇게 하였나이다. 하나님이 꿈에 또 그에게 이르시되 네가 온전한 마음으로 이렇게 한 줄을 나도 알았으므로 너를 막아 내게 범죄하지 않게 하였나니 여인에게 가까이 못하게 함이 이 까닭이니라. 이제 그 사람의 아내를 돌려보내라 그는 선지자라 그가 너를 위하여 기도하리니 네가 살려니와 네가 돌려 보내지 않으면 너와 네게 속한 자가 다 정녕 죽을 줄 알지니라. (창 20:3-7)

다. 그랄 땅에 정착하게 된 아브라함

이 일로 인하여 아비멜렉은 아브라함과 화해를 하게 되었고, 아브라함에게 호의를 베풀게 되었으며, 이렇게 하여서 이제 아브라함은 그랄 땅에 우거하게 되었다. 그리고, 여호와 하나님께서는 아비멜렉의 관대함을 축복하시었다.[213]

3. 이삭의 탄생과 아브라함의 후사

가. 이삭의 탄생

---

213) Wenham, *Genesis 16-50*, 74.

참으로 오랜 기간에 걸쳐서 아브라함과 사라는 아이를 갖게 되었다. 자손 혹은 후사에 관한 언약이 이제야 비로소 성취가 된 것이다. 그것도 하나님의 직접적인 간섭과 기적 가운데에서 탄생하게 된 것이다. 이에 대해 성경은 다음과 같이 소개하고 있다.

> 여호와께서 그 말씀대로 사라를 권고하셨고 여호와께서 그 말씀대로 사라에게 행하셨으므로 사라가 잉태하고 하나님의 말씀하신 기한에 미쳐 늙은 아브라함에게 아들을 낳으니 아브라함이 그 낳은 아들 곧 사라가 자기에게 낳은 아들을 이름하여 이삭이라 하였고 그 아들 이삭이 난지 팔 일만에 그가 하나님의 명대로 할례를 행하였더라. 아브라함이 그 아들 이삭을 낳을 때에 백세라.…"(창21:1-5)

위에서 '권고하다'를 פָּקַד(방문하다)라는 동사를 통해 표현하고 있는데, 이것은 구약성경에서 하나님의 구원행위 혹은 심판행위와 관련된 용어인데,[214] 여기에서도 사용되고 있다.

나. 이스마엘의 방출

그리고 이삭이 자라면서 하갈의 소생 이스마엘이 이삭을 희롱하는 일을 사라가 보게 되었다. 이 일을 계기로하여서 이스마엘은 아브라함의 집에서 쫓겨나게 되었으며, 오직 유일하게 이삭만이 아브라함의 공식적인 후사가 되었다.

다. 아비멜렉과의 땅 협정으로 얻은 브엘세바

아브라함에게 후사의 문제는 일단 해결되었으나, 땅의 문제에 있어서는 아직 해결되지 않았다. 여전히 이국 땅에 나그네로 살아야 하는 입장이었다. 여호와께서 아브라함에게 여호와의 나라를 건설한다고 하셨고, 그 땅을 아브라함에게 영지로 주셨는데, 정작 그 땅들은 이미 먼저 거주한 자들의 차지가 되어 있었다. 여전히 그는 나그네로서 그들의 호의를 통해서만 살아야 하는 입장이었던 것이다. 이 문제는 나중에 이 모세오경의 저자였던 모세의 시대에

---

214) Wenham, *Genesis 16-50*, 80.

해결될 문제였던 것이다. 그럼에도 여전히 아브라함을 통한 하나님의 나라는 건설 중에 있었으므로 그 땅 문제는 항상 해결되어야 하는 문제였던 것이다. 이때 아브라함은 한 번도 무력을 사용하지 않았으며, 기존의 질서를 철저하게 인정하였다.

아비멜렉은 이러한 아브라함을 알아본 탁월한 인물로 보인다. 그가 보았을 때, 아브라함은 강성해 질 것이 분명한 것으로 보였다. 그래서, 이대로 방치할 경우 아브라함의 자손들이 번성할 경우, 자신의 나라와 대치할 위험성을 본 것 같다. 그래서, 이제 아비멜렉은 그의 군대 장관 비골과 함께 아브라함에게 이 일에 관하여 맹세하라고 한다. 그리고, 그 둘은 화친을 위한 상호불가침적 성격의 언약을 맺는다. 그 내용은 다음과 같다.

> 때에 아비멜렉과 그 군대 장관 비골이 아브라함에게 말하여 가로되 네가 무슨 일을 하든지 하나님이 너와 함께 계시도다. 그런즉 너는 나와 내 아들과 내 손자에게 거짓 되이 행치 않기를 이제 여기서 하나님을 가리켜 내게 맹세하라 내가 네게 후대한 대로 너도 나와 너의 머무는 이 땅에 행할 것이니라. 아브라함이 가로되 내가 맹세하리라 하고 … 아브라함이 양과 소를 취하여 아비멜렉에게 주고 두 사람이 서로 언약을 세우니라. … 두 사람이 거기서 서로 맹세하였으므로 그곳을 브엘세바라 이름 하였더라. 그들이 브엘세바에서 언약을 세우매 아비멜렉과 그 군대장관 비골은 떠나 블레셋 족속의 땅으로 돌아갔고, 아브라함은 브엘세바에 에셀나무를 심고 거기서 영생하시는 하나님 여호와의 이름을 불렀으며 그가 블레셋 족속의 땅에서 여러 날을 지내었더라.(창21:22-34)

4. 이삭 번제 언약

가. 아브라함을 시험(נָסָה)하시는 여호와

아브라함에게 가장 중요한 시기가 왔다. 아마 이 시기를 위해서 여호와께서는 아브라함을 평생토록 가르치시고 훈련하시었을 것으로 보아도 좋을 것 같다. 여호와께서는 아브라함이 "생명 다하여 하나님을 사랑하는 지"를 알고자 하시는 것이다. 이 주제는 시내산 언약과 오압 언약의 핵심사항인 "목숨을 다하여 하나님을 사랑하는 것"과도 일치하며, 예수께서도 "마음을 다하고 뜻을 다하고 목숨을 다하여 하나님을 사랑하는 것"과도 일치한다. 하나님께서는 아브라함을 여기에까지 이르게 하신 것이다. 이것을 위해서 여호와께서는 아브라함에게 다음과 같이 명령하신다.

> 그 일 후에 하나님이 아브라함을 시험하시려고 그를 부르시되 아브라함아 하시니 그가 가로되 내가 여기 있나이다. 여호와께서 가라사대 네 아들 네 사랑하는 독자 이삭을 데리고 모리아 땅으로 가서 내가 네게 지시하는 한 산 거기서 그를 번제로 드리라. (창22:1-2)

먼저, 위에서 '시험하시려고, נִסָּה'에 대한 의미를 살펴보아야 한다. נִסָּה의 의미는 "시험하다, 입증하다, 증명하다"의 의미를 담고 있다. 위 문장을 보면, 1절에서 시험하려고 하는 자는 '엘로힘'이다.[215] 구약 성경에서의 이 양자의 단어 사용에는 나름대로의 특수성이 있다. 욥기에서도 욥을 시험하는 자는 '하나님의 아들들'이었는데, 이것은 여호와의 총회에서 벌어진 일이었으며, 이 아브라함의 시험도 '여호와의 총회'로서의 엘로힘과 관련이 있어 보인다. 이때 대체로 '엘로힘'은 일반적이며 보편적인 신을 지칭하는데, 유대의 랍비들은 '엘로힘'을 '여호와의 총회'로 이해하였다. 물론 이 '엘로힘'내의 모든 신들은 '여호와'께 부속되어 있다. 그러나, '엘로힘'의 발언은 모든 신들의 의견이 통일된 의견이 제시되며, '여호와'의 발언은 엘로힘의 최고신만의 의견이 반영된다. 위의 내용에 의하면, '여호와의 총회'로서의 '엘로힘'이 아브라함을 시험하고자 하는 것이다. 그것은 어떻게 보면, 아브라함이 진정으로 이 땅에 '여호와의 백성'을 형성할 수 있는 자격이 갖추어져 있는 지를 시험하고자 하는 것이다. 이 놀라운 영예를 아브라함이 갖출 수 있느냐의 것이었다. 그리고 여호와께서는 이것을 "모든 자신에게 부속된 신들 앞에서 입증하고자 하는 것"이다. 그래서, 그 뒤의 문장에서는 '여호와'가 구체적으로 아브라함에게 "네 아들 네 사랑하는 독자 이삭을… 번제로 드리라"고 지시를 하는 것이다.

---

215) Wenham, *Genesis 16-50*, 80.

나. '이삭 번제'에 감춰어진 의미들

이삭 번제에는 몇 가지 중요한 의미들이 담겨 있는 기념비적인 사건이었다. 아브라함이 이삭을 바친 것은 아브라함이 자신의 생명을 바친 것이며,216) 또한 이삭을 바침을 통하여서 이스라엘 자손들 전체를 바친 것이고, 이것은 이스라엘 자손들이 여호와께 제사를 드릴 수 있는 자격을 갖추게 된 것으로서 모세의 시내산 언약의 제사의 기원이 여기에서 근거할 수 있다는 가능성을 부여해 준다.

먼저, 아브라함이 '번제'의 제사를 드릴 수 있는 지의 여부에 대해서 요청되었다. 번제의 제사는 그냥 그 형식을 좇아서 드린다고 되는 것이 아니었다. 원래 '번제'란 희생제사로서 "생명 다하여 하나님을 사랑하는 행위"이기 때문이다. 따라서 '번제'란 하나님의 은혜에 감사하여서건, 하나님께서 창조주로서 자신의 주인이심을 인식하여서건 간에 사랑과 헌신의 마음으로 자신의 생명을 바치는 행위이다. 따라서 번제에는 아무런 목적이 없으며, 단순히 자신을 불로 태워서 하나님께 올려드린다. 이때 자신을 대신하여 제물을 불로 태워서 올려드리는 것이다. '자기부인의 극치'가 곧 번제의 제사인 것이다. 이때 제물은 자신의 생명을 대신하는 것이다. 따라서 그 제물에는 자신의 생명이 담겨 있어야 한다. 이때 아브라함의 경우에 있어서 아브라함의 생명은 이삭 안에 담겨져 있었다. 아브라함이 이삭을 드리는 것은 자신의 생명을 바치는 것이었으며, 아브라함은 이렇게 인식하고 이삭을 바치는 것이었다. 아브라함은 그때 이삭을 바친 것이 아니라, 자신의 생명을 바치는 심정으로 이삭을 바쳤던 것이다. 이것이 아브라함이 서슴치 않고, 이삭을 데리고 모리아 산으로 향할 수 있던 이유였다. 만일 이삭이 자신의 생명이 아닌 이삭의 생명으로 보였다면 여기에는 많은 갈등이 나타날 수 있다. 그런데 자신의 생명을 바치는 것이었으므로 아브라함은 서슴치 않고 의사결정을 할 수 있었던 것이다. 따라서, 아브라함이 번제의 제사를 마쳤을 때에는 이미 아브라함의 생명을 하나님께 번제의 제물로 바쳐진 것이었다. 이제 아브라함의 옛 자아는 존재하지 않으며, 아브라함의 옛 자아는 죽었다. 이제 새롭게 하나님의 소유로서 탄생한 아브라함

---

216) 앨런 로스, 『창조와 축복』, 590.

만이 존재할 뿐이다. 이삭번제 사건 후에 여호와께서는 이 사실을 여호와의 총회에서 입증할 수 있었던 것이다. 이제 아브라함과 이삭은 여호와의 신민으로서의 자격을 획득한 것이었다.

두 번째, 이삭의 번제에서 번제의 진정한 의미를 발견할 수 있다. 번제란 어떤 조건을 가지고 드리는 제사가 아니다. 아브라함이 이삭을 바치는 이 제사는 번제라고 불리우고 있는데, 이때 아브라함은 "아무런 목적 없이 자신을 드린 것"이다. 그냥 사랑의 마음의 표현인 것이고, 이렇기 때문에 아브라함은 큰 갈등 없이 이삭을 바칠 수 있었던 것이다. 아브라함은 하나님 사랑에 대한 표현이라면 그 어떤 것도 포기할 수 있었다. 그런데, 그 외의 목적으로는 이삭을 포기할 수 없었을 것이다. 번제의 진정한 의미는 '순전한 사랑과 헌신'이다.

세 번째, 제사제도는 아담의 때부터 있었던 것으로 보이지만, 번제라는 용어의 사용은 "노아"로부터 시작되는 것으로 보인다. 여호와의 구원을 감사하는 마음으로 노아가 번제의 제사를 드렸다. 이때 여호와께서는 인생들과 화해하시고 다시금 물로 세상을 심판하지 않으시겠다고 약속하신다. 번제의 결과 나타난 것은 여호와와의 화목이었다. 그리고, 이제 이 번제가 모세의 때에 이르러서는 그 의미가 확대되어서 '번제와 화목제'로 불리운다. 시내산에서 언약을 체결할 때, '번제와 화목제'를 드리라고 하는 것이다. 그리고 이 '번제'내에는 '속죄'의 의미까지 내포하고 있는 것으로 보인다. 레위기 1장을 보면 번제를 '속죄'를 위한 제사라고도 표현하기 때문이다. 한편, '십계명'이 이스라엘에 주어진 이후로 이제 이 '번제'는 '속죄·속건제'로도 확장되어 나타난다. 이와 같이 '번제' 안에는 이 모든 요소가 다 포함되어 있다. 그리고 '이삭의 번제' 안에서는 이 모든 의미가 다 포함된 것으로 보인다. 모세의 제사제도의 기원은 이와 같이 노아에서 시작되고, 아브라함을 거쳐서 모세에게 이른 것으로 보인다. 그리고, 이것은 예수 그리스도에게 이른다.

네 번째, 이삭 안에는 모든 그의 후손들이 다 담겨있다. 이삭 이후의 모든 아브라함의 후손들은 그 때 번제의 제물로 여호와께 드려졌다. 이것이 여호와 하나님의 가장 큰 의도이다. 이제 더 이상 이스라엘 백성들은 자신의 생명을 자신의 것으로 주장하지 못한다. 이것을 이제는 아브라함의 역사가 증명하게 된 것이다. 또한 여기에는 놀라운 은혜도 곁들여 있다. 이스라엘 자손들은 이제 모두 이삭을 통하여 아브라함의 번제의 제사에 참여할 수 있게 된 것이다. 그들은 자신들의 조상 아브라함을 바라보면서, 아브라함이 이삭을 번제의 제물로 드리는 그 모습을 바라보며, 이제 그 안에 있는 자기 자신의 모습을 상기할 수 있게 되었다. 그러면서 거저 이 아브라함의 제사에 참여할 수 있게 된 것이다. 이것은 신약시대의 예수 그리스도의 십자가와 유사하다. 예수를 주와 그리스도로 영접한 자들은 이제 모두 십자가 안에서 자신의 생명을 하나님께 드린 자가 되는 것과 같은 이치이다. 모든 아브라함의 후손들은 자신들은 이 이삭의 번제에 자신들이 참여한 것으로 주장할 수 있게 된 것이다. 그들은 이제 번제의 제사를 날마다 드릴 수 있게 된 것이다. 그들은 날마다 번제의 제사를 통하여 자신의 생명을 여호와께 드릴 수 있게 되는 길이 열린 것이다. 이러한 제도를 아브라함은 창설한 것이었다.

다. 진정한 언약체결식(언약의 완성)으로서의 '이삭의 번제'

이때 아브라함 만큼 이삭도 또한 뛰어 났는데, 그는 이 일에 묵묵히 순종하였다. 이삭도 또한 자신의 생명을 하나님께 드리는 자였다. 그래서, 그는 아브라함의 진정한 씨인 예수 그리스도의 모형이 되었다. 이때 아브라함과 이삭의 대화 내용은 다음과 같다.

> 아브라함이 이에 번제 나무를 취하여 그 아들 이삭에게 지우고 자기는 불과 칼을 손에 들고 두 사람이 동행하더니, 이삭이 그 아비 아브라함에게 말하여 가로되 내 아버지여 하니 그가 가로되 내 아들아 내가 여기 있노라. 이삭이 가로되 불과 나무는 있거니와 번제할 어린 양은 어디 있나이까. 아브라함이 가로되 아들아 번제할 어린 양은 하나님이 자기를 위하여 친히 준비하시리라 하고 두 사람이 함께 나아가서 하나님이 그에게 지시하신 곳에 이른지라.(창22:6-9)

아브라함은 여호와 하나님께 이제 이삭을 번제의 제물로 올려드린다. 그의 생명을 그의 손으로 친히 취하여서 하나님께 바치는 것이다. 이때 아브라함은 자신의 생명을 하나님께 바쳤다. 이것은 훗날 예수 그리스도의 모습에 대한 모형이며, 더 나아가서는 예수 그리스도를 내어 주시는 여호와 하나님의 모습이다. 그리고, 이삭도 또한 잠잠히 자신의 생명을 여호와께 바치는 예수 그리스도의 모습의 모형이다. 어떤 사람들은 나무를 지고 가는 이삭의 모습을 십자가로 비유하기도 한다.[217] 이곳은 이 모든 당사자들이 함께 울고 웃는 거룩한 예식이 된 것이다. 아브라함과 이삭 사이에 언뜻 오가는 대화는 진한 비장함이 감돌고 있다.[218] 특히 이삭의 "내 아버지여"라고 부르는 그 소리에는 더 없는 애절함을 불러일으킨다.[219] 그럼에도 불구하고 자신의 생명을 기쁨으로 서로를 위하여 내어주는 진정한 제사가 된 것이다. 청년 이삭이 노인 아브라함에게 결박 당함을 순종적으로 허락한 것은 이것을 의미한다.[220] 그리고 이삭 번제언약의 또 다른 중요한 특성은 제사를 드리는 자와 제물의 뜻이 온전히 합치된 진정한 제사이다는 것이다. 그리고 이와 같은 서로를 위한 헌신이 진정한 언약체결식이다. 따라서 언약은 자기저주의 맹세가 아니며, 서로를 향하여 자신의 생명을 내어주는 헌신의 맹세인 것이다. 다음의 짤막한 구절은 이 모든 역사를 담고 있다.

> 이에 아브라함이 그곳에 단을 쌓고 나무를 벌여놓고 그 아들 이삭을 결박하여 단 나무위에 놓고 손을 내밀어 칼을 잡고 그 아들을 잡으려 하더니 (창22:10)

이제 아브라함의 생명이 하나님께 진정으로 드려졌고, 이삭의 생명이 하나님께 진정으로 드려졌으며, 이제 이삭 안에 있는 모든 이스라엘 자손들의 생명이 하나님께 진정으로 드려졌다. 이제 자신들의 생명의 주인을 자신들이라고 주장하면 안 된다. 이들은 이제 모두 하나님의 소유된 백성들이 된 것이다. 이제 여호와께서 아브라함의 후손들을 마음껏 축복해도 여호와의 회중에 속한 다른 신들이 이것을 시기하거나 질투할 수 없다. 함께 축복하여야 한다.

---

217) Wenham, *Genesis 16-50*, 108.
218) Wenham, *Genesis 16-50*, 108.
219) Calvin, *The Book of Genesis 1*, 568.
220) Wenham, *Genesis 16-50*, 109.

우리가 우리의 생명을 하나님께 드리려고 결단을 하고 작정을 하였을 때, 예비하신 제물이 있는데 우리에게는 그가 예수 그리스도였다. 예수 그리스도는 헌신을 결단한 자에게 여호와 이레였다. 이와 같이 아브라함에게도 예비된 제물이 존재하였는데, 그것은 바로 "한 수양"이었다.

> 여호와의 사자가 하늘에서부터 그를 불러 가라사대 아브라함아 아브라함아 하시는지라 아브라함이 가로되 내가 여기 있나이다 하매 사자가 가라사대 그 아이에게 네 손을 대지 말라 아무 일도 그에게 하지 말라 네가 네 아들 네 독자라도 내게 아끼지 아니하였으니 내가 이제야 네가 하나님을 경외하는 줄을 아노라. 아브라함이 눈을 들어 살펴본즉 한 수양이 뒤에 있는데 뿔이 수풀에 걸렸는지라 아브라함이 가서 그 수양을 가져다가 아들을 대신하여 번제로 드렸더라.(창22:11-13)

이러한 제물은 헌신의 결단을 한 자들에게 진정한 제물이 된다. 여기서의 제물은 바치는 자를 상징적으로 대신하고 있는 것이다.221) 아브라함은 한 수양을 바친 것이 아니라, 진정으로 이삭을 바친 것이며, 자기 자신을 바친 것이다. 그리고 이것이 진정한 번제 제사의 의미였으며, "이제서야 네가 하나님을 경외하는 줄을 아노라"고 하고 있는데, 이것이 바로 '아브라함의 믿음'이며, 아브라함의 의롭다하심은 이러한 태도에 기인하는 것이었다. 해밀턴은 이 이삭번사건을 "여호와의 아브라함의 믿음에 대한 시험이었다"222)고 말하고 있다.

라. 이삭번제 언약의 내용

그리고 이제 여호와의 사자가 그를 두 번째 불러서 다음과 같이 말씀하신다. 다음의 말씀은 언약이 이제 맹세로 승화하는 내용이다. 아브라함의 헌신에 대한 여호와의 자연스러운 반응인 것이다.

---

221) Wenham, *Genesis 16-50*, 110.
222) 해밀턴, 『오경개론』, 127.

가라사대 여호와께서 이르시기를 내가 나를 가리켜 맹세하노니 네가 이같이 행하여 네 아들 네 독자를 아끼지 아니하였은즉 내가 네게 큰 복을 주고 네 씨로 크게 성하여 하늘의 별과 같고 바닷가의 모래와 같게 하리니 네 씨가 그 대적의 문을 얻으리라. 또 네 씨로 말미암아 천하 만민이 복을 얻으리니, 이는 네가 나의 말을 준행하였음이니라 하셨다 하니라. (창 22:16-18)

우리는 아브라함의 언약에서 세 이해관계자를 본다. 먼저는 여호와께서 아브라함에게 행하실 약속이고, 또 하나는 아브라함이 여호와의 명령을 좇아야 할 순종이며, 또 하나는 그 결과 열방이 복을 얻는 것이다. 위의 구절에는 이 세 가지 요소가 모두 나타난다. 이때 위의 구절의 특징으로는 "이는 네가 나의 말을 준행하였음이니라"는 문구이다.

다른 언약들에서 주로 나타나는 것은 여호와의 약속이 주로 나타났는데, 이제 아브라함의 말년에 이르르자 "아브라함이 이삭을 드림을 통해서 그 말을 준행한 것"이었다. 이로 보건대, 아브라함이 이삭을 번제의 제물로 드리는 것이 'בְּרָכָה적 행위'의 중요한 국면을 차지하고 있었음을 알 수 있다. בְּרָכָה적 행위는 '축복하는 자'였는데, 이 안에는 '여호와를 향한 사랑'과 '헌신'이 중요하게 자리잡고 있었던 것이다. 아브라함이 이삭을 드리는 행위 속에 나타난 믿음이 곧 '번제'로 나타난 '아브라함의 순종'이었고, 그가 준행하여야 할 '명령과 규례'였던 것이다. 만일 이와 같이 생명을 드리는 '헌신'으로서의 '번제'가 '믿음'이고 '순종'이라면, 이제 이와 준하는 절차였던 아브라함의 생애 속에 나타난 '하나님의 소유권 인정'223)의 모든 행위 전체가 곧 믿음의 행위였던 것이다.

즉, '베라카(בְּרָכָה, 축복함)'에는 '하나님과 사랑과 이웃사랑'이 모두 담겨져 있었다. 축복하는 자의 축복이 영향력을 발휘하려면, 그 자신의 하나님과의 관계가 중요하기 때문이다. 그리고 아브라함이 이와 같은 'בְּרָכָה적 순종'을 준행

---

223) 여기에서 아브라함의 '소유권 인정의 모든 행위'란 아브라함의 자기부인에 대한 결단을 발생시킨 모든 사건으로서, 사라 사건, 엘리에셀 문제와 관련한 제사언약, 이스마엘 문제와 관련한 할례언약 등의 모든 일련의 사건들을 의미한다. 이것이 모두 자손에 대한 '하나님의 소유권'을 인정한 '순종'의 행위였으며, 아브라함이 준행한 '율례'였던 것이다.

해내자 여호와께서 자신의 행할 일에 대해서는 '언약'을 '맹세'로 승화시켜서 말씀하신 것이다. 이 세 이해관계자들의 상황을 살펴보면 다음과 같다.

먼저, 여호와측의 약속은 "내가 나를 가리켜 맹세하노니 네가 이같이 행하여 네 아들 네 독자를 아끼지 아니하였은즉 내가 네게 큰 복을 주고 네 씨로 크게 성하여 하늘의 별과 같고 바닷가의 모래와 같게 하리니 네 씨가 그 대적의 문을 얻으리라"로 표현 된다. 이렇게 여호와께서 말씀하시는 이유는 "네가 (아브라함이) 나의 말을 준행하였기 때문"이다. 계약주체 B의 순종이 이행되었으므로 계약주체 A의 약속은 이제 맹세로 까지 나아가야 한다. 이와 같은 여호와의 '맹세하노니'라는 표현은 족장 이야기에서는 처음이자 유일한 표현이다.[224]

두 번째, 열방이 받는 유익은, "네 씨로 말미암아 천하 만민이 복을 얻으리니"이다. 헌신된 아브라함의 씨인 이삭의 출현으로 말미암아 이제 그의 후손을 나라를 이룰 것인데, 그 나라는 "하나님의 소유된 제사장 국가"이다. 그리고 이 국가에서 하는 일은 열방을 위하여 제사하며, 중보하는 역할이다. 그러므로 열방은 이제 복 가운데로 들어올 것이다.

세 번째, 위와 같은 위대한 일들이 펼쳐지는 것이 가능하게 된 것은 "네가 나의 말을 준행하였기 때문"이다. 아브라함의 순종은 'בְּרָכָה적 행위'였던 것이다. 열방을 축복하는 자는 먼저 하나님과의 관계가 우선하여야 그의 축복기도가 열방에 영향을 미칠 수 있기 때문에, 그 'בְּרָכָה적 순종'에 여호와와의 관계가 중요한 위치를 차지하는 것은 당연한 것이라 하겠다.

마. 이삭번제에 나타난 아브라함의 '베라카적 태도'

여호와의 이삭번제에 대한 요청은 분명히 여호와께서 "아브라함의 믿음"을 시험하신 것이었다.(창22:1) 이 건은 분명히 아브라함의 믿음을 시험하신 것이었다.(롬4:17) 그리고 여호와께서는 이삭 번제 사건을 통해서야 비로소 "네가 네 아들 네 독자라도 내게 아끼지 아니하였으니 내가 이제야 네가 하나님을 경외하는 줄을 아노라"(창22:12)고 말씀하시고, 그 '아브라함의 믿음'을 온전히 인정하신다. 아브라함은 자신의 아들을 바쳤는데, 여호와께서는 그것을

---

224) Wenham, *Genesis 16-50*, 111.

아브라함의 믿음이라고 하신 것이다. 이와 같이 여호와를 향한 온전한 자기부인의 태도와 믿음은 그 본질을 같이하고 있는 것이다. 그리고 이 사건과 관련하여서 여호와께서는 "이는 네가 나의 말을 준행하였음이니라"(창22:18)고 하신다. 이것이 바로 아브라함의 '믿음'이었으며, '베라카(בְּרָכָה, 축복함)적 태도'였던 것이다.

5. 언약의 완성과 승계

아브라함의 생애를 아브라함의 사이클이라고도 불리우는데, 이에 의하면 창세기 12장 1-9절의 최초의 '아브라함의 언약체결 장면'과 '이삭 번제 언약체결 장면'은 서로 인크루지오적인 구조를 가지고 있는데,[225] 이것은 이삭번제 언약이 아브라함 언약의 완성을 의미하는 내용이다. 장가람이 분석한 것을 준용하여[226] 양자를 비교하면 그 내용은 다음과 같다.

	최초의 언약 (창12:1-20)	이삭 번제언약 (창21-22장)
하나님의 명령	여호와께서 아브람에게 이르시되,…내가 네게 지시할 땅으로 가라.(창12:1)	여호와께서 가라사대,…모리아 땅으로 가서, 내가 네게 지시하는 한 산 거기서 번제로 드리라.(창22:2)
아브라함의 포기	고향과 친척과 아버지의 집을 떠나…가라.(창12:1)	네 아들, 네 사랑하는 독자 이삭을…번제로 드리라.(창22:2)
아브라함의 순종	이에 아브람이 여호와의 말씀을 따라 갔고…(창12:4)	아브라함이 아침에 일찍 일어나 나귀에 안장을 지우고…가지고 떠나 하나님이 자기에게 일러준 곳으로 가더니(창22:3)
언약의 내용	네가 너로 큰 민족을 이루고, 너는 복의 근원이 될지라. …땅의 모든 족속이 너로 말미암아 복을 얻을 것이라(창12:2-3)	내가 네게 큰 복을 주고 네 씨가 크게 번성하여… 또 네 씨로 말미암아 천하만민이 복을 얻으리니, 이는 네가 나의 말을 준행하였음이니라(창22:17-18)
언약에 대한	여호와께서 아브람의 아내 사래의	그 밤에 하나님이 아비멜렉에게 현

225) 앨런 로스, 『창조와 축복』, 584 ; 웬함, 『모세오경』, 75.
226) 장가람, "아브라함 내러티브에서 창세기22장의 위치와 구속사적 의미," 총신대신대원 석사 (2008), 44-46.

여호와의 행위 (사라의 구출)	연고로 바로와 그 집에 재앙을 내리신지라.(창12:17)	몽하시고 그에게 이르시되 네가 취한 이 여인을 인하여 네가 죽으리니 그가 남의 아내임이니라.(창20:3)
언약에 대한 아브라함의반응 (단을 쌓음)	그가 그곳에서 여호와께 제단을 쌓고 여호와의 이름을 부르더니 (창12:8)	아브라함이 그곳에 단을 쌓고 나무를 벌여놓고… 그 아들을 잡으려 하니 (창22:9-10)

한편, 위에서 가장 중요한 차이로 부각되는 것이 하나가 있는데, 그것은 창세기 22장 17-18절에 나타나는 언약의 내용 중에서 '네 씨'에 관한 언급이다. 이것은 단수형으로서 '이삭'을 지칭한다. 이제는 '이삭' 안에 모든 이스라엘 자손이 내포되며, 이 '이삭'에게 언약이 승계되고 있는 것이다.

7절 결론 : 아브라함 언약에 대한 요약적 이해

하나님과 아브라함 사이의 언약은 기본적으로 '하나님의 왕국통치'를 위한 '하나님의 언약'이다. 그리고 그 모든 것을 주관하시는 분도 하나님이시며, 아브라함은 여기에 믿음으로 반응하고 순종할 뿐이다. 이에 따라 아브라함의 언약체계는 하나님과 아브라함 간의 '상호 헌신'의 체계를 띄고 있다.

가. 아브라함을 향한 여호와의 언약제시

먼저, 여호와와 아브라함이 맺은 언약과 관련하여서, 여호와께서 아브라함에게 언약을 제시하는 내용이 창세기 12장 2-3절에 나타나는데, 본 논문에서 살펴본 바와 같이 이것은 두 당사자에게 각각 명령형의 동사를 사용하여 그 언약의 내용을 언급하고 그 결과 열방이 복을 받는 것을 말하고 있다. 이와 같이 아브라함의 언약은 여호와, 아브라함, 및 열방을 위한 언약이었던 것이다. 먼저, 여호와의 약속은 "아브라함을 축복하여 국가를 이루는 것"이었으며, 이에 대한 아브라함의 반응은 아브라함이 'בְּרָכָה (축복하는 자)'가 되어서 이 세계 속에서 '여호와의 제사장역할'을 수행하는 것이었다. 이때 비로소 아브라함은 복의 통로 혹은 복의 근원이 되어서 열방에 하나님의 복이 흐르게 된다. 이것이 이루어진 상태가 하나님의 경륜의 완성이자, 한편으로는 아브라함(후손)에게 구원이 성취된 모습이다.

아브라함의 가나안 초기 정착 단계에서 여호와의 약속이행이 강력하게 나타나는 내용은 사라사건에서 였으며, 아브라함의 이에 대한 반응은 머무는 곳마다에서 '단을 쌓는 행위'였다. 이러한 양자간의 행위를 통해서 여호와의 언약 제시는 분명하게 아브라함에게 이루어졌으며, 아브라함은 여기에 적극적으로 참여하였던 것이다. 언약이 이렇게 양자간에 합의에 이르렀는데, 창세기 13장은 이것을 말하고 있다.

나. '제사언약'에 나타난 쌍무언약적 요소들

아브라함이 가나안의 마므레 상수리 수풀 근처에서 성공적으로 정착을 하였을 때, 그 지역에 큰 국제적인 분쟁이 발생하였는데, 동맹국들 간의 대규모 전투가 벌어진 것이었다. 그돌라오멜왕을 포함한 네 왕이 한 동맹체를 형성하고, 소돔과 고모라를 비롯한 다섯 왕이 조공 문제와 관련하여 반발하고 이에 맞섰는데, 결과는 소돔과 고모라를 비롯한 왕들이 패퇴하고 거민들이 대거 사로잡혀 가는 큰 위기에 처하였던 것이다. 이때 아브라함이 구원자로 나섰으며, 큰 승리를 거두어서 그 지역의 구원자로 나타나게 되었다. 이때 아브라함은 여기에서 아무런 전리품을 취하지 않음을 통해서 무언가의 자신의 입장을 표명하였는데, 이것은 여호와를 향한 בְּרָכָה 적 약속이행과 관련이 있는 것으로 보인다. 아브라함의 귀환시에는 당시의 최고의 제사장이었던 '멜기세덱'이 나와서 아브라함을 축복하였는데, 이것은 아브라함의 구원행위에 대한 공증의 역할을 하였다. 아브라함은 최고신이신 여호와의 בְּרָכָה 적 제사장으로서의 자격을 갖춘 것을 멜기세덱이 승인한 것이었다. 이제 여호와 하나님께서 아브라함과 제사언약을 치러도 무방한 상태에 이르른 것이다.

이제 저희들에게 아무런 보상을 받지 아니 한 아브라함에게 여호와께서 나타나시어서 "나는 너의 상급이다"고 하시면서 아브라함과 정식 언약을 체결하신다. 그것은 바로 '제사'를 통한 언약체결이었다. 사실 '제사'에서 쓰이는 동사는 '쪼개다' 혹은 '자르다'인데, 이때의 동사는 '언약'을 맺을 때 함께 쓰이는 동사로서 "언약을 자르다"라고 표기한다. 사실 언약과 제사는 서로 병치되는 행위로서 보인다. 아브라함은 여호와와 정식으로 언약을 체결한 것이었다. 아마 아브라함의 이러한 '제사 언약'이 이스라엘 제사의 기원으로 보인다. 그리고 이 아브라함의 '제사언약'은 아브라함의 자손들의 시내산에서의 '제사언약'과 병치를 이루고, 이것은 이스라엘의 제사제도로 까지 이어지는 것으로 보인다.

다. 아브라함이 그의 자손들을 대표하여 맺은 '할례언약'

제사언약을 체결한 후 약 20여년으로 추정되는 기간이 아브라함의 생애에서 물리적으로는 황금기였던 것으로 추정되는데, 이에 반하여 이 기간은 이스마엘이 탄생한 기간으로서 영적으로는 침묵기로 보인다. 여호와께서 이스마엘 건을 문제삼고 아브라함에게 나타나셨기 때문이다.

이때, 여호와께서는 "너는 내 안에서 행하여 완전하라"고 하면서, 제사언약의 주체를 새롭게 하시면서 '제사언약'의 당사자를 아브라함에게 그의 자손에게 확대시키신다. 창세기 17장 7절에서 "내가 내 언약을 나와 너와 네 대대 후손의 사이에 세워서 영원한 언약을 삼고 너와 네 후손의 하나님이 되리라"고 하시며, 그 후손의 기준은 아브라함과 사라를 통해서 출생한 자라야 한다고 말씀하신 것이다.

이에 아브라함은 또 다시 후사의 문제로 인하여 고민에 빠져야 되는 상황에 들어가게 되었다. 그러나 어찌 되었건 아브라함의 언약은 이제 아브라함 만의 언약이 아니라, '아브라함과 아브라함의 자손'과 '여호와'간의 언약으로 발전하게 되었다. 아브라함의 후손들은 탄생하기도 전에 아브라함의 언약에 참여하게 된 것이었다. 이것이 아브라함의 자손들이 시내산 언약에 아무런 반대 없이 동의하게 된 이유 중의 하나였던 것으로 추정된다.

라. '방문언약'에 나타난 'בְּרָכָה'로서의 행위

아브라함의 בְּרָכָה 로서의 순종이 절정에 달한 것은 '소돔과 고모라'에 대한 중보기도의 사건이었다. 여호와께서는 천상회의의 결정된 것을 가지고 황급히 아브라함을 찾은 것이다. 소돔과 고모라가 멸망하게 되자, 이에 대한 중보자를 찾아 아브라함을 방문하신 것이었다. 마치 하늘의 천상회의의 심판 결정에 대하여 여호와가 노아를 찾듯이 여호와께서 아브라함을 찾은 것이다.

이때 여호와께서는 아브라함에게 "여호와께서 가라사대 나의 하려는 것을 아브라함에게 숨기겠느냐. 아브라함은 강대한 나라가 되고 천하 만민은 그를 인하여 복을 받게 될 것이 아니냐. 내가 그로 그 자식과 권속에게 명하여 여호와의 도를 지켜 의와 공도를 행하게 하려고 그를 택하였나니, 이는 나 여호와가 아브라함에게 대하여 말한 일을 이루려 함이니라. 여호와께서 또 가라사대 소돔과 고모라에 대한 부르짖음이 크고 그 죄악이 심히 중하니…"(창 18:17-21)라고 말씀하심을 통해서, בְּרָכָה 로서의 행위를 '여호와의 도'라고 하시며, '의와 공도'라고 말씀하신다. 이것은 아브라함의 בְּרָכָה 로서의 중보기도를 '의와 공도'로 승화시키는 말씀이었던 것이다.

아마 이 사건 이후로 아브라함의 בְּרָכָה 로서의 순종은 이스라엘 내에서 '율례와 법도'로 자리잡은 것으로 보인다. 출애굽기에 의하면, 이스라엘은 시내산에 이르기 전임에도 불구하고, 그들 안에 이미 '율례와 법도'가 마치 존재하는 것처럼 말하고 있기 때문이다.

마. '하나님 나라 설립'과 관련하여서 '이삭 번제 언약'이 갖는 의미

아브라함의 생애는 사실 언약을 중심으로 하여서 점철된 인생이었다. 이 언약의 절정은 '이삭 번제제사' 사건에 있었다. 여호와께서는 아브라함의 생애의 후반부에 '이삭'을 번제의 제물로 받으신 것이었다. 이때 아브라함과 이삭의 생명은 하나님께 분명히 '번제의 제물'로 드려졌다. 이제 아브라함과 이삭의 생명은 하나님의 소유가 되었다. 특히 이삭이 하나님의 소유가 되었다는 것은 이삭 안에 있는 모든 아브라함의 후손이 하나님의 소유로 드려진 것을 의미한다.

이제 여호와께서는 아브라함과 이삭의 자손을 증대시켜도 된다. 그 후손이 중다히 증대되어도 이제 이들 모두는 여호와의 것이다. 이 이삭 번제 사건을 듣는 모든 이들은 이제 자신의 생명을 자신의 것이라고 주장할 수 없게 된 것이다. 시내산 언약의 언약의 내용은 출애굽기 19장 5-6절에 나타나는데, 그 언약의 핵심은 "…너희는 열국 중에서 내 소유가 되겠고…"이다. 아브라함과 이삭의 헌신으로 인하여 이 세계 속에 하나님의 소유된 나라가 세워지게 된 것이었다.

<u>모세오경의 언약</u>

　우리는 위의 내용들을 통해서 살펴볼 때, 아브라함의 생애 속에서 여호와와 아브라함 간에 서로의 언약을 실행하기 위해서 어떻게 서로 간에 진력하는가를 살펴볼 수 있었다. 여호와께서는 그 분이 하나님이시더라도 그의 피조물인 인간에게 자유의지를 부으시고 그의 동역자로 삼고 계시는 것이다.

2장 아브라함 언약의 승계, 시내산 언약
1절 서론 : 시내산 언약의 서론적 이해

1. 출애굽기의 문예적 구조

출애굽기의 내용은 크게 두 부분 내지는 서너 부분으로 나누어 구분할 수 있는데,[227] 먼저 두 부분으로 구분하는 경우에는 하나는 1-18장에 이르는 역사적 서술로서 "이스라엘의 나라의 형성과 애굽의 속박에서의 구원"을 말하며, 또 하나는 19-40장에 나타난 "시내산 언약과 그 결과의 성막건립"으로 구분할 수 있으며, 여기에서는 이 구분을 따른다.

먼저, 이스라엘 나라 형성과 애굽의 속박에서의 구원을 주제로 한 역사적 서술의 내용은 "아브라함 언약의 성취"를 주요사건으로 보아서 문예적 구성을 할 수 있겠다. 즉, 다음의 내용은 "여호와의 구원행위"를 통한 이스라엘의 국가형성의 과정을 이야기하는 것으로서 "시내산 언약 본문"의 "역사적 서술"에 해당하는 구절이다. 이 전체는 출애굽기 20장 2절의 "나는 너를 애굽 땅, 종되었던 집에서 인도하여 낸 너의 하나님 여호와로라"에 대한 구체적인 증거가 되는 것이다. 다시 말하면, 시내산 언약 본문의 역사적 서술은 아브라함과의 언약에 명기된 "여호와의 약속의 완성"을 말하고 있다는 것이다. 창세기의 족장들과의 관계에서 여호와의 약속으로 작용하였던 이 내용이 이제 이스라엘 자손과의 언약체결에 있어서는 "역사적 서술"로 전환하게 되는 것이다.

> A. 국가탄생의 조건 구비 : 이스라엘의 번성과 애굽의 학대
>   B. 구원자의 탄생과 출현 : 모세의 탄생, 피신, 그리고 하나님의 부르심
>   C. 압제자와의 대치 : 모세의 애굽 귀환과 바로와의 대치
>   D. 애굽에서의 기적 : 열 가지 재앙과 유월절
>   E. 홍해를 건넌 이스라엘
>   D´. 광야에서의 기적 : 마라의 쓴 물 외
>   C´. 아말렉 전투에서의 승리 : 이스라엘의 군사력

---

227) 송병헌, 『모세오경 개론』, 194.

B′. 지혜자 이드로의 방문 : 국가형성 위한 조직개편

　A′. 국가탄생 : 이스라엘 국가의 탄생

두 번째, 시내산 언약과 관련하여서는 다음과 같이 구조화하여 살펴볼 수 있는데, 대체로 언약 양식은 당시에 유행하던 히타이트 조약양식을 차용한 것으로 본다.228)

A. 언약의 현장에 나타나신 여호와

　B. 언약의 제시와 수락

　　C. 시내산언약

　B′. 성막 계시와 언약의 위기와 극복

A′ 언약 이행으로서의 성전건립

양식비평학자들은 모세의 시내산 언약의 서술방법이 당대에 큰 맹위를 떨치며 효과를 발휘한 히타이트 조약의 형태를 준용한 것이라고 말하며, 이것은 대체로 적절한 표현이다.229) 히타이트족이 아나톨리아 반도를 대부분의 제후국들과 조약을 통해서 평화를 이루어내고, 심지어는 이집트와 대립할 정도로 세력을 확장하여 대제국을 이룰 수 있었으며, 심지어는 이집트와도 평화조약을 통해 당대의 평화를 구축하였던 것이다. 이 힛타이트족들은 조약을 통한 평화구축의 능력이 탁월하였다. 이 조약은 앗수르의 힘과 공포를 기반으로 한 에살핫돈 조약에 반하여 서로를 향한 헌신과 충성을 그 근본정신으로 한다. 따라서 우리는 히타이트 제국의 조약양식에 따라서 시내산 언약의 형식을 살펴볼 수 있다. 대체로 시내산 언약의 내용은 출애굽기 20장 1절에서 24장 11절까지를 우리는 시내산언약과 관련된 본문으로 볼 수 있겠다.230) 이러한 히

---

228) 김일선, "시내산 언약에 나타난 조건성에 대한 연구," 성결대학교 신대원 (석사, 2005), 17-23. "1954년에 발표된 멘덴홀의 논문에서는 히타이트 조약들과 시내산 언약 사이의 평행에 대한 내용이 실려 있는데 그의 주된 관심은 주전 13-14세기의 히타이트 종주권 조약의 구조적인 요소들과 구약의 언약구절들 사이에 있는 유사성을 보이려는 것이었다."(p.17) 여기에 더하여서 바이엘린은 "십계명 전체의 기저에 있는 양식에 대해서…그것은 히타이트 조약 양식의 축복 저주조항에서 나온 것이다"고 말한다(p.22). 한편, 이에 대해 맥카시는 이러한 멘델홀이나 바이엘린의 주장들에 대해 의문을 재기한다.(p.23)

229) 제프리 니하우스, 『시내산의 하나님』, 김진섭 역 (서울: 이레, 2009), 53.

타이트 종주조약의 양식을 참조하여 시내산 언약의 구조를 살펴보면 다음과
같다.[231]

히타이트 종주 조약의 형식	시내산 언약의 형식	비　　고
Ⅰ. 화자(話者)의 서두	Ⅰ.전문: 시간, 장소와 화자의 언급 (출19:1-3)	이 부분은 위대한 왕 내지 종주의 말씀을 소개한다.
Ⅱ. 역사적 서언	Ⅱ.역사적 서언과 언약의 제안 (출19:4-25)	이 부분은 위대한 왕이 봉신들을 위해 행해 온 모든 선한 일들을 언급한다. 한편, 여호와는 모든 백성들이 이 언약에 참여할 것을 원하시어 온 이스라엘에게 언약을 제안하신다.
Ⅲ. 계약조항	Ⅲ.십계명 (출20장)	이 부분은 봉신이 위대한 왕에게 복종하여 감사함으로 해야만 하는 것이 무엇인지를 말한다.
	Ⅳ.구체적인 조항들 (출21-23:19)	히타이트 종주언약에 구체적인 계약조항들이라는 언급은 없지만, 편의상 분류하였다.
Ⅳ. 조약의 정기적 낭독과 공탁	Ⅴ.언약준수에 대한 당부 (출23:20-33)	조약은 일단 비준되면, 그들 각자가 섬기는 신들의 신전에 안치한다. 그리고, 조약을 정기적으로 읽게 되어 있었다.
Ⅴ. 신들의 증언	Ⅵ.언약성립의 제사 (출24:1-8)	다양한 신들, 또한 하늘, 땅, 구름, 산 등등을 증인으로 내세운다. 이에 대해 이스라엘에서는 번제와 화목제의 제사를 통해 언약을 확정한다.
Ⅵ. 저주와 축복	Ⅶ.언약의 식사 통한 이스라엘 참여 (출24:9-18)	순종에 대한 축복, 불순종에 대한 저주를 맹세한다. 한펴, 이스라엘 언약은 공동의 식사를 통해서 신과 인간이 하나가 된다.

2. 아브라함 언약에서 시내산 언약으로의 발전과정

아브라함의 언약과 모세의 시내산 언약은 서로 어떤 관계일까? 피상적으로
바라보면, 아브라함의 언약은 축복의 약속이며, 율법은 어떤 구원이나 축복을

---

230) 한편, 시내산 언약의 범위를 어떤 학자들은 출애굽기 20장부터로 보고 이러한 구분을 시도하기도
　　하며(송병헌), 또 폰라드와 같은 이는 출애굽기 전체를 계약체결의 과정이라고 설명한다(발터 침멀리,
　　p.62).
231) 니하우스, 『시내산의 하나님』, 199 ; 제프리 니하우스가 분류한 형식과 설명에 맞추어서 논자가
　　출애굽기의 문단구분을 하였다.

얻기 위한 방편으로 보인다. 이 양자를 서로 독립시켜서 개별적으로 바라보면 그 내용 등에 있어서 현격한 차이를 보이기 때문이다. 또 한편에서는 이 양자가 언약이라면 전자는 일방적인 은혜의 언약이며, 후자는 행위에 의하여 구원에 이르는 행위언약으로도 보이기도 한다. 그런데 모세오경의 본문들을 엄밀히 관찰하면, 이러한 견해들은 모두 이 양자를 독립적으로 바라볼 때의 견해이다. 그런데, 엄밀히 말하면 이 양자의 언약은 동일한 언약이 발전되고 성취되면서 좀더 구체적으로 발전하고 있는 과정으로 파악하여야 한다. 동일한 아브라함의 언약이 시내산 언약으로 발전하고 또한 시내산 언약이 새언약으로 승계되어 발전하는 관계이다. 즉, 시내산 언약은 아브라함의 언약이 구체화되고 발전한 언약이다. 시내산 언약은 아브라함의 언약의 내용 중에서 여호와 편에서의 이행된 약속 부분이 역사적 서술로 바뀌고, 아브라함이 순종함으로 따라가야 할 부분이 구체화되어 나타난 동일한 언약인 것이다.

가. 시내산 언약에 이르기 전까지의 아브라함의 언약

유진 H. 메릴에 의하면, 아브라함의 언약과 시내산 언약이 양식비평의 관점에서 서로 차이를 보일 뿐, 이 양자의 관련성은 거의 '직접적' 혹은 '보조적'이라고 말한다.[232] 이스라엘 백성들은 "조상들에게 하신 약속의 일환으로 애굽으로부터 구속받은 백성들이기 때문"이다. 월터 카이저의 경우에도 "출애굽기의 기자는 족장들과 출애굽시기를 직접적으로 연결하였다. 그에게는 시내산 언약이 신학적으로 역사적으로 아브라함의 언약의 직접적인 연장이다"[233]고 말한다. 따라서 우리는 아브라함의 언약과 시내산 언약의 계약당사자들의 상황이 어떻게 변화되었는지를 고찰하여야 한다.

아브라함의 언약은 그 언약 전체를 하나로 보았을 때에는 일방언약인데, 그 안에는 여호와와 아브라함과 열방의 세 당사자가 나타난다. 이때, 여호와의 약속은 아브라함을 축복하여 "국가를 형성하는 것"이며, 아브라함과 그의 자손이 순종해야 할 사항은 'בְּרָכָה(축복하는 자)'가 되는 것이며, 그 결과 아브라함

---

232) 유진 H. 메릴, 『구약신학』, 김상진 · 성주진 · 류근상 역 (서울: 크리스챤, 2012), 444.
233) 월터 카이저, 『구약성경신학』, 최종진 역 (서울: 생명의 말씀사, 1989), 140.

은 '복의 통로(근원)' 혹은 '제사장 국가'가 되어 '모든 열방과 만유'에 하나님의 복이 흐르는 것이다. 이러한 창세기 12장 2,3절의 아브라함의 언약을 도식화하면 다음과 같다.

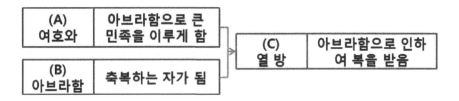

한편, 위의 그림을 좀더 면밀히 분석하여 보면, 계약 내용 중에 '열방C'는 "열방 C가 아브라함을 축복함을 통해서 자신들이 축복을 받거나 저주를 받는 형태"를 취한다. 따라서, 이 '열방 C'는 여호와와 아브라함의 입장에서 보면, 아브라함이 '복의 통로, 혹은 복의 근원'이 되는 것으로 표현될 수도 있으며, 열방이 복을 받고 받지 않는 것은 열방의 몫이다. 따라서 계약 주체 아브라함이 이르러야 하는 궁극적인 목표는 그가 '복의 통로'가 되는 것이다. 따라서 위의 '열방 C'를 '계약주체 A 여호와'와 '계약주체 B 아브라함'의 입장에서 이것을 표현한다면 다음과 같이 표현될 수 있는데, 여호와와 아브라함이 서로 자신들의 약속을 온전히 이행했을 때, 아브라함이 '복의 근원' 혹은 '복의 통로'가 되는 것이다. 즉, '복의 근원'이나 '복의 통로'라는 개념은 오히려 이 양자의 약속이 온전히 이행된 후에 주어지는 개념이다. 따라서 위의 그림에서의 '열방C'의 '아브라함으로 인하여 복을 받음'을 다음과 같이 '아브라함이 복의 통로가 됨'으로 바꾸어 쓸 수가 있다.

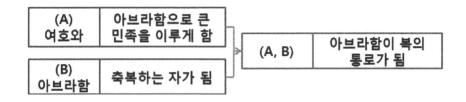

우리는 보통 창세기 12장 2절의 하반부에 나타난 'בְּרָכָה'를 '복의 통로, 혹은

복의 근원'이라고 번역을 하는데, 실질적으로 엄밀히 분석해 보면, "הַבְּרָכָה가 되라"는 "축복하는 자가 되라"로 번역되며, 그 결과 아브라함은 12장 3절의 '복의 근원'이라는 존재로 나타나는 것이다. 즉, 아브라함이 축복하는 자가 될때, "열방이 그를 축복하면 열방이 축복을 받고, 열방이 그를 저주하면 저주를 받는 존재"로 드러나는 것이다. 따라서 12장 3절의 '복의 통로, 혹은 복의 근원'이 되는 것은 계약주체 A와 계약주체 B의 약속이행 결과로 주어지는 것이다. 따라서, 위의 "복의 통로가 되는 것"은 결국 이스라엘이 "제사장 국가가 되는 것"을 의미한다고 볼 수 있다. 이것은 출애굽기 19장 6절의 "…너희는 열국 중에서 내 소유가 되겠고, 너희가 내게 대하여 제사장 나라가 되며 거룩한 백성이 되리라"가 곧 이에 해당한다. 이것을 도식화하면 다음과 같다.

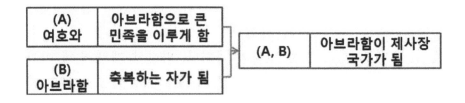

따라서 창세기 12장 3절의 "열방이 아브라함을 축복하면 열방이 축복을 받고, 열방이 그를 저주하면 저주를 받는 존재가 되는 것"과 출애굽기 19장 6절의 "…너희는 열국 중에서 내 소유가 되겠고, 너희가 내게 대하여 제사장 나라가 되며 거룩한 백성이 되리라"는 내용은 같은 내용인 것이다. 이것은 아브라함의 언약이 시내산 언약으로 구체화되어 발전한 것임을 의미한다.

나. 출애굽의 '역사적 서술'이 반영된 후의 아브라함의 언약

이제 아브라함의 언약에서 창세기 12장 2절 상반부의 약속에 따라 여호와의 약속(언약주체A)이 성실히 이행되어 아브라함이 큰 민족을 이루게 된다면, 이제 출애굽 이후의 언약주체 A 여호와의 약속 부분은 '역사적 서술'로 그 형태가 변화된다. 이 내용이 출애굽기 19장 4절에 "나의 애굽 사람에게 어떻게 행하였음과 내가 어떻게 독수리 날개로 너희를 업어 내게로 인도하였음을 너희가 보았느니라"이며, 출애굽기 20장 2절의 "나는 너를 애굽 땅, 종 되었던 집에서 인도하여 낸 너의 하나님 여호와로라"이다. 이것을 우리는 "출애굽 기억하여 여호와를 주로 섬기고"라는 문장으로 표현하고자 한다. 그렇게 되면, 이제 언약주체 A로서의 여호와의 약속부분은 "출애굽을 기억하여 여호와를 주로 섬기고"가 된다.

그 다음에 언약주체 B인 아브라함이 행해야 하는 순종의 부분으로서 "축복하는 자가 되라"는 이제 "축복하는 자가 되면"이라는 조건절이 된다. 이 구절이 조건절이 되는 이유는 언약주체 A의 약속이 성취되었기 때문이다. 이때 "축복하는 자가 되면"은 "언약을 지키면"과 병치됨을 알 수 있으며, 이것은 출애굽기 19장 5절로서 "세계가 다 내게 속하였나니 너희가 내 말을 잘 듣고 내 언약을 지키면"으로 표현될 수 있다. 그리고, 이 구절이 언약의 본문에서는 출애굽기 20장 3-17절까지의 '십계명'이 된다.

이로 보건대, 창세기 12장 2절의 여호와와 아브라함 간에 맺은 언약은 모두 '십계명'에 반영되어 나타난다. 따라서 아브라함의 언약이 발전되고 구체화된 것이 곧 시내산 언약인 것이다. 위의 내용을 나타내고 있는 것이 출애굽기 19장 4-6절에 나타난 "여호와의 언약제시" 문안으로서, 그 내용은 다음과 같다.

> 나의 애굽 사람에게 어떻게 행하였음과 내가 어떻게 독수리 날개로 너희를 업어 내게로 인도하였음을 너희가 보았느니라. 세계가 다 내게 속하였나니 너희가 내 말을 잘 듣고 내 언약을 지키면 너희는 열국 중에서 내 소유가 되겠고, 너희가 내게 대하여 제사장 나라가 되며 거룩한 백성이 되리라 너는 이 말을 이스라엘 자손에게 고할지니라. (출19:4-6)

다. 'בְּרָכָה'가 '십계명'으로 구체화 된 후의 '아브라함의 언약'으로서

'시내산 언약'

위에서 여호와(A)와 아브라함과 그의 자손(B) 간의 언약이 '십계명'으로 표현되고, 그 결과 열방(C)를 위해 여호와와 아브라함의 자손이 이루어야 할 사항으로서 '제사장 국가'는 '성전건립'으로 대체될 수 있었다. 이 '성전'은 '여호와의 임재'가 있는 곳으로 열방들이 나아와서 기도하는 '만민의 기도하는 집'이 될 때, 자연스럽게 '제사장 국가'가 이루어지기 때문이다. 이것을 도식으로 표현하면 다음과 같다.

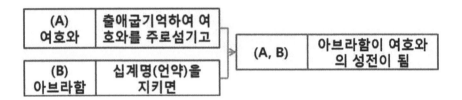

결국은 위의 "아브라함이 여호와의 성전이 되는 것"이라는 명제는 "너희가 내 말을 잘 듣고 지키면(십계명)"의 결과 이루어지는 "너희는 열국 중에서 내 소유가 되겠고, 너희가 내게 대하여 제사장 나라가 되며, 거룩한 백성이 되리라"를 의미한다. 이것을 도식화하면 다음과 같다.

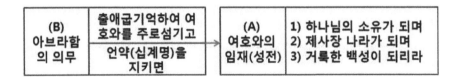

즉, 창세기 12장 3절의 "땅의 모든 족속이 너를 인하여 복을 얻을 것이니라"는 말씀은 결국 "아브라함의 자손이 성전이 되는 것"이며, 이것을 좀더 구체화하여 표현하면, 출애굽기 19장 6절에 나타난 바와 같이, 저희가 "하나님의 소유가 되며, 제사장 나라가 되며, 거룩한 백성이 되는 것"으로 발전한 것이다. 그리고 이에 대한 구체적인 작업이 출애굽기 25장부터 40장에 걸쳐서 나타나는 '성막건립'에 관한 것이었다.

한편, 이러한 '여호와의 임재'로서의 '성전'이라는 개념은 우리 모든 신앙인의 '구원의 개념'으로 자리잡았을 뿐 아니라, 이것이 곧 '하나님 경륜의 완성'을 의미하게 되었다. 이 개념은 신약을 관통하여 계시록에 이른다.

라. '아브라함 언약의 성취'로서의 '성전(구원의 완성)개념'에 대하여

우리는 보통 아브라함의 언약을 이해할 때, 아브라함의 언약을 아브라함이 여호와께로부터 '받을 복'을 생각한다. 그래서, 일반적으로 "내가 너로 큰 민족을 이루고 네게 복을 주어 네 이름을 창대케 하리니, 너는 복의 근원이 될지라"(창12:2)는 명제를 한 명제로 취급하여, 이것을 곧 '구원의 개념' 혹은 '받을 복'으로 생각한다.[234] 그런데, 정확한 것은 이것은 "두 개의 명령형의 동사"가 존재하는 "여호와와 이스라엘 각각에게 부여된 약속조항"이며, 특히 "내가 너로 큰 민족을 이루고 네게 복을 주어 네 이름을 창대케 하리니"의 문구는 '여호와의 약속'이며,[235] 이것 자체가 '구원의 성취' 혹은 '궁극적인 아브라함이 받을 복'은 아닌 것이다. 그 진정한 복은 그 다음에 이어지는 "열방이 아브라함을 축복함을 통해서 자신들이 축복을 받거나 저주를 받는 것" 혹은 "복의 통로가 되는 것" 혹은 "제사장 국가가 되는 것"이며, 이것이 궁극적인 '아브라함 언약의 성취'이다. 이것이 곧 '우리 구원의 개념'이며, '하나님 경륜의 완성'이다.

이에 따라 창세기 12장 3절에 나타난 아브라함의 후손이 "복의 통로가 되는 것"은 출애굽기 19장 5,6절에 나타난 바와 같이 우리가 "하나님의 소유가 되며, 거룩한 나라가 되고, 거룩한 백성이 되는 것"이다. 그리고, 이 구원의 명제를 다른 말로 표현하면, "여호와의 신부"가 되어 "여호와와 하나가 되는 것"이다. 그리고 이것은 다른 말로 이스라엘이 "여호와의 임재를 위한 성전을 이루는 것"을 의미한다. 이에 의하면, 출애굽기 25-40장에 나타나는 '성전건립'의 내용은 '구원의 성취'를 의미한다. 모세오경에는 이와 같이 언약에서부

---

[234] 만일 이와 같이 '아브라함이 복을 받아 나라를 형성하는 것'이 조건절이고, 그 다음에 'בְּרָכָה가 되라'는 명령형이 나온다면, 이것은 '하나님의 축복'이 단서가 된 후에 '아브라함의 순종이행'이 된다. 이 경우 '아브라함의 약속이행'은 지금은 필요하지 않고, '하나님의 축복' 뒤로 미루어져 버린다. 따라서, 이 두 문장은 여호와와 아브라함 각각에게 주어지는 명령형의 문장이라야 한다.

[235] '아브라함을 축복하여 나라를 형성하는 것'은 '여호와의 약속'인데, 여호와께서는 아브라함이 '자기부인'을 모를 경우 이 나라는 '하나님의 나라'가 아닌 '아브라함의 나라'가 될 수 밖에 없었다. 여호와의 약속실행과 관련하여서 이것만이 '아브라함이 국가를 형성'하는데 걸림이 되었을 뿐이었다.

터 성취에 이르기까지의 전체의 그림이 나타나 있다. 이와 같이 시내산 언약에 나타난 '성전 모티브'는 '아브라함의 언약의 성취' 혹은 '우리 구원의 성취' 혹은 '하나님 경륜의 완성'의 모티브인 것이다.

이것이 곧 구원의 개념인데, 이 구원의 개념은 구약성경 전체를 지배하였고, 신약에 이르러서는 성령강림으로 이어진다. 특히, 4복음서에 이르러서는 이 '하나님의 소유'라는 개념은 '하나님의 나라'로, '제사장 국가'의 개념은 '하늘 나라의 임재'로, '거룩한 백성'의 개념은 '하나 됨과 영생'의 메타포로 이어지는 것으로 추정되는데, 이러한 논의는 본 논문의 주제를 넘어서므로 여기에서는 생략한다.

3. 시내산 언약과 모압언약의 관계

모압언약에 의하면 시내산 언약은 미완성의 언약으로 나타난다. 출애굽기 25-40장을 통하여 성막이 건립됨을 통하여서 그 언약의 전체적인 윤곽을 제시하고는 있지만, 출애굽기 32장에 나타나는 '금송아지 사건'은 전혀 뜻하지 않은 곳에서 문제가 발생한 것을 보여준다. 그것은 '금송아지 사건'과 관련하여서 수차례 반복하여 여호와께서 말씀하시는 내용으로서 "이스라엘 백성들의 목이 곧음"이 문제였던 것이다.

원래 시내산 언약에 나타난 출애굽기 20장 3-17절까지의 '십계명'의 본질은 아브라함 언약의 창세기 12장 2절 하반부의 "축복하는 자가 되라"는 조항의 구체화로서 이것은 하나의 의무가 아니라 제사장적 행위로서의 권리행사에 속하였다. 여기의 명령형은 아담에게 한 "만물을 다스리라"는 명령과 유사한 형태의 명령이었던 것이다. 그런데, 이스라엘 백성들은 그 마음 자체에서 '목이 곧음'으로 인하여 이것을 믿음으로 화답하지 않았던 것이다. 그래서, 그들은 40년 동안의 광야생활을 통해서 끝없이 거역하고 거스리는 일을 하였다.

이에 대해 모세는 모압 평지에서 '모압언약'을 말하는데, 그 중심주제는 이 '십계명의 이행'과 관련한 것이었다. 이때 두 가지의 '쉐마 이스라엘'을 말하는데, 하나는 "십계명을 준수하는 방법"으로서 "하나님을 사랑하라"는 것이었고, 또 하나는 저희의 '목이 곧음'에 대한 '마음의 할례'였다. 궁극적으로 여호와께서 행하시는 '마음의 할례'를 통해서 저희가 기쁨으로 언약을 준수하게 된다는 것이었다. 이런 차원에서 모세는 모압언약을 시내산 언약 이외의 언약이라고 말하고 있다.

2절 '아브라함 언약'의 일환, '출애굽'(1-18장)

다음의 내용들에 의하면, 출애굽의 이유가 되는 내용들이 자세히 언급된다. 그 이유는 "아브라함의 언약"에 대한 성취의 일환이었음이 명백히 밝혀진다. 그리고 이것은 "시내산 언약" 체결시에 "역사적 서술"로 기록되게 된다.

1. 출애굽

가. 국가탄생의 조건을 구비하게 된 아브라함의 자손들

야곱과 함께 이스라엘의 열두지파의 족장들이 애굽에 이르렀는데, 이들이 이제 생육이 중다하고 번식이 창성하고 심히 강대하여 온 땅에 가득하게 되었다. 어느덧 아브라함에게 약속하신 "하늘의 뭇별들"과 같은 "아브라함의 자손"으로서 창세기 15장 5절의 "제사 언약"시에 언급된 바가 이루어진 것이다. 출애굽기의 서두는 이와 같이 시작된다. 그 내용은 다음과 같다.

그를 이끌고 밖으로 나가 가라사대 하늘을 우러러 뭇별을 셀 수 있나 보라 또 그에게 이르시되 네 자손이 이와 같으리라. (창15:5)

야곱과 함께 각기 권속을 데리고 애굽에 이른 이스라엘 아들들의 이름은 이러하니, 르우벤과 시므온과 레위와 유다와 잇사갈과 스불론과 베냐민과 단과 납달리와 갓과 아셀이요
이미 애굽에 있는 요셉까지 야곱의 혈속이 모두 칠십인이었더라. 요셉과 그의 모든 형제와 그 시대 사람은 다 죽었고, 이스라엘 자손은 생육이 중다하고 번식하고 창성하고 심히 강대하여 온 땅에 가득하게 되었더라. (출1:1-7)

이제 출애굽의 역사가 일어나면, 온전히 여호와께서 아브라함에게 하신 언약은 성취되는 것이었다. 이렇게 생육이 중다하게 된 데 대해서, W.H. 기스펜은 "땅과 약속이 협동하였다"236)고 표현하며, 박윤선도 "이것은 하나님의 약속의 성취를 지적하려는 것이다"237)고 말하며, 송영찬은 이것을 "성취된 하나님의 약속"238)이라고 한다.

나. 애굽의 학대와 아브라함의 언약을 권념하시는 여호와

애굽은 이스라엘의 갑작스러운 강대함에 대해 큰 위협을 느꼈고, 이에 대해 큰 압박으로 이스라엘에 대응하였다. 이에 공의를 좇으시는 여호와께서는 이스라엘에 대한 애굽의 학대와 이에 대한 이스라엘의 고통의 소리를 들으시고, "아브라함의 언약을 권념"하신다.239) 이것이 곧 출애굽의 시발점이 된 것이다. 그 내용은 다음과 같다.

그가 그 신민에게 이르되 이 백성 이스라엘 자손이 우리보다 많고 강하도다. 자, 우리가 그들에게 대하여 지혜롭게 하자 두렵건대 그들이 더 많게 되면 전쟁이 일어날 때에 우리
대적과 합하여 우리와 싸우고 이 땅에서 갈까 하노라 하고, 감독들을 그들 위에 세우고 그들에게 무거운 짐을 지워 괴롭게 하여 그들로 바로를 위하여 국고성 비돔과 라암셋을 건축하게 하니라.… (출1:9-11)
… 이스라엘 자손은 고역으로 인하여 탄식하며 부르짖으니 그 고역으로 인하여 부르짖는 소리가 하나님께 상달한지라. 하나님이 그 고통 소리를 들으시고 아브라함과 이삭과 야곱에게 세운 그 언약을 기억하사 이스라엘 자손을 권념하셨더라. (출2:23-24)

---

236) W.H. 기스펜, 『출애굽기, Barnes' Notes on The Old Testament Commentary Vol. 3』, 최종태 역 (서울: 크리스챤 서적, 1989), 51.
237) 박윤선, 『창세기 출애굽기, 박윤선 성경주석, Vol. 1』 (서울: 영음사, 1981), 419.
238) 송영찬, 『시내산언약과 십계명』 (서울: 깔뱅, 2006), 26.
239) 박윤선, 『창세기 출애굽기…』, 431.

그리고 그러한 상황이 발전하여 이스라엘은 국가로 탄생하게 되는 것이다.

다. 구원자로 부름을 받는 모세와 "모세 아들의 할례"가 갖는 의미

하나님의 산 호렙에서 여호와의 사자가 나타나 자신을 "나는 네 조상의 하나님, 아브라함과 이삭과 야곱의 하나님"[240]이라고 소개하면서, 저희를 "약속의 땅"으로 이끌어 내려 한다고 말한다. 그리고 이제 "내가 너로 내 백성 이스라엘 자손을 애굽에서 인도하여 내게 하리라"고 말한다. 이 내용을 아브라함의 언약과 비교하여 말하자면, 모세를 구원자로 부르신 이유는 "아브라함의 언약"을 이루기 위해서이며, 아브라함에게 창세기 15장 7절의 "제사 언약"에서 약속한 "땅"을 주기 위해서라고 하신다.

> 또 그에게 이르시되 나는 이 땅을 네게 주어 업을 삼게 하려고 너를 갈대아 우르에서 이끌어낸 여호와로라 (창15:7)
> 또 이르시되 나는 네 조상의 하나님이니 아브라함의 하나님, 이삭의 하나님, 야곱의 하나님이니라. 모세가 하나님 뵈옵기를 두려워하여 얼굴을 가리우매 (출3:6)
> 내가 내려와서 그들을 애굽인의 손에서 건져내고 그들을 그 땅에서 인도하여 아름답고 광대한 땅, 젖과 꿀이 흐르는 땅 곧 가나안 족속, 헷 족속, 아모리 족속, 브리스 족속, 히위 족속, 여부스 족속의 지방에 이르려 하노라. (출3:8)
> 이제 내가 너를 바로에게 보내어 너로 내 백성 이스라엘 자손을 애굽에서 인도하여 내게 하리라 (출3:10)

이와 같이 하여서 모세가 구원자로 임명되었으며, 이에 모세는 다시 그의 아내 십보라와 자녀들과 함께 애굽으로 돌아가게 되었다. 이때 그의 아들의 "할례"문제가 발생한다. 이 사건의 내용은 다음과 같다.

---

240) 박윤선, 『창세기 출애굽기…』, 435 : 박윤선에 의하면, 여호와께서 이렇게 족장들의 언급하는 이유는 저희와 맺은 계약을 기억하는 "계약신"으로서의 모습이라고 말한다.

여호와께서 길의 숙소에서 모세를 만나사 그를 죽이려하시는지라. 십보라가 차돌을 취하여 그 아들의 양피를 베어 모세의 발 앞에 던지며 가로되 당신은 참으로 내게 피 남편이로다 하니, 여호와께서 모세를 놓으시니라. 그 때에 십보라가 피 남편이라 함은 할례를 인함이었더라. (출3:24-26)

원래 "할례 언약"은 아브라함이 아브라함의 자손 전체를 하나님께 제사의 제물로 바친 사건이었다. 이것을 계기로 하여서 아브라함의 자손들은 이제 모두 여호와의 소유가 되었으며, 그의 나라와 백성들이 되었던 것이다. 즉, 모세의 사역은 바로 이와 같이 "할례"를 통하여 여호와와 맺은 언약에 대한 여호와의 행하심이었던 것이다.[241] 여호와께서는 할례를 아직 행치 아니한, 그의 아들 문제로 인하여 모세를 죽이려하였고, 이에 모세가 할례언약을 기억하고 이에 행하자 다시금 정상으로 회복되었던 것이다. 이것을 보더라도 출애굽의 사건은 아브라함의 언약에 그 기반을 두고 있다.

라. 바로와 대치하는 모세의 이슈, "희생제사"

이스라엘 백성은 창세기 15장에서의 "아브라함의 제사언약"을 기반으로 하여 그 관계가 맺어졌다. 그리고 창세기 17장의 "할례언약"을 통해서 그것이 고스란히 이스라엘 백성들에게 승계되어 내려왔다. 모세는 이 언약의 내용을 바로에게 그대로 말하였던 것이다. 이 백성은 "여호와의 백성"으로서, "제사언약"의 자기 자신을 제물로 드리는 "쪼개는 행위" 혹은 "희생의 행위"로 그 관계가 맺어졌다는 것이다. 그래서, 그 제사를 드리러 "하나님의 산 광야로 가야 한다"고 바로에게 말하였던 것이다. 그리고 그것을 막으면 "여호와가 전염병으로 백성들을 칠 것이다"고 말한 것이다. 모세는 있는 사실을 그대로 바로에게 말하였던 것이다. 다음의 내용에 의하면, 모세는 이스라엘을 "여호와의 백성"이라고 칭한다. 이것은 아브라함이 "제사언약"에서의 "제물을 쪼개는 행위" 혹은 자신의 생명을 제물로 바치는 "희생"과, 이것을 그의 자손들에게 확장시킨 "할례언약"을 기반으로 한 것이었다.

---

241) 박윤선, 『창세기 출애굽기…』, 451.

그 후에 모세와 아론이 가서 바로에게 이르되 이스라엘 하나님 여호와의 말씀에 내 백성을 보내라, 그들이 광야에서 내 앞에 절기를 지킬 것이니라 하셨나이다.…

그들이 가로되 히브리인의 하나님이 우리에게 나타나셨은즉 우리가 사흘길쯤 광야에 가서 우리 하나님 여호와께 희생을 드리려하오니 가기를 허락하소서 여호와께서 온역이나 칼로 우리를 치실까 두려워하나이다. (출5:1-3)

마. "아브라함 언약성취"로서의 "바로와의 전쟁"을 선포하는 여호와

바로는 위의 모세의 이슈를 정면으로 거부하였다. 그러자 이제 여호와께서 모세를 통하여 바로를 향하여 "여호와의 전쟁"을 선포한다. 다음의 내용은 출애굽에 대한 여호와의 이슈인데, 이것은 결국 "아브라함의 언약성취"의 일환이었다.

여호와께서 모세에게 이르시되 이제 내가 바로에게 하는 일을 네가 보리라 강한 손을 더하므로 바로가 그들을 보내리라 강한 손을 더하므로 바로가 그들을 그 땅에서 쫓아내리라.

하나님이 모세에게 말씀하여 가라사대 나는 여호와로라. 내가 아브라함과 이삭과 야곱에게 전능의 하나님으로 나타났으나 나의 이름을 여호와로는 그들에게 알리지 아니하였고,

가나안 땅 곧 그들의 우거하는 땅을 주기로 그들과 언약하였더니, 이제 애굽 사람이 종을 삼은 이스라엘 자손의 신음을 듣고 나의 언약을 기억하노라. 그러므로 이스라엘 자손에게 말하기를 나는 여호와라 내가 애굽 사람의 무거운 짐 밑에서 너희를 빼어 내며 그 고역에서 너희를 건지며 편 팔과 큰 재앙으로 너희를 구속하여, 너희로 내 백성을 삼고 나는 너희 하나님이 되리니 나는 애굽 사람의 무거운 짐 밑에서 너희를 빼어낸 너희 하나님 여호와인 줄 너희가 알지라. 내가 아브라함과 이삭과 야곱에게 주기로 맹세한 땅으로 너희를 인도하고 그 땅을 너희에게 주어 기업을 삼게 하리라 나는 여호와로라 하셨다 하라.(출6:1-8)

이제 본격적으로 여호와께서는 이스라엘을 "내 백성"이라고 칭하신다. 그리고 그 근거는 아브라함과의 "제사언약", "할례언약", 그리고 "이삭번제 언약"을 통해서 그 자손들을 모두 아브라함으로부터 여호와의 소유로 넘겨 받았기 때문이다. 이후로 줄곧 여호와께서는 이스라에을 향하여 "내 백성"이라고 칭하신다. 그들은 한 번도 여호와와 직접적인 계약을 맺지 않았는데, 여호와는 그와 같이 칭하고 있는 것이다. 그것은 아브라함으로부터 넘겨 받은 것이다.

바로가 너희를 듣지 아니할 터인즉 내가 내 손을 애굽에 더하여 여러 큰 재앙을 내리고 내 군대, 내 백성 이스라엘 자손을 그 땅에서 인도하여 낼지라. 내가 내 손을 애굽 위에 펴서 이스라엘 자손을 그 땅에서 인도하여 낼 때에야 애굽 사람이 나를 여호와인 줄 알리라 하시매 (출7:4-5)

바. 열 가지 재앙으로 바로와 싸우시는 여호와

이와 같이 하여 여호와와 바로의 전쟁이 시작되었다. 그리고 이제 여호와의 이적이 나타나고 바로는 그 백성 보내기를 허락한 다음에 또 다시 여호와를 거스린다. 이때 여호와께로부터 반복적으로 나오는 음성은 다음과 같다. "여호와의 말씀에 내 백성을 보내라. 그들이 나를 섬길 것이니라"이다. 이때의 "섬김"은 바로의 답변에 의하면 곧 "희생"을 의미하였으며, 모세에 의하면 "번제"를 의미하였는데(출10:25), 이것이 창세기 15장의 아브라함의 "제사 언약"에서의 그 "쪼갬"으로 보인다. 즉, 모세의 바로를 향한 이슈는 자신들은 조상들의 제사언약에 의해서 여호와께 드려졌는데, 이제 자신들도 나아가서 자신들을 드려야 한다는 것이었다.

그렇기 때문에, 모든 이적의 서두에서 여호와는 지속적으로 "이스라엘은 내 백성이다"고 칭하시는 것이다. 이 일은 다음의 재앙과 관련하여서 계속해서 반복 된다. 이제 이스라엘은 아브라함의 씨에서 나온 아브라함의 백성이 아니라, 여호와의 백성인 것이다.

[피의 재앙] 아침에 너는 바로에게로 가라 그가 물로 나오리니 너는 하숫가에 서서 그를 맞으며 그 뱀 되었던 지팡이를 손에 잡고, 그에게 이르기

를 히브리 사람의 하나님 여호와께서 나를 왕에게 보내어 이르시되 내 백성을 보내라. 그들이 광야에서 나를 섬길 것이니라 하였으나 이제까지 네가 듣지 아니하도다.··· 볼지어다 내가 내 손의 지팡이로 하수를 치면 그것이 피로 변하고(출 7: 14-17)

[개구리 재앙] 여호와께서 모세에게 이르시되 너는 바로에게 가서 그에게 이르기를 여호와의 말씀에 내 백성을 보내라, 그들이 나를 섬길 것이니라. 네가 만일 보내기를 거절하면 내가 개구리로 너의 온 지경을 칠지라.··· 바로가 내가 이 백성을 보내리니 그들이 여호와께 희생을 드릴 것이니라 (출 8:1-2, 8)

[파리 재앙] 여호와께서 모세에게 이르시되 아침에 일찌기 일어나 바로 앞에 서라 그가 물로 나오리니 그에게 이르기를 여호와의 말씀에 내 백성을 보내라 그들이 나를 섬길 것이니라. 네가 만일 내 백성을 보내지 아니하면··· 바로가 모세와 아론을 불러 이르되 너희는 가서 이 땅에서 너희 하나님께 희생을 드리라. (출8:20,21)

[가축 재앙] 여호와께서 모세에게 이르시되···히브리 사람의 하나님 여호와께서 말씀하시기를 내 백성을 보내라 그들이 나를 섬길 것이니라. 네가 만일 그들 보내기를 거절하고 억지로 잡아 두면, 여호와의 손이 들에 있는 네 생축 곧 말과 나귀와 약대와 우양에게 더하리니 심한 악질이 있을 것이며 (출 9:1-3)

[우박재앙] 히브리 사람들의 하나님 여호와의 말씀에 내 백성을 보내라 그들이 나를 섬길 것이니라.···내일 이맘때면 내가 중한 우박을 내리리니 애굽 개국 이래로 그 같은 것이 있지 않던 것이리라. (출 9:13-14)

[메뚜기 재앙] 히브리 사람의 하나님 여호와께서 말씀하시기를 네가 어느 때까지 내 앞에 겸비치 아니하겠느냐 내 백성을 보내라 그들이 나를 섬길 것이라. 네가 만일 내 백성 보내기를 거절하면 내일 내가 메뚜기로 네 경

내에 들어가게 하리니 (출10:3-5)

사. 유월절 규례의 제정과 출애굽

여호와께서는 최종적으로 애굽의 처음 난 모든 것들을 사람이고 가축이건 간에 모두 치시는데, 이때 이스라엘에 대해서는 유월절 어린양을 잡아서 고기는 먹고 그 피는 문설주에 바르게 하시며, 이스라엘의 집은 넘어가신다. 그리고 이것을 기념하여 유월절이라고 하시며 출애굽의 계기가 되는 이것을 대대로 기념하라고 하신다. 또 이에 이어서 무교병을 먹는 무교절을 지키라고 하신다. 이리하여 애굽 전역에 큰 곡성이 있었고, 이 밤에 온 이스라엘의 출애굽이 이루어졌다.

그리고 이 장자재앙과 관련하여서도 여호와께서는 이스라엘을 향하여 이스라엘의 장자와 모든 초태생은 여호와의 것이라고 하신다. 그리고 이 장자 대신에 다른 제물을 잡아서 바치라고 하신다. 여기에서 밝혀지는 바는 "제물과 드리는 자가 동일화 된다"는 것이다. 이스라엘의 모든 제사의 제물은 이제 이와 같은 의미로 해석되는 것이 바람직한 것으로 보인다. 이 유월절 사건을 통해 이스라엘의 모든 "아브라함 언약의 승계권"을 가진 장자는 "여호와께 실제적으로 드려진 바"가 되었다. 그리고 그 자손들은 이것을 대대로 기념하게 되었다.

모세가 바로에게 이르되 여호와께서 이같이 말씀하시기를 밤중에 내가 애굽 가운데로 들어가리니 애굽 가운데 처음 난 것은 위에 앉은 바로의 장자로부터 맷돌 뒤에 있는 여종의 장자까지와 모든 생축의 처음 난 것이 죽을지라. 애굽 전국에 전무후무한 큰 곡성이 있으리라.… (출11:4-7)

여호와께서 애굽 땅에서 모세와 아론에게 일러 가라사대, 이 달로 너희에게 달의 시작 곧 해의 첫 달이 되게 하고, 너희는 이스라엘 회중에게 고하여 이르라 이 달 열흘에 너희 매인이 어린 양을 취할지니 각 가족대로 그 식구를 위하여 어린 양을 취하되…해 질 때에 이스라엘 회중이 그 양을 잡고, 그 피로 양을 먹을 집 문 좌우 설주와 인방에 바르고, 그 밤에 그 고기

를 불에 구워 무교병과 쓴 나물과 아울러 먹되…이것이 여호와의 유월절이
니라. 내가 그 밤에 애굽 땅에 두루 다니며 사람과 짐승을 무론하고 애굽
나라 가운데 처음 난 것을 다 치고 애굽의 모든 신에게 벌을 내리리라 나
는 여호와로라.…너희는 이 날을 기념하여 여호와의 절기를 삼아 영원한
규례로 대대에 지킬지니라.

밤중에 여호와께서 애굽 땅에서 모든 처음 난 것 곧 위에 앉은 바로의 장
자로부터 옥에 갇힌 사람의 장자까지와 생축의 처음 난 것을 다 치시매 그
밤에 바로와 그 모든 신하와 모든 애굽 사람이 일어나고 애굽에 큰 호곡이
있었으니… (출12장)

여호와께서 모세에게 일러 가라사대, 이스라엘 자손 중에 사람이나 짐승이
나 무론하고 초태생은 다 거룩히 구별하여 내게 돌리라 이는 내 것이니라
하시니라 (출13:1-2)
장자로부터 생축의 처음 낳은 것까지 다 죽이신 고로 초태생의 수컷은 다
여호와께 희생으로 드리고 우리 장자는 다 대속하나니 (출13: 11,12)

아. 홍해를 건넌 이스라엘

이스라엘이 애굽을 나왔을 때, 여호와께서 그들을 구름 기둥과 불 기둥으로
인도하였으며, 이와 같이 하여 이르른 곳이 홍해 바다였다. 이때 바로는 그 마
음이 변하여 다시 이스라에을 추격하였고, 여호와께서는 모세를 통하여 홍해
바다를 갈라서 그곳으로 이스라엘은 지나가게 하고, 그들을 쫓는 바로의 군대
들은 모두 그 바다에 수장시켜 버렸다. 이와 같이 하여 이스라엘은 애굽의 수
중에서 완전히 벗어나게 되었다.

여선지자 미리암은 이스라엘의 모든 여인들과 춤을 추면서 노래하며 이 사
건을 기념하였는데, 이때 나타난 고백중 하나는 이제 이스라엘이 화답하여 여
호와를 영원한 이스라엘의 왕으로 인정하였다는 것이다. 출애굽 사건은 여호
와께서 이스라엘의 왕이 되신 사건이었다.

그들이 숙곳에서 발행하여 광야 끝 에담에 장막을 치니, 여호와께서 그들

앞에 행하사 낮에는 구름 기둥으로 그들의 길을 인도하시고 밤에는 불 기둥으로 그들에게 비춰사 주야로 진행하게 하시니, 낮에는 구름 기둥, 밤에는 불 기둥이 백성 앞에서 떠나지 아니하니라. (출13:20-22)

혹이 백성의 도망한 것을 애굽 왕에게 고하매 바로와 그 신하들이 백성에 대하여 마음이 변하여… 바로가 곧 그 병거를 갖추고 그 백성을 데리고 갈새, 특별 병거 육백승과 애굽의 모든 병거를 발하니 장관들이 다 거느렸더라. 여호와께서 애굽 왕 바로의 마음을 강퍅케 하셨으므로 그가 이스라엘 자손의 뒤를 따르니…

모세가 백성에게 이르되 너희는 두려워 말고 가만히 서서 여호와께서 오늘날 너희를 위하여 행하시는 구원을 보라.…여호와께서 너희를 위하여 싸우시리니 너희는 가만히 있을지니라.…

모세가 바다 위로 손을 내어민대 여호와께서 큰 동풍으로 밤새도록 바닷물을 물러가게 하시니 물이 갈라져 바다가 마른 땅이 된지라. 이스라엘 자손이 바다 가운데 육지로 행하고 물은 그들의 좌우에 벽이 되니, 애굽 사람들과 바로의 말들, 병거들과 그 마병들이 다 그 뒤를 쫓아 바다 가운데로 들어오는지라. 새벽에 여호와께서 불 구름기둥 가운데서 애굽 군대를 보시고 그 군대를 어지럽게 하시며, 그 병거 바퀴를 벗겨서 달리기에 극난하게 하시니 애굽 사람들이 가로되 이스라엘 앞에서 우리가 도망하자 여호와가 그들을 위하여 싸워 애굽 사람들을 치는도다. 여호와께서 모세에게 이르시되 네 손을 바다 위로 내어밀어 물이 애굽 사람들과 그 병거들과 마병들 위에 다시 흐르게 하라 하시니, 모세가 곧 손을 바다 위로 내어밀매 새벽에 미쳐 바다의 그 세력이 회복된지라 애굽 사람들이 물을 거슬러 도망하나 여호와께서 애굽 사람들을 바다 가운데 엎으시니, 물이 다시 흘러 병거들과 기병들을 덮되 그들의 뒤를 쫓아 바다에 들어간 바로의 군대를 다 덮고 하나도 남기지 아니하였더라. (출14장)

… 여호와여 주의 백성이 통과하기까지 곧 주의 사신 백성이 통과하기까지였나이다. 주께서 백성을 인도하사 그들을 주의 기업의 산에 심으시리이다. 여호와여 이는 주의 처소를 삼으시려고 예비하신 것이라. 주여 이것이 주

의 손으로 세우신 성소로소이다. 여호와의 다스리심이 영원무궁하시도다 하였더라. 바로의 말과 병거와 마병이 함께 바다에 들어가매 여호와께서 바닷물로 그들 위에 돌이켜 흐르게 하셨으나 이스라엘 자손은 바다 가운데서 육지로 행한지라. 아론의 누이 선지자 미리암이 손에 소고를 잡으매 모든 여인도 그를 따라 나오며 소고를 잡고 춤추니(출15: 15-20)

2. 시내 광야

가. 광야에서의 기적과 인도하심

이제 이스라엘이 광야길로 들어섰다. 이스라엘은 수르 광야를 지나 엘림에 이르르고, 신 광야에 들어가서 르비딤을 지나 시내산에 이르게 된다. 이 시기에 있었던 몇 가지의 주요 사건을 모세는 소개하는데, 수르광야에서는 "마라의 쓴물이 변하여 단물이 되는" 기적이 발생하고, 신 광야에서는 "만나와 메추라기 사건"이 발생하며, 르비딤에 이르러서는 "반석에서 나오는 물 사건"이 있었고, 이어서 "아말렉과의 전투"가 있다. 이 아말렉 전투는 이스라엘이 스스로 자신들을 지킬 수 있는 군사력을 갖춘 규모가 되었음을 의미한다. 이때 모세의 장인 이드로가 출애굽의 소식을 듣고 모세를 찾아와 이스라엘을 어떻게 조직화하 것인지에 대한 지혜를 제공함을 통해서, 이스라엘이 하나의 국가조직을 갖추게 되는 것이다.

한편, 이 모든 과정 속에 여호와의 기적을 통한 인도하심이 명백하여서 이것은 향후에 모세가 "여호와께서 독수리 날개로 너희를 애굽에서 여기로 데려왔다"는 표현을 할 수 있는 모든 근거가 된다. 여호와께서는 여전히 이스라엘에 대한 소유권을 자기 자신으로 주장하고 있는 것이며, 이것은 곧 자기 자신이 왕이심에 대한 주장이었다.

나. "아브라함 언약"의 성취로서의 이스라엘 국가형성

여호와께서 창세기 15장의 제사언약에서 아브라함에게 약속하신 땅과 신민에 관한 약속이 있었는데, 이제 신민에 대한 약속은 이와 같이 하여 성취되었고, 나라의 군사력과 조직도 대략 정비되었으며, 이제 땅만 남았으며 그리로 향하고 있다. 이때 여호와께서는 아브라함에게 이스라엘 백성들이 400년 동안 애굽에서 종살이를 한다고 하시었으며, 또한 그와 같이 종살이를 하였으나, 바로 그 종살이를 통하여서 이스라엘 국가가 탄생하게 된 것이었다. 그리고 이 것은 여호와와 아브라함이 맺은 언약에 있어서 여호와 측의 약속이 완수되는 그러한 가운데에 있게 된 것이다.

3. 아브라함의 언약과 관련하여서 출애굽 사건이 갖는 의미

출애굽 사건은 아브라함의 언약에 있어서의 여호와의 약속의 실행에 해당되 었다. 즉 아브라함 언약의 일환으로서의 출애굽이었던 것이다. 그리고 이제는 아브라함의 언약의 대상자들이 변동되었다. 물론 아브라함은 그들을 대신하여 서 즉 자손들의 대표자가 되어서 언약을 체결하였지만, 그럼에도 불구하고 다 시금 언약은 변동된 상황들을 반영하여서 체결되어야 했던 것이다. 그리고 이 때의 언약 체결시에 기존의 모든 사항이 반영되어야 했으며, 특히 여호와의 약속이행에 대해서는 역사적 서술로서 자리잡아야 했던 것이다.

가. 아브라함의 언약의 일환으로서의 출애굽

출애굽 사건이 아브라함 언약의 이행을 위한 일환이었음은 창세기와 출애굽 기의 기록 모두에 분명하게 나타난다. 먼저 하나님께서는 아브라함의 언약을 기억하시고, 출애굽의 구원사역을 시작하신다. 하나님께서 모세에게 처음으로 나타나셔서 자신을 계시하실 때에도 '아브라함과 이삭과 야곱의 하나님'이라고 자신을 계시하시며, '가나안 땅을 주고자 하는 아브라함의 언약'을 실행하고자 하신다고 말씀하신다.

그런데, 중요한 것은 아브라함의 언약과 관련한 새로운 당사자는 모세가 아 니라, 이스라엘 백성이었다. 이에 따라 하나님께서는 모세에게 이 사실을 '이 스라엘 자손들'과 그들의 '장로들'에게 알리라고 하신다. 이것은 처음에 '여호 와와 아브라함'의 계약이었는데, 이제 이 언약이 '여호와와 아브라함의 자손 (이스라엘)'로 그 대상이 바뀌고 있음을 알 수 있는 내용이다. 이때 모세는 이 스라엘을 대표한 자이다. 출애굽과 관련하여서 모세는 이 역할을 하고 있는 것이다.

> 하나님이 또 모세에게 이르시되 너는 이스라엘 자손에게 이같이 이르기를 나를 너희에게 보내신 이는 너희 조상의 하나님 곧 아브라함의 하나님, 이삭의 하나님, 야곱의 하나님 여호와라 하라 이는 나의 영원한 이름이요 대대로 기억할 나의 표호니라
> 너는 가서 이스라엘 장로들을 모으고 그들에게 이르기를… 그들이 네 말을 들으리니 너는 그들의 장로들과 함께 애굽 왕에게 이르기를 히브리 사람의 하나님 여호와께서 우리에게 임하셨은즉 우리가 우리 하나님 여호와께 희생을 드리려 하오니 사흘길쯤 광야로 가기를 허락하소서 하라. (출 3:15-18)

나. '여호와의 약속'을 이행하는 차원에서의 '출애굽'사건

하나님께서는 아브라함에게 "내가 너에게 복을 주어 너를 창대케 하리라"고 하시었다. 이것이 하나님 켠에서의 약속 조항이었다. 이에 대하여 아브라함의 켠에서의 약속 조항은 "너는 בְּרָכָה(축복하는 자)가 되라"는 것이었다. 이 양자의 조항은 전자의 조건 하에 후자가 실행되는 조건문이 아니라, 각각의 약속을 이행하는 병렬형이다. 따라서 이 양자는 서로 조건부로 작용할 수도 있지만, 서로 분리하여 검토될 수도 있다. 이제 무기력한 이스라엘에게 '을'의 약속 이행을 말할 상황은 아니다. 창세기에서도 보면 여전히 하나님께서 자신의 약속을 이행하시기 위하여 최선을 다하신다.

그리고 이제 그때로부터 상당한 기간이 경과되자, 이제 애굽이라는 보호막에서 아브라함의 자손들을 거대한 민족을 이루게 된 것이었다. '갑'으로서의 여호와의 약속이 대거 실행된 것이었다. 이제 '출애굽'하여 '가나안' 땅에 당도하여 '가나안' 땅에 정착하게 되면, 하나님 켠에서의 약속은 대거 실현되는 것이다. 어떻게 보면 출애굽이 성공할 경우, 이제 중요하게 부각되어야 하는 계약조항은 사실은 을의 약속일 수 있다.

아브라함의 언약의 관점에서 바라볼 때, 출애굽은 이러한 의미를 지니고 있다. 아브라함의 언약과 관련하여서 계약주체 '갑'으로서의 여호와께서 자신의

약속은 성실히 수행하시는 모습인 것이다. 하나님께서는 이 일을 성취하시기 위하여 애굽에 10가지의 재앙을 내리셨고, 홍해 바다를 갈랐으며, 광야에서 이스라엘 백성들을 먹이심을 통해서 이스라엘을 이제 시내산에 당도케 하신 것이다. 이 큰 이야기는 전무후무한 하나님의 개입으로서 이제 이것은 계약문구에 반드시 반영되어야 할 내용이었다. 그래서, 하나님과 이스라엘의 계약문서 서두에 다음과 같은 형태로 등장한다.

모세가 하나님 앞에 올라가니 여호와께서 산에서 그를 불러 가라사대 너는 이같이 야곱 족속에게 이르고 이스라엘 자손에게 고하라. 나의 애굽 사람에게 어떻게 행하였음과 내가 어떻게 독수리 날개로 너희를 업어 내게로 인도하였음을 너희가 보았느니라. (출19:3-4)

다. 기존의 언약과 관련하여 변동된 환경

아브라함과 하나님과 계약을 맺었으며, 이제 이 언약은 고스란히 그 후대에게 계승되었다. 특히 할례의 제도는 이것을 대변한다. 어떻게 보면 아브라함의 언약은 아브라함 당대오 모두 성취된 언약이 아니라, 그 후대를 통해서 계속 승계되면서 발전되어서 완성된 계약을 이루는 그러한 형태의 계약이었다. 이제 아브라함으로부터 한참의 시간이 경과되었으므로 그 계약의 환경이 대거 변하였다. 그 본질은 그대로 유지한 채, 새롭게 갱신되어야 하는 가운데에 처하게 된 것이다.

먼저, 계약 당사자가 변동되었다. 창세기 15장에 의하면, 아브라함은 자신이 자손들을 대신하여서 계약을 체결하였다. 그리고 더 나아가 이삭 안에서 그 이후의 모든 자손들이 통합적으로 계약의 당사자가 되었다. 그럼에도 불구하고 아브라함의 언약은 승계되면서 계속 갱신이 되었다. 그래서 이삭과 여호와가 계약을 맺었으며, 야곱이 또 다시 계약의 당사자가 된 것이다. 그리고 이제 한참의 세월이 흘러 이 아브라함의 후손은 하나의 국가가 된 것이다. 이제 당연히 새로운 계약이 요청되었다.

두 번째, 계약주체가 개인에서 단체로 변동된 것이다. 그 이전에는 하나님과 족장들 개인들과의 계약이었다. 그런데, 이제는 하나님과 공동체간의 계약이 되어야 했다. 하나님께서는 이때를 대비하여서 이미 아브라함과의 계약을 진행하시는 과정 속에서 부단히 그의 자손이 하나님의 소유임을 주장하시었다. 이제 이러한 사항이 계약이행과 관련하여서 매우 중요하였다. 이스라엘 공동체 전체가 하나님의 소유가 된 상태에서 계약이 진행되어야 했다. 이제 새로운 계약에는 이러한 사항이 잘 반영되어서 새롭게 체결되어야 했던 것이다.

세 번째, '갑'으로서의 '여호와'의 역속은 대거 이행되었다. 특히 아브라함에게 축복하기로 한 '땅과 자손'에 대한 축복 중에서 '자손'에 대한 축복이 대거 성취된 것이다. 그리고 이제 그 약속의 '땅'을 향하여 진행하여 가는 중이었다. 그리고 출애굽 사건을 일으키신 여호와께서는 능히 그 약속도 또한 성취하실 것이다. 그렇다면, 이제 '을' 측의 약속이행을 점검해 보아야 한다. 'בְּרָכָה (축복하는 자)'로서의 이스라엘의 약속은 잘 이행되고 있는가를 점검해야 하는 것이다.

라. 시내산 언약의 "역사적 서술"로서의 출애굽 사건

이에 따라 이제 출애굽 사건은 아브라함의 언약에 대한 갑 약속의 이행으로서 새롭게 갱신되는 언약에서 이 언약은 여호와께서 행하신 "역사적 서술"로 자리 잡아야 한다. 어떻게 보면 이렇게 아브라함의 언약이 시내산 언약으로 발전한 것이다. 이 양자의 언약은 동일본질의 언약일 수 있다. 따라서 아브라함의 언약은 은혜언약이고, 시내산의 언약은 행위언약이다는 얘기는 모세오경의 본문을 통해서 신중하게 이야기 되어야 한다. 왜냐면 모세오경의 본문은 위와 같이 아브라함의 언약의 발전적 과정으로서 시내산 언약이 이야기 되고 있기 때문이다.

3절 시내산 언약의 제안과 합의 (출19장)

1. 이스라엘에게 언약을 제시하는 여호와 (출19:1-3)

이스라엘이 시내산에 이르렀을 때에 모세가 하나님 앞으로 올라가자, 이제 여호와께서 산에서 그를 불러 "너는 이같이 이스라엘 자손에게 고하라"고 하면서, 언약의 내용을 말씀하심으로 언약을 제시하신다. 이렇게 하나님께서 언약을 제시하시고, 그 다음에 모세가 이것을 이스라엘에게 묻고 다시 여호와께 회보하는 이유는, 이미 아브라함이 그의 자손들을 대신하여 계약을 체결하였지만, 그의 후손들 각각에게도 고유한 독립적인 인격과 자유의지를 부여했기 때문이며, 계약은 쌍방 간의 합의라야 하기 때문이다. 그렇기 때문에 이제 우리는 출애굽기 20장-24장을 '시내산 언약'이라고 부를 수 있는 것이다. 버크레이에 의하면, 이와 같은 "언약의 제안과 합의"에 의하여, "하나님은 이스라엘 모두와 함께 계약을 맺으신 것"242)이다.

이 언약은 이렇게 상호간의 합의에 의한 언약이었지 하나님 일방적인 언약이 아니었다. 다만 아브라함의 언약과의 차이라면 여호와께서 그의 약속을 모두 이행하셨으므로 조건부 쌍방언약이 되는 것이다.243) 그 내용은 다음과 같다.

이스라엘 자손이 애굽 땅에서 나올 때부터 제 삼월 곧 그 때에 그들이 시내 광야에 이르니라. 그들이 르비딤을 떠나 시내 광야에 이르러 그 광야에 장막을 치되 산 앞에 장막을 치니라. 모세가 하나님 앞에 올라가니 여호와께서 산에서 그를 불러 가라사대 너는 이같이 야곱 족속에게 이르고 이스라엘 자손에게 고하라.… 너는 이 말을 이스라엘 자손에게 고할지니라. (출 19:1-6)

고대근동사회는 신과의 관계를 서로 간의 언약체결을 통해서 관계를 맺었다. 언약이란 가장 책임성 있는 말이다.

2. 시내산 언약의 내용 (출19: 4-6)

---

242) H. L. 엘리슨, 『출애굽기, 버클레이 구약주석, Vol. 2』, 홍정수 역 (서울: 기독교문사, 1986), 133.

243) 아브라함의 언약은 양당사자 간의 협정과 같은 형태의 쌍방언약이었다. 하나님께서 열방에 복을 끼치기 위한 동역자를 찾듯이 인간은 존귀히 여기신 것이었다. 그래서, 여호와께서는 아브라함을 벗처럼 대하셨다. 그런데, 이제 여호와의 약속이 성실히 이행되자, 이제 이 양자간의 언약은 조건부 쌍방언약이 된 것이다. 즉, 아브라함의 자손이 언약을 지키면 최종적인 구원이 이루어진다.

가. 시내산 언약의 본문

우리는 여호와께서 모세를 통하여 새롭게 제시하시는 언약의 내용을 아브라함의 언약과 비교해 볼 필요성이 있다.

먼저 창세기 12장 2절의 아브라함의 언약은 다음과 같이 두 당사자의 약속을 기록하고 있다. 여호와의 약속은 1인칭 명령형(청유형)으로 되어 있으며, 아브라함의 순종은 2인칭 명령형으로 되어있다. 이것을 문법적 의미를 살려서 직역을 하면 다음과 같다.

(여호와의 약속) 내가 나에게 명령하여, 너로 큰 민족을 이루고 네게 복을 주어 네 이름을 창대케 하게 한다.
(아브라함의 순종) 내가 너에게 명령한다. 너는 복의 근원이 되어라.
(열방의 유익) 너를 축복하는 자에게는 내가 복을 내리고… (복의 통로가 됨)

이에 대하여 이제 출19: 3-6의 시내산 언약에서의 계약 타이틀은 다음과 같은데, 위에서의 여호와의 약속은 여호와의 지금까지의 출애굽 구속행위를 말하여 대거 성취되었음을 말하고 있고, 아브라함의 순종과 관련하여서는 너희가 제사장 국가가 될 것이다고 말하고 있다. "בְּרָכָה(축복하는 자)"로서의 약속이행이 이제 열방 중에서 제사장 국가로 발돋움한다는 것이다.

(여호와의 약속) 나의 애굽 사람에게 어떻게 행하였음과 내가 어떻게 독수리 날개로 너희를 업어 내게로 인도하였음을 너희가 보았느니라.-국가형성
(이스라엘의 순종) 세계가 다 내게 속하였나니 너희가 내 말을 잘 듣고 내 언약을 지키면,
(열방의 유익)244) 너희는 열국 중에서 내 소유가 되겠고, 너희가 내게 대하여 제사장 나라가 되며, 거룩한 백성이 되리라. (복의 통로가 됨)

---

244) 여기에서 "열방의 유익"은 실질적으로는 여호와와 아브라함과 열방 모두의 유익이다. 하나님의 경륜이 완성되며, 아브라함에게 구원이 임하며, 이로 인하여 열방이 하나님의 복 안으로 들어온다. 모세오경에 나타난 아브라함 혹은 믿는 자에게 임하는 구원은 바로 이러한 "열방을 위한 제사장이 된 상태"를 말한다.

기존에 저희의 선조들이 아브라함의 언약에 충실하였던 것과 같이 이제 이
스라엘 자손들이 기존의 아브라함의 언약에 충실할 경우, 즉 '너희가 내 말을
잘 듣고 내 언약을 지키면', 이제 저희는 열국을 위한 제사장 국가로 발돋움하
게 된다는 것이다. 한편, 하나님의 경륜을 위해서는 열방을 거룩하게 이끌기
위해서 이러한 제사장 나라가 필요하였던 것이다.245) 이것은 아브라함의 언약
중에서 'הכָרְבָ적 삶'을 말하는 것이다. 아브라함 이전에 노아가 세상을 대표하
여 제사를 드림을 통해서 하나님과 세상을 화목하게 한 것처럼, 이제 아브라
함의 후손 즉 이스라엘 공동체가 이 역할을 하게 된다는 것이다.

그런데, 여기서 중요한 것으로서 "내 언약을 지키면"이라는 구절이다. 이것
은 이미 "이스라엘이 알고 있는 내용이다"는 것이다. 그렇기 때문에 언약의
제안에 속하는 여기에 나타나고 있는 것이다. 송제근 등에 의하면 이 구절은
아직 십계명이 나타나지 않은 상태에서 이루어지고 있는 "언약의 제안에 관한
사항"이다.246) 그렇다면, 그것은 분명히 '아브라함의 언약'으로서, 아브라함이
하나님 앞에서 수행해 오던 약속이었으며, 'הכָרְבָ'로서의 삶이었다. 이것은 -
창세기 18장 19절과 출애굽기 15장 25절에 의하면 - 그들의 선조들에 의해
서, 이스라엘 백성들에게 율례와 법도로서 이미 어느 정도 인지되어온 것으로
추정된다.

한편, 아브라함은 이러한 공의와 법도를 마음에 내키지 않는 멍에와 같은
의무로서 이 일을 수행한 것이 아니라(창18:19), 하나님의 거룩하심에 참여한
다는 태도로 이 일을 수행하였으며, 이것이 자연스럽게 아브라함 측에서의 의
무가 되었다. 이것을 아브라함을 비롯한 선조들과 같이 행하기만 하면 이제
이스라엘은 '열방 중의 제사장 국가(혹은 열방을 위한 제사장 국가)'가 된다는
것이었다. 이제 이에 대해서 이스라엘 자손들은 흔쾌히 이 언약제시를 수락한
다. 이것은 영광스러운 직분이기 때문이었다. 이스라엘 백성들이 이 언약에 참
여한 것은 그들의 선조들이 받은 언약과 그 규례를 알고 있었기 때문이며, 그
렇기 때문에 흔쾌히 이 언약에 참여한 것이었다.

---

245) 박윤선, 『창세기 출애굽기…』, 546.
246) 송제근, 『시내산 언약과 모압언약』, 62.

나. 아브라함의 언약이 십계명으로 변화되어 나타나는 이유

아브라함의 언약은 여호와측의 약속과 아브라함(자손)측의 순종이 분명하게 구분되어 명기되었다. 이 양자에 대해 명령형을 사용하여 양자의 약속조항이 명기된 것이었다. 그런데, 이 시점에 이르러서는 이제 여호와측의 약속이 대거 실행되었다. 이젠 아브라함 자손 측의 약속이 지속될 필요성이 있었다. 그 동안에는 이 약속이 잊혀진 상태였었다. 이제 아브라함의 자손들은 본인들이 하나님을 대신하여서 이 세계를 축복하는 자라는 의식을 가지고, 새로운 삶을 영위하면 되었다. 마치 노아가 자신의 제사를 통해 하나님과 세상의 관계를 회복시킨 것과 같은 태도를 품어야 했다.

아브라함의 자손들이 이웃에 대해서 'בְּרָכָה적' 태도를 품게 되면, 이제 저희들의 그 마음은 하나님과 세상을 화복하게 하는 역할을 하게 되는 것이다. 즉, 제사가 성립하게 되는 것이다. 이들의 행하는 사랑은 제사제도와 직결되어서 이제 이들의 사랑의 행위가 곧바로 축복으로 세상에 나타나게 된다. 이제 열국을 위한 제사장국가가 되는 것이다. 하나님께서는 아브라함의 자손 된 이스라엘에게 두 가지를 말씀하시는데, 하나는 언약을 준수할 것을 말씀하시며, 그러면 제사장국가가 될 것이다고 말씀하신다. 이때 언약준수는 명령형이며, 그리고 후자의 제사장국가가 되는 것은 미완료형으로서 종속절이다. 제사장국가가 되는 것은 '하나님의 대리인'이 되는 것으로서, 사실상은 이미 주어져있다. 70인역에서는 이것을 '왕 같은 제사장'이라고 번역을 하고 있다. 이것을 미래형으로 이미 준 것이다.

이제 이스라엘은 이 '왕 같은 제사장'의 권세를 스스로 획득하면 된다. 아브라함의 בְּרָכָה적 언약이행(시내산 언약의 십계명)은 그 본질상 결코 의무가 아니었다. '왕 같은 제사장'의 권위를 행사하는 것이다. 이것은 의무가 아니라 권리였다. 이제 이스라엘이 '축복하는 자'가 되면, '축복의 열매들'이 맺혀져 나올 것이다. 이 권리를 행사하면 된다. 이제 여호와와 아브라함의 자손 사이에는 이 문제만 남은 것이다. 이것이 아브라함의 언약을 바르게 이해한 상태에서의 시내산언약에 대한 이해이다.

따라서 이제 여기에서 하나님과 계약을 맺는 상황에서 다른 조항은 여기에 기록될 필요가 없다. 기존의 계약은 하나님과 아브라함 사이에 존재하며, 여기서는 이제 상황에 따라 변경된 내용만 언급되면 된다. 기존의 본질은 유지한 채 변경사항만 추가되는 갱신계약과 그 본질이 같기 때문이다. 이러한 이유로 인하여 시내산 언약에 여호와와 이스라엘 자손의 양자의 의무가 나타나는 것이 아니라, 이스라엘 자손의 행할 의무만 나타나는 이유이다.

다. 언약 개념에 근거한 십계명의 본질에 대한 검토

만일 '십계명의 본질'이 아브라함의 의무로서의 'הָרָכָב적 삶'과 일치한다면, '십계명'은 이제 언약에 대한 의무 수행의 차원이 아니라, 언약에 대한 권리의 실행일 수도 있다. 하나님의 권세로 세상을 축복하여서 세상이 하나님의 복안에 들어오게 하는 위대한 임무의 수행이다. 십계명은 사랑의 권리행사이다. 그리고, 이것이 제사장 직분이다. 하나님께서 의도하시는 '십계명'은 이러한 성격의 계명이었다. '언약준수'와 '제사의 실행'은 연결선상에 있다. 그 '제사장적' 직분을 선하게 바라보지 않은 이스라엘의 태도가 문제였다. 따라서 여기에 십계명을 멍에로 파악하고, 그 본질을 논하는 것은 바람직하지 않다.

먼저, 아브라함은 הָרָכָב적 권세를 마치 노아가 세상을 위해서 제사를 드리는 입장에서 그 역할을 받아들인 것으로 보인다. 아브라함의 언약은 그 믿음의 선조들의 언약과 맥이 통한다. 하나님께서 세상을 이끄시는 방법이 그와 같기 때문이다. 하나님께서는 이 세상에 제사장을 세워서 이 세상을 이끄신다. 이러한 차원으로 '하나님의 동역자적' 차원으로 아브라함은 'הָרָכָב적 삶'에 계약을 체결한 것이지, 자신의 축복을 위해서 참여한 것이 아니었다. 따라서 아브라함의 언약을 이해할 때, "하나님이 축복하시면, הָרָכָב적 삶을 수행하겠다"고 해석하면 안 된다. 그렇다면, 국가형성에 대한 아브라함의 언약이 성취되기 전까지 아브라함은 손을 놓고 있어도 되었을 것이다. 이 두 조항은 서로 분리되어 있다. 그렇기 때문에 아브라함은 자신의 입지가 매우 고통스러움에도 불구하고 아브라함은 거룩한 헌신의 차원에서 'הָרָכָב적 삶'의 언약을 준수한 것이었다. 이제 그 약속의 실현이 눈앞에 이르렀다. 이 십계명은 축복이지 결코 멍에가 아니었다. 그러나, 만일 하나님을 사랑함이 아니라, 하나님의 축복을 단서로 하거나, 축복을 받기 위한 일환으로 הָרָכָב적 삶이나 십계명 준수를 하였다면,

이것은 이미 아브라함 언약의 본질을 이탈한 것이다. 따라서 이 본질을 이탈한 상태에서의 십계명은 멍에이고, 준수하는 것이 불가능하다.

두 번째, 아브라함의 언약을 기반으로 십계명을 생각하여야 하는 이유는 할례제도 때문이다. 할례를 통해서 아브라함의 모든 자손은 이미 아브라함의 언약에 참여하였기 때문이다. 할례는 아브라함의 자손들 모두가 하나님의 소유로 하나님께 드려졌으며, 또한 동시에 아브라함의 언약에 참여하게 된 것이다. 이제 이것을 재확인하는 차원에서 하나님께서 '언약을 준수하겠느냐'고 물으면 여기에 동의하여야만 하는 가운데에 있게 되는 것이다. 그리고, 이렇게 모세는 이스라엘 백성들의 포괄적인 동의를 얻은 후에 십계명의 내용은 이제 이스라엘의 대표한 모세에게 개별적으로 주어진다. 그렇다면, 이것은 이스라엘이 이해하고 있는 그 언약이나, 십계명의 내용이나 동일한 것이어야 할 수 밖에 없다. 따라서 십계명의 본질은 'בְּרָכָה적 삶'을 말하는 것이며, 이것을 이스라엘이 받을 때는 할례를 언약을 통해 승계 받은 신령한 영적인 축복을 이제 받는다는 자세로 이 언약과 십계명을 받았다. 이것이 십계명의 본질이다. 십계명은 의무이면서도 한편으로는 축복의 일환으로 이스라엘은 이해하였지 이것을 멍에로 이해하지 않았다.

세 번째, 만일 'בְּרָכָה적 삶'과 '십계명'이 같은 내용이라면, 이제 '십계명'은 'בְּרָכָה적 삶'에 대한 표현일 수 있다. 따라서 '십계명'은 이제 '하나님 사랑과 이웃사랑'으로 축약하여 표현될 수도 있고, 출애굽기 21-23장과 같이 이스라엘의 규례로서 확장되어 설명될 수도 있다. 그리고 이렇게 부연하여 설명하는 이유는 물론 패역함에 대한 정죄를 위해서도 있겠지만, 선한 의도에서의 부연 설명은 'בְּרָכָה적 삶'을 진정으로 원하는 자에게 그 방법을 알려주는 역할을 한다. 진정으로 이웃사랑을 하길 원하는 자에게 그 이웃사랑의 방법을 안내해주는 것이다. 하나님께서는 이러한 차원에서 시내산에서의 '십계명'을 주시었다. 따라서 십계명은 언약 안에 있는 자에게 주어지는 도덕적 노우하우인 것이다. 그런데 만일 그가 언약 안에 있지 않거나, 언약을 배반하였으면, 이때에 이것은 멍에가 된다. 그리고, 그 죄목도 계명을 어긴 것이 먼저가 아니라, 언약적 소명을 저버린 것이 진정한 죄목이다. 즉, 사랑의 실천에 대한 욕구를 상실한 것이 진정한 죄목인 것이다.

　네 번째, 이와 같은 맥락에서 보았을 때, 당시의 이스라엘은 십계명을 바울이 말하는 그러한 율법적 멍에로 받아들이지 않았다. 이것은 후에 이스라엘이 아브라함의 언약의 본질을 상실한 결과로서 나타난 현상일 뿐이다. 출애굽기 19장의 현장에서 이러한 인간의 자유의지를 동원하여 '완전할 수 있는 어떤 것'을 시험하듯이 십계명을 준 것이 아니다. "너희는 이 계명을 지키지 못할 것이다"라는 개념을 가지고 이 언약을 준 것이 아니다. 아브라함의 언약과 출애굽기 19장 사이에 어디에도 아브라함의 언약에 하자가 발생하였다는 하나님의 신호는 없었다. 십계명의 본질이 전도되어 나중에는 죄를 드러내는 부정적인 역할로만 드러나는데, 이것은 인간의 잘못된 자유의지의 사용과 여호와와의 커뮤니케이션의 오류가 이 거룩한 계명을 그와 같이 전도시킨 것이다. 전혀 이러한 의도로 여호와와 이스라엘이 시내산 계약을 체결한 것이 아니다. 특히 이러한 커뮤니켜이션의 오류 내용은 모압언약에 가면 "마음의 할례"를 모세가 논하면서 나타난다. 우리가 모압언약을 시내산 언약의 속편이라고 말할 수 밖에 없는 이유가 여기에 있다.

3. 여호와의 언약제시와 수락하는 이스라엘 (출19:7-8)

　위의 언약을 주제로 하여서 여호와께서 모세를 통하여 이스라엘에게 언약을 제시하고 이스라엘은 이것을 곧바로 수락한다. 이스라엘은 이 언약의 내용이 무엇인지를 이미 알고 있었기 때문이다. 랑게는 "계약은 쌍방이 함께 하는 것이다"고 하며, 이와 같이 분명히 "여호와의 언약제시가 있었고, 이스라엘의 찬성이 존재하였다"[247]고 말한다. 허버트 M. 울프는 "수백년 전에 하나님은 아브라함과 언약을 맺으시면서 그를 큰 나라로 만들겠다고 약속하셨었다. 이제 그 큰 나라가 하나님의 귀중한 소유가 되려면 하나님과의 집단적인 관계를 맺어야할 필요성이 있었다"[248]고 말한다.

---

247) F.R. Fay, 『출애굽기, 랑게주석, Vol. 2』, 김진홍 역 (서울: 로고스, 2010), 249.

　그리고 이제 또한 곧바로 모세는 이 언약의 내용으로서 십계명으로 개인적으로 받는다. 즉 언약에 대한 구두협의 후에 구체적인 십계명이 나온다. 이것은 이스라엘 자손들이 승계한 이 아브라함의 언약과 십계명이 일치하는 내용이다는 것을 여호와나 모세나 이스라엘 백성들 모두가 알았기 때문이다. 여호와와 이스라엘 자손이 구두합의한 내용을 모세는 십계명으로 받은 것이다. 우리는 "언약(약속)"이라고 말하면서 "십계명(의무)"이라고 말한다. 왜 "축복을 의미하는 약속"이 "의무를 말하는 십계명"인가? 왜 언약이 의무인가? 그것은 위에서 설명하 바와 같다. 이에 따라 여기에서의 '언약'과 '십계명'은 같은 내용의 것이었다. 그 내용은 다음과 같다.

　　모세가 하나님 앞에 올라가니 여호와께서 산에서 그를 불러 가라사대 너는 이같이 야곱 족속에게 이르고 이스라엘 자손에게 고하라. 나의 애굽 사람에게 어떻게 행하였음과 내가 어떻게 독수리 날개로 너희를 업어 내게로 인도하였음을 너희가 보았느니라.… 내 언약을 지키면 너희는 열국 중에서 내 소유가 되겠고,… 너는 이 말을 이스라엘 자손에게 고할지니라. 모세가 와서 백성의 장로들을 불러 여호와께서 자기에게 명하신 그 모든 말씀을 그 앞에 진술하니 백성이 일제히 응답하여 가로되 여호와의 명하신 대로 우리가 다 행하리이다 모세가 백성의 말로 여호와께 회보하매 (출19: 1-8)

　이것이 곧 여호와께서 언약을 준행하겠느냐고 물을 이스라엘 백성들이 언약 체결을 즉각적으로 수락한 이유이다. 그들은 이 언약에 대해 이미 알고 있었던 것이며, 'בְּרָכָה적 삶' 자체가 축복된 삶이라는 것을 알고 있었던 것이다. 따라서, 이 구두 계약 이후에 이루어지는 자세한 조항은 이 'בְּרָכָה적 삶'에 대한 구체적인 묘사이다. 계약에 대한 수락이 먼저 있었고, 이후에 계명이 나온다.

4. 언약체결식의 준비

가. 백성들 앞에서 모세의 말을 확증해 주시는 여호와 (9절)

---

248) 허버트 M. 울프, 『오경개론』, 엄성옥 역 (서울: 은성, 2002), 223.

위에서 언급한 바와 같이 여호와께서 모세를 통해서 언약을 제시하시고, 또 백성들이 이 언약에 대해 수락의 뜻을 흔쾌히 모세를 통해 여호와께 전달하자, 이제 여호와께서는 자신이 이 모든 것을 잘 접수하였다는 의미에서 자신의 모습의 외양을 백성들로 하여금 목도하게 한다. 여호와께서는 모세가 여호와 자신을 만나는 모습을 이스라엘의 목전에 보이신 것이다. 이 구두 언약체결 혹은 언약에 대한 합의가 당사자들 없이 이루어진 것이 아니라, 분명히 당사자들의 의사표시에 의한 것임을 백성들 앞에서 확증하시는 것이다. 그 내용은 다음과 같다.

여호와께서 모세에게 이르시되 내가 빽빽한 구름 가운데서 네게 임함은 내가 너와 말하는 것을 백성으로 듣게 하며 또한 너를 영영히 믿게 하려함이니라. (출19:9)

이와 같이 하여서 이제 여호와께서 시내산에 강림하여 오신 것이다. 산 아래에 이스라엘 백성들이 진을 이루고 있고, 이제 시내산에는 여호와께서 강림하여 오신 것이다. 백성들은 이제 이것을 목격하였고, 그 앞에 머물게 되었다.

나. 언약식을 위해 준비하시게 하시는 여호와 (10절)

이제 여호와께서는 오늘과 내일 백성들이 스스로를 성결케 하고, 제 삼일에 시내산으로 나오기 위하여 기다리라고 하신다.

모세가 백성의 말로 여호와께 고하였으므로 여호와께서 모세에게 이르시되 너는 백성에게로 가서 오늘과 내일 그들을 성결케 하며 그들로 옷을 빨게 하고 (출19:10)

다. 강림할 때, '산으로 올라오라'고 하시는 여호와 (11-13절)

이제 여호와께서는 제 삼일에 온 백성의 목전에 시내산에 강림할 것이라고 하신다. 이때 죽을 수가 있으므로 저희가 산에 오르거나 그 지경을 범하지는 말라고 하신다. 그 내용은 다음과 같다.

준비하여 셋째 날을 기다리게 하라. 이는 제 삼일에 나 여호와가 온 백성의 목전에 시내산에 강림할 것임이니, 너는 백성을 위하여 사면으로 지경을 정하고 이르기를 너희는 삼가 산에 오르거나 그 지경을 범하지 말지니 산을 범하는 자는 정녕 죽임을 당할 것이라. 손을 그에게 댐이 없이 그런 자는 돌에 맞아 죽임을 당하거나 살에 쐬어 죽임을 당하리니 짐승이나 사람을 무론하고 살지 못하리라. 나팔을 길게 불거든 산 앞에 이를 것이니라 하라. (출 19: 11-13)

한편, 위에서 13절을 보다 정교하게 해석하면, 원어로는 הֵמָּה יַעֲלוּ בָהָר בִּמְשֹׁךְ הַיֹּבֵל 인데, 이는 "긴 나팔소리 안에서 산 안으로 오르라"는 의미이다. 그런데 그 전에는 산을 오르거나 하여서 산을 범하면 안 된다고 말씀하신다.

라. 언약식을 준비하는 이스라엘 백성들 (14-15절)

이제 모세는 위의 여호와의 말씀에 따라 백성들을 정결하게 한다. 이 언약식을 혹자는 여호와와 이스라엘 백성간의 혼인예식으로 본다. 그래서, 여호와께서 거룩하신 분이시기 때문에 저희도 또한 거룩하라고 하신다.

모세가 산에서 내려 백성에게 이르러 백성으로 성결케 하니 그들이 자기 옷을 빨더라. 모세가 백성에게 이르되 예비하여 제 삼일을 기다리고 여인을 가까이 말라 하니라.(출19: 14-15)

4절 언약체결의 현장에 나오신 여호와

이제 언약체결 현장에 양 당사자로서 "이스라엘 자손들"과 "여호와"가 출석하여야 한다. 이 계약은 "모세"와 "여호와"의 계약이 아니라, "아브라함의 자손"과 "여호와"의 계약이기 때문이다. 여기에서는 이 장면이 묘사되고 있는데, 이때 "신의 이름"으로서 "엘로힘"과 "여호와"의 사용이 혼재되어 있다. 이에 대해 JEDP 가설을 주장하는 사람들은 이것을 자료층으로 파악한다. 그런데, 이 논문에서는 랍비적 방식에 따라, "엘로힘"은 "여호와의 총회"로 파악하고자 한다. 따라서 "하나님"은 모든 사람들의 하나님으로 나타나실 수 있으므로 큰 두려움을 유바하기도 하나 부정한 자에게도 자신의 모습을 나타내거나 그 뜻을 전달할 수 있으나, "여호와"는 최고신으로서 부정한 자가 그 모습을 보면 죽으며, 그 뜻도 그를 만난 자만이 알 수 있다. 따라서 이 양자 간의 만남에는 많은 한계를 내포하고 있다.

1. 시내산에 임하시는 하나님 (16절)

이제 셋째 날 아침에 시내산에 "우뢰와 번개와 빽빽한 구름이 산 위에 있고 나팔 소리가 심히 크게" 울렸다. 모세는 17절에서 "하나님"이 임하신 것이라고 소개하고 있다. 그 내용은 다음과 같다.

제 삼일 아침에 우뢰와 번개와 빽빽한 구름이 산 위에 있고 나팔 소리가 심히 크니 진중 모든 백성이 다 떨더라. 모세가 하나님을 맞으려고 백성을 거느리고 진에서 나오매 … (출19:16)

이때, 우리는 여기에서 모세가 '여호와' 대신에 '하나님'이라는 칭호를 사용하고 있다. 그런데, 이제 20절에서는 '여호와'라는 신명이 나타난다. 이에 대해 비평학자들은 J 문서와 E 문서의 혼합이라고 말한다. 한편, 이 논문에서는 이 JEDP 가설을 수용하지 않는다. 여기에서는 '하나님'은 '여호와의 (신들의) 총회'를 지칭하는 것으로 보며, '여호와'는 '최고신의 이름' 즉 고유명사로 받아들이고 본문을 해석하고자 한다. 그렇다면 이제 본문의 내용은 '천천만만의 천군과 천사들의 강림'이라고 표현될 수 있다. 바로 이 모습을 설명하고 있는 것으로 이해하고자 한다.

모세가 "하나님을 맞으려고 백성들을 거느리고 진에서 나온다"고 말할 때의 이 '하나님'의 모습이 곧 '우뢰와 번개와 빽빽한 구름이 산 위에 있고 나팔 소리가 심히 크니'로 표현된 것이다. '여호와의 총회'로서의 '엘로힘'이 강림한 것인데, 이것은 하늘의 모든 신들, 혹은 전우주의 모든 신들이 시내산에 강림한 것이다. 온 우주의 모든 신이 이곳에 다 모인 것이다. 이것은 화산이 폭발하는 메타포를 통해서 설명이 되고 있다. 보는 모든 이로 하여금 두려움으로 위축되게 하는 정황이다. 이제 이러한 정황 속에서 20절에서 "여호와가 불 가운데 강림"하신다.

2. 하나님을 맞으려고 진에서 나오는 이스라엘 (출19: 17)

이제 이 하나님을 맞으려고 모세가 백성을 거느리고 진에서 나아온다. 그리고, 그들이 이제 산기슭에 서게 되었다. 인간들이 신들의 총회 앞으로 나아온 장관이 연출된 것이다. 이에 대해 성경은 다음과 같이 말하고 있다.

모세가 하나님을 맞으려고 백성을 거느리고 진에서 나오매 그들이 산기슭에 섰더니 (출19: 17)

한편, 이제 백성들이 서 있는 곳은 이제 산 기슭이다. 기슭을 의미하는 תַּחְתִּית는 낮은 곳이란 의미이다. 이스라엘 백성들이 이르른 곳은 산에서 가장 낮은 곳이며, 이곳에 서있다. 한편, 19장 13절에서 여호와께서 모세에게 이르라고 한 곳은 יַעֲלוּ בָהָר 로서 "산(הָר)에 오르는(עָלָה) 것"이었다. 그리고 이젠 백성들을 두려워서 더 이상 앞으로 나아가지 못한다.

3. 온 이스라엘의 목전에 강림하시는 여호와 (출19: 18)

백성들은 산기슭에 섰고, 그곳에 신들의 총회로서 "우뢰와 번개와 빽빽한 구름이 산 위에 있고 나팔 소리"로 가득하게 되어 있고, 즉 "여호와의 신들의 총회"로서의 "엘로힘"이 시내산에 먼저 강림하고, 이제 그 앞에 "이스라엘의 총회(신 5:22)"가 서있다.

이때 "여호와"께서 그곳에 강림하시는데, 이것을 모세는 18절에서 "시내산에 연기가 자욱하니 여호와께서 불 가운데서 거기 강림하심이라"고 말하고 있다. 즉, 먼저 16-17절에서 말하는 "우뢰와 번개와 빽빽한 구름이 산 위에 있고 나팔소리가 심히 크니"의 상황에 더 하여져서 17절의 "여호와께서 불 가운데서 거기 강림하심이라"고 설명하고 있는 것이다. 그 16-17절의 상황(17절에 의하면, 엘로힘의 강림) 속에서도 백성들을 두려웠는데, 이제 여기에 부가하여서 18절의 상황은 "여호와"의 강림의 더욱 가중되는 위엄의 상황으로 전개되고 있는 것이다. 다음의 18절의 내용은 이것을 묘사하고 있다.

　시내산에 연기가 자욱하니 여호와께서 불 가운데서 거기 강림하심이라 그 연기가 옹기점 연기 같이 떠오르고 온 산이 크게 진동하며 (출19: 18)

　원어 וְהַר סִינַי עָשַׁן כֻּלּוֹ מִפְּנֵי 에 의하면, "여호와의 임재로 인하여 시내산에 연기가 가득하게 되었다." 즉, אֲשֶׁר יָרַד עָלָיו יְהֹוָה בָּאֵשׁ "여호와께서 불 가운데 혹은 불 안에서 거기에 내려오셨기 때문이다." 즉, 타는 불은 여호와의 임재의 모습이다. 이로 인해 시내산에 연기로 가득하게 되며, 마치 화산이 폭발하는 것처럼, "그 연기가 옹기점 연기 같이 떠오르고 온 산이 크게 진동한다." 이제 언약의 현장에 여호와께서 등장하신 것이다.
　이와 같이 하여서 이제 이스라엘과 여호와는 멀리서라도 서로 대면하게 된 것이다. 이 언약의 현장은 이스라엘과 여호와 사이의 언약이라야 하기 때문에 이제 여호와께서 이스라엘의 각사람들의 목전에 강림하신 것이다. 언약체결의 주제들은 여호와와 이스라엘백성들이지 여호와와 모세가 아니기 때문이다.

4. 점점 커지는 나팔소리와 모세와 '하나님'과의 대화

　이제 19절에 의하면, "나팔소리가 울려오며 점점 커질 때에"라고 하고 있다. 나팔소리는 하나님의 음성을 상징하며, 하나님의 가까이 오심을 상징한다. 또한 13절에 의하면, 여호와께서는 이와 같은 "나팔을 길게 불거든 산에(הַ) 이를 것이니라"고 하시었다. 이때 13절에서 말하는 산은 "산 언덕" 혹은 "산 위"이다. 그렇다면 이제 이스라엘 백성들은 산위로 올라가야 한다. 그런데 새로운 상황이 전개된다. 이때 이스라엘 백성들이 산위로 올라가는 대신에 "모세가 말한 즉 하나님이 음성으로 대답하시더라"고 기록하고 있다. 그 내용은 다음과 같다.

나팔 소리가 점점 커질 때에 모세가 말한즉 하나님이 음성으로 대답하시더
라.(출19:19)

וַיְהִי קוֹל הַשּׁוֹפָר הוֹלֵךְ וְחָזֵק מְאֹד מֹשֶׁה יְדַבֵּר וְהָאֱלֹהִים יַעֲנֶנּוּ בְקוֹל

이것은 지금 새로운 상황의 출현을 의미한다. 백성들이 두려워서 올라가지
못하는 상황이 발생한 것이다. 한편, 세일해머는 이 위엄스러운 정황을 설명하
면서 이 장면은 여호와가 이스라엘과 결혼을 위해 내려오셨는데, 이스라엘이
여호와께 나아오지 못한 것으로 설명한다. 그래서, 결정적인 혼인관계가 맺어
지지 못했다고 말한다.249) 이에 대해 최종태는 세일해머의 이러한 해석은 적
합하지 않다고 말한다.250) 모세는 신명기 5장 22-27절에서 이때의 상황을 말
하며, 이 일을 해결하기 위해서 모세가 중재인으로 나서게 되었다고 말한다.

이러한 상황이 분명히 발생한 것이다. 이때 "하나님"과 "모세"가 무언가의
대화를 한 것으로 위의 구절은 말하고 있다. 위의 원어 해석에 의하면, 모세는
백성들이 두려워하는 상황에 대한 무언가의 말을 하였고, 이 여호와의 총회로
서의 엘로힘에서는 또 다시 무언가의 말이 들려온 것이다. 이때 모세가 "말하
는 것"은 직접 화법에 사용되는 '아마르' 동사가 아니라, 어떤 이야기를 말하
는 '다바르' 동사를 사용하고 있다. 그리고 이때 들려온 음성은 "엘로힘의 음
성"이었는데, 이에 대해 " יַעֲנֶנּוּ 즉, 대답 혹은 응답하다"라고 말한다. 즉, 모세
의 "다바르"에 대해 엘로힘이 어떤 "대답"을 하신 것이다. 그리고 여호와는 산
위에 강림하여 계신다. 따라서 이때 대답하신 이는 "엘로힘"이라고 말하는 것
이다. 엘로힘과 여호와는 서로 구분되는 것은 아니나, 엘로힘은 여호와의 총회
이므로 천사를 통한 여호와의 음성으로 설명될 수도 있을 것이다. 따라서 이
소리는 모든 이스라엘이 들을 수 있다.

이때 모세가 이야기하는 "다바르"와 엘로힘이 대답하는 "아난"은 모두 미완
료형으로 되어 있다. 따라서 이것은 계속되는 대화를 의미한다. 이렇게 이야기
가 서로 오가게 된 것이다. 그리고 이스라엘 백성들은 이 소리를 듣고 있는

---

249) 존 H. 세일해머, 『모세오경신학』, 김윤희 역 (새물결플러스, 2014), 504.
250) 최종태, "결혼으로서의 시내산 언약," 『액츠신학과 선교』 296-303.

것이다. 그런데 그것마저도 여의치가 않은 것으로 보인다. 출애굽기 20장 1-17절의 "시내산 언약"으로서의 "십계명"이 "엘로힘"의 소리를 통해서 이스라엘에게 전해진 후에, 출애굽기 20장 18-19절에 의하면 다시 백성들은 또다시 두려워 떨면서 모세에게 중재를 요청하고 있는 것이다. 한편, 신명기 5장에 의하면, 이후의 "언약에 대한 설명"의 내용이 또 있는데, 모두 전달되지 않았고, 그 내용을 전하는 것이 모압언약이라고 모세는 말하고 있다.

5. 계약체결식 중재안을 마련하시는 여호와 (20-25절)

여호와와 계약을 체결하여야 하는데, 이스라엘 백성들이 여호와의 산에 오르면 죽을 수 밖에 없는 새로운 상황이 전개되어진 것이다. 이로 인하여 이제 여호와께서는 자신도 산꼭대기로 내려가시고, 모세만을 먼저 산꼭대기로 부르신다. 그 내용은 다음과 같다.

여호와께서 시내산 곧 그 산꼭대기에 강림하시고 그리로 모세를 부르시니 모세가 올라 가매,(출19:20)

이렇게 모세가 산 꼭대기 여호와께로 올라갔을 때, 여호와께서는 모세에게 이스라엘 백성들이 산에 올라오다가는 죽을 것이기 때문에 올라오지 말라고 하신다. 이것은 13절의 내용에 대한 상황변화를 의미한다. 13절에서는 "나팔을 길게 불거든 산에 올라오라"고 하였는데, 이제는 "죽게 되므로 올라오지 말라"고 하시기 때문이다. 그 내용은 다음과 같다. 한편, 원어에 의하면, 다음에서 "나 여호와"가 아닌 "여호와"로만 되어 있다.

여호와께서 모세에게 이르시되 내려가서 백성을 신칙하라 백성이 돌파하고 (나) 여호와께로 와서 보려고 하다가 많이 죽을까 하노라. 또 여호와께 가까이 하는 제사장들로 그 몸을 성결히 하게 하라 (나) 여호와가 그들을 돌격할까 하노라.(출19:21-22)

이에 대해 모세가 여호와께 말하고, 여호와께서는 다시 모세에게 백성들을 경계시키게 하고, 그 대신에 아론을 데리고 올라오라고 하신다.

모세가 여호와께 고하되 주께서 우리에게 명하여 이르시기를 산 사면에 지경을 세워 산을 거룩하게 하라 하셨사온즉 백성이 시내산에 오르지 못하리이다. 여호와께서 그에게 이르시되 가라 너는 내려가서 아론과 함께 올라오고 제사장들과 백성에게는 돌파하고 나 여호와에게로 올라오지 못하게 하라 내가 그들을 돌격할까 하노라.(출19:23-24)

위의 내용들은 새로운 중재안이다. 그리고 아론이 함께 올라간 것은 증인의 자격을 획득하기 위한 것으로 보인다. 어찌되었건 이제 새로운 중재안이 마련된 것으로 보이는데, 다음의 20장 1절에 의하면, 그것은 이제 모든 사람이 들을 수 있는 "엘로힘"의 음성으로 십계명이 선포되는 것이었다. 그래서, 이제 출애굽기 20장 18절에 의하면, 이스라엘 전체가 이 "십계명"의 음성을 듣게 된 것이다. 시내산 언약의 본문에 속하므로 이 음성은 모두가 들어야 했다. 이와 같이 하여서 모세는 이 모든 사실들을 백성들에게 전달하였다.

모세가 백성에게 내려가서 그들에게 고하니라. (출19:25)

이렇게 해서 그 십계명의 언약의 내용을 모든 이스라엘이 듣게 된 것이다. 출애굽기 20장 1절에 의하면, "그리고 하나님께서 이 모든 말씀을 하셨다"고 기록하고 있으며, 시내산 언약, 곧 십계명의 본문이 낭송된다. 한편, 이스라엘 백성들은 이 십계명의 선포를 들은 후에, 출애굽기 20장 18-19절에 의하면, 십계명을 들은 이후에 더 이상은 듣지 못하고 그 이후의 말씀을 듣는 것은 또 다시 모세에게 위탁하게 된다. 모세는 이것을 신명기 5장 22-31절에서도 동일하게 말하며, 신명기 5장 30-31절에 의하면 그 내용이 바로 모압언약이라고 말한다.

여호와와 무수한 이스라엘 자손들과의 언약체결은 이와 같은 경로를 통해서 체결된 것이다. 이 언약은 여호와와 이스라엘 자손들 각각이 하나의 계약당사자로 하여 성립된 계약이었던 것이다.

5절 시내산 언약의 본문

1. 시내산 언약의 "전문" (출20:1)

출애굽기 20장 1절의 다음 말씀은 시내산 언약의 "전문" 혹은 "표제"에 해당하는데,[251] 단순한 표현이지만 다양한 의미가 여기에서 도출될 수 있다.

하나님이 이 모든 말씀으로 일러 가라사대 (출20:1)

וַיְדַבֵּר אֱלֹהִים אֵת כָּל־הַדְּבָרִים הָאֵלֶּה לֵאמֹר

먼저, 위의 전문에 의하면 "그리고, ּו"로 시작한다. 앞의 문장과 연결이 된다는 것이다. 즉, 앞에서 언약 당사자로서 이제는 "여호와"의 직접적인 음성을 이스라엘 백성들 하나하나가 직접 듣는 것은 여호와의 거룩함으로 인해 이스라엘 백성들의 "죽음"을 수반하는 사태가 발생한다. 이에 따라 이제는 모든 존재자들의 신으로 나설 수 있는 "엘로힘(여호와의 총회)"이라는 모습으로 등장하신다. 그런데, 계약의 주체는 "여호와"이시므로 십계명의 본문에 드러서면 여기에는 모든 문구에 "여호와"가 등장한다. 이러한 형태를 취하여서 언약을 체결하기로 19장에서 논의되었으므로 이 전문은 "그리고, ּו"로 시작된다.

두 번째, 이 표제에 의하면 그 주체자가 '하나님 אֱלֹהִים'으로서, '하나님'이 십계명을 말씀하신다. '여호와'가 아니다.[252] 이것은 앞에서 살펴본 바와 같이 모든 부정한 자도 들을 수 있는 이가 곧 "엘로힘"이라는 이름이기 때문이다. 대신에 엘로힘이라는 이름이 사용될 때에는 거룩한 자나 부정한 자 모든 사람들이 그들의 양심에 동의하면서 이해를 한다는 의미를 내포하고 있다. 보통 엘로힘은 보편타당한 신의 음성이다. 십계명은 여호와의 음성이기도 하지만, 모든 신들이 동의하며, 모든 신들의 합의 하에 이루어지는 음성인 것이다. 따

---

251) 유진 H. 메릴, 『구약신학』, 447.
252) 한편, 70인역에서는 큐리오스 곧 여호와라고 되어 있다.

라서 이 십계명은 보편타당하다. 여호와를 섬기는 이스라엘에만 해당하는 것이 아니라, 모든 부정한 자건 거룩한 자건 동의하는 진리로서의 의미를 갖는 것이다. 그런데, 십계명의 조항을 살펴보면 "여호와"를 높인다. 여호와가 높임을 받는 것이 모든 여호와의 총회, 혹은 신들의 합의사항인 것이다. 엘로힘의 말씀이라는 것은 "여호와의 천상회의"의 결론인 것이다. 여기에는 모든 각 사람들과 각 민족들의 수호신들의 모든 견해가 반영된 것이다.

세 번째, דַבֵּר הַדְּבָרִים 에 대한 이해이다. 일반적으로 דָּבֵר는 "이야기하다"이며, הַדְּבָרִים 은 "이야기들"을 의미한다. 따라서 이것은 주로 직접화법이라기 보다는 간접화법에 해당하며, 그 이면에 많은 내용들을 함축하고 있는 "이야기"이다. 직접화법으로서의 "말하다"는 주로 "아마르" 동사를 사용한다. 따라서 십계명은 "하나님의 דְּבָרִים"으로서의 말씀인 것이다. 많은 의미들이 내포된 말씀이라는 것이다.

네 번째는, 맨 마지막을 לֵאמֹר 라고 하여서, 이것은 '아마르' 동사의 '부정사 연계형'으로서, '가라사대'라고 번역할 수 있다. 이제 십계명에 대한 발표는 '직접 화법' 형태로 선포하겠다는 의미인 것이다. 십계명의 외형적인 전달형태는 "직접화법"에서 사용하는 "말하다 אָמַר"라는 용어를 사용한다는 것은 위의 많은 함축된 이야기(דְּבָרִים)로서의 말씀을 직접 화법의 형태로 전달한 것을 의미한다. 즉, 다음에 선포된 십계명은 신비한 방법으로 각 사람에게 전달된 것이다. 각 사람이 אָמַר의 음성을 직접 듣게 되는데, 그 안에서 많은 דְּבָרִים의 이야기들이 이해되는 신비한 형태를 지니고 있다는 것이다.

위의 20장 1절은 '시내산 언약'의 전문 혹은 표제로서 손색이 없을 수 있다. 이 표제는 모든 신들의 총회인 '여호와의 총회'를 통해서 모든 신들이 동의한 언약인 것이다. 십계명은 여호와 단독의 계명이 아니라, 모든 신들도 "여호와"께 순복할 것을 동의하는 언약 조항인 것이다.

2. 역사적 서술 : 이행되어진 여호와의 약속

가. 이행되어진 계약주체 A(여호와)의 약속

아브라함은 창세기 17장의 할례언약을 통해서 그의 자손들을 대신하여서 언약을 체결하였다. 더 나아가서는 이삭의 번제 언약을 통해서도 마찬가지로 아브라함은 이삭을 바치면서 그의 후손들 전체를 하나님께 바쳤다. 이렇게 하여 아브라함의 모든 후손들은 아브라함의 언약에 참여하게 된 것이다. 그리고 이에 이어서 여호와께서는 아브라함과 혹은 아브라함의 후손과 맺은 언약을 출애굽을 통해서 준행하신 것이다. 이렇게 하여 완수된 여호와의 약속은 이제 시내산 언약의 "역사적 서술"에 명기되어 자리 잡아야 한다. 이에 따라 출애굽기 1-18장까지의 전체의 구속의 역사기록이 이제는 다음과 같이 시내산언약의 역사적 서술 조항에 자리 잡게 된 것이다.

나는 너를 애굽 땅, 종 되었던 집에서 인도하여 낸 너의 하나님 여호와로라. (출20:2)

이때 위의 하나님의 이름 중에서 "너의 하나님 여호와"라는 표현이 매우 의미 있는 표현이다. 이때의 하나님은 "너의 하나님"으로 불리운다. 사실 하나님이라는 호칭은 보통명사로서 수호신, 혹은 보호자의 의미를 가지고 있다. 모든 종족마다 그들의 엘로힘(수호신)을 가지고 있는데, 아브라함의 후손들의 수호신은 최고신으로서의 여호와라는 것이다.

나. 언약의 내용들이 도출되는 근원으로서의 "역사적 서술"

십계명의 내용은 위의 역사적 서술의 명제인 "나는 너를 애굽 땅, 종 되었던 집에서 인도하여 낸 너의 하나님 여호와로라"에서 모두 도출된다. 이것은 분명히 "하나님과의 계약에 있어서 그 근거가 되는 것"[253]을 말한다. 유진 H. 메릴도 위의 한 구절을 "역사적 서언"이라고 말한다.[254] 1-4계명은 "여호와 하나님을 사랑하라"는 명제로 압축이 되며, 5-10계명은 "이와 같이 네 이웃

---

253) 마르틴 노트, 『출애굽기, 국제성서주석, Vol. 2』, 박재형 외 3 (서울: 성서인쇄문화사, 1990), 193 ; 카일 · 델리취, 『출애굽기, 카일 · 델리취 주석, Vol.2』, 김득중 (서울: 기독교문화사, 1994), 237.
254) 유진 H. 메릴, 『구약신학』, 447.

을 네 몸과 같이 사랑하라"는 명제로 압축이 되는데, 이 사랑의 계명은 여호와의 경륜이다. 여호와께서는 모든 만물의 아버지로서 아버지의 뜻은 모든 만물이 하나님의 복 안에 들어오는 것이다. 5-10계명도 또한 여호와의 본성에 속하는 것이며, 이것이 곧 아브라함과 그의 후손들을 부르신 이유이다.

다. 계약주체 B의 역할만 남겨진 아브라함의 언약

이와 같이 하여서 이제 궁극적으로 여호와와 아브라함 간의 계약에 있어서 아브라함의 역할만이 남게 되었다. 이제 아브라함의 자손들이 기존의 언약을 준수하면 이 세계 속에 여호와의 경륜이 이루어진다. 즉 만물이 여호와의 복 안으로 들어오게 되는 것이다. 아브라함의 후손들이 원래의 계약 약속조항인 "בְּרָכָה(축복하는 자)"가 되어지기만 하면, 이제 아브라함의 후손들은 이 세계 속에서 제사장 국가가 되며, 모든 열방을 향한 복의 근원으로 자리잡게 되는 것이다. 그러면 이제 이스라엘 백성들은 여호와의 "거룩한 신부"로서의 "거룩한 백성"이 되는 것이다. 사실은 이것이 모세오경에서의 구원의 개념이다. 이제 아브라함의 자손의 행위에 따라서 복과 저주가 갈라지게 되었다. 이 의사결정권을 아브라함의 자손들인 이스라엘이 갖게 되었다. 이제 이들은 축복하는 자가 되기만 하면 된다. 십계명을 준수하기만 하면, 이 세계가 변하게 된다. 애초의 십계명의 취지는 축복을 누릴 수 있는 권리였지, 어떤 의미에서는 의무가 아니었다. 이것은 진리를 추구하는 모든 인생들의 거룩한 의무였던 것이다.

3. 언약으로서의 십계명 (이스라엘의 역할)

가. 이스라엘의 역할

아브라함에게 주어졌던 이스라엘의 역할은 어떻게 되는가? 이제 이스라엘 백성들은 다시금 아브라함이 가졌던 믿음을 회복하면 된다. 어떻게 보면 "בְּרָכָה(축복하는 자)"로서의 역할을 적극적으로 수행하면 된다. 즉, 자신이 '여호와의 제사장'으로서 여호와의 축복이 온 땅에 흐르게 하기 위해서, 여호와의 마음으로 이웃을 사랑하고 섬기고 축복하면 되는 것이다. 고대의 노아가 제사를 통해서 여호와와 온 세상을 화목하게 한 것처럼, 이제 그 고귀한 직무를 받아들이기만 하면 되는 것이다.

모세는 애굽으로 돌아오면서 여호와께서 상기시켜 주신 그 "할례언약"을 기억하면서 이것을 상기하였고, 여호와도 마찬가지로 이것을 상기하였다. 이제 애굽 땅으로 내려가기 전에 가나안 땅에서 족장들이 가졌던 원래의 신앙의 위치로 회복하기만 하면 되는 것이다. 이제 모세와 아론은 이것을 기억하면서 자신들의 역할이 무엇인지를 구체화하고자 하고 있는 것이다. 여호와께서는 이 아브라함의 'בְּרָכָה적 소명'이 무엇인지를 해설만 해주면 되는 상황이었던 것이다. 십계명은 이것을 해설한 것이다.

나. 1-4계명의 해설

십계명의 내용을 아브라함의 언약으로서의 'בְּרָכָה적 삶'에 근거하여서 해설을 하면 다음과 같다. 첫째 계명에서 네 번째 계명까지는 '하나님 사랑'으로서 하나님의 복이 하늘에서부터 세상으로 흐르게 하기 위해서는 먼저 그 자신에게 하나님과의 관계가 올바로 서 있어야 한다.

① 이스라엘은 여호와 만을 하나님으로 두어야 한다. 여기에서 여호와는 최고신의 이름이며, 하나님은 보호자 혹은 수호신이라는 의미이다. 최고신이신 여호와 만이 참 하나님이신 것을 알아야 한다. 이것은 자신들과의 계약 당사자에 대한 바른 지식을 의미한다. ② 하나님 외에 다른 사랑의 대상으로서의 우상이 있어서는 안 된다. 이것은 신약에 와서는 재물로까지 확대되어 나타난다. 여호와만을 사랑할 것을 말한다.
③ 여호와의 이름을 망령되이 불러서는 안 되는데, 이것은 믿음이 없어서 일어나는 여호와를 향한 원망을 가리킨다.
④ 안식일과 절기에는 하나님 안에서 안식을 누려야 한다.

위의 네 가지 계명은 사실은 우리가 노력하고 애쓰는 것이라기 보다 하나님과의 우리의 관계를 있는 그대로 나열한 것이다. 이것은 믿음 혹은 언약 안에 있는 자의 자연스러운 모습이다. 그리고 이 네 개의 계명이 주는 이미지는 하나님과 우리가 하나로 연합하여 있는 것이다. 즉 혼인예식이 고스란히 실현되어 있는 모습이다.

다. 5-10계명에 대한 해설

이제 우리 이웃들과의 관계가 언급되어 진다. 이제 아브라함의 언약은 하나님의 복이 아브라함을 통해서 이웃에게 흐르게 되는 것이다. 따라서, 여기에서는 이제 관계에서의 합당한 태도가 언급되어 진다. 이 아브라함의 언약에 참여한 자들은 '축복하는 자'가 되어야 하는데, 이것은 '이웃사랑'이며, 이것은 '5-10계명'으로 규정되어 진다. 이 계명들은 모두 우리가 이 세상을 살면서 접하고 있는 '이웃의 종류'들에 대한 열거인데, 이 각각의 관계에서 맺어지는 '올바른 관계'이다. 따라서 이제는 이 '이웃사랑'은 곧 '관계의 본질에 대한 바른 이해' 혹은 '거룩함'으로 반영되어 나타난다. 즉 '사랑'이 '거룩'으로 일치하고 있는 것이다. 즉 진정한 사랑은 각각의 관계에 있어서 거룩함으로 나타난다. 따라서 '사랑'은 '욕심'의 죄를 멀리하는 것과도 그 본질을 같이 하게 된다.

⑤ 부모와 자녀의 관계를 언급하는데, 이것은 자녀가 부모를 공경하는 것이 자연스럽다.

⑥ 어디서든 사람과의 관계를 맺는 모든 곳에서는 이미 한 공동체이니 허물을 덮고 용서가 존재해야 한다. 사도 요한은 용서를 곧 사랑이라고 하였다. 우리는 이웃을 판단함을 통해서 살인죄를 저지르고 있는 것이다.

⑦ 형제가 자매에 대해서, 자매가 형제에 대해서는 정욕을 품지 말아야 한다. 정욕은 곧 간음이다. 이성 간에는 거룩함을 지키는 것이 이웃을 사랑하는 행위인 것이다.

⑧ 생업과 관련해서는 도둑질하지 말고 정직하여야 한다. 이것이 곧 이웃사랑이다.

⑨ 거짓 증거를 하여서는 안 된다. 이것이 곧 사랑이다.

⑩ 이웃의 집을 탐내지 말아야 한다. 이것이 곧 이웃사랑이다.

결국 이 여섯 가지의 계명도 서로의 관계에 대한 바른 이해이다. 이것은 의를 추구하는 자에게 하나의 지혜를 선사하지, 멍에를 지우는 것이 아니다. 이것은 사랑을 실천하려는 자에게는 중요한 방법론이 제시된 것이다. 그런데, 'בְּרָכָה'로서의 소명을 즐거워하지 않는 자에게 이것은 멍에이다.

라. '십계명 준수'를 통해 출현하는 '제사장 국가'

우리는 간혹 십계명의 준수를 우리의 축복 혹은 우리의 구원을 위한 조건으로 생각할 수 있다. "내가 십계명을 준수하면, 복을 받는다"는 형태의 이해이다. 그런데, 아브라함의 언약은 이와 같은 우리의 축복이 주된 형태가 아니라, 십계명(언약)을 준수하면 여호와의 복이 우리를 통하여 제3자인 열방에게 흐르게 되는 것이었다. 십계명 준수를 통해서 우리가 "하나님의 소유가 되며, 제사장 국가가 되며, 거룩한 백성(신부)로 드러나는 것"이 십계명 준수의 결과인 것이다. 따라서, "내가 십계명을 준수하면, 복을 받는다"는 이해는 부차적이다.

아브라함의 언약에 의하면, 아브라함의 자손은 이제 이 여호와의 복이 세상에 흐르게 하여야 한다. 따라서 'בְּרָכָה적' 소임을 다하여야 한다. 여기서 'בְּרָכָה'는 '능동적인 복의 통로'로서의 '축복하는 자'라는 번역이 가장 적절하다. 이러한 자세를 갖추었을 때, 이제 열방은 아브라함을 축복함을 통해서 그 여호와의 복이 그들 자신에게 흐르게 한다. 이것이 아브라함의 언약에서의 아브라함 측의 의무이자 그 본질적인 기능이었다.

그렇다면 십계명에서는 이 조항이 어떻게 적용되고 있나? "내 언약을 지키면,… 너희가 내게 대하여 제사장 나라가 되리라"는 것이었다. 여기에서의 '언약'은 이제 '십계명'으로 발전을 하고, 그 언약준수의 결과는 "여호와의 제사장 나라가 되는 것"이다. 즉 언약을 지키면, 여호와의 복을 받는다는 "여호와의 의무"로 작동하는 것이 아니라. 우리가 여호와의 복의 통로로서의 제사장 나라가 되는 것으로 작동한다. 거룩한 직분이 주어지는 것이다. '십계명'을 준수하면, '여호와의 복'을 받는 것이 아니라, '제사장 나라'가 되는 것이다.

그리고 제사장 나라가 되는 것은 무엇을 의미하는가? 그것은 여호와께서 저희 가운데에 임재하시는 것이며, 우리가 여호와의 거룩한 신부(백성)가 되는 것이며,255) 이곳에 제사의 제도가 서는 것이며, 이제 열방들은 이곳에 와서 예배를 드림으로 그 복이 자신들에게 흐르게 된다는 것을 의미한다. 이스라엘이 언약을 준수하게 되면, 열방을 위한 제사장국가가 이 세계 속에 출현하게 되는 것이다. 따라서 후에 나타나게 되는 '성전건립'과 '제사제도'는 이 차원에서 이해되는 것이 바람직한 것으로 보인다. 즉, 그것은 모세오경 내에서 성취된 구원의 최종적인 모습인 것이다.

4. 십계명 이후에 모세를 통해 이어지는 말씀

가. 이 광경을 목격하는 이스라엘 (18절)

출애굽기 20장 18절에 의하면, 위의 "십계명"은 이스라엘 백성들 전체에게 "하나님"께서 선포하시었다. 22절에서는 "내가 하늘에서 말하는 것을 너희가 친히 보았고"라고 말하고 있다. 이스라엘 백성들이 여호와께서 계신 산에 오르지 못하자, 모세와 아론이 여호와께 다녀온 후에, 백성들이 산자락에 그대로 머문 상태에서 선포되어진 것이다. 존 더햄도 다음 구절에서 רָאָה의 분사형인 "~을 본지라"를 해설하면서, 이것은 "백성들이 시내산 기슭에 도착할 때부터 '십계명'을 말씀하신 때까지의 시간을 말한다"고 말하고 있다.256) 그런데 그 소리를 제대로 들었는지는 의문스러운데 그 정황을 다음과 같이 소개하고 있기 때문이다.

> 뭇 백성이 우뢰와 번개와 나팔소리와 산의 연기를 본지라 그들이 볼 때에 떨며 멀리 서서 (출20:18)

이 본문에서 "우뢰와 번개와 나팔소리와 산의 연기"는 앞에서 언급된 "십계명"으로서의 "하나님의 말씀"을 의미하는 것으로 보이는데, 이스라엘 백성들

---

255) 호세아서에 의하면, "여호와의 백성 = 여호와의 신부"임을 알 수 있다.
256) 존 더햄, 『WBC 주석 Vol.3, 출애굽기』, 손석태 · 채석천 역 (서울: 솔로몬, 2011), 496.

이 자세히 들은 것 같지는 않다. 하나님의 다가오심은 큰 경외심을 불러일으
킨다. 그리고 죄인에게는 두려움을 불러일으키며, 죄인들은 마치 죽을 것 같은
상황이 전개되어서 더 이상 그 자리를 지키 수가 없다. 이에 이스라엘 백성들
은 그 이후의 말씀은 모세에게 중재를 위탁한다.

나. 하나님 음성 들음을 모세에게 위임하는 이스라엘 백성들 (19절)

이 언약체결은 여호와와 모세간의 계약체결이 아니다. 여호와와 아브라함의
자손들과의 언약체결이다. 따라서 각각의 조항들에 대해서 이스라엘 각각이
듣고 여기에 참여하여야 한다. 그럼에도 불구하고 이제 백성들은 두려움으로
인해서 이 자리로 나아올 수가 없다. 그래서 부득이 모세에게 하나님의 음성
을 듣고 전달할 것에 대해 위임한다. 그 내용은 다음과 같다.

> 뭇 백성이 우뢰와 번개와 나팔소리와 산의 연기를 본지라 그들이 볼 때에
> 떨며 멀리 서서, 모세에게 이르되 당신이 우리에게 말씀하소서 우리가 들
> 으리이다 하나님이 우리에게 말씀하시지 말게 하소서 우리가 죽을까 하나
> 이다. (출20:19)

이에 모세는 여호와께서 이렇게 직접 강림하시고, 뭇백성이 들을 수 있도록
말씀하신 이유에 대해서 다음과 같이 말한다.

> 모세가 백성에게 이르되 두려워 말라. 하나님이 강림하심은 너희를 시험하
> 고 너희로 경외하여 범죄치 않게 하려 하심이니라. (출20:20)

여기에서 "하나님이 강림하심은 너희를 시험하고 너희로 경외하여"는 וּרְאָ֣ת
כִּ֣י לְבַעֲב֗וּר נַסּ֤וֹת אֶתְכֶם֙ בָּ֣א הָֽאֱלֹהִ֔ים וּבַעֲב֗וּר תִּֽהְיֶ֥ה 인데, 이것은 "하나님의 강림하심
은 너희에게 증거를 삼게 하기 위하여, 그리고 경외하게 하기 위하여"라는 번
역이 더 적절할 수 있다. נסָּ֤ה 는 '시험하다' 혹은 '증명하다'라고 번역되는데,
'증명 목적의 시험'이므로 여기서는 십계명을 여호와가 직접 말씀하신 것으로
'증명하기 위하여'라고 번역하는 것이 더 적절할 수 있다.

다. 하나님 계신 암흑으로 나아가는 모세

이렇게 이스라엘 백성들에게 위임을 받은 모세는 이제 하나님이 계신 암흑으로 나아간다. 그 내용을 성경은 다음과 같이 말하고 있다.

백성은 멀리 섰고 모세는 하나님의 계신 암흑으로 가까이 가니라. (출 20:21)

보통 하나님 계신 곳으로서 '암흑'이라는 메타포(비유)는 모든 신비주의적인 체험 속에서 공통적으로 나타나는 현상이다. 여기서 עֲרָפֶל 은 '짙은 구름', '암흑'을 의미한다. 이 '암흑'이 의미하는 바는, 시간과 공간이라는 범주를 통해서 사고하는 인간에게 암흑에서는 공간이 사라져 버리므로 모든 인간의 사고와 이성은 마비되어 버리는 것에 대한 비유이다. 모세는 시내산 꼭대기로 올라갔지만, '암흑'이라는 표현은 마치 바울이 삼층천에 올라간 것과 다르지 않다.

이제 모세의 직무는 부지런히 여호와와 이스라엘 백성들 사이를 오가며 양자간의 의사소통의 교량역할을 해주는 것이 되었다. 이 일은 다음에 십계명 돌판을 받아오기까지 여러 차례 계속 된다. 이렇게 양자의 중재역할을 하면서 맨 처음에 하게 된 중재역할은 이스라엘 자손들이 이 십계명의 음성을 들은 것을 기념하고 확정하여 그곳에 "단을 세우고 제사를 드리는 것"이었다.

라. 십계명 이후에 이어지는 말씀

이제부터는 여호와께서 이스라엘에게 직접 말씀하지 않으시고, 모세가 이 일에 대한 중재자가 된다. 이 일은 이후에 모세가 40일 금식하며 산에 머물면서 십계명 돌판을 가져올 때까지 이어지는데, 중간중간 지속적으로 산과 산 아래를 오르내리며 이 일을 하였다. 그래서 이제 다음과 같은 형태를 띤다.

여호와께서 모세에게 이르시되 너는 이스라엘 자손에게 이같이 이르라.(출 20:22)

한편, 이러한 내용들 모두가 시내산 언약의 본문을 형성해야 하는 것이 타당하다. 다음의 말씀은 십계명이 전해진 직후에 십계명과 관련하여 마저 하지 못한 말씀을 모세에게 이른 여호와의 말씀이다. 따라서 매우 중요한 말씀으로 보인다.

마. 단을 쌓을 것을 말씀하시는 여호와

십계명과 단을 쌓는 것은 서로 그 의미가 직결될 수 있다. 하나님께서 계속 말씀을 하셨더라면, 이 단을 쌓는 것도 계속 말씀되어졌을 수 있다. 중간에 이스라엘 백성들이 두려움으로 인하여 그 말을 끊을 수 밖에 없었으며, 그 결과 모세를 통해서 듣게 되는 말씀이다. 아마 이 제단을 쌓는 것을 통해서 이스라엘 백성들이 "십계명을 준행하는 것"일 수 있다. 이 제단 쌓는 것은 곧 십계명을 준행하는 것일 수 있다. 언약을 받은 노아와 아브라함의 경우가 그러했기 때문이다.

아브라함은 여호와와 언약을 체결하였을 때, 자신의 약속으로서 "בְּרָכָה(축복하는 자)가 되라"였다. 그래서 그는 곧바로 단을 쌓았으며, 가는 곳마다 단을 쌓았다. 그리고 그곳에서 무엇을 하였겠는가? 제사장의 역할을 하였으므로 그는 나중에 아비멜렉 왕에 대해서 선지자라고 불리웠던 것이다. "בְּרָכָה"적 소임을 실행하는 곳은 아브라함에게 제단이었으며, 이스라엘이 십계명의 약속을 준행하는 곳은 제단인 것이다. 그리고 레위기는 이에 대한 규례를 소상히 정한 것이다. 따라서 언약과 제사는 서로 같은 의미이다. 히브리어의 경우 "언약을 자르다"고 쓰고 이것을 해석할 때는 "언약을 맺다"고 하는데, 이 "자르다"는 제사용어인 것이다. 다음의 내용은 이것을 말하는 것이다. 이 제사가 곧바로 시행되지는 않았고, 출애굽기 24장에서 언약체결식에서 진행이 되는데, 이것은 일회에 끝나는 언약체결식이 아니다. 지속적으로 운영이 되어야 하는데, 이것은 마치 십계명의 준수의 시발점과도 같은 것이다. 이 제사를 통해서 먼저 십계명이 신령과 진정으로 준수되었을 때, 삶 속에서의 의가 펼쳐진다.

내가 하늘에서부터 너희에게 말하는 것을 너희가 친히 보았으니, 너희는 나를 비겨서 은으로 신상이나 금으로 신상을 너희를 위하여 만들지 말고,

내게 토단을 쌓고 그 위에 너의 양과 소로 너의 번제와 화목제를 드리라. 내가 무릇 내 이름을 기념하게 하는 곳에서 네게 강림하여 복을 주리라. 네가 내게 돌로 단을 쌓거든 다듬은 돌로 쌓지 말라 네가 정으로 그것을 쪼면 부정하게 함이니라. 너는 층계로 내 단에 오르지 말라 네 하체가 그 위에서 드러날까 함이니라. (출20:22-26)

위의 말씀은 여호와를 섬기는 법을 말하고 있다. 그리고 여호와 섬김과 십계명의 준행은 같은 의미이다. 그리고 십계명의 본질이 "בְּרָכָה"라면, 이것은 "제사장의 행위"에 속한다. 따라서 십계명의 본질은 제사제도에 반영될 수 밖에 없다. 여호와를 바르게 알고, 여호와를 바르게 섬기는 행위, 즉 바른 제사가 곧바로 십계명 준행의 첫걸음인 것이다. 이것이 십계명의 계명 선포 후에 이스라엘이 직접 듣지 못한 음성이다. 그러나 이것도 십계명 못지 않게 중요하다.

먼저, 여호와께서는 모세를 통해서 "내가 하늘에서부터 너희에게 말하는 것을 너희가 친히 보았으니"라고 말한다. 그리고 이에 대한 믿음은 이제 만유보다 크신 하나님을 우리 안에 알게 한다. 그래서 이제 우리가 여호와를 추구하는 자라면, 더 이상 땅의 것에 소망을 두지 않는다. 더 이상 "여호와(나)를 비겨서 은으로 신상이나 금으로 신상을 우리(너희)를 위하여 만들지 않는다." 십계명 선포의 당사자를 보면서 우리는 이제 세상의 모든 소망을 끊는다.

두 번째, 이제는 우상 대신에 만유보다 크신 이를 향하는 단을 쌓는다. 세상에 소망을 둔 자는 곧바로 그 대상을 바라보며 그것을 취하기 위하여 나아갈 수 있으나, 만유보다 크신 이를 믿는 자는 이제 세상의 것을 세우는 것이 아니라, 여호와를 향한 제단을 쌓는 것이다. 그리고 그곳에서 번제와 화목제의 제사를 드린다. 제단에서 이러한 번제와 화목제의 제사를 드리는 것은 노아의 때부터 있어 왔다. 노아는 번제를 드렸는데, 결과는 하나님과 세상의 화목이었다. 이것을 볼 때, 번제에서 출원하여 화목제가 분리되어 나온 것으로 보인다. 따라서 그 제사의 핵심은 번제의 제사이다. 그렇다면 번제는 무엇인가? 자기 자신을 "잘라서",혹은 "쪼개어서", 혹은 "희생으로(잡아서)" 여호와께 드리는 행위이다. 우리는 이 행위를 먼저하는 것이고, 그 후에 하나님과 세상의 화목

을 위해서 화목제의 제사를 드리는 것이다. 이것이 "בְּרָכָה"적 행위이다. 이 제
단에서 "자기부인(하나님 사랑의 또 다른 표현으로서 자기 자신을 바치는 행
위)"과 "이웃 사랑"의 행위를 하는 것이다. 이것이 곧 십계명 준수의 시발점
이다. 이 행위 이후에 펼쳐지는 것이 삶 속에서의 "자기부인"과 "이웃사랑"이
다.

　세 번째, 이 행위를 반복적으로 할 때, 이제 그 여호와의 복이 만유에 흐르
게 된다. 이것을 여호와께서는 "내가 무릇 내 이름을 기념(זָכַר, 기억)게 하는
곳에서 네게 강림하여 복을 주리라"고 말하고 있다. 기억이란 지속적인 행위
를 의미하는데, 이스라엘은 여호와께서 하늘에서 말한 이 사실을 기억할 때마
다 이와 같은 방법으로 행해야 한다. 이것이 곧 십계명 준수의 방법이었으며,
이것이 이스라엘의 제사제도로 자리잡은 것으로 보인다.

　네 번째, 이 단은 층계가 있는 돌단으로 쌓지 말고, 토단으로 쌓아야 한다.
여호와께서는 돌단으로 쌓았을 경우 하체가 드러날까 염려해서라고 하신다.

　모세가 여호와께 듣고 와서 이와 같이 여호와의 말씀을 전하는데, 21-23장
은 구체적인 율법이 전하여 진다. 그리고, 24장에서는 위와 같은 방식으로 정
식의 여호와와 이스라엘 간의 언약식이 치러진다. 그리고, 그러한 언약식은 이
제 이스라엘의 제사제도로 자리잡게 된다.

5. 십계명의 민법적 적용으로서의 각종 규례들 (출21-23장)

가. 이스라엘의 각종 규례들의 발언권자 (출21:1)

　출애굽기 21-23장은 십계명의 민법적 적용이고, 이스라엘의 민법을 이루는
데, 모세는 이것을 여호와의 언약인 십계명에 포함시키고자 한다. 그 발언권자
를 십계명을 발언한 자와 동일하게 놓고 있기 때문이다. 그 내용은 다음과 같
다.

　　네가 백성 앞에 세울 율례는 이러하니라

וְאֵלֶּה הַמִּשְׁפָּטִים אֲשֶׁר תָּשִׂים לִפְנֵיהֶם

위에서 율례를 의미하는 히브리어 מִשְׁפָּט 는 '판결, 정의, 법령'을 의미하는 단어인데, 이쉬파트는 '하나님의 공의'를 의미하는 단어로서 유명하다. 이것은 '정의'를 의미하며, 다음에 열거되는 사례들이 사실은 '정의'에 대한 '이미지'들인 것이다. '정의'는 눈에 보이지 않는다. 그런데, 그것을 형상화시켜 놓으면, 다음의 '규례들'이다. 이 '규례들'이 비록 죄인들의 사례를 통해서 도출되어 나온 것이기는 하지만, 그 기능은 '정의'가 무엇인지를 보여주고, '민법'들이 제정되게 했으며, 이 '민법' 조항들 안에서 모든 이스라엘이 자신들이 속한 나라가 도덕국가임을 믿게 했고, 안심하고 그 안에서 자유를 누리게 했다.

이러한 민법조항들은 당시의 고대근동국가들 사이에서는 모든 나라에 존재하던 법류이었다. 그리고, 이러한 조항이 이스라엘 국가에도 있어야 하는 것은 자연스러웠다. 이 법규의 제정은 이스라엘의 타락으로 말미암아 제정된 제도라고만 보기에는 맞지 않으며, 국가가 존재하는 한 제정되어야 할 법률이다. 다만, 이스라엘은 이것을 십계명에 연결시키고, 그 발언권자를 여호와에게 두는 것이 그 특징이다.

나. 이 규례들과 십계명의 관계 (규례들의 본질문제)

이 규례들은 후에 모세가 모세오경을 저술할 때 삽입된 것일 수 있으며, 이러한 사항은 이미 여호와 앞에서 허용되어 있었다고 보아야 한다. '십계명'의 취지와 '미쉬파트'로서의 '율례들'이라는 명칭을 놓고 보았을 때, 이 조항의 성립시기를 놓고 왈가왈부할 문제는 전혀 아닌 것으로 보인다. 이 율례들은 이미 십계명 안에 포함되어 있고, 판례로서 기능을 하며, 십계명이 어떻게 연역적으로 확장되어 도덕적 법규로서 규정될 수 있는지를 보여준다.

이 규례들은 분명히 생활 속에서 사례들을 통하여 나온 것이며, 이 규례들을 살펴보면 모세오경 저술시의 혹은 편집 당시의 생활상을 엿볼 수 있다. 혹은 애굽에서의 경험에서 나왔을 수도 있다. 그럼에도 불구하고 이 규례는 십계명과 동일한 본질로서의 각종규례들이다. 어떤 학자들은 이 규례는 십계명과 다른 본질이라는 견해를 개진하기도 하는데, 이러한 해석은 적절하지 않다.

그런데 이러한 규례들을 보면 이러한 사건들이 이스라엘 내에 반복적으로 존재하였다는 것을 알 수 있다. 따라서 이 규례들은 십계명과 같은 제사장과 같은 적극적 의미의 도덕명령으로 보기 보다는 범죄한 곳에 더하여진 성격을 가지고 있다. 그럼에도 불구하고 이러한 각종 규제와 관련한 규례는 우리의 의지로 하여금 죄를 품지 못하게 한다. 교통법규가 우리에게 더욱 큰 자유를 주듯이 이러한 법규도 또한 이스라엘 백성들에게 도덕적 국가로서의 자유를 주었을 것이다. 따라서 이 규례를 범죄한 곳에 더하여진 율법이라고 볼 수 없으며, 오히려 이스라엘 나라가 도덕적 국가임을 선언하여 모든 백성들로 하여금 십계명의 도덕법 아래에 거하게 하는 도구로서의 기능을 하고 있다고 보아야 한다.

다음의 각조항들의 본질을 파악해 보면, 하나님의 공의와 정의가 어떻게 이스라엘 국가의 법에 반영되어 있는 지를 알 수 있다. 각종 규례들은 이스라엘을 죄 아래로 얽어매기 위한 수단이 아니었다. 어느 조항에서도 그러한 채취는 나오지 않는다. 이웃과의 관계에서 서로 사랑할 수 있는 기준을 제시하고 있는 하나님의 공의와 지혜들이다.

다. 종과 상전의 관계 (경제에 관한 규례) (출21:2-6)

사유재산이 허용된 세계 속에서 이제 이스라엘 내부에서도 빈부의 격차가 생겨나고, 계급의 차이가 발생한다. 한 공동체 혹은 국가의 경제에 관한 것으로서 모든 백성들의 초미의 관심사이다. 여호와께서는 이에 대해 가장 우선적인 관심을 가진다. 공의와 양심적인 입장에서 양자를 서로 만족시킬 수 있는 지혜를 내어놓으며, 이것을 규례로서 정하는 것이다. 규례가 정해지는 이유는 하나의 기준제시이다. 모든 사람들은 자기중심적으로 모든 사안에 대해 판단을 내리므로 자칫 자신이 가진 기준이 욕심으로 인하여 왜곡되었을 경우에는 이것을 조정할 도구가 없기 때문에 기준을 마련하고 있는 것이다.

네가 히브리 종을 사면 그가 육년 동안 섬길 것이요 제 칠년에는 값 없이 나가 자유할 것이며, 그가 단신으로 왔으면 단신으로 나갈 것이요 장가 들었으면 그 아내도 그와 함께 나가려니와 상전이 그에게 아내를 줌으로 그 아내가 자녀간 낳았으면 그 아내와 그 자식들은 상전에게 속할 것이요, 그는 단신으로 나갈 것이로되 종이 진정으로 말하기를 내가 상전과 내 처자를 사랑하니 나가서 자유하지 않겠노라 하면 상전이 그를 데리고 재판장에게로 갈 것이요 또 그를 문이나 문설주 앞으로 데리고 가서 그것에다가 송곳으로 그 귀를 뚫을 것이라 그가 영영히 그 상전을 섬기리라. (2-6절)

위의 조항들은 당시의 고대의 문화를 고스란히 반영한 것이다. 위의 조항을 다른 세대에도 원용하려면, 먼저 당시대의 정황을 고려하여 위의 조문을 적용하면서 그 바른 취지를 이해하고, 그 취지를 통하여 해당 세대의 사안을 분별하여야 한다. 이렇게 하여서 위의 조문을 해석해 보면, 그 규례의 본질은 각각의 주어진 계급이나 상황을 받아들인 상태에서 나타나는 '이웃사랑'이다. 일차적으로 주어진 경제적 상황을 인정하고, 그 안에서 서로 공동의 삶을 누리는 방향으로 전개된다. 즉, 양자를 모두 돌보시는 여호와의 지혜가 나타난다.

라. 힘 없는 여인 혹은 여종의 보호에 관한 문제 (출21: 7-11)

이제 여종의 문제를 언급한다. 이러한 규례들을 통해서 우리는 현대와는 판이하게 다른 당시의 열악한 경제상황을 알 수 있다. 다음의 규례에서 딸을 여종으로 파는 것은 대체로 결혼과 같은 경우로 보이며, 이 여인과 결혼을 하든지, 아들에게 주어 결혼을 하게 하든지, 아니면 딸같이 보호하라고 말씀하신다. 여인을 이처럼 고귀한 인격체로 받으라고 하신다. 여기에도 여호와의 '비쉬파트'와 십계명의 '이웃사랑'의 정신이 묻어난다.

사람이 그 딸을 여종으로 팔았으면 그는 남종 같이 나오지 못할지며, 만일 상전이 그를 기뻐 아니하여 상관치 아니하면 그를 속신케 할 것이나 그 여자를 속임이 되었으니 타국인에게 팔지 못할 것이요, 만일 그를 자기 아들에게 주기로 하였으면 그를 딸 같이 대접할 것이요, 만일 상전이 달리 장가 들지라도 그의 의복과 음식과 동침하는 것은 끊지 못할 것이요, 이 세 가지를 시행하지 아니하면 그는 속전을 내지 않고 거저 나가게 할 것이니라.

마. 사형 죄의 제정을 통한 살인행위의 근절 (출21:12-17)

십계명 중에서 '살인하지 말라'는 제 6계명으로서 이에 대한 규례가 가장 많은 분량을 차지한다. 이웃과 더불어 살 때에 가장 빈번히 일어나는 문제가 '다툼'인데, 이것은 사람마다 모두의 고유한 인격과 자신만의 기준과 판단능력이 있기 때문에 나타나는 현상이며, 이러한 다툼은 피할 수 없다. 그리고, 이 문제는 이제 다른 사람을 상해하는 것으로 나타난다는 것이다. 그리고 이것을 십계명에서는 '살인'이라고 규정하고 있다는 것이다. 이러한 '다툼 · 상해 · 살인'에 대한 엄격하고 정치한 규정은 공동체 내에서의 동일한 다툼을 방지하는 역할을 한다.

먼저 사형에 해당하는 죄목을 다음과 같이 언급한다. 그리고 이렇게 사형의 제도를 수립함을 통해서 이러한 죄를 이스라엘 내에서는 근절시키고자 하는 것이다.

사람을 쳐 죽인 자는 반드시 죽일 것이나, 만일 사람이 계획함이 아니라 나 하나님이 사람을 그 손에 붙임이면 내가 위하여 한 곳을 정하리니 그 사람이 그리로 도망할 것이며, 사람이 그 이웃을 짐짓 모살하였으면 너는 그를 내 단에서라도 잡아내려 죽일지니라. 자기 아비나 어미를 치는 자는 반드시 죽일지니라. 사람을 후린 자가 그 사람을 팔았든지 자기 수하에 두었든지 그를 반드시 죽일지니라. 그 아비나 어미를 저주하는 자는 반드시 죽일지니라. (12-17)

바. 배상에 관한 규정을 통한 상해행위의 근절 (출22:18-25)

법규의 제정과 공포와 시행은 국가를 신속히 안정시킨다. 국가의 설립과 이 국가 공동체를 훼손하는 요소는 최선을 다해서 근절시켜야 한다.

사람이 서로 싸우다가 하나가 돌이나 주먹으로 그 적수를 쳤으나 그가 죽지 않고 자리에 누웠다가 지팡이를 짚고 기동하면 그를 친 자가 형벌은 면하되 기간 손해를 배상하고 그로 전치되게 할지니라.…

사. 규례를 제정하신 이유

이 규례를 제정하신 분은 여호와이시다. 즉 이스라엘 국가의 법은 이러한 규례인데, 이 규례의 본질이 십계명과 일치한다. 이것은 이제 십계명이 이스라엘 공동체의 법률이 된 것을 의미한다. 이러한 규례가 없었더라면, 십계명은 하나의 도덕명령으로 제한되었을 수 있으며, 그 판단은 멀리 뒤로 저 세상으로 미루어져 버린다. 그런데, 십계명이 법규로 제정됨을 통해서 이젠 십계명은 하나의 생활법률이 된 것이다. 십계명을 이스라엘 국가의 법률로 인식하고 실행하면, 이제 이스라엘 국가에서는 평안히 거할 수 있게 된 것이다.

이것은 이스라엘 백성들로 말미암아 아브라함의 언약을 준수하게 하기 위한 탁월한 조치이다. 법은 우리의 타락을 막아주며, 어려움 없이 '이웃사랑'을 실천할 수 있게 해 준다. 모세는 이러한 규례까지 포함해서 여호와와 언약을 체결하고자 하는 것이다. 이것은 이스라엘로 말미암아 아브라함의 언약 내에 견고히 거하게 하기 위한 일환으로 규례를 제정하였다. 이스라엘에게 걸림을 주기 위해서 율례들을 정한 것이 아니다. 규례는 선한 자들을 보호해준다.

6절 제사를 통한 '시내산 언약'의 체결 (출24장)

1. 언약체결을 위해 나아올 것을 말씀하시는 여호와

가. 언약식의 절차를 말씀하시는 여호와 (출24:1-2)

이제 여호와께서 이스라엘 백성들을 향하여 언약체결을 위해 나아오라고 하시는데, 이때 여호와께서는 모세와 칠십인의 장로들과 이스라엘 백성들을 셋으로 구분하여 나오게 하신다. 즉, 모세와 아론을 비롯한 장로들은 함께 올라와서 경배하라고 하시며, 백성들은 올라오지 못하게 하신다. 그리고 이제 장로들 중에서 모세는 더 가까이 오라고 하신다. 그 내용은 다음과 같다.

또 모세에게 이르시되 너는 아론과 나답과 아비후와 이스라엘 장로 칠십인

과 함께 여호와에게로 올라와 멀리서 경배하고, 너 모세만 여호와에게 가
까이 나아오고 그들은 가까이 나아오지 말며 백성은 너와 함께 올라오지
말지니라. (출24:1-2)

그런데, 이제 각각 직분에 따라 절차를 취하는데, 먼저는 이스라엘 백성들과
언약의 제사를 드리며, 여호와와 이스라엘 양자 간에 언약을 체결한다. 그 다
음에는 모세를 비롯한 70인의 장로들이 여호와의 산에 올라가서 여호와 앞에
서 먹고 마시며 언약의 식사를 한다. 그리고 모세는 산에 올라와서 거기 있으
면서 율법과 계명을 기록한 돌판을 받는다. 이 세 가지의 단계를 통해서 언약
을 체결하게 되는 것이다.

나. 모든 말씀과 모든 율례를 백성에게 고하는 모세 (출24:3 a)

언약체결의 당사자는 여호와와 이스라엘 곧 아브라함의 자손이었다. 모세는
이에 대한 중재자로서 부지런히 양자 사이를 오고가며 계약을 완성시키기 위
해 애를 쓴다. 어떻게 보면 이스라엘 자손들이 이미 아브라함의 자손으로서
아브라함 안에서 계약에 참여하였지만, 어엿이 자신들의 자유의지를 가지고
있으므로 이러한 절차는 마땅하였다. 또한 여호와께서도 창조자시고, 이스라엘
의 구속자이시면서도 이러한 분명한 절차를 취하신다.

이제 모세는 십계명과 율례와 위에서 말씀하시는 언약체결 방법까지 이 모
든 것을 이스라엘 백성들에게 고한다. 이에 대해 성경은 다음과 같이 말한다.

모세가 와서 여호와의 모든 말씀과 그 모든 율례를 백성에게 고하매… (출
24:3 a)

וַיָּבֹא מֹשֶׁה וַיְסַפֵּר לָעָם אֵת כָּל־דִּבְרֵי יְהוָה וְאֵת כָּל־הַמִּשְׁפָּטִים

'여호와의 말씀'에서 '말씀'은 דָּבָר 로서, '이야기'와 같은 형태의 '말씀'인데,
'십계명'을 의미하며, 또 '율례'를 의미하는 מִשְׁפָּט 는 '정의로운 것들'이라는
의미를 내포하고 있으며, 22-23장에 나타난다. 이 방대한 것을 그 많은 이스
라엘 백성들에게 어떻게 얼마간의 시간을 통해서 설명했는지는 모르지만 위와

같은 한 구절을 통해서 그 동안의 있었던 계시를 모두 표현하고 있다.

다. 이스라엘 백성들의 동의 (출24:3b)

이제 모세가 와서 여호와의 모든 말씀과 그 모든 율례를 백성들에게 고하자 그들이 한 목소리로 다음과 같이 응답한다. 이러한 형태의 언약식 체결에 대해 이스라엘도 동의를 한 것이다.

···그들이 한 소리로 응답하여 가로되 여호와의 명하신 모든 말씀을 우리가 준행하리이다.(출24:3b)

וַיַּעַן כָּל־הָעָם קוֹל אֶחָד וַיֹּאמְרוּ כָּל־הַדְּבָרִים אֲשֶׁר־דִּבֶּר יְהוָה נַעֲשֶׂה

위의 이스라엘 백성들의 응답의 말로서, "우리가 준행하리이다"라고 한 עָשָׂה 는 창세기 1장에 나타난 '행하다, 조성하다, 만들다, 이루다, 성취하다'라는 의미의 동사이다. 즉, 위에서 말씀하신 하나님 말씀의 취지를 잘 이해하고 있으며, 그 뜻을 "이루어 낼 것이다"라고 말하고 있는 것이다. 이스라엘 백성들의 이렇게 반복되고 있는 진술로 인하여서 이제 이 언약은 양자간에 합의되었다.

2. 단을 쌓고 제사를 드리며 '언약 체결식'을 거행하는 모세

가. 산 아래에서 이루어진 언약식

이 계약은 여호와와 아브라함의 자손간의 계약이지, 여호와와 모세의 계약은 아니다. 그렇기 때문에 모든 이스라엘이 참여할 수 있는 산 아래에서 언약식은 거행되어야 한다. W.H. 슈미트가 말하는 것처럼 언약체결은 산 아래에서 먼저 이루어지고 있는데, 단이 오히려 여호와의 이름을 대신한다. 단 아래에서 언약식이 체결되어야 전체의 이스라엘이 이 언약에 참여하게 된다.

원래는 이러한 언약이 여호와의 면전의 산위에서 이루어져야 하겠지만, 이스라엘 백성들의 약함을 고려하신 여호와의 배려였다. 그리고, 이때 추가적으로 더 피요한 사항들은 이제 장로들을 통하여서, 그리고 모세를 통하여서 재차 전달하고자 하시는 것이다. 신명기에서는 모세는 이 일과 관련하여서 중재자가 되었다고 말한다. 그래서, 이스라엘 백성들은 이와 같이 모세가 산위로 올라가 듣고 내려와서 전해주는 내용을 반드시 재차 들어야 한다.

나. 여호와의 모든 말씀을 기록하는 모세

이제 모세는 여호와의 모든 말씀을 기록하여 백성들에게 낭독할 "언약책"을 만든다. 이것은 문예적 구조상 앞에서 언급된 20장의 "십계명"과 21-23장의 "각종 율례"로 보인다. 한편, 그 내용은 다음과 같다.

모세가 여호와의 모든 말씀을 기록하고 (출24:4 a)

이와 같이 하여서 "시내산의 언약책"이 작성되었으며, "시내산 언약"을 출애굽기의 주요 주제로 볼 수 있는 근거를 제시한다. 어떻게 보면 출애굽기는 시내산 언약을 말하는 책이다.

다. 단을 쌓고 열두 기둥을 세우는 모세

이제 모세는 출애굽기 20장 24절의 말씀과 같이 제사를 위해 "단을 쌓고, 열두 기둥"을 세운다. 이에 대해 다음과 같이 말한다.

이른 아침에 일어나 산 아래 단을 쌓고 이스라엘 십 이 지파대로 열 두 기둥을 세우고,(출24:4 b)

고대근동의 관례에서도 상호 간의 조약은 제단을 중심으로 이루어졌다. 이 제단의 제물을 자름을 통해서 "피의 맹세"로서 서로 언약을 맺었던 것이다. 이것을 위해 모세는 제단을 세우고 있는 것이다.

라. 번제와 화목제의 제사를 통해 언약을 체결하는 모세

모세는 이제 번제와 화목제의 제사를 통해서 피의 언약을 여호와와 이스라엘 간에 체결하게 하는데, 아마 이 제사 내에 언약서의 낭독과 준행에 대한 화답이 있는 것으로 보인다. 왜냐면, 피의 반은 먼저 여호와의 이름을 상징하는 제단에 뿌리고,257) 나머지 반은 이스라엘 백성들에게 뿌리기 때문인데, 그 사이에 언약책의 모세의 낭독과 이스라엘의 화답이 있기 때문이다. 그 내용은 다음과 같다.

> 이스라엘 자손의 청년들을 보내어 번제와 소로 화목제를 여호와께 드리게 하고, 모세가 피를 취하여 반은 여러 양푼에 담고 반은 단에 뿌리고, 언약서를 가져 백성에게 낭독하여 들리매 그들이 가로되 여호와의 모든 말씀을 우리가 준행하리이다. 모세가 그 피를 취하여 백성에게 뿌려 가로되 이는 여호와께서 이 모든 말씀에 대하여 너희와 세우신 언약의 피니라. (출24: 5-8)

먼저, 모세는 이스라엘 자손의 청년들을 보내어서 번제와 화목제를 드리게 한다. 이것은 아마 의미 만을 놓고 보았을 때, 번제는 제물과 동일시된 제물드리는 자를 여호와께 헌신하여 올려 드리는 행위이며, 화목제는 여호와와의 화목과 관련한 희생의 제사이다. 이 화목제의 히브리어는 זְבָחִים שְׁלָמִים 곧, 화목의 희생이라고 불리운다. 조셉 S. 엑셀은 "여호와에 대한 백성의 헌신을 의미하는 번제와 여호와의 그의 백성과의 화해를 상징하는 화목제"258)라고 말한다.

후에 정치하게 구성된 제사에서는 아마 이 양자 간에 어떤 차이가 있었을 것으로 보인다. 혹은 이러한 제사 내에서 언약서의 낭독과 화답이 있는 것으로 보인다. 따라서 제사 자체가 어떤 언약적 의미를 담고 있는 것으로 보인다. 왜냐면 레위기에서 규정된 피를 뿌리는 행위는 번제와 화목제의 절차 내에서 존재하기 때문이다.

---

257) 마르틴 노트, 『출애굽기…』, 237.
258) 조셉 S. 엑셀, 『출애굽기(하), 베이커성경주석, Vol. 4』, 황장욱 역 (서울: 기독교문사, 1985), 212.

두 번째, 모세는 먼저 피의 반을 취하여 여호와를 상징하는 제단에 뿌린다. 우리는 이 행위를 통해서 고대근동계약의 "자르다, 혹은 쪼개다"의 의미를 분별해 보아야 한다. 이것을 해석할 때, 이 피 뿌림 이후에 낭독되는 "십계명 준수에 대한 맹세"로 볼 것인지, 아무런 조건 없는 "헌신의 맹세"인지에 대한 분별이 필요하다.

이 계약은 나중에 "죽음의 계약"이라고 불리울 만큼 혹독한 시련을 받았다. 모세는 여호와의 입장에서만 서서 준행할 수 없는 계약, 혹은 함정에 이스라엘을 빠뜨린 것이다. 이 피뿌림을 "십계명 준수에 대한 맹세"로 본다면, 이 계약은 분명히 두려운 죽음의 계약이다. 그런데, 이 피 뿌림은 여호와를 향한 "헌신의 맹세"였다. 이스라엘 백성들은 선한 마음으로 "헌신을 맹세"한 것이었다. 이 시내산 언약은 여호와와 이스라엘의 결혼식장이다. 이 분위기는 공포의 분위기가 아니다. 이스라엘을 모세를 동원하여 윽박질러서 준행할 수 없는 죽음의 계약서에 날인하게 한 사기의 계약이 아니다.

이것은 "언약서의 낭독"이 이 헌신의 맹세 뒤에 나타나는 것을 통해서도 알 수 있다. 만일 이스라엘 백성들이 십계명의 낭독을 듣고, 또한 그 내용이 무엇을 의미하는지를 알았다면, 이것은 공포의 계약이다. 그런데 십계명은 이스라엘의 피뿌림의 헌신 뒤에 나타난다. 십계명은 앞에서도 말한 것처럼 이스라엘 백성들은 아브라함의 "בְּרָכָה"로서의 소임으로서 거룩한 제사장 직분으로 이해하고 받아들인 것이다. 따라서 제사언약에서의 "자르다"는 "자기저주의 맹세"가 아니라, 신부되는 이스라엘이 신랑되시는 여호와를 향한 "헌신의 맹세"였다.

예레미야 34장 18절에서 예레미야는 이스라엘이 송아지 사이를 지나가고도 노예해방의 약속을 져버렸다고 말하고 있는데, 이때의 "송아지 사이를 지나간 것"은 바로 이것을 마하는 것으로 보인다. 그 "헌신의 맹세"를 져버렸다는 것이다.

세 번째, 언약서의 낭독과 이에 대해 준행할 것을 화답하는 이스라엘 백성들이다. 아마 이 부분은 아브라함의 בְּרָכָה적 행위의 명문화이다. 이 언약조항은 이렇게 받아들여야만 이행이 가능하다. 이스라엘이 십계명을 준행함을 통해서

이스라엘은 제사장 국가가 되고, 하나님의 경륜이 펼쳐지는 아브라함의 언약
이 성취된다. 이러한 소망스러운 조항인 것이다. 만일 그렇지 않고, 이것을
"자기저주의 맹세"와 같은 강제적인 율법 조항으로 받아들인다면 한 치도 이
행할 수 없을 것이다.

한편, 그럼에도 불구하고 이 언약서를 이행하지 못하게 될 경우는 어떻게
될 것인가? 아마 이 문제는 곧바로 이스라엘 백성들 가운데에서 나타난 것으
로 보인다. 그리고 이러한 문제로 인해서 속죄제와 속건제의 제사의 필요성을
가져오게 되는 것으로 보인다.

네 번째, 이제 모세가 피의 반을 취하여 이스라엘 백성들에게 뿌린다. 이것
은 누구의 피를 이스라엘 백성들에게 뿌리는 것인가가 중요하다. 이때 뿌려지
기 위해 취한 피는 화목제에서 취하여진 피이다.259) 이때 이 피는 여호와의
피인가, 아니면 이스라엘의 피인가의 분별이 필요하다. 아브라함과 제사언약을
체결할 때에도 여호와께서는 제물 사이로 자신이 지나가셨다. 이것은 자기 자
신의 아브라함을 향한 헌신을 의미한다. 이러한 일은 화목제의 제사에서 발생
한다. 화목제를 원어 그대로 해석하면, זְבָחִים שְׁלָמִים 곧, 화목의 희생인데, 출
애굽기 34장 24절에서는 여호와께서 "내 희생의 피, דַּם־זִבְחִי"라는 말씀을 하
신다. 학자들은 이것을 "제물의 피"만으로 보고,260) "여호와의 피"로 보는
것은 지극히 꺼려하지만, 어떻게 보면 화목제의 피흘림은 여호와의 피일 수
있다. 신약에서 성취되는 예수 그리스도의 피는 제물의 피이기도 하지만 하나
님의 피이기 때문이다. 그리고 출애굽기 34장 15절에 의하면, 이 희생제물을
먹으면 그 신과 하나가 된다. 이스라엘 백성들이 제물을 제사장과 함께 먹고
마시는데, 이것은 사실은 여호와의 생명을 먹고 마시는 것이다. 이 제사의 절
정을 이룬 예수 그리스도의 제사에 있어서도 예수께서는 자신의 생명을 백성
들에게 나누어 주시었다. 박윤선은 여기에서의 진정한 피 뿌림은 예수 그리스
도의 보혈로 이어진다고 말한다.261) 또한 하나님께서도 자신의 영(생명)인 성
령을 예수께 주셨고, 예수께서는 이것을 우리에게 나누어 주셨으며, 이것이 지

---

259) 유진 H. 메릴, 『구약신학』, 472.
260) W.H. 슈미트, 『역사로 본 구약신앙』, 강성열 역 (서울: 나눔사, 1989), 75.
261) 박윤선, 『창세기 출애굽기…』, 581.

금의 성찬이다. 성찬이 곧 언약의 식사인 것이다. 모세가 이스라엘 백성들에게 피를 뿌린 것은 이와 같이 여호와의 생명을 나누어주시는 헌신으로 이해할 수도 있을 것으로 보인다. 여기에서의 피 뿌림은 카일 · 델리취에 의하면, "이스라엘과 그들의 하나님을 하나로 묶는 거룩하고 신비한 활력이었으며,… 이 피로 인하여 언약의 식사가 가능하게 되었다"262)고 말한다. 이것은 "피의 상징적 교환"263)을 의미하며, "양자간의 신성한 결합"264)을 가져오게 하였다. 그렇기 때문에, 이때의 언약체결식의 제사는 바로 여호와와 이스라엘의 혼인예식으로 불리울 수 있는 것이다.

다섯 번째, 모세는 이 피를 "이는 여호와께서 이 모든 말씀 위에 너희와 함께 세우신 언약의 피니라"고 말한다. 히브리어 원문에 의하면, "여호와께서 너희와 함께"라고 말하고 있다. 여기에는 분명히 여호와의 피(생명)도 함께 하고 있다. 그런데 이 피의 목적은 무엇인가? 이 "모든 말씀을 준행해 내기 위한" 언약의 피라는 것이다. 이 구절에 의하면, 이 "모든 말씀을 준행해내려면" 양자 간의 헌신이 필요하다. 이것을 존 혜나는 "하나님과 백성 간의 법적 상호행위"265)라고 말한다. 곧바로 나타나지만 이스라엘 백성들만으로는 불가능하다. 모세는 이것을 위해서 "여호와께서 마음의 할례"를 베푸실 것이라고 "모압언약"에서 말한다. 이와 같이 시내산 언약도 쌍방언약이다.

한편, 고대세계에서의 언약은 제사를 통해서 이루어졌다. 그리고 아브라함의 후손들이 맺은 시내산의 제사언약과 아브라함의 제사언약은 서로 평행관계임은 분명하다. 그렇다면, 아브라함의 언약시에 "쪼개는 행위"는 시내산 언약에서의 "피 뿌림"과 같은 행위이다. 이때 시내산 언약에서의 "피 뿌림"은 번제와 화목제를 의미하며, 아브라함 언약의 "쪼개는 행위"와 같은 의미이다. 그렇다면, 아브라함의 "쪼개는 행위"는 번제와 화목제의 "피뿌림"이며, 이것은 분명히 서로를 향한 "헌신의 맹세"이다. 일방적인 자기저주의 맹세가 아니라, 쌍

---

262) 카일 · 델리취, 『출애굽기…』, 288.
263) F.R. Fay, 『출애굽기, 랑게주석, Vol.2』, 김진홍 역 (서울: 로고스, 2010), 323.
264) 『출애굽기(하), 풀핏성경주석』, 조훈 역 (대구: 보문출판사, 1993), 465.
265) 존 혜나 · 드웨인 린지, 『출애굽기와 레위기, Bible Knowledge Commentary, Vol. 2』, 김태훈 역 (서울: 두란노, 1998), 104.

방의 서로를 향한 "헌신의 맹세"인 것이다.

3. 여호와와 함께 '언약의 식사'를 하는 이스라엘의 장로들

가. 시내산으로 올라가는 모세와 70인의 장로들 (출24:9)

여호와께서는 출애굽기 24장 1-2절에서 모세에게 아론과 나답과 아비후와 이스라엘 장로 칠십 인을 올라오라고 하시었다. 이에 따라 이제 모세와 70인의 장로들이 여호와께서 임재하여 계신 시내산에 올라간다. 이 산에 오를 때 이들은 분명히 성령으로 충만하였다. 이들이 시내산에 오른 것은 성령의 감동으로 인하여 사도 요한이 천상에 오르듯이 이들도 성령으로 천상에 오른 것을 의미하며, 성소에 들어간 것을 의미한다. 이들은 이곳에 오름에 따라서 이들의 정신은 성령으로 충만하여 졌으며, 이들은 신비의 세계로 진입하였다. 이들이 이스라엘의 하나님 여호와를 보았을 때는 이미 그곳에 하늘나라가 펼쳐져 있었기 때문이다. 성령으로 아니고는 영이신 하나님을 볼 수 없기 때문이다. 따라서 여기에서부터의 상황은 신비주의의 상황으로 이해하고자 한다. 이제 신비의 세계 속에서 하나님께서는 이스라엘과 언약을 더욱 공고히 하시는 것이다.

나. 이스라엘의 하나님을 보니… (출24:10)

이제 모세와 아론과 나답과 아비후와 70인의 장로들이 시내산 위에서 이스라엘의 하나님을 보게 된다. 이에 대해 다음과 같이 소개하고 있다.

> 이스라엘 하나님을 보니 그 발 아래에는 청옥을 편듯하고 하늘 같이 청명하더라. (출24:10)

70인의 장로들은 "이스라엘의 하나님"을 보았는데, 그 분의 모습을 직접 목격한 것이 아니어서 단순히 "이스라엘의 하나님"이라고 표현한다. 그 분의 발등상을 본 것이다. 그 분의 발등상은 곧 하늘이었던 것이다. 어떻게 보면 시내산에 신비로운 하늘이 임한 것이었다. 하늘위의 하늘로서의 영적 세계가 시내산에 펼쳐진 것이었다. 그런데 혁신적인 것은 "하나님을 보고 죽는 것"이 아니라, 여기서는 "하나님을 보고 먹고 마신다는 것"[266]이며, 기쁨의 잔치가 된다는 것이다.

다. 언약의 식사 (출24:11)

저희가 이곳에 이르렀을 때, 그들은 성령으로 인하여 하늘나라를 체험하였으며, 그들이 이곳에서 식사를 하였는데, 이것은 아마 화목제의 식사인 것으로 보인다. 화목제에 의하면, 번제단에서 피를 붓고, 화목이 이루어진 후에 성소에 이르러서 화목제로 드려진 고기를 먹는데, 이때 그 고기를 통하여 하나님의 생명이 그들의 몸과 마음에 임한다. 이스라엘의 언약식은 제사를 통하여 '이스라엘과 하나님의 하나 됨의 신비' 속에서 이루어진 것이었다. 따라서, 이스라엘의 언약식은 이제 하나님과 이스라엘의 혼인 예식이 된 것이다. 이 공동식사는, H.L. 엘리슨에 의하면 "성만찬의 예형"[267]이었으며, 카일 · 델리취에 의하면 "어린 양 예수의 혼인잔치에 대한 예표"[268]였다. 그 내용은 다음과 같다.

하나님이 이스라엘의 존귀한 자들에게 손을 대지 아니하셨고 그들은 하나님을 보고 먹고 마셨더라. (출24:9-11)

이에 대한 가장 확실한 계시가 신약시대의 예수 그리스도의 성찬에서 밝혀진다. 이것은 한 생명으로 연합하는 혼인식 메타포이다. 신랑과 신부가 하나가 되는 것을 기념하는 식사인 것이다.

라. 혼인예식으로서의 언약식

시내산 언약의 성격에 대해서 송병현은 "하나님과 이스라엘이 언약을 맺는

---

266) F.R. Fay, 『출애굽기…』, 326.
267) H.L. 엘리슨, 『출애굽기, 버클레이 주석, Vol. 2』, 홍정수 역 (서울: 기독교문사, 1986), 176.
268) 카일 · 델리취, 『출애굽기…』, 291.

다는 것은 쌍방이 서로에게 무조건적으로 그리고 절대적으로 헌신한다는 것을 뜻하며,…결혼식에서 신랑과 신부가 서로에게 헌신을 서약하는 것과 같다"고 말하며, "시내산에서 세운 언약은 이러한 결혼 계약조항이었다"[269]고 한다.

이스라엘은 언제인지 모르지만 여호와와 혼인예식을 치렀다. 그래서, 호세아 선지자를 비롯해서 여러 선지자들이 이스라엘을 하나님의 신부라고 지칭한다. 아마 위의 정황이 바로 그 혼인예식으로 보인다. 서로 생명, 곧 서로의 살과 피를 먹고 마심을 통해서 양자가 하나가 된 것이다. 이것은 후에 화목제의 제사로 발전하며, 신약의 시대에 이르러서는 성찬으로 발전하는 것으로 보인다.

4. '십계명의 돌판'을 받기 위해 하나님께로 나아가는 모세

가. '하나님의 산'에서 맺어진 '계시로서의 언약'

현대에서는 '신비의 세계'의 존재를 망각하고 있다. 그런데 성경에 의하면 이 '신비의 세계'가 분명하게 존재하며, 이 세계는 '하늘나라'에 맞닿아 있다. 성령으로 이 세계가 임하기도 하며, 이 세계로 나아가기도 한다. 시내산에 이러한 '영의 세계'가 펼쳐졌을 때, 모세는 이 안에서 40일을 거하였다. 그는 '하늘나라'를 경험하였고, 그곳에서 인생들이 준행하여야 할 의무와 역할로서의 '십계명'을 받았으며, 하나님께서 인생들에게 베풀어주실 선물로서의 '성전의 식양'을 받았다. 이 두 가지가 쌍방 각각이 수행하여야 할 언약의 내용물이 되었다. 한편, 이 '성전의 식양'은 곧 하늘나라를 지상에 실현시키는 것이었으며, 이것은 나중에 기독교의 구원의 개념으로서의 '천국'으로 발전한다.

나. "산에 올라와서 거기 있으라"고 말씀하시는 여호와 (출24:12 a)

사도 요한이 하늘에 올라가서 많은 것을 보고 계시록을 기록하였는데, 모세의 신비체험도 이에 못지않을 수 있다. 인류의 도덕명령인 십계명과 하늘나라로서의 성전이 계시되는 곳이기 때문이다. 하나님께서 모세에게 "산에 올라와

269) 송병현, 『모세오경개론』 (서울: 국제제자훈련원, 2012), 191.

서 거기 있으라"고 말씀하시었는데, 이 산은 그러한 정도의 성령으로 충만한 산이었다.

하나님께서는 모세가 세상과 단절을 하고, 하나님의 산에서 온전히 영적으로 충만하여지길 기대하는 듯하다. 그래서, 십계명의 부여가 단순한 문자적인 계명이 아니라, 그 본질까지 모세에게 스며들기를 원한 것으로 보인다. 우리는 도덕 명령을 단순히 양심의 소리로서만 들을 뿐이다. 그런데 도덕명령은 하늘의 법칙이며 하늘의 명령이다. 이것은 하늘에 머문 자만이 아는 것으로 보인다. 하나님의 신적 계시 속에서 이루어진다.

특히, 하늘의 법칙을 알려면 하늘 나라의 존재를 알고, 그 나라의 권능을 맛보아야 할 수 있는데, 일반인들은 이 하늘나라의 존재에 대한 믿음마저 미미하여서 이러한 법칙에 대한 이해에서 많은 어려움을 겪는다. 이에 여호와께서는 이제 모세를 하늘로 불러서 그곳에서 십계명의 의미를 더욱 깊게 전달하고자 하는 것이다.

다. "내가 친히 기록한 돌판을 주리라"고 하시는 여호와 (출24:12 b)

이스라엘이 언약을 준수하는 것은 여호와에게도 절실하고, 이스라엘 백성들에게도 절실하였다. 이에 여호와께서는 모세에게 "자신이 기록한 계명의 돌판"을 주겠다고 하신다.

> 너로 그들을 가르치려고 내가 율법과 계명을 친히 기록한 돌판을 네게 주리라.
>
> וְאֶתְּנָה לְךָ אֶת־לֻחֹת הָאֶבֶן וְהַתּוֹרָה וְהַמִּצְוָה אֲשֶׁר כָּתַבְתִּי לְהוֹרֹתָם

먼저, '너로 그들을 가르치려고'라는 용어를 볼 때, 여호와께서는 모세를 통하여 이스라엘을 가르치길 원하신다. 그런데, 원어에 의하면, '너로 그들에게 가리키게 하려고'가 더 적절하다. 이에 의하면, 언약의 준행을 통해서 성전 건립 곧 하나님 나라가 이루어지는데, 이 언약의 준행은 가르침에서 시작된다. 모든 사람이 양심을 좇아 생각해보면 이해할 수 있는 율법과 계명인데, 여기에는 가르침이 필요하다. 이것이 이스라엘 지도자의 역할이다. 그런데, 율법과 계명을 가르치는 데에서의 애로사항은 사람들이 여기에 신적기원을 두는 것이 아니라, 단순히 자신의 양심에 떠오른 것을 자신의 판단으로 이해해서 쉽사리 저버린다는 것이다. 모세는 계명과 율법의 신적기원을 말해야만 했다. 이것이 하늘에서 이 계명을 부여하는 이유였다. 한편, 여기에서 '너로 그들을 가르치기 위하여'라고 번역된 לְהוֹרֹתָם에 대한 번역을 새롭게 할 수 있다. 이 동사는 יָרָה (가리키다, 던지다) 동사의 히필·3인칭복수형에, 대명사접미사가 추가되고, 여기에 부정사 연계형을 통하여서 구성된 단어이다. 이것을 있는 그대로 해석하면, '너로 그들에게 가리키게 하려고'가 더 적절한 번역일 수 있다. 모세는 십계명이 있는 성소를 가리킴을 통해서 율법을 가르쳐야 한다.

두 번째, 여호와 자신이 친히 기록한 돌판을 주고자 하신다. 이것이 어떻게 새겨졌는지는 모세만의 비밀이지만, 모세가 생각할 때 이것이 율법 수여 장면에 대한 가장 이성적인 표현이다. 계명의 신적기원은 이렇게 밖에 설명될 수 없었다. 이것이 이제 성전의 언약궤에 안치되면, 이제 이 세계 속에는 '여호와의 음성'이 임재하여 있게 된다. 사람들은 성전을 바라보면서 '여호와의 음성'을 바라보아야 한다. 그리고, 그곳에서 '계명과 율법' 혹은 '이웃사랑'을 기억해야 한다. '여호와의 말씀'으로서의 '이웃사랑'의 '상징물'이 성전에 안치된 것이다.

세 번째, 본문에서 "율법과 계명(명령)을 친히 기록한 돌판을 주리라"는 원어로 וְאֶתְּנָה לְךָ אֶת־לֻחֹת הָאֶבֶן וְהַתּוֹרָה וְהַמִּצְוָה אֲשֶׁר כָּתַבְתִּי 인데, 이것을 직역하면, "내가 너에게 돌판을 주겠다, 율법(토라)과 내가 직접 기록한 명령(미쯔바)을."로 번역을 하든지, "내가 직접 기록한 돌판과 율법과 명령을 주리라"고 번역된다. 만일 전자로 번역하면, 여호와께서는 율법과 자신이 직접 기록한 계명을 주셨는데, 이 여호와의 명령에 순종할 때, 율법을 준행하게 된다. 명령은 10가지로 되어 있지만, 율법은 하나의 방대한 법전체계이기 때문에 날마다의 지침으로 삼을 수는 없다. 그러나 명령 안에 모든 율법이 들어있다.

라. 40일을 금식하며 산에 머무는 모세와 여호수아 (출24:15-18)

이제 모세와 그의 부관 여호수아가 함께 일어나 하나님의 산으로 올라가며, 장로들에게 는 "너희는 여기서 우리가 너희에게로 돌아오기까지 기다리라"고 한다. 그리고, "아론과 훌이 너희와 함께 하리니 무릇 일이 있는 자는 그들에

게로 나아갈지니라"고 하며, 모세는 산에 오른다. 모세가 장로들에게 "너희는
돌아오기까지 기다리라"고 한 것은 이 언약으로서의 돌판을 받는 것이 이스라
엘을 위한 것이지, 모세 개인을 위한 것이 아니기 때문이었다. 그리고, 이제
모세가 산에 올랐다. 그 이후에 대해서는 다음과 같이 기록하고 있다.

> 모세가 산에 오르매 구름이 산을 가리며 여호와의 영광이 시내산 위에 머
> 무르고 구름이 육일 동안 산을 가리더니 제 칠일에 여호와께서 구름 가운
> 데서 모세를 부르시니라. 산 위의 여호와의 영광이 이스라엘 자손의 눈에
> 맹렬한 불 같이 보였고, 모세는 구름 속으로 들어가서 산 위에 올랐으며,
> 사십일 사십야를 산에 있으니라.(출24:15-18)

이제 모세는 여호와의 영이 머무는 시내산으로 들어갔다. 이것은 모세에게
신비적인 상황이 벌어지고 있는 것을 의미한다. 모세가 들어간 곳은 '여호와의
영광이 머무는 곳'이다. '구름'은 여호와의 임재를 상징한다. 모세는 분명히 하
늘영광이 임한 곳에서 하늘을 경험하고 있다. 모든 신비주의자들은 금욕을 통
하여, 이성의 모든 기능을 최소화하면서 이러한 경험을 추구한다. 모세는 금식
으로 인하여서 그의 육체는 죽은 자처럼 되었으며, 이로 인해 영혼의 세계인
황홀경의 세계로 들어간 것으로 보인다. 모세는 이 신비한 세계 속에서 40일
을 머물렀다. 그리고 그는 분명히 이곳에서 하늘나라를 체험하였으며, 다음에
이어지는 성전식양과 십계명의 돌판은 이 사건을 통해서 이해되고 해석되어져
야 한다.

7절 '시내산 언약'의 성취로서의 '성전' (출25-28장)

1. '언약'과 '성전'과의 관계

가. 40일 동안 시내산에서 모세에게 계시된 성전의 식양의 갖는 의미

출애굽기 25-28장은 모세가 시내 산 위에 머물면서 여호와께로부터 받은
성전의 식양이다. 이 성전의 식양은 여호와께서 거하는 보좌를 본뜬 것인데,

이것을 지상에 있는 성전에 실현하여 "여호와께서 임재"하려는 것이었다. 그리고 이러한 성막의 건립은 출애굽기 35-40장을 통하여 실현되었으며, 그 결과 여호와께서 그 성막에 임하셨다. 이렇게 하여서 여호와께서 이스라엘 백성들과 그 거처를 함께 하게 된 것이었다. 이것은 실질적으로 아브라함의 언약의 성취를 의미하였다.

우리는 아브라함의 언약이 어떻게 시내산 언약으로 발전하였는지를 앞에서 살펴보았다. 이 양자간의 언약은 쌍무언약으로서, 먼저 여호와의 약속은 아브라함을 큰 나라를 만드는 것이었으며 이것은 출애굽을 통하여 실현이 되었다. 그 다음 아브라함의 후손들의 역할은 "בְּרָכָה"가 되는 것이었는데, 이것은 "십계명"언약으로 발달하였으며, 이것을 보완하는 "제사제도"로서 이스라엘 전체가 여기에 동참하게 된 것이었다. 이렇게 양자간의 약속이 성실히 이행되었다면, 이제 아브라함의 자손들에게 여호와의 임재가 이루어져서 "열방을 위한 복의 근원"으로 발돋움하게 된다. 이들을 축복하는 자들은 여호와의 축복을 받고, 이들을 저주하면 저주를 받는다. 왜냐면 이들에게는 여호와께서 임재하여 있기 때문이다. 좀더 적극적으로 말하자면, 이 성전으로 나아와 기도하면 복을 받고, 이곳에서 만유를 소성케 하는 생수의 강물이 흐르게 된 것이다. 즉, 아브라함의 언약 성취는 "성전건립"을 통해서 최종적으로 성취되는 것이다. 그리고 이 성전건립의 다른 표현이 곧 출애굽기 19장 5-6절의 시내산 언약의 이상이다.

우리는 출애굽기 19장 5-6절의 시내산 언약의 이상으로서 "이스라엘 백성들이 ①하나님의 소유가 되며, ②제사장국가가 되고, ③거룩한 백성이 된 것"을 "성전건립"에서 목격하게 되는 것이다. 월터 카이저의 경우, "회막에 거하시는 하나님"은 "나는 너의 하나님이 되고, 너는 나의 백성이 되며, 내가 너희 중에 거하리라"는 출애굽 이념의 완전한 실현이라고 한다.270) 즉, 하나님의 성전이 건립된 것은 모세오경의 구원의 개념이 성취된 것을 의미한다. 하나님 편에 있어서도 하나님의 최종적인 목적 혹은 경륜의 성취를 의미하는데, 이에 대해 허버트 M. 울프는 "성막은 자기 백성들 가운데 거하시려는 하나님의 소원을 묘사한다"271)고 말한다. 출애굽기 25-40장은 이러한 구원 혹은 경륜의

---

270) 월터 카이저, 『구약성경신학』, 164.
271) 허버트 M. 울프, 『모세오경 개론』, 234.

성취의 모습을 설명하는 것이다. 세일해머는 창세기 2장 1-3절의 에덴동산과 출애굽기 25-40장의 성전건립은 모세오경의 시작과 완성을 묘사하는 인크루 지와고 말한다.272) 그레고리 K. 비일은, 구약성경과 신약성경 내에 있는 모든 성전에 관한 개념들을 검토하면서, 특히 요한계시록의 새하늘과 새땅이 성전 건립과 병치되고 있음을 제시하면서, 이것이 곧 하나님 경륜의 최종적인 목표 였음을 밝히고 있다.273) 따라서 성전건립 자체가 곧 구원의 개념이 되는 것이 다.

나. '하나님의 소유' 곧 '하나님의 나라'가 된 이스라엘

출애굽기 19장 5-6절의 시내산 언약의 구원 개념은 곧 성전건립을 통해서 성취된다. 먼저, 여호와의 성전이 이스라엘 내에 세워진다는 것은 곧 "여호와 의 왕국의 설립"을 의미한다. 즉 이스라엘이 "하나님의 소유"가 된 것을 의미 한다. "하나님의 통치"와 "하나님의 나라"가 이스라엘 내에 시작된 것이다. "하나님의 소유"의 발전개념으로서의 "하나님 나라"에 대한 개념이다.

이스라엘은 '하나님의 소유이다'는 사고는 '출애굽의 이념'이었다. 출애굽 사 건을 신앙고백으로 낭송한다는 것은 바로 자신들이 '하나님의 소유이다'는 것 을 고백하는 것과 다르지 않았다. 이러한 사상은 지속적으로 이스라엘에게 자 리잡고 있었고, 이 개념은 지속적으로 발전한 것으로 보인다. 이 개념은 처음 에는 하나님께서 직접 이스라엘의 왕이시다는 의미를 담고 있었다. 그리고 이 일에 최고의 조력자는 모세나 사무엘과 같은 선지자였다. 이들은 실질적으로 는 왕이었으나, 실제의 왕은 하나님이었다. 이들은 하나님의 말씀을 대언하는 자들이었을 뿐이었다.

이 일은 예수 그리스도의 구원의 개념으로서의 '하나님 나라' 사상의 근원은 이와 같이 '하나님의 소유'로서의 이스라엘 백성이라는 사상에서 연유하는 것 으로 보인다. 사실 아브라함의 생애 속에서 지속적으로 발생한 문제가 바로 아브라함의 자손에 대한 '여호와와 아브라함 사이의 소유권분쟁'이었다. 두 번 씩 일어난 사라의 사건이나, 할례제도, 궁극적으로는 이삭의 번제 사건 등은

---

272) J. H. 세일해머, 『서술로서의 모세오경(하)』, 김동진 역 (서울: 크리스챤 서적, 2006), 141.
273) 그레고리 K. 비일, 『성전신학』, 강성열 역 (서울: 새물결플러스, 2015), 31.

아브라함의 후손이 이제 아브라함의 것이 아니라 하나님의 소유이다는 것이었다. 그리고 이 일은 궁극적으로 출애굽 사건을 통해서 확정적으로 나타났던 것이다. 이런 맥락 하에서 이스라엘의 선지자 제도는 섭정으로 있는 이스라엘 왕이 하나님의 소유권을 침해하지 않도록 하기 위한 방편이었다. 모세는 끝까지 자신이 이 왕위에 오르지 않았다. 그러나 모세는 사람들의 믿음이 온전하지 않음을 알고 이스라엘이 왕을 요구할 줄 알았으며, 이때 왕은 그 곁에 하나님의 율법책을 옆에 두고 그에 따라 하나님의 통치를 실현할 것을 요청하였던 것이다. 이스라엘 세계에서의 진실한 왕은 하나님 자신이기 때문이다. 그리고 눈에 보이는 왕을 요청하는 이스라엘에 대해서 하나님께서 직접적으로 왕이 되실 수 있는 길은 그의 아들을 보내는 것이었다.

다. '제사장 국가'가 된 이스라엘

두 번째, 이와 같이 하나님의 성전이 이스라엘 가운데 세워지자, 이스라엘은 열방을 위한 "제사장국가"가 된 것이며, "하늘나라"가 이스라엘에 임한 것이다. 시내산 언약의 두 번째 이념은 열방을 위한 "제사장 국가"의 이념이 성취된 것이었다.

시내산에서 계시된 성전식양은 '하늘나라의 성소'를 본떠서 만들었으며, 이렇게 하늘의 식양을 따라 만들어지자 그 '성소'에 실제적인 '하늘나라'가 온전히 임하였다. 그리고 '제사장'이 참된 제사를 드리는 곳은 바로 이와 같이 '하늘나라'의 임재가 이루어진 '성전'이라야 한다. 이 성전에는 하늘이 임하여있으며, 하늘과 연결되어 있다. 에스겔서에 보면 하늘의 '여호와의 보좌'는 천천만만의 영적인 존재들에 의해서 받들어지고 있으며, 이 보좌는 '이동'을 하여 '성소'에 임재한다. 혹은 이사야 선지자는 이 하나님의 성전의 '성소'에 들어가서 하늘에서 열리는 '여호와의 총회'의 '어전회의'에 참여하기도 한다. 이 '성소'는 '벧엘'과 같이 '하늘'에 오르는 '사닥다리'가 있다. 따라서 '성전'과 '하늘나라'는 거의 같은 개념이다. 하늘나라 중에서 핵심적인 장소가 여호와의 보좌인데, 그 보좌가 실현되어 있는 곳이기 때문이다. 그리고 그 장소로 '인간'이 나아가는 핵심적인 이유는 '제사'를 위해서였다.

'제사장 국가'의 언약은 무엇인가? 이 언약은 어떻게 발전하는가? 제사장 국

가란 성전을 맡은 국가라는 말과도 다르지 않다. 이 성전에서 열방을 위한 제
사가 이루어지기 때문이다. 그리고 열방은 이제 이 성전으로 나아와서 여호와
하나님께 예배함을 통해서 생명을 얻게 된다. 그리고 창세기 12장 4절의 아브
라함의 언약의 최종적인 목적도 바로 이것이었으며, 시내산 언약의 비젼도 바
로 이것이었다. 그리고 이러한 하나님의 비전이 모형적으로 성취된 것도 솔로
몬의 성전을 통해서였으며, 이것은 솔로몬의 성전 낙성식에서 잘 드러난다. 또
한 이것은 이스라엘 역사를 정리하는 스데반의 설교에서 고스란히 나타난다.
그리고 이 설교를 사도 바울이 그 자리에서 함께 들었고, 그 다음에는 사도
바울의 설교에서 이러한 역사관이 나타난다.

그렇다면 이 성전의 신비는 무엇인가? 그것은 이곳에 '하늘나라'가 '임재'하
여 있다는 것이다. 혹은 '하늘나라'에 이르는 '통로'가 이곳에 열려있다는 것이
다. 이곳은 '참 벧엘'이어서 이곳에 하늘에 오르는 '사닥다리'가 있으며, 이사
야는 이곳에서 '여호와의 천상회의'에 참여하고 그곳에서 소명을 받았으며, 에
스겔은 이 '성소'에 '여호와의 보좌'를 떠받드는 '천사들'의 '하늘나라'가 임재
하는 것을 목격하였다. 이곳은 '하늘성소'의 모형을 본떠서 지었으며, 시내산
에 여호와께서 임재하셨을 때, 모세가 본 것을 본떠서 지은 것이었다. 이에 의
하면, 성전에는 하늘나라가 임재하여 있다.

신약시대에 이르러서 예수 그리스도의 구원의 개념을 소개할 때, 마태는
"하늘나라"라는 개념을 사용하였다. 그리고 그의 주기도문에 의하면, 이 "하늘
나라"의 임재를 기워하였던 것이다. 이 하늘나라의 기원을 우리는 여기에서
찾을 수 있을 것으로 보인다.

라. '거룩한 백성'이 된 이스라엘

세 번째는 하나님의 성전이 이스라엘이 세워진 것은 이스라엘이 하나님과
거처를 함께하는 거룩한 백성이 된 것을 의미한다. 이 거룩한 백성은 호세아
서에 의하면, 이스라엘의 신부를 의미한다. '거룩한 백성이 되는 것'은 '하나님
의 소유'가 되며, '제사장 나라'가 되고, 맨 마지막에 위치하는 명제로서, 단어
의 배열상 시내산 언약의 '궁극적인 목표'에 속한다. 한편, 히브리어 원문에
의하면, '제사장 나라'와 '거룩한 백성'은 하나의 동사에 묶여 있다. 따라서 이

'거룩한 백성'은 '제사장 나라'의 또 다른 이름인데, '거룩한 백성'의 의미는 이스라엘이 '여호와의 신부'로서 '여호와와 하나된 것'을 강조하는 개념이다.

호세아서에 의하면, 호세아가 말씀을 전할 때, 선지자 자신은 여호와를 비유하고 있으며, 그의 아내 고멜은 이스라엘을 비유하고 있다. 이때 선지자는 고멜이 음행으로 방탕을 하는 가운데 아들을 낳자, 고멜을 향하여 "여호와께서 이르시되 그 이름을 로암미라 하라 너희는 내 백성이 아니요 나는 너희 하나님이 되지 아니할 것임이니라"(호1:8-9)고 하며, 언약을 파기하는 '이혼'을 말한다. 이에 의하면 '여호와의 백성'과 '여호와의 신부'가 병치되고 있다. 즉, '백성'은 '신부'를 의미하고 있는 것이다. 그리고 호세아서 2:15-16에 의하면, "… 어렸을 때와 애굽 땅에서 올라오던 날과 같이 하리라. 여호와께서 이르시되 그 날에 네가 나를 내 남편이라 일컫고 다시는 내 바알이라 일컫지 아니하리라"고 한다. 이에 의하면, 여호와가 이스라엘의 남편이 된 것은 출애굽을 기점으로 하고 있다. 그리고 이러한 사상은 예수 그리스도에게로 이어졌는데, 특별히 요한복음에서 그 사상이 두드러진다. 그리고 궁극적으로 계시록에 이르면 '예루살렘 성전'은 '예수 그리스도의 신부'라고 표현한다. 따라서 시내산 언약에서 이스라엘이 '거룩한 백성'이 된다는 것은 '거룩한 신부'가 되는 것이며, '백성' 자체가 하나님을 모시는 '성전'이 되는 것을 의미한다. 유대인들의 유월절에 낭송되던 책은 「아가서」였는데, 송영찬은 이에 대해 "이것은…출애굽 사건으로부터 시작된 유월절을 후대에 기념하면서 아가서를 낭독하게 된 것"[274]이라고 말한다. 한편, 구약의 언약적 사고 속에서는 영생이라는 용어는 발견되지 않고 있지만, 신약의 시대에 이르러서는 '하나님과 하나됨'이라는 사상에 '영생'이라는 개념이 추가된 것으로 보인다.

이것은 요한복음에서 말하는 '구원의 개념'으로 발전한 것으로 보인다. 이에 따라 요한복음의 전체적인 은유는 이와 같이 '하나님과 하나 됨'이다. 비록 시내산 언약에 '영생, 혹은 생명'이라는 구체적인 개념이 나타나는 것은 아니지만, 여호와 하나님과 하나가 되는 '거룩한 백성'이라는 용어 속에 우리 '영혼의 구원'으로서의 '영생'이라는 사상이 담겨 있는 것으로 보인다.

---

274) 송영찬, 「아가서」 (서울: 칼빈 아카데미, 2012), 63.

우리는 여호와께서 성전식양을 계시하고, 성전 짓는 방법들을 계시하는 다음의 일련의 과정 속에서 위의 시내산 언약의 구원의 명제들이 반영되어 있는 것을 살펴볼 수 있겠다.

2. '성막의 재료'로서의 '예물'이 갖는 의미 (출25:1-9)

가. '조세'적인 성격을 가진 '예물'로서의 תְּרוּמָה

고대근동국가들에서 특정 국가의 땅과 신민의 주인은 신이었다. 그래서 신전은 왕궁과 같이 붙어서 존재하였고, 그곳에서 모든 백성들을 다스렸다. 신전이 땅에 세워지는 것은 그 땅과 거민들의 주인이 곧 그 신이라는 의미이다. 이러한 차원에서 이제 그의 거할 처소로서 성전이 건설되어야 했다. 이것을 위해 여호와께서는 모세에게 다음과 같이 말씀하신다.

이스라엘 자손에게 명하여 내게 예물을 가져오라 하고 무릇 즐거운 마음으로 내는 자에게서 내게 드리는 것을 너희는 받을지니라. (추25:2)

דַּבֵּר אֶל־בְּנֵי יִשְׂרָאֵל וְיִקְחוּ־לִי תְּרוּמָה מֵאֵת כָּל־אִישׁ אֲשֶׁר יִדְּבֶנּוּ לִבּוֹ תִּקְחוּ אֶת־תְּרוּמָתִי

위에서 תְּרוּמָה 의미를 '예물'이라고 하였는데, 신명기 12:11 등에 의하면, '거제'라고 번역한다. 즉, תְּרוּמָה 의 원래 의미는 '기부금, 조세, 제물, 거제' 등의 의미이다. 토지의 소산물이나 십일조를 드릴 때 '거제'로 드렸다. '거제'는 '높이 떠 받쳐서 드리는 제사'를 의미한다. 한편, 70인역에서는 이 단어를 απαρχας 라고 번역하였는데, 이것은 '(신에게) 첫 열매를 바치는 제사'라는 의미를 가지고 있다. 이 תְּרוּמָה의 원어적 의미는 '신에게 드리는 조세'의 성격이 강해 보인다. 즉, 신의 백성들이 왕이신 신에게 조세를 드리는 것을 의미한다.

이와 같이 여호와께서 그의 소유된 이스라엘 백성들에게 기쁨과 즐거움으로 드리는 조세를 요구하시었다면, 이것은 곧 이스라엘 백성들의 모든 소유가, 더 나아가서는 이스라엘 백성들이 '여호와의 소유'가 된 것에 대한 표식이 된다.

나. 모든 보물(소유)을 여호와께 바치는 이스라엘

여호와께서 왕이시고, 여호와의 거할 성소를 위해서 이스라엘 백성들이 자신들이 가진 모든 보배들을 여호와의 거할 집을 위해 바친다. 그 내용은 다음과 같다.

> 너희가 그들에게서 받을 예물은 이러하니 금과 은과 놋과 청색 자색 홍색실과 가는 베실과 염소털과 붉은 물 들인 수양의 가죽과 해달의 가죽과 조각목과 등유와 관유에 드는 향품과 분향할 향을 만들 향품과 호마노며 에봇과 흉패에 물릴 보석이니라.(출25:3-7)

한편, 출애굽기 35장에서는 위의 תְּרוּמָה을 여호와께 가져오는 자들에 대한 내용을 소개하고 있다.

다. 성소를 만들면, 내가 그들 가운데 살 것이다 (출25: 9)

성전 건설과 관련하여서 여호와께서 맨 먼저 거론하는 것이 성전의 재료로서의 "거제의 예물"에 관한 것이었다. 그리고 그 예물로 성전을 만들면 그들 중에 거할 것이다고 말한다. 그 내용은 다음과 같다. (한편, 다음의 번역은 '우리말 성경'에 의한다)

> 그리고 그들이 나를 위해 성소를 만들게 하여라. 그러면 내가 그들 가운데서 살 것이다. (출 25:8)
>
> וְעָשׂוּ לִי מִקְדָּשׁ וְשָׁכַנְתִּי בְּתוֹכָם

한편, 개역성경에서는 "내가 그들 중에 거할 성소를 그들을 시켜 나를 위하여 짓되"라고 기록되어 있어서 그 다음의 9절과 연결을 시키고 있는데, 원문에 의하면 8절 다음에 마침표가 있으며, מִקְדָּשׁ에 아트나가 있어서 위와 같이 두 문장으로 분리하여 해석하는 것이 바람직해 보인다. 좀더 원문에 가까운 직역을 하면, "그들이 나를 위해 성소를 지을 것이며(혹은 지으면), 나는 그들 가운데에서 거주할 것이다"이다.

어떻게 보면 성소는 "이스라엘 백성들이 드리는 예물, 혹은 그들의 마음"으로 지어져 있다. 그리고 그 안에 여호와께서 성전으로 삼고 임하시는 것이다. 즉, 이스라엘 백성들이 마음을 드리면 그곳에 계시는 것이다. 이렇게 해서 여호와께서는 이스라엘 백성들의 주인이 되는 것이며, 이스라엘 백성들은 여호와의 소유가 되는 것이다. 여호와는 이스라엘 백성들이 자신의 생명과 소유를 진정으로 바쳐서 여호와를 주인 삼고, 자신들을 여호와의 소유로 삼는 곳에 강림하신다.

라. "내가 네게 보이는 식양대로 지으라"

여호와의 성전은 여호와께서 백성들 중에 거할 성소인데, 그것은 이스라엘 백성들의 마음이 담긴 '거제의 예물 תְּרוּמָה'를 재료로 하여 지어진다. 혹은 성전은 이스라엘 백성들의 마음으로 지어진다. 그리고, 지어질 때 '여호와가 보여주는 대로' 지어져야 한다. 그리고 여호와가 보여준 것은 실제의 하나님의 거하시는 장소였다.

> 무릇 내가 네게 보이는 대로 장막의 식양과 그 기구의 식양을 따라 지을지니라. (출25:9)

마. 하나님의 소유된 이스라엘

하나님의 성소는 이와 같이 우리의 생명과 소유를 자원함으로 드리는 그 마음으로 지어져 있다. 더 나아가서 그 재료가 하나님의 보여주신 식양에 따라서 조형되어야 한다. 이와 같은 성소에만 거하신다. 이와 같이 하여서 하나님께서는 우리를 소유하고 계신 것이다.

출애굽기 19장 5절에는 "너희가 내 언약을 지키면, 너희가 내 소유가 되겠고"라고 말함을 통해서, 이스라엘이 언약을 준수하였을 경우(혹은, 언약이 체결되었을 경우) 맨 먼저 주어지는 유익이 저희가 '여호와의 소유'가 된다. 맨 먼저 시작되는 이 단락이 이것을 시사하는 것으로 보인다.

3. '법궤' 등의 성소의 기구들이 갖는 의미 (출25:9-40)

가. 여호와께서 보여주신 것

출25:40에 나타나는 "내게 네게 보여준 양식대로"의 의미는 출25:11-39의 내용에 대한 강조의 의미이다. 그리고, 이때 보여진 "양식"은 "법궤와 속죄소"의 모습이었다. 모세는 여호와의 계시는 곳으로 분명히 "하늘나라", 혹은 "여호와의 보좌"를 목격하였고, 여호와께서는 자신의 거하시는 보좌로서 이것을 보여주셨을 터인데, 정작 모세에게 여호와께서 보여주신 것은 "법궤와 속죄소"의 모습이었다. 여호와께서는 모세에게 바로 이 "법궤와 속죄소"가 "하늘나라"라고 말씀하고 계시는 것이다.

성경의 여기저기에 의하면 모세가 본 것은 분명히 여호와의 총회였고, 온전한 하늘나라를 전체적으로 목격하였다. 그런데, 정작 하나님께서 성소로서 보여주시고 지으라고 한 것은 의외로 단순하다. 하나님께서 보여주시어서 이스라엘의 성막에 실현되게 한 것은 '법궤'와 '속죄소'가 그 중심을 이루고 있기 때문이다. 다른 모든 배경은 생략되어 버리고 단순하게 '법궤'와 '속죄소'만 남는다. 그렇다고 하여서 위는 이 지성소만 존재하는 것으로 인식하면 안 된다. 여호와의 총회로서 천천만만의 영적 존재들의 중심에 서있는 성소를 바라보아야 한다. 이 배경이 사라지면 보좌를 객관적으로 바라본 것이 아니게 된다. 우리는 위엄차고 광대하고 빛으로 가득 찬 하늘나라의 중심부에 서있는 보좌 앞으로 나아가는 것이다.

먼저, 고대근동신화 속에서도 이렇게 신이 왕에게 신의 모습과 배경들을 보여주시면서 그곳을 신전에 실현하라고 하신 내용들이 존재한다. 그리고 더 나아가서는 신의 모습을 보여주고, 그 신상을 세우라고도 한다. 그런데, 여호와께서는 이러한 이방신들과 그 차원이 다르다. '여호와'께서는 자신을 표현하는 것, 혹은 자신의 거하는 거처로서 '법궤'와 '속죄소'를 보여주시는 것이다. 그런데, 이 '법궤와 속죄소'는 그 하늘의 중심에 있다.

모세에게 보여진 바에 의하면, 이곳에 '법궤'가 있고, 그 위에 '속죄의 덮개(속죄소)'가 있으며, 이곳을 가리우고 있는 천사 둘이 있다. 그리고 이에 대한 다른 곳에서 보충을 하여 주고 있는데, 이 '법궤'는 '여호와의 발등상'이라고 말하고 있다. 즉 여호와께서는 법궤를 딛고 하늘 높이 서 계신 것이다. 또 '속죄소'는 '죄를 덮는 덮개'로서의 상징이다. 어떻게 보면 이 '법궤'와 '속죄소'가 여호와의 모습의 전부가 아니다. 이곳에 여호와께서 임재하시는 것이다. 즉, 여호와께서 임재하시는 상징물을 보여주신 것이다.

더 나아가서는 이 '법궤'와 '속죄소'는 여호와의 마음이다. 여호와께서 모세에게 보여주신 곳은 '여호와의 총회'로서의 '하늘나라' 중의 가장 고귀한 곳인 '여호와의 보좌'의 모습을 보여주신 것인데, 이 '십계명의 법궤'와 그 위의 '속죄소와 그룹들'은 '여호와의 마음'을 형상화한 것이다. 이 두 가지는 '공의'와 '사랑'을 상징하는데 이것은 '여호와의 마음'을 상징하고 있다. 이 '상징'을 통하여 우리는 '여호와의 마음'으로 들어가며, 여호와의 본성을 알 수 있다. 이 여호와의 본성이 이곳에서 끝없이 나타날 것이다. 이 법궤와 속죄소의 존재로 인하여 이스라엘은 제사장 국가로서의 역할을 하게 된 것이다. 그렇다면, 여기에서의 "내가 네게 보여준 양식대로"에서 "법궤와 속죄소"를 보여주신 것은 "이스라엘이 제사장 국가가 되 것"을 의미하고 있다.

나. 지성소에 있는 '법궤와 속죄소'

모세는 분명히 하늘나라의 여호와의 보좌를 보았다. 그런데 그가 묘사해 내는 것은 어떤 영적인 실체가 아니라, 의외로 지성소의 '법궤 · 속죄소', 성소의 '진설병 상 · 등대 · 분향단' 등이다. 이러한 것들을 하나님의 형상 혹은 보좌의 형상으로 묘사하고 있는 것이다. 인간의 이성으로는 볼 수도 없고, 묘사할 수도 없는 하나님의 형상을 이렇게라도 표현한 것이다. 따라서 이러한 모든 것들은 상징이다. 특히 여호와의 본성이나 속성을 알 수 있는 상징이다. 이중에 특히 '법궤와 속죄소'는 '여호와의 마음'을 지시한다. 여호와의 마음은 법궤와도 같이 끝없는 공의의 빛이 흘러나온다. 그러면서도 아울러서 그의 심령 속에서는 용서가 강물같이 흐른다. 이에 대해 모세는 다음과 같이 말하고 있다.

내가 네게 줄 증거판을 궤 속에 둘지며, 정금으로 속죄소를 만들되 장이 이 규빗 반, 광이 일 규빗 반이 되게 하고, 금으로 그룹 둘을 속죄소 두 끝에 쳐서 만들되 한 그룹은 이 끝에, 한 그룹은 저 끝에 곧 속죄소 두 끝에 속죄소와 한 덩이로 연하게 할지며 그룹들은 그 날개를 높이 펴서 그 날개로 속죄소를 덮으며 그 얼굴을 서로 대하여 속죄소를 향하게 하고 속죄소를 궤 위에 얹고 내가 네게 줄 증거판을 궤 속에 넣으라. 거기서 내가 너와 만나고 속죄소 위 곧 증거궤 위에 있는 두 그룹 사이에서 내가 이스라엘 자손을 위하여 네게 명할 모든 일을 네게 이르리라. (출25: 16-22)

위의 내용은 지성소의 성물에 관한 것이다. 이곳에 있는 성물들이 의미하는 바를 알고, 그 성물 앞에 섰을 때 여호와의 마음을 곧바로 느낄 수 있다.

먼저, 그곳에는 법궤가 있고, 그 안에는 여호와께서 부여한 십계명의 증거판이 있다. 열 개의 계명으로서 이 계명은 법이 되어서 그곳에서 강물같이 흘러나온다. 따라서 죄인은 그 법 앞에서 죽은 자처럼 되며, 혹자는 죽기도 한다. 그런데 아이러니칼 하게도, 그 위엄찬 법의 내용은 '하나님 사랑과 이웃사랑'으로서 사랑의 법이다. 이 공의의 법의 내용물은 용서의 사랑이다.

두 번째, 그 법궤 위에는 '속죄의 덮개'가 있다. '속죄소'를 의미하는 כַּפֹּרֶת 는 '덮개'라는 의미이다. 여호와께서는 '보배로운 피를 덮개'로서 예비하고 계신다. 이에 따라 속죄소에서는 대속의 사랑이 강물같이 흐른다.

세 번째, 그 속죄소 위에 그룹 둘이 날개를 높이 펴서 그것들을 덮고 있는데, 이 두 그룹들 사이에서 이제 여호와께서 '이스라엘 자손을 위하여 명할 모든 일'을 말씀하신다. 여호와께서는 이곳에서 계명을 근거로 하여 말씀하시며, 또한 용서와 사랑을 말씀하고 계시는 것이다.

다. 성소에 있는 '진설병 상, 등대'

보통 성소는 지성소를 들어가기 전에 대제사장이 머무는 곳이다. 이곳을 여호와께서는 '진설병 상과 등대' 등을 배열 시키신다. 그 내용은 다음과 같다.

너는 조각목으로 상을 만들되 장이 이 규빗, 광이 일 규빗, 고가 일 규빗 반이 되게 하고 정금으로 싸고 주위에 금테를 두르고…상 위에 진설병을 두어 항상 내 앞에 있게 할지니라. 너는 정금으로 등대를 쳐서 만들되 그

밑판과 줄기와 잔과 꽃받침과 꽃을 한 덩이로 연하게 하고 가지 여섯을 등 대 곁에서 나오게 하되…등잔 일곱을 만들어 그 위에 두어 앞을 비추게 하 며… (출25:23-39)

위의 진설병 상과 등대도 또한 상징으로 보인다. 진설병 상에는 진설병이 지속적으로 놓여 졌는데, 이것은 하나님의 양식을 의미하는 것이었다. 그리고 복음서에 의하면 하나님의 양식은 사람들이 하나님의 사랑을 알고 하나님을 영접하는 것이었다. 그리고 등대와 그 위에 있는 일곱 촛대는 계시록에서는 일곱 교회와 그곳에 보냄 받은 일곱 영이었다. 이에 의하면 일곱 등대는 온 이스라엘 진중에 거하는 여호와의 성령이다. 그리고 위에는 제시되지 않은 분 향단이 있는데, 이 분향단이 의미하는 것은 '하나님의 백성들의 기도'였다. 이 성소 내에 이스라엘의 모든 성도들의 간절한 기도소리와 마음이 모여 있다. 성소는 진실로 지성소로 나아가기 위해 모든 이스라엘이 대기하는 곳이었다.

이에 의하면, 여호와는 성소 내에 계시지만, 이 성소를 넘어서서 이스라엘 진중에 있는 백성들과 함께 교통하며 계신다. 그들의 마음이 성소 내에 모두 모여 있고, 또한 여호와의 영이 진중에 거하시면서 여호와와 교통을 하고 계 신다.

우리는 모세가 본 것이 여호와의 보좌나 여호와의 모습을 기대하고 있었는 데, 오히려 여호와께서 하늘의 모습으로 보여주시는 것은 이와 같이 여호와께 이르는 길이었다. 이것이 바로 여호와께서는 자신의 모습을 이와 같이 소개하 길 원하고 계신다고 보아야 한다. 또 어떤 의미에서 보면, 여호와의 영은 이스 라엘 진중에 가득하며, 그들의 영혼과 연결되어 있으므로 위와 같이 묘사되어 야 비로소 여호와의 모습을 제대로 열거하게 된 것으로 볼 수 있는 것이다. 여호와께서는 위의 모든 것을 열거한 후에 40절에서 "너는 삼가 이 산에서 네게 보인 식양대로 할지니라"고 말씀하고 계시는데, 이 보여진 것이 곧 여호 와의 보좌의 모습이었던 것이다.

라. '제사장 국가'를 의미하는 '성소의 기구들'

하나님의 성막에는 위와 같은 기물들이 존재한다. 다른 이방의 신전에는 우상이 존재하지만, 여호와의 성전에는 형상화된 것이 존재하지 않는다. 보이지 아니 하시는 하나님께 이르는 길이 존재하는 것이다. 그리고 그곳에 임재하여 계신다. 또 이러한 길이 마련되어 있는 곳이 곧 진정한 '제사장 국가'이다.

우리는 시내산 언약에 대한 유익 중에서 '두 번째 유익에 대한 은유'를 찾아야 한다. 즉, "너희가 만일 내 언약을 지키면,… 제사장 국가가 될 것이며"라고 한 근거를 찾아야 하는데, 그것은 바로 이렇게 여호와께 이르는 길이 이 성소에 제시되어 있기 때문이다. 여호와께 이르는 다른 길은 없다.

마. "네게 보인 양식대로 할지니라" (출25:40)

여호와의 성소의 기물들은 위와 같이 '여호와께서 보인 식양대로' 지어졌다. 여호와의 보좌가 위와 같다는 것을 강조하고 있으며, 여호와의 성품이 위와 같다는 것을 강조하고 있다. 여호와에게서는 '사랑의 실천'을 근본으로 한 '십계명'이 '공의의 법'이 되어 흘러나온다. 그리고, 이 십계명을 좇아오지 못하여서 회개하는 자들에게 '속죄의 보혈'이 흐른다. 그리고 그들을 용서하고 능력을 주어서 '십계명'의 '사랑과 공의'를 실천하게 한다. 여호와에게서는 이것 외에 다른 아무것도 보이지 않는다. 여호와를 보러 나아오는 자는 모두 십계명을 통하여야 한다. '십계명'이 빠진 '황홀경'은 여호와 앞에서는 거짓된 신앙에 불과하다. 여호와께서는 자신의 보좌가 이와 같이 기억되길 원하신다. 이것이 곧 '여호와께서 보이신 식양대로'의 의미로 보인다.

4. 성소를 섬기는 '제사장'의 갖는 의미 (출28:1-43)

가. '천국의 임재'로서의 성전 (거룩한 백성으로서의 제사장)

성소가 여호와께서 보여주신 모양대로 지어지고, 그 양식에 따라 지어지고, 그곳에 이제 여호와께서 임재하시면 이제 그 성소는 여호와의 전이 된다. 하늘나라가 지상에 임한 '천국'이 된다. 그리고, 이곳에 제사장이 들어갈 수 있게 된다면, 이제 이 '천국'은 지금부터 침노해 들어갈 수 있게 된다. 공관복음에서 마가와 누가는 구원의 개념으로서 '하나님의 통치'라는 측면을 부각하여 '하나님 나라'라는 용어를 사용하는데 비하여, 마태복음은 '하늘나라의 임재'라는 측면을 부각하여 '천국(하늘나라)'라는 용어를 사용하는데, 그 이유는 바로 이것 때문으로 보인다.

이제 이 성소에 '천국'이 임하는 것이다. 이때 '하늘나라'가 임하는 것이다. 그리고, 이 성소에 '여호와'께서 임하시면, 실질적으로는 '여호와의 총회'가 임한 것이다. 즉 천천만만의 천사들의 영적존재가 임한 것이다. 혹은 성막은 이 하늘나라와 연결된 곳으로서 이곳에서는 하늘나라가 모두 열린다. 또 이 성소에 들어오면 천국에 들어온 것이 되며, 천국의 보좌를 맛본다.

우리는 장차 이 세상을 마치고 영원한 안식의 나라로 들어갈 것이다. 그리고 그때 들어갈 나라가 바로 이 하늘나라이다. 바로 이 나라가 오늘날 성소에 임하는 것이다. 천국이 임하여 있는 곳이 성소이며, 안식이 임하여 있는 곳이 성소이다. 따라서 이 성소 안에서는 안식일을 범하여도 안식을 범한 것이 되지 않는다. 예수께서 이와 같이 말씀하신 이유는 이렇게 안식이 이미 성소에 임하였기 때문이다. 거룩한 백성만이 들어가는 천국에 제사장들은 이미 그 안에 들어간다. 구원이 현세에서부터 성취되기 시작하고 있는 것이다.

나. 나를 섬기는 제사장 직분과 거룩한 옷 (출28:1, 41)

출애굽기 28장은 제사장 직분에 관한 규례이며, 이 제사장이 거룩하여야 성소에 들어갈 수 있는데, 이 제사장을 거룩하게 하는 옷에 관한 규례이다. 이러한 제사장직분과 거룩이 함께 쌍을 이루고 있으며, 이 쌍을 이룬 것이 28장 1절과 41절에 나타나서 인크루지오 형태를 취하고 있다. 그 내용은 다음과 같다.

너는 이스라엘 자손 중…나를 섬기는 제사장 직분을 행하게 하되,… 거룩한 옷을 지어서 영화롭고 아름답게 할지니
וְעָשִׂיתָ בִגְדֵי־קֹדֶשׁ לְאַהֲרֹן אָחִיךָ לְכָבוֹד וּלְתִפְאָרֶת (출28:1-2)

너는 그것들로 네 형 아론과 그와 함께 한 그 아들들에게 입히고…거룩하게 하여 그들로 제사장 직분을 내게 행하게 할지며 (출28:41)

28장 1절에서 '여호와를 섬기는 제사장 직분'이라는 용어 속에서 우리의 구원의 개념을 보아야 하며, 우리에게 주어진 '최고 언약의 성취'임을 목격하여야 한다. 이것은 신비주의의 절정인데, 이것은 엑스터시를 통한 신비주의가 아니라, 믿음을 통한 신비주의로서, 신비주의의 최고목적의 달성이다. 인간으로서 여호와를 만나는 행위이기 때문이다.

이러한 '여호와의 제사장 직분'을 가능하게 하는 것은 '거룩한 옷'이었다. 그리고, 28장의 내용 전체는 이 옷에 관한 이야기이다. 여호와와의 만남은 '거룩함'이 아니면 불가능한 일이었다. 인류 역사에서 이러한 신비주의를 실현하기 위해 많은 지혜자들은 '금욕'을 도구로 삼아서 여기에 이르고자 하였다. 모세도 또한 40일을 금식하면서 이러한 정황을 목도하게 되는데, 육체를 최소화시켜야 영적인 기능이 살아나기 때문으로 보인다. 여호와의 계신 곳의 특성은 거룩으로서 거룩하지 않은 자들은 이곳에 들어올 수 없다. 그 어느 누구라도 죽음을 당하게 된다. 인간에게는 허용된 장소가 아니다. 그런데, 이러한 거룩을 가능하게 해주는 도구가 있는데, 그것이 곧 제사장의 옷이다. 히브리어 원문에 의하면, בִגְדֵי־קֹדֶשׁ 은 '거룩한 옷'이라기 보다 '거룩의 옷'이다. 그 옷 자체가 거룩하다는 의미이다. 그리고 이 옷을 입으면 '영화롭고 아름답게 변화'된다. 이것은 훗날 사도 바울은 '그리스도로 옷입는다'고 해석한다. 그래서, 우리가 그리스도와 함께 이 거룩한 성전에 그리스도와 함께 간접체험을 하면서 들어간다고 말한다.

또한 28장 41절은 28장의 결론으로서, "거룩하게 하여 그들로 제사장 직분을 내게 행하게 할지며"라고 말한다. 여호와께서는 이러한 '제사장의 직분 수행'을 28장의 최종적인 결론으로서 말함을 통하여서, 이러한 행위가 뒤에 이어져야 함을 말하며, 이 구절은 그 뒤의 행위로 들어가는 통로역할을 한다. 즉 이제 제사장이 되어(1절) 거룩한 옷(2-40절)을 입고 이어지는 제사장적 행위들(41절)가 비로소 '거룩한 백성들' '구원의 완성' 혹은 '행복의 절정'임을 시사하고 있는 것이다. 즉 이제 이후에 이루어지는 제사장적 행위가 곧 여호와의 구원의 성취인 것이다. 사도 요한은 "우리가 계명을 지키면, 하나님과 그리스도와 거처를 함께 한다"고 하였는데, 이것은 '제사장적 행위'를 의미하는 것으로 보인다. 구원의 최종적인 모습인 계시록 22장의 모습도 또한 "저희가 세세토록 왕노릇하리라"고 하였는데, 이것은 제사장적 행위를 통해서 왕 노릇을 하는 것이다.

다. 제사장 의복에 관한 규례 (28장 2-40절)

'제사장의 임명'에 대한 것을 1절에서 말하고, 2-40절은 이 '제사장을 거룩하게 하는 의복'에 관한 내용이며, 41절은 '제사장 직분을 행하게 하라'라고 말하며 결론을 맺는다. 이렇게 28장 2-40절은 제사장의 의복에 대한 내용인데, 그 안에 많은 상징들을 담고 있다. 그 옷의 각종 부착물은 다음과 같다.

> 그들의 지을 옷은 이러하니 곧 흉패와 에봇과 겉옷과 반포 속옷과 관과 띠라. 그들이 네 형 아론과 그 아들들을 위하여 거룩한 옷을 지어 아론으로 내게 제사장 직분을 행하게 할지며… 그들이… 에봇을 짓되, 그것에 견대 둘을 달아… 호마노 두개를 취하여 그 위에 이스라엘 아들들의 이름을 새기되… 그 두 보석을 에봇 두 견대에 붙여 이스라엘 아들들의 기념 보석을 삼되 아론이 여호와 앞에서 그들의 이름을 그 두 어깨에 메어서 기념이 되게 할지며… (출28장4-14절)
> 너는 판결 흉패를 에봇 짜는 법으로…공교히 짜서 만들되,… 그것에 네 줄로 보석을 물리되… 이 보석들은 이스라엘 아들들의 이름대로 열둘이라.… 아론이 성소에 들어갈 때에는 이스라엘 아들들의 이름을 기록한 이 판결 흉패를 가슴에 붙여 여호와 앞에 영원한 기념을 삼을 것이니라.… (출28장 15-35)
> 너는 또 정금으로 패를 만들어 인을 새기는 법으로 새기되 '여호와께 성결'이라 하고… (출28장36절)

제사장을 거룩하게 하는 의복의 특성은 전체 이스라엘을 품에 품고 지성소에 나아가는 것이다. 즉 제사장을 거룩하게 하는 의복의 특성은 모든 이스라엘의 이름으로 여호와 앞에 나아가는 것이었다. 지금은 대제사장이신 예수께서도 이와 같은 모습으로 여호와께 대제사장으로 계신다. 이것은 이스라엘 모든 자들이 제사장과 함께 여호와 앞에 선 것을 의미한다. 그리고, 성소 밖에 있는 이스라엘 백성들도 이러한 하나님의 취지를 알고, 여기에 믿음으로 부응하면 대제사장과 함께 여호와 앞에 설 수 있게 된 것이다.

라. 하나님의 성소에 들어가는 제사장

여호와께서는 자신의 모습이 형상화되는 것을 매우 경계하며, 사람들이 자신에게 가까이 오는 것을 상당히 조심스럽게 여기신다. 하나님께서는 모세에게도 "나를 보고는 살 자가 없다"고 말씀하시는 분이시다. 이러한 하나님께서 이제 제사장을 세워서 자신의 성소에서 자신을 섬기게 하신다. 히브리서 기자는 승천하신 예수 그리스도를 묘사할 때, 이렇게 참 성소에 들어가신 대제사장으로 묘사를 한다. 이것이 곧 그리스도의 사역에서 극치를 이루는 부분이다. 그리스도는 하나님을 대면하는 장소로 나아간 것이다.

이때 출애굽기 29장 5절에 의하면, 제사장은 가슴에 흉패를 달고 나아간다. 그리고 그곳에는 이스라엘 12지파의 이름이 기록되어 있다. 이것은 이스라엘 전체가 제사장과 함께 성소에 들어왔다는 것을 말해주는 상징이다. 당시의 대제사장이 여호와의 지성소에 들어갈 때에는 전체의 이스라엘이 여호와의 면전에 선 것이었다. 이스라엘 백성들은 이것을 간접 체험할 수 있었다. 이제 이스라엘 백성들은 제사장이 세워짐을 통하여서 여호와를 뵙는 자들이 된 것이다. 그들은 이제 '거룩한 백성들'이 된 것이다. 출애굽기 19장 6절의 '성전'언약으로서의 '거룩한 백성'언약이 성취된 것이다.

어떻게 보면 이것이 유대교나 기독교의 최고의 구원이며, 진정한 구원의 개념이다. 이것은 요한복음의 이상으로서 "내 계명을 지키면, 우리가 저에게 와서 거처를 함께 하리라"(요14:23)는 이상이 이루어진 것이다. '여호와 하나님을 보는 자'라는 믿음은 우리로 하여금 여호와를 간접적으로 나마 체험하게 한다. 마치 성실한 기독교인들이 예수 그리스도 안에서 여호와 하나님을 간접적이기는 하지만 대면하여 만나듯이, 당시의 이스라엘 백성들은 대제사장을 통하여 여호와를 간접적으로 만났던 것이다.

8절 언약의 위기와 극복

1. 40일 동안에 발생한 "언약의 위기"

가. 시내산 언약체결의 제사 이후 산에 오른 모세

모세는 시내산 언약체결을 위한 제사 이후에 곧바로 시내산 위로 올라갔다. 그리고 이 40일 기간 동안 모세는 산 위에서 많은 계시를 받았는데, 대략 셋으로 구분하여 이해할 수 있다. 한편, 이 기간 동안 여호수아가 수종을 든 것으로 말하고 있다.

먼저는, 십계명 돌판을 받았는데, 산으로 올라가는 이유로서 맨 처음에 이것을 말하며(출24: 12), 최종적으로 내려올 때 이것을 말한다(출31:18). 십계명 돌판을 받은 것은 이제 이스라엘이 언약 안에 있다는 것을 상징하는 것이었으며, 이에 따라 이스라엘의 의무도 완결된 것으로 본다는 의미를 가진 것으로 보인다.

두 번째, 이에 따라 이제 여호와께서는 시내산 언약의 온전한 성취인 "성전의 식양"을 보이신 것이다. 그 내용을 모세는 25장부터 31장까지 서술하고 있다.

세 번째, 이곳 출애굽기에서는 밝히지 않지만, 모세는 신명기 6장 4-5절의 "쉐마, 이스라엘"을 이때 받았다고 말한다. 그 내용은 "이스라엘아 들으라 우리 하나님 여호와는 오직 하나인 여호와시니, 너는 마음을 다하고 성품을 다하고 힘을 다하여 네 하나님 여호와를 사랑하라"인데, 모세는 이것을 십계명을 준행해 내는 방법처럼 말한다. 이 내용을 모세는 모압언약에서 말한다.

나. 이때 발생한 이스라엘의 패역 (출32:1-6)

모세가 이와 같이 40일 동안 산위에 머물자, 기약 없이 기다리다 이스라엘 백성들 사이에서 미혹과 패역이 발생하였다. 저희들이 금송아지를 만들고, 그것을 여호와 하나님이라고 하는 우상숭배에 빠진 것이다. 이에 대해 성경은 다음과 같이 말하고 있다.

백성이 모세가 산에서 내려옴이 더딤을 보고 모여 아론에게 이르러 가로되, 일어나라 우리를 인도할 신을 우리를 위하여 만들라. 이 모세 곧 우리를 애굽 땅에서 인도하여 낸 사람은 어찌 되었는지 알지 못함이니라.… 송아지 형상을 만드니 그들이 말하되, 이스라엘아 이는 너희를 애굽 땅에서 인도하여 낸 너희 신이로다 하는지라. 아론이 보고 그 앞에 단을 쌓고 이에 공포하여 가로되 내일은 여호와의 절일이니라 하니 이튿날에 그들이 일찌기 일어나 번제를 드리며 화목제를 드리고 앉아서 먹고 마시며 일어나서 뛰놀더라. (출 32:1-6)

다. "목이 곧은 백성이다"라고 말씀하시는 여호와와 중보자 모세

이때 여호와께서는 모세에게 이스라엘을 향하여 "내가 이 백성을 보니 목이 곧은 백성이로다"하면서, 그들을 진멸하고자 하신다. 이에 모세가 아브라함에게 하신 언약을 기억하실 것을 말하면서 이것을 막으며 중보하자, 여호와께서 뜻을 돌이켜서 말씀하신 화를 그 백성에게 내리지 않으신다.

내가 이 백성을 보니 목이 곧은 백성이로다. 그런즉 나대로 하게 하라 내가 그들에게 진노하여 그들을 진멸하고 너로 큰 나라가 되게 하리라. 모세가 그 하나님 여호와께 구하여 가로되 여호와여 어찌하여 그 큰 권능과 강한 손으로 애굽 땅에서 인도하여 내신 주의 백성에게 진노하시나이까…주의 종 아브라함과 이삭과 이스라엘을 기억하소서 주께서 주를 가리켜 그들에게 맹세하여 이르시기를 내가 너희 자손을 하늘의 별처럼 많게 하고 나의 허락한 이 온 땅을 너희의 자손에게 주어 영영한 기업이 되게 하리라 하셨나이다. 여호와께서 뜻을 돌이키사 말씀하신 화를 그 백성에게 내리지 아니하시니라.(출32:7-14)

한편, 이 "목이 곧은 백성이라"는 말씀은 이후에도 지속적으로 반복되어 나타나며, 모압언약에서도 이 "목이 곧은 백성이다"는 말씀은 이어진다. 그러면서 모세는 "마음의 할례"를 말한다.

라. 산을 내려오는 모세와 여호수아, 그리고 언약의 위기

모세가 이렇게 수습을 하고 돌이켜 산에서 내려왔는데, 이때 증거의 두 판이 그 손에 있었다. 그런데 막상 금송아지를 보고 광란에 빠져 있는 이스라엘 백성들을 바라보고 모세는 격노하였다. 그리고 그 손에 있는 두 십계명판을 산 아래로 던져 깨뜨려 버렸다. 이것은 "언약의 위기"가 발생한 것을 의미하였다. 이때 모세는 신속히 수습하여 그들이 만든 금송아지를 부수어 가루를 만들어 물에 뿌려 이스라엘 자손에게 마시우게 하였다.

> 모세가 돌이켜 산에서 내려 오는데 증거의 두 판이 그 손에 있고 그 판의 양면 이편 저편에 글자가 있으니 그 판은 하나님이 만드신 것이요 글자는 하나님이 쓰셔서 판에 새기신 것이더라.… 진에 가까이 이르러 송아지와 그 춤 추는 것을 보고 대노하여 손에서 그 판들을 산 아래로 던져 깨뜨리니라. 모세가 그들의 만든 송아지를 가져 불살라 부수어 가루를 만들어 물에 뿌려 이스라엘 자손에게 마시우니라. (출32:15-20)

2. 회개와 모세의 중보기도

가. 우상숭배에 빠뜨리게 한 자들을 도륙하는 레위인들

모세는 이때 노를 발하여서 여호와의 편에 있는 자들을 모아서 우상숭배에 빠진 자들을 삼 천 명이나 도륙하였다.

> …이에 모세가 진 문에 서서 가로되 누구든지 여호와의 편에 있는 자는 내게로 나아오라 하매 레위 자손이 다 모여 그에게로 오는지라. 모세가 그들에게 이르되 이스라엘의 하나님 여호와께서 이같이 말씀하시기를…그 이웃을 도륙하라 하셨느니라. 레위 자손이 모세의 말대로 행하매 이 날에 백성 중에 삼 천 명 가량이 죽인바 된지라.…(출32:21-29)

나. 다시 여호와께 올라가서 중보기도하는 모세

이와 같이 한 후 모세는 다시금 산에 올라가서 "자신의 생명"의 문제까지 거론하며 여호와께 용서를 구하였다. 여호와께서는 이 기도를 들으시고 마음을 돌이키시기 시작하였다. 그리고, 그 땅으로 올라가라고 하신다. 그럼에도 불구하고, 저희는 "목이 곧은 백성"이므로 중로에라도 저희를 진멸할 수 있기 때문이라고 말씀하신다. 이에 이스라엘이 몸에서 단장품을 제하였다.

이튿날…여호와께로 다시 나아가 여짜오되 슬프도소이다.…그러나 합의하시면 이제 그들의 죄를 사하시옵소서. 그렇지 않사오면 원컨대 주의 기록하신 책에서 내 이름을 지워 버려주옵소서.…여호와께서 백성을 치시니 이는 그들이 아론의 만든바 그 송아지를 만들었음이더라. (출32:30-35)
여호와께서 모세에게 이르시되 너는…내가 아브라함과 이삭과 야곱에게 맹세하기를 네 자손에게 주마 한 그 땅으로 올라가라.…너희로 젖과 꿀이 흐르는 땅에 이르게 하려니와 나는 너희와 함께 올라가지 아니하리니 너희는 목이 곧은 백성인즉 내가 중로에서 너희를 진멸할까 염려함이니라 하시니, 백성이 이 황송한 말씀을 듣고 슬퍼하여 한 사람도 그 몸을 단장하지 아니하니,…(출33:1-6)

다. 회막을 만들고 거기서 여호와를 만나는 모세

모세가 다시 산을 내려온 듯하다. 그리고 이제는 진 밖에 장막을 취하여 그곳을 회막이라고 이름하였다. 그리고 모세는 그곳으로 나아가서 여호와를 만나 대면하듯 교통하였다. 그 이전에는 시내산으로 나아가서만 교통하였는데, 이제는 진 밖에 설치된 회막에서 여호와를 만났다. 모세에게 있어서 아브라함의 후손들과 여호와와의 관계가 위태하여서 지속적인 대화의 필요성은 존재하였는데, 진을 비울 수 없어 시내산에 오를 수가 없었다. 이에 모세는 진 밖에 회막을 건설하고 이곳에서 여호와를 만났던 것이다.

모세가 항상 장막을 취하여 진 밖에 쳐서 진과 멀리 떠나게 하고 회막이라 이름하니 여호와를 앙모하는 자는 다 진 바깥 회막으로 나아가며, 모세가 회막으로 나아갈 때에는 백성이 다 일어나 자기 장막문에 서서 모세가 회막에 들어가기까지 바라보며, 모세가 회막에 들어갈 때에 구름 기둥이 내려 회막문에 서며 여호와께서 모세와 말씀하시니, 모든 백성이 회막문에 구름 기둥이 섰음을 보고 다 일어나 각기 장막문에 서서 경배하며, 사람이

그 친구와 이야기함 같이 여호와께서는 모세와 대면하여 말씀하시며 모세
는 진으로 돌아오나 그 수종자 눈의 아들 청년 여호수아는 회막을 떠나지
아니하니라. (출33:7-11)

라. 모세의 설득으로 함께 가리라고 말씀하시는 여호와

이와 같이 끝까지 메어 다림을 통하여서 모세가 여호와를 설득하는 데에 성
공하기에 이르렀다. 그래서 이제 궁극적으로 여호와께서는 모세의 요청대로
이스라엘과 함께 올라가기로 하였다.

모세가 여호와께 고하되 보시옵소서… 내가 참으로 주의 목전에 은총을 입
었사오면 원컨대 주의 길을 내게 보이사 내게 주를 알리시고 나로 주의 목
전에 은총을 입게 하시며 이 족속을 주의 백성으로 여기소서. 여호와께서
가라사대 내가 친히 가리라 내가 너로 편케 하리라.…나와 주의 백성이 주
의 목전에 은총 입은 줄을 무엇으로 알리이까 주께서 우리와 함께 행하심
으로 나와 주의 백성을 천하 만민중에 구별하심이 아니니이까. (출
33:12-16)

3. 언약의 극복

가. 표적으로 자신의 등을 보여주시는 여호와

여호와께서 모세의 설득에 따라 이 백성을 용서하기에 이르른 것이다. 그러
자 이제 모세는 "원컨대 주의 영광을 내게 보이소서"라고 요청한다. 그리고
여호와께서는 자신의 모습을 보여주겠다고 말씀하신다. 여호와께서 이와 같이
자신을 나타내시는 것은 이제 이스라엘에 대한 온전한 용서에 대한 표적이 되
는 것이다.

여호와께서 모세에게 이르시되 너의 말하는 이 일도 내가 하리니 너는 내
목전에 은총을 입었고 내가 이름으로도 너를 앎이니라. 모세가 가로되 원
컨대 주의 영광을 내게 보이소서. 여호와께서 가라사대 내가 나의 모든 선

한 형상을 네 앞으로 지나게 하고 여호와의 이름을 네 앞에 반포하리라 나는 은혜 줄 자에게 은혜를 주고 긍휼히 여길 자에게 긍휼을 베푸느니라. 또 가라사대 네가 내 얼굴을 보지 못하리니 나를 보고 살 자가 없음이니라. 여호와께서 가라사대 보라 내 곁에 한 곳이 있으니 너는 그 반석 위에 섰으라. 내 영광이 지날 때에 내가 너를 반석 틈에 두고 내가 지나도록 내 손으로 너를 덮었다가 손을 거두리니 네가 내 등을 볼 것이요 얼굴은 보지 못하리라. (출33:17-23)

나. 다시 계명판을 만들어 주시겠다고 하시는 여호와

이제 여호와께서는 지난 번에 모세가 깨뜨린 돌판 둘을 처음 것과 같이 다시 깍아 만들라고 하신다. 그리고 시내산에 올라오라고 하신다. 이와 같이 하여 모세가 여호와의 명대로 시내산에 올라가니, 여호와께서 구름 가운데 강림하시며, 그 앞으로 지나가시며 그 유명한 "자비롭고 은혜롭고 노하기를 더디하고 인자와 진실이 많은 하나님이로라"라는 말씀을 반포하신다. 이때 모세는 여호와께 이스라엘이 "목이 곧은 백성임에 대한 회개"를 한다.

여호와께서 모세에게 이르시되 너는 돌판 둘을 처음 것과 같이 깎아 만들라 네가 깨뜨린바 처음 판에 있던 말을 내가 그 판에 쓰리니 아침 전에 예비하고 아침에 시내산에 올라와 산꼭대기에서 내게 보이되…
모세가 돌판 둘을 처음 것과 같이 깎아 만들고 아침에 일찌기 일어나 그 두 돌판을 손에 들고 여호와의 명대로 시내산에 올라가니, 여호와께서 구름 가운데 강림하사 그와 함께 거기 서서 여호와의 이름을 반포하실새, 여호와께서 그의 앞으로 지나시며 반포하시되 여호와로라 여호와로라 자비롭고 은혜롭고 노하기를 더디하고 인자와 진실이 많은 하나님이로라. 인자를 천대까지 베풀며 악과 과실과 죄를 용서하나 형벌 받을 자는 결단코 면죄하지 않고 아비의 악을 자여손 삼 사대까지 보응하리라. 모세가 급히 땅에 엎드리어 경배하며 가로되 주여 내가 주께 은총을 입었거든 원컨대 주는 우리 중에서 행하옵소서, 이는 목이 곧은 백성이니이다. 우리의 악과 죄를 사하시고 우리로 주의 기업을 삼으소서. (출34:1-9)

다. 그 땅 거민과 언약을 세우지 말라고 하시는 여호와

여호와께서 이제 또 다시 언약을 세우시는데, 이것은 기존 언약의 재확인이다. 그것은 다른 신을 섬기지 말라는 것인데, 사실 이 계명 안에 모든 계명이 포함되어 있는 것인데, 이 계명은 모압언약에서 또 다시 그 주제로 떠오른다.

여호와께서 가라사대 보라 내가 언약을 세우나니 곧 내가 아직 온 땅 아무 국민에게도 행치 아니한 이적을 너희 전체 백성 앞에 행할 것이라.…너는 내가 오늘 네게 명하는 것을 삼가 지키라 보라 내가 네 앞에서 아모리 사람과 가나안 사람과 헷 사람과 브리스 사람과 히위 사람과 여부스 사람을 쫓아내리니 너는 스스로 삼가 네가 들어가는 땅의 거민과 언약을 세우지 말라 그들이 너희 중에 올무가 될까 하노라.… 너는 다른 신에게 절하지 말라 여호와는 질투라 이름하는 질투의 하나님임이니라. 너는 삼가 그 땅의 거민과 언약을 세우지 말지니…(출34:10-17)

라. 절기를 지키라고 말씀하시는 여호와

절기준수의 명령도 모압언약에서의 주요 주제인데, 이 절기들은 모두 출애굽 사건을 기념하는 절기들이다.

너는 무교절을 지키되 내가 네게 명한 대로 아빕월 그 기한에 칠 일 동안 무교병을 먹으라 이는 네가 아빕월에 애굽에서 나왔음이니라. 무릇 초태생은 다 내 것이며…너는 엿새 동안 일하고 제 칠일에는 쉴지니 밭 갈 때에나 거둘 때에도 쉴지며 칠칠절 곧 맥추의 초실절을 지키고 가을에는 수장절을 지키라. 너희 모든 남자는 매년 세번씩 주 여호와 이스라엘의 하나님 앞에 보일지라.…너는 내 희생의 피를 유교병과 함께 드리지 말며 유월절 희생을 아침까지 두지 말지며 …(출34:18-26)

마. 새로운 계명판을 가지고 내려오는 모세

여호와께서는 이제 이스라엘 백성들과 언약을 회복하고 계명판을 다시 주신다. 그리고 시내산에서 내려왔는데 이때 모세의 얼굴에서 광채가 났다. 위기를 맞았던 시내산 언약이 다시 회복된 것이다.

여호와께서 모세에게 이르시되 너는 이 말들을 기록하라 내가 이 말들의 뜻대로 너와 이스라엘과 언약을 세웠음이니라 하시니라. 모세가 여호와와 함께 사십일 사십야를 거기 있으면서 떡도 먹지 아니하였고 물도 마시지 아니하였으며 여호와께서는 언약의 말씀 곧 십계를 그 판들에 기록하셨더라. 모세가 그 증거의 두 판을 자기 손에 들고 시내산에서 내려오니 그 산에서 내려올 때에 모세는 자기가 여호와와 말씀하였음을 인하여 얼굴 꺼풀에 광채가 나나 깨닫지 못하였더라. 아론과 온 이스라엘 자손이 모세를 볼 때에 모세의 얼굴 꺼풀에 광채 남을 보고 그에게 가까이 하기를 두려워하더니, 모세가 그들을 부르니 아론과 회중의 모든 어른이 모세에게로 오고 모세가 그들과 말하니, 그 후에야 온 이스라엘 자손이 가까이 오는지라 모세가 여호와께서 시내산에서 자기에게 이르신 말씀을 다 그들에게 명하고 그들에게 말하기를 마치고 수건으로 자기 얼굴을 가리웠더라. 그러나 모세가 여호와 앞에 들어가서 함께 말씀할 때에는 나오기까지 수건을 벗고 있다가 나와서는 그 명하신 일을 이스라엘 자손에게 고하며, 이스라엘 자손이 모세의 얼굴의 광채를 보는 고로 모세가 여호와께 말씀하러 들어가기까지 다시 수건으로 자기 얼굴을 가리웠더라. (출34:27-35)

4. 언약의 극복이 갖는 의미

가. 진정한 끝맺음으로서의 출32-34장

존 더햄은 출애굽기 24장의 제사언약을 "이상적인 끝맺음"이라고 말하며, 출애굽기 32-34장을 출애굽기의 "진정한 끝맺음"이라고 말한다.[275] 이것은 시내산 언약이 어떤 의미에서는 완전한 언약이지만, 어떤 의미에서는 미완성임을 시사하고 있는 말이다. 따라서 시내산 언약이 회복되기는 했지만, 이스라

---

275) 존 더햄, 『WBC 주석, Vol.3, 출애굽기』, 손석태 · 채천석 역 (서울: 솔로몬, 2011), 673.

엘의 태생적인 부족함이 드러났기 때문이다. 언약의 회복이 갖는 몇 가지 의미가 있는데, 하나는 이제 성전건립이 다시금 진행될 수 있게 된 것이며, 두 번째는 시내산에서 드러난 문제점은 모압언약을 통해서 보완이 요청되었던 것이다.

나. 성전건립의 시작과 완성

이제 시내산 언약이 회복되었기 때문에 시내산 언약의 계약조항에 따라 출애굽기 19장 5-6절의 언약이 실행되게 되었다. 그것은 바로 성전건립으로 나타났으며, 성전건립은 그 언약의 성취가 이미 시작된 것을 의미한다.

다. 모압언약과의 연결

모세는 모압언약에서 "쉐마, 이스라엘"을 두 가지를 언급한다. 하나는 첫 번째 40일 금식시에 받은 말씀으로서, 이것은 모압언약에서 "쉐마, 이스라엘 1"을 구성한다. 그 내용은 신명기 6장 4-5절로서, "이스라엘아 들으라 우리 하나님 여호와는 오직 하나인 여호와시니 너는 마음을 다하고 성품을 다하고 힘을 다하여 네 하나님 여호와를 사랑하라"이다. 이것은 이스라엘에게 그때 전달이 되지 않았고, 그것은 모압언약에서 전달된다.

또 하나는 금송아지 사건 후에 지속적으로 여호와께서 하신 말씀인 "저희는 목이 곧은 백성이라"는 말씀인데, 이것은 신명기 9장 1절에서 "쉐마, 이스라엘 2"를 구성한다. 그리고 이에 대한 결론은 신명기 10장 16절에서 "그러므로 너희는 마음에 할례를 행하고 다시는 목을 곧게 하지 말라"는 말씀으로서 "마음의 할례"로 이어진다.

한편, 위의 출애굽기 34장 32-33절에 의하면, 모세가 "아론과 회중의 모든 어른"을 불러서, "모세가 여호와께서 시내산에서 자기에게 이르신 말씀을 다 그들에게 명하였다"고 말하고 있다. 이것은 아마 두 번째 40일 금식 기간에 시내산에서 있었던 일로 추정된다.

9절 시내산 언약의 결론

가. 아브라함의 언약의 일환으로서의 출애굽 사건

출애굽기의 본문을 면밀히 검토하면, 출애굽 사건의 발단과 이유는 여호와와 아브라함이 맺은 언약 때문이었다. 특히 아브라함이 맺은 할례언약은 그의 자손들을 대표하여 맺은 언약이기 때문에 그의 후손들도 동일하게 아브라함의 언약에 참여하여 있었던 것이다. 이것이 출애굽 사건의 발단이 되었다. 한편, 모세가 애굽에 있는 이스라엘 민족의 회중에 들어갈 때, 그의 자녀에게 노중에서 할례를 행하는 장면은 이러한 언약을 더욱 깊이 상기시켜 준다. 따라서 아브라함의 언약과 시내산 언약은 그 본질이 같다. 특히 언약의 당사자들 마저 동일하다. 창세기 17장 7절에 의하면, 여호와께서는 "내가 내 언약을 나와 너 사이에 그리고 네 뒤에 올 자손 사이에 세워 영원한 언약으로 삼고"라고 말하며, 할례언약을 세우기 때문이다.

나. 여호와의 약속의 실행에 따른 역사적 서술로서의 '출애굽 사건'

이렇게 시작된 출애굽의 역사는 이제 여호와와 바로의 전쟁으로 전개되었다. 그리고 이 싸움은 여호와의 일방적인 승리로 종결지었고, 이스라엘은 이제 홍해 바다를 건넘을 통해서 완전히 애굽의 종살이로부터 해방되었으며, 독자적인 국가를 이루게 된 것이었다. 이제 그들이 거주할 새 땅을 나아가면 되었다. 이렇게 여호와께서 이스라엘에게 행하신 이적은 아브라함과 여호와와의 계약에 있어서 여호와의 언약이 완결되었음을 의미하였다. 그래서, 이제 여호와와 아브라함 간의 계약내용에서 여호와의 약속은 이제 '역사적 서술'의 형태를 띠어야 했다. 시내산 언약의 본문에 있어서 출애굽기 20장 2절의 말씀은 바로 이 '역사적 서술'을 한 마디로 말하는 내용이다.

출애굽기 1장에서 18장에 이르기까지의 전체의 역사적인 내용이 이제 출애굽기 20장 2절의 "나는 너를 이집트에서 종살이 하던 집에서 이끌어낸 네 하나님 여호와이다"는 내용은 이것을 모두 함축하고 있는 구절이다. 이것이 '시내산 언약'의 계약 문구에 들어온 것이다.

다. 아브라함의 언약과 병행을 이루는 시내산 언약

이와 같이 하여서 이스라엘 백성들은 하나님의 산인 시내산에 이르렀는데, 이곳에서 여호와께서는 아브라함과 맺은 언약을 이제 그의 자손들과 갱신하고자 하였다. 그래서, 이제 새롭게 언약을 제안하는데, 그 내용이 곧 출애굽기 19장 5-6절로서, 실질적으로는 아브라함에게 하신 창세기 12장 2-3절의 언약내용을 구체적으로 확장시킨 것이었다. 계약주체 A로서의 여호와의 약속인 "아브라함을 국가로 이루어 주는 것"은 '역사적 서술'로 전환되고, 계약주체 B 아브라함의 자손이 수행할 'בְּרָכָה적 행위'로서의 약속은 '십계명'으로 구체화된다. 그리고 이 언약의 결과 나타나게 될 '열방의 유익'은 '성전건립'으로 나타나게 된다. 이러한 언약의 제안을 이스라엘 백성들은 흔쾌히 수락하였다.

어떻게 보면 이러한 제안의 수락은 그들의 조상들에게 속하는 정체성 확인의 의미가 더욱 강하였다. 이들은 수락한 이러한 제안은 이미 익히 이해하고 있던 그 '언약'과 그 내용이 크게 다르지 않았다. 그렇기 때문에 즉석에서 이에 대한 응답이 나타날 수 있었던 것이다.

라. 'בְּרָכָה적 행위'에 대한 구체화로서의 '십계명'

이와 같이 하여서 작성된 시내산 언약의 본문이 20-23장까지의 내용이다. 모세는 이 시내산 언약서의 작성을 위하여 시내산을 수없이 오르내렸다. 왜냐하면, 이 계약은 여호와와 모세의 계약이 아니라, 여호와와 아브라함의 자손들과의 계약이었기 때문이었다. 이와 같이 성립된 시내산언약은 이제 아브라함 언약의 발전이다. 이와 같이 하여 나타난 것이 '십계명'의 언약이었다.

훗날에 바울은 십계명을 비롯한 율법을 "행위로 말미암아 구원에 이르고자 하는 행위"로 엄격히 규탄한다. 그렇다면, 이스라엘 백성들이 모세의 설득에 넘어가서 이러한 '죽음의 계약'을 체결하였다는 말인가? 그렇지 않다. 모세는 여호와의 편에서만 서서 이스라엘을 죽음으로 몰아간 것이 아니다. 양심적으로 선하게 행하였다. 이 '십계명'의 원래 취지는 '의무'만이 아니라 '축복하는 자'로서의 '권리'에 해당한다. 모압언약에 의해 설명되는 '마음의 할례' 후에는 이와 같이 변하게 되는 것이다.

마. 혼인예식으로서의 시내산 제사언약

궁극적으로 여호와와 이스라엘 백성들은 시내산에서 제사를 통한 언약을 체결하였다. 이 제사를 통한 언약체결시에 특징적인 것은 모세가 제물의 피를 취하여 절반은 여호와를 상징하는 제단에 쏟고, 그 절반은 백성들에게 쏟았다. 또 출애굽기 34장 25절에서 이때 여호와께서는 "나의 희생의 피"라고 하여서 자신의 피를 뿌렸다고 말씀하신다. 특히 '희생'이라는 용어는 '화목제'에서 짐승을 잡을 때 사용되는 용어여서, 화목제의 피는 여호와의 피를 상징하고 있음을 알 수 있는 대목이었다. 이렇게 하나님께서 생명을 내어주는 것이 신약시대에 이르러서는 이스라엘을 위해 내어주는 '예수 그리스도의 생명의 피'인 '성찬'으로 발전한다.

그리고 이제 이스라엘 장로들은 시내산에 올라가서 음식을 먹었는데, 이것은 분명히 화목제의 제물을 먹었으며, 여기에 참여함을 통해서 신과 하나가 되는 예식적 절차였다. 화목제의 제물은 이부는 하나님께 태워서 바치고, 절반은 이와 같이 백성들이 먹는다. 이러한 정황을 살펴볼 때, 출애굽기 24장의 제사를 통한 언약식은 서로 '피로 맺은' 여호와와 이스라엘의 '혼인예식'이었음을 알 수 있다. 이후로 이스라엘 선지자들은 이스라엘을 여호와의 신부로 부르기를 주저하지 않았다.

바. 언약의 성취를 말하는 '성전건립'

이러한 계약 체결의 결과, 이제 모세는 여호와의 산으로 나아가 여호와께서 이스라엘 진중에 거하실 그의 전을 마련하는 식양을 받게 된다. 이것은 위대한 의미를 지니는데, 만군의 여호와가 이스라엘 진중에 거하면, 이제 이곳은 '만인의 기도하는 집'이 된다. 이것은 구원의 성취이며, 동시에 하나님 경륜의 완성을 의미한다. 이스라엘 입장에서는 열국을 위한 제사장 국가가 되어 세상에서 고귀한 자가 되는 것이며, 열국의 입장에서는 창조주 하나님의 복을 받을 수 있는 통로가 생기기 때문이다. 이때 비로소 열국이 소성하게 될 것이다. 이러한 메타포는 구약성경을 관통하여 신약의 시대를 거쳐 마지막 완성을 날까지 이르게 된다. 계시록은 이러한 성전의 임재를 경륜의 완성으로 보고 있기 때문이다. 이러한 성전의 식양을 모세는 하나님께로부터 받은 것이었다. 그 내용이 출애굽기 25장부터 31장에 이른다.

사. 언약의 위기와 극복을 말하는 금송아지 사건과 모압언약

그런데, 이러한 언약에 갑작스러운 위기가 찾아오는데, 그것은 이스라엘 진중에서 일어난 금송아지 사건이었다. 모세는 십계명 돌판을 던져서 깨뜨리고, 그러한 죄를 범한 자들을 도륙하였다. 돌판이 깨뜨려지는 언약적 위기가 온 것이다. 출애굽기 32-34장은 이 위기를 극복해 나가는 모세의 모습이 기술되어 있다. 이때 나타난 여호와의 모습은 "은혜와 긍휼"이었으며, 이것은 대대로 기념되는 여호와의 속성이 되었다.

이후 40년 동안의 광야생활 후에 모압에 이르러서 모세는 이 시내산 언약을 보완하는 계약을 다시금 체결하는데, 그것이 곧 모압언약이었다. 이 모압언약에 의하면, 신약의 시대에 문제가 된 율법과 복음의 문제가 이미 그때 다루어졌음을 알게 된다.

3장 시내산 언약의 속편, 모압 언약
1절 서 론 : 모압언약의 본질 이해

1. 구조분석

가. 시내산 언약과의 구조 비교

신명기는 하나의 언약 문서의 형태를 띠고 있으며, 보통 모압 언약이라고 불리운다. 모세의 당시에는 글이 보편화되지 않았기 때문에 글을 쓰는 것 자체가 매우 고귀하게 여겨졌을 것으로 추정되는데, 애굽 궁정에서 교육을 받은 모세는 당시의 고대 근동 계약문서나 법전의 구조를 익히 잘 알고 이러한 형식에 근거하여 출애굽기의 시내산 언약이나 신명기의 모압언약도 작성된 것으로 보인다. 송병헌은 시내산 언약이나 모압 언약은 함무라비 법전과 같은 법전과 종주계약과 같은 언약서의 중간 형태라고 말한다.[276] 다음의 내용은 그 구조를 서로 비교한 표인데, 이것은 모압언약은 시내산 언약과 그 구조상에 있어서 평행을 이루며, 혹은 변화된 정황에 따라 다른 면도 나타난다.[277] 그 구조의 전체적인 것을 요약하면 다음과 같다.

설교 회차	신 명 기 (조약 형식을 참조한 분류)	시내산 언약
<1차 설교>	I. 전문 (1:1-4) : 언약의 시간과 장소 언급 II. 역사적 서언 (1:5-3:29) III. 언약의 제안 (4:1-44) : 이스라엘 백성들 앞에 둔 율법	I.전문: 시간, 장소 언급 II.역사적 서술(출19:1-4) III.언약의 제안(출19:5-25)
<2차 설교>	IV-1. 모압언약의 법적근거 설명 (5:1-33) 　- 십계명(5:4-21)과 그 언약체결 과정 설명(5:3-28) 　- 십계명 외의 별도의 명령 있었음에 대한 모세의 진술 　(5:29-33) IV-2. 두 번째 율법에 대한 설명 (6:1-11:32) 　▶ 이것은 요단강을 건너가 차지할 <u>그 땅에서 지켜야 할</u> 　<u>것이다.</u>(6:1)	IV.십계명 (출20장)

---

276) 송병헌, 「엑스포지멘터리 신명기」, 67.
277) 신치선, "출애굽기 20장과 신명기 5장에 나타난 십계명 연구," 목원대학교 신대원 석사(1997), 18-21.

	V. 구체적인 율법 설명 (12:1-26:19) ▶ 그 땅에 들어가서 지켜야 할 규례와 법도는 이것이다 (12:1-26:19)- 성전예배, 안식과 절기규례 - 왕의 규례, 제사장 규례, 선지자 규례 - 기타의 규례	V.구체적인 조항들 (출21-23장)
	VI. 모압언약의 목적 ▶ 그 분이 네게 약속하신 대로 네가 거룩한 백성이 되게 하신다. (26:19) -시내산 언약의 재확인	
	VII. 모압 언약성립을 위한 제사(세겜)(27:2-28:69) -그 땅으로 들어갈 때, 번제물와 화목제물을 드리고… -축복과 저주 조항들을 선포하고 이에 대해 백성들은 '아멘'하여야 한다. -순종할 때 받는 복과, 불순종할 때 받는 저주(28장) ▶ 이것은 이스라엘과 호렙 산에서 맺은 언약 외에 여호와 께서 모압에서 이스라엘 백성들과 맺으려고 모세에게 명령하신 언약의 말씀들이다."(28:69, 또는 29:1) / 시내산 외의 언약	VI.언약성립의 제사 (출24:1-8) VII.언약의 식사 통한 이스라엘의 참여 (출24:9-18)
<3차 설교>	VIII. 모압언약(마음의 할례를 통한 언약성취) 시기에 대한 예언 (29:2-30:20)	

나. 문예분석 방법을 활용한 구조분석

모세오경의 저자는 주제별 단락의 구분을 분명히 하기 위해 언약책의 중요성을 감안하여 주요조항에 대해서는 인크루지오 기법(수미상관법)을 사용하고 있는데, 특히 이곳에서는 지시대명사를 사용하고 있다.[278] 그 내용은 다음과 같다.

설교 회차	조약 형식에 근거한 구조		인크루지오 기법 혹은 지시대명사를 활용한 구조 분석
서술1	I.전문 (1:1-4)		(1:1) 이것들은(אלה) 모세가 요단 저편…에서 이스라엘 무리에게 선포한 말씀이니라.
서술2	장소소개 (1:5)	수	(1:5) 모세가…모압 땅에서 이(תאז) 율법 설명하기를 시작하였더라
설교1	II.역사적 서언 (1:6-3:29)	수	(1:6) 호렙산에서 말씀하여 이르기를 너희가 이 산에 거한지 오래니
			40년의 광야생활과 요단강 동편에 자리잡은 오늘날을 열거함
		미	(3:29) 그 때에 우리가 벧브올 맞은 편 골짜기에 거하였었느니라.
	III.언약적 제안 (4:1-40)	수	(4:1) 이스라엘아, 이제 내가 가르치는 규례와 법도를 듣고 준행하라

278) 염용필, "신명기 1-4장의 여정 연구," 칼빈신학교 신대원 석사 (2011), 13 ; 이지영, "신명기사가의 역사이해," 목원대 신대원 석사 (2004), 37.

			주시는 땅에 들어가서 호렙산의 십계명의 두돌판에 쓴 것을 지키라.
서술3	현황소개 (4:41-44)	미	(4:40) 내가 네게 명하는 규례와 명령을 지키라 그러면 오래 살리라.
		미	(4:44) 모세가 이스라엘 자손에게 선포한 율법은 이것(תאז)이다.
서술4	모압언약의 표제 (4:45-49)	수	(4:45) 이것들은(אלה) 그들이 이집트에서 나올 때 모세가 그들에게 말한 증거, 규례, 법도로서 요단 동쪽 맞은편 골짜기에서 그리하였더라.
			이땅은 헤스본에 사는 아모리 족속의 왕 시혼에게 속하였더니 모세와 이스라엘 자손이 애굽에서 나온 후에 그를 펴서 멸하고…
설교 2	IV-1.모압언약의 근거로서 시내산언약 (5:1-33)	수	(5:1) 모세가 온 이스라엘을 불러서 이르되, 규례와 법도를 듣고 그것을(אתם) 배우며 지켜 행하라.
			"나 외에는 다른 신을 두지 말라" 등 십계명 열거
		미	(5:31-33) 너는 그것을 그들에게 가르쳐서 그들로 이를 행하게 해라.
	IV-2. 두 번째 율법 (6:1-11:32)	수	(6:1) 이는(זאת)명령과 규례와 법도. 너희가 건너가서 얻을 땅에서 행할 것이니
			(6:4)이스라엘아, 들으라. 우리 하나님 여호와는 오직 유일한 여호와 이시니, 너는 마음을 다하고, 뜻을 다하고, 목숨을 다하여 네 하나님 여호와를 사랑하라. 오늘 내가 네게 명하는 이 말씀을 너는 마음에 새기고…
		미	(6:25) 우리가 그 명하신 대로 이(זאת) 모든 명령을 우리 하나님 여호와 앞에서 삼가 지키면, 그것이 곧 우리의 의로움이라.
			그의 계명을 지키는 자에게 천대까지 그의 언약을 이행하시며, 인애를 베푸시되…내가 오늘 네게 명하는 모든 명령을 너희는 지켜 행하라…
			(9:1)이스라엘아, 들으라.… 네가 가서 그 땅을 차지함은 네 공의로 말미암음도 아니며, 네 마음의 정직함으로 말미암음도 아니요,… 그러므로 네가 알 것은 너는 목이 곧은 백성이니라.… 내가 그 돌판을 내 두 손으로 들어 던져 너희의 목전에서 깨뜨렸노라.…(10:1)너는 처음과 같은 두 돌판을 다듬어 가지고 산에 올라 내게로 나아오고… (10:12-13)마음을 다하고 뜻을 다하여 네 하나님 여호와를 섬기고,… 여호와의 명령과 규례를 지킬 것이 아니냐.… (10:16)그러므로 너희는 마음에 할례를 행하고 다시는 목을 곧게 하지 말라.…
	IV-3. 구체적 율법들 (12:1-26:19)	수	(12:1) 이것들은(אלה) 얻게 하신 땅에서… 행할 규례와 법도라.
			택하신 예배처소, 왕, 선지자, 등에 대한 법규들
		미	(26:16-19) 오늘날 이(אלה) 규례와 법도를 행하라고 네게 명하시나니, 그런즉 너는 마음을 다하고 뜻을 다하여 지켜 행하라.… 그런즉 여호와의 성민이 되게 하시리라.
	V. 가나안에서 체결할 언약 예식 안내와 축복 저주선언 (27:1-28:68)		(27:1) 모세와 이스라엘 장로들이 백성에게 명령하여 이르되, 내가 오늘 너희에게 명령하는 이 명령을 너희는 다 지킬지니라.
			너희가 요단을 건너 네 하나님 여호와께서 주시는 땅에 들어가는 날에… 이 율법의 모든 말씀을 그 위에 기록하라.… 여호와께 번제를 드릴 것이며, 또 화목제를 드리고, 이 율법의 모든 말씀을 그 돌들 위에 분명하고 정확하게 기록할지니라.…
서술 5	모압언약의 결론 (28:69)	미	(신28:69) 이것들은(אלה) 호렙에서 이스라엘 자손과 세우신 언약 외에… 언약의 말씀들이다.
설교 3	VI. 마음의 할례에 대한 예언 (29:1-30:20)	수	(신29:1) 모세가 온 이스라엘을 소집하고 이르되,…
			그동안의 여호와의 행사 설명하고,… 네 하나님 여호와께서 네 마음과 네 자손의 마음에 할례를 베푸사 너로 마음을 다하며 뜻을 다하여 네 하나님 여호와를 사랑하게 하사 너로 생명을 얻게 하실 것이며… 라고 말함

		미	(신30:20) 네 하나님 여호와를 사랑하고 그의 말씀을 청종하며 또 그를 의지하라 그는 네 생명이시오 네 장수이시니…

위의 문단 구분과 관련하여서 "이것들은(אלה)"의 범위를 지정하는 것이 매우 중요할 수 있다. 그리고 여기에는 많은 이견들이 나타날 수 있다. 우리는 문단을 구분할 때, 먼저 내용을 살펴보아야 한다. 그리고 위와 같은 문예적 기법을 살펴보아야 하는데, 특히 인크루지오 기법과 지시 대명사를 활용한 문단 구분이다. 또 마지막으로는 낭독을 위해 장치한 문단 구분의 표시 또는 분리 액센트에 대한 관찰이다.

먼저, 위의 내용에서 가장 중요하게 부각되는 지시대명사 אלה(이것들)은 1장 1절, 4장 45절, 및 28:69의 אלה (이것들)이다. 여기에서 민감하다고 여겨지는 것은 4:45의 אלה (이것들)의 범위이다. 이 4:45의 אלה (이것들)를 1:1에 대한 종료 인크루지오로 볼 것인가, 아니면 28:69의 시작 인크루지오로 볼 것인가, 아니면 이 세 개의 모든 אלה (이것들)를 모두 독립적인 지시대명사 אלה (이것들)로 볼 것인가의 문제이다. 한편, 여기에서는 발제자의 견해와 근거만을 간단하게 정리하고자 한다.

먼저, 28장 69절 (혹은 29장 1절)279)에 있는 אלה (이것들)을 새로운 문장의 시작으로서의 אלה (이것들)로 볼 것인가, 아니면 앞에서 있는 문장들에 대한 종결 인크루지오인가에 대한 답변부터 먼저하여야 한다. 이때 마소라 원문에 의하면, 28장 69절 (혹은 29장 1절) 뒤에 문단구분의 표시인 פ 가 존재한다는 것이다. 그렇다면, 이 28장 69절 (혹은 29장 1절)에 있는 אלה (이것들)은 시작 인크루지오가 아니라, 종결 인크루지오이다. 그렇다면, 이와 시작되는 인크루지오는 무엇인가? 그것은 바로 4장 45절의 אלה (이것들)인 것이다. 그렇다면, 이제 그 다음의 문제들잉 해결된다. 1장 1절의 אלה (이것들)는 표제로서 "이것은 말씀들이다"가 되며, 이것이 곧 마소라 성경에서는 이 책의 "히브리식 이름"이 된 것이다. 그 책의 제목이 이렇게 맨 먼저 소개된 것이다.

1:1의 אלה (이것들)은 표제로서의 אלה (이것들) 이며, 따라서 4:45에 나타나는 אלה (이것들)은 이와 독립적으로 존재하는 지시 대명사이다. 그리고 이

---

279) 마소라 본문은 28장 69절로 되어 있고, 우리 말 성경은 이 절이 29장 1절로 되어 있다. 그런데, 마소라 원문에 의하면, 이 구절 뒤에 문단 구분의 표시인 פ 가 있어서 마소라 사본 그대로를 반영하는 것이 바람직해 보인다.

אֵלֶּה (이것들)의 범위는 28장 68절까지이며, 28장 69절은 이 안에 있는 모든 내용들이 "모압언약의 내용들"이라고 천명하고 있는 것이다. 그 내용은 다음과 같다.

이것은 이스라엘과 호렙 산에서 맺은 언약 외에 여호와께서 모압에서 이스라엘 백성들과 맺으려고 모세에게 명령하신 언약의 말씀들이다.(28:69, 또는 29:1)

4장 45절부터 28장 68절까지의 전체가 시내산 언약과 다른 언약의 범위에 들어가게 되는 것이다. 만일 28장 69절이 새롭게 시작하는 문단의 표제라면, 모세의 세 번째 설교에서 나타나는 "마음의 할례 문제"만이 모압언약에 속하게 된다. 그런데, 그 이후의 내용에 의하면, 그것은 아직은 그 시점이 아니다는 것을 말하고 있으며, 먼 훗날 할례언약 혹은 모압언약의 성취시점을 말하는 예언이라는 것이다.

이러한 문단구분에 대한 또 하나의 결정적인 근거는 이 모압언약을 언급하기 전에 모압언약에 대한 근거로서 언급하는 5장 30-33절의 내용이다. 이 내용에 의하면, 시내산에서의 십계명 수여시에, 여호와께서는 이스라엘 백성들은 모두 내려 보내시고 모세를 산에 남게 해서 또 다른 명령을 말씀하신 것에 대한 모세의 진술이다. 이곳에서 명백하게 모세는 이제부터 말하고자 하는 것은 바로 이때의 명령이다고 밝히고 있다. 그리고 이것이 바로 모압언약의 범위인 것이다.

따라서 1장 1절의 אֵלֶּה (이것들)는 신명기 전체의 표제이며, 4장 45절과 28장 69절의 אֵלֶּה (이것들)가 서로 인크루지오를 이루고 있다고 말할 수 있다. 한편, 이것을 종결 인크루지오로 보는 학자들도 있는 반면, 또 상당한 학자들은 이것을 "새언약"에 대한 시작절로 보기도 한다.[280] 한편, 송제근은 이 문제를 깊이 있게 논하면서 이것은 결어이며, 그 범위는 4:45-28:69이며, 이것은 하나의 통체이다고 말한다.[281]

---

280) 세일해머, 「서술로서의 모세오경」, 김동진 역 (서울: 크리스챤서적, 2006), 465.
281) 송제근, 「시내산언약과 모압언약」, 190-195.

2. 시내산 언약의 속편으로서의 모압 언약

가. 시내산 언약과 모압언약의 본질적인 관계

모압언약의 본질을 이해하기 위해서는 신명기 5장 30-31절에 대한 정확한 해석이 필수적이다. 그 내용은 다음과 같다.

> 가서 그들에게 각기 장막으로 돌아가라 이르고, 너는 여기 내 곁에 섰으라. 내가 모든 명령과 규례와 법도를 네게 이르리니 너는 그것을 그들에게 가르쳐서 내가 그들에게 기업으로 주는 땅에서 그들로 이를 행하게 하라 하셨나니 (신 5:30-31)

위의 내용은 출애굽기 19장에서 여호와께서 이스라엘 백성들에게 '십계명'을 말씀하신 후, 백성들의 요구에 의해서 백성들은 각기 자기의 장막으로 돌아가고, 모세는 백성들로부터 십계명의 언약의 내용에 대해서 위탁을 받아서 시내산으로 들어가고, 갔다. 이때 모세는 어떤 명령을 받았으며, 이것은 아직 저희에게 말하지 않았으며, 이제 저희에게 말하는 것이다고 말하고 있다.-한편, 일반적인 학자들은 이 사실에는 주목하지 않고, 다만 '큰 명령'이 주어졌다고만 생각한다.[282]-모세에 의하면, 이렇기 때문에 이제 말하고자 하는 모압언약은 이미 시내산 언약에서 성립된 언약이라는 것이다. 시내산 언약에 동의한 자는 이제 여기에서의 모압언약에도 동의하여야 한다. 따라서 시내산 언약에서의 십계명과 모압 언약에서의 한 명령(쉐마 이스라엘, 신6:4-5)[283]은 이렇게 하나의 명령이다. 모압언약은 시내산 언약2라고 불리울 수 있다. 그리고 앞에 있는 십계명이 율법1이라면, 뒤에 나타나는 쉐마 이스라엘은 율법2라고 불리울 수 있다. 한편, 이러한 관점에서 보면, 신명기의 이름을 "율법2"라고 번역한 70인역을 이해할 수 있다.

---

282) 두에인 L. 크리스텐센, 「신명기」, 353.

283) 이 논문에서는 신명기의 명령을 "쉐마 이스라엘"로 지칭하고자 한다. 이 논문에서 "쉐마 이스라엘"은 "첫번째 쉐마 이스라엘"인 신명기 6장 4,5절의 "이스라엘아 들으라 우리 하나님 여호와는 오직 하나인 여호와시니, 너는 마음을 다하고 성품을 다하고 힘을 다하여 네 하나님 여호와를 사랑하라"를 의미한다.

따라서, 이 양자의 언약의 본질은 동일하다. 그것은 모압언약을 설명하는 과정 속에서 모세는 지속적으로 시내산 "언약의 최종목적"을 열거하는데, 이것은 모압언약을 설명하는 과정 속에서도 동일하게 설명하고 있기 때문이다. 즉, 이스라엘 켠에서 볼 때, "모압언약의 최종 목적"이 "시내산 언약의 최종목적"과 동일하다. 이것은 매우 중요한 사항일 수 있는데, 그것은 이 두 언약의 본질이 같다는 것을 단적으로 설명해 주는 내용이다.

나. '시내산 언약의 목적'과 일치하는 '모압언약의 목적' (26:17-19)

시내산 언약과 모압 언약의 동일본질성은 먼저 시내산 언약에서의 추구하는 최종적인 목적과 모압언약에서 추구하는 최종목적이 서로 정확하게 일치한다. 시내산 언약의 '최종적인 목적, 혹은 구원의 개념'은 출애굽기 19장 5-6절로서 그 내용은 "너희가 언약을 잘 지키면, ①하나님의 소유가 되고, ②열국 중에서 제사장 나라가 되며, ③거룩한 백성이 된다"는 것이다. 모압언약의 내용 중에서 이에 대한 용어가 동일하게 반복적으로 사용되어 나타나는데, 그 내용은 다음과 같다.

그 첫 번째는 다음과 같다.

너는 너의 하나님 여호와의 성민이라 여호와께서 지상 만민 중에서 너를 택하여 자기의
기업의 백성을 삼으셨느니라. (신 14:2)

두 번째는 "모압 언약의 목적" 가운데에 나타나는데, 그 내용을 정리해보면 기존의 시내산언약의 목적과 동일하다. 이에 의하면 모압언약은 시내산언약의 발전적 개념이다.

여호와께서도 네게 말씀하신 대로 오늘날 너를 ①자기의 소유된(סְגֻלָּה 보배로운) 백성으로 인정하시고, 또 그 모든 명령을 지키게 하리라 확언하셨은즉, 여호와께서 너의 칭찬과 명예와 영광으로 ②그 지으신 모든 민족 위

에 뛰어나게 하시고, ③그 말씀하신 대로 너로 네 하나님 여호와의 거룩한 백성(성민)이 되게 하시리라.(26:17-19)

한편, 위에서 ①과 ③은 정확하게 일치하며, ②의 내용과 관련하여서 시내산 언약에서는 '열국 중에서 제사장 나라'라고 하였는데, 모압언약에서는 '지으신 모든 민족 위에 뛰어난 나라'로 나타난다.

그리고, 이 내용은 아브라함의 언약에 까지 소급되어 언급된다. 그 내용은 다음과 같다.

여호와께서 이왕에 네게 말씀하신 대로 또 네 열조 아브라함과 이삭과 야곱에게 맹세하신 대로 오늘날 너를 세워 자기 백성을 삼으시고 자기는 친히 네 하나님이 되시려 함이니라. (신 29:13)

이로 보았을 때, 아브라함의 언약과 시내산언약과 모압언약은 서로 연속선 상에 있다.

다. 시내산언약의 승계로서의 모압언약

모세가 모압언약을 이스라엘에 제안하는 과정을 살펴보면 '십계명의 승계'(4:9-13)를 말한다. 모세는 이스라엘에게 언약에 참여할 것을 촉구하며, 그 언약의 가치를 설명할 때, 그 종국적인 가치를 십계명이라고 말한다. 그 내용은 다음과 같다.

오직 너는 스스로 삼가며 네 마음을 힘써 지키라 두렵건대 네가 그 목도한 일을 잊어버릴까 하노라. 두렵건대 네 생존하는 날 동안에 그 일들이 네 마음에서 떠날까 하노라 너는 그 일들을 네 아들들과 네 손자들에게 알게 하라. 네가 호렙산에서 네 하나님 여호와 앞에 섰던 날에 여호와께서 내게 이르시기를 나를 위하여 백성을 모으라…여호와께서 그 언약을 너희에게 반포하시고 너희로 지키라 명하셨으니 곧 십계명이며 두 돌판에 친히 쓰신

것이라. (신4:9-13)

라. 시내산 언약의 당사자들로서의 '우리들'

모세는 모압언약을 설명할 때, 모세는 먼저 이스라엘 백성들에게 시내산언약의 당사자는 그때 그 당시의 사람들이 아니라, 바로 모압언약이 체결될 당시의 '우리들'이라고 말한다. 그 당시의 사람들은 모두 죽었는데도 모세는 "우리가 바로 언약의 당사자들"이라고 말한다. 상기 표에서 보여지는 바와 같이 "IV-1. 율법에 대한 설명1 (5:1-33)"의 내용을 모세가 설명하면서 그 서두에 이것을 밝힌 것이다.

우리 하나님 여호와께서 호렙산에서 우리와 언약을 세우셨나니, 이 언약은 여호와께서 우리 열조와 세우신 것이 아니요 오늘날 여기 살아 있는 우리 곧 우리와 세우신 것이라. (신5:2-3)

마. 모압 언약의 내용으로서의 십계명

모세는 모압언약을 말하면서 이 언약의 중심은 여전히 시내산 언약에서 이미 받아들여진 '십계명의 내용'이 여전히 중심이다는 것을 말하고 있다. 그래서, 이 모압언약을 말할 때, 시내산언약의 십계명 수여시의 장면과 그 십계명의 내용을 고스란히 답습하여 설명한다. 이것은 모압언약이 '십계명'의 내용을 고스란히 포함하고 있다는 얘기가 되는 것이다.

바. 성전을 중시여기고 있는 태도

한편, 모압언약에서는 시내산 언약과 다른 언약으로서의 여러 요소들이 대거 발견되지만, 정작 중요한 것은 그 다른 점들은 모두 상황과 여건의 변화로 인한 것들이며, 그 궁극적인 목적과 본질에서는 다르지 않다는 것이다. 위에서 "IV-2. 율법에 대한 설명2 (6:1-11:32)"는 십계명의 본질을 설명한 것이다. 그런데 이것은 분명히 외적 행동양식을 강조한 십계명과는 다를 수 있다. 'V. 구체적인 율법 설명 (12:1-26:19)'도 마찬가지이다. 이 경우 가장 중심적으로 부각되는 것이 '성전의 중앙 집권화'인데, 이것은 사실상 시내산 언약에 있어서도 가장 중요하게 여겨지는 것으로서, 시내산 언약의 최종목표였기 때문이다. '성전개념'은 위에서 언급한 시내산언약의 최종개념인 출애굽기 19장 5절의 "①하나님의 소유가 되고, ②제사장 나라가 되며, ③거룩한 백성이 된다"는 개념의 또 다른 표현이기 때문이다. 성전이 이스라엘에 건립되고 여호와가 이스라엘의 진중에 임재 함을 통해서 출애굽기 19장 5-6절에서 언급하고 있는 세 가지의 시내산 언약의 최종목적이 실현되기 때문이다. 따라서 시내산 언약과 다른 언약이라는 용어는 본질이 다른 것이 아니라, 그 형식이나 취하는 방법이 다른 것일 뿐이다.

3. 시내산 언약 외의 언약으로서의 모압언약

시내산 언약과 모압언약은 같은 언약이면서도 어떤 면에서는 '그 외의 언약'인데, 이것은 상황변화와 시내산 언약의 발전적 개념으로서의 '그 외의 언약'이다. 시내산 언약은 그 본질에 있어서 모압 언약과 서로 같으며, 이후의 새 언약과도 그 본질은 같다고 보아야 한다. 여기에서의 '그 외의'는 오히려 '그 다음 단계의'를 의미하는 것으로 보인다.

가. '시내산에서 맺은 언약 외의 언약'이라는 문구

먼저, 모압언약의 결론을 말하는 구절이 28:69(혹은 29:1)인데, 여기에서는 분명히 모압언약은 "시내산 언약 외의 언약"이라고 말하고 있다. 이 구절은 모압언약의 내용에 있어서 그 내용의 모압언약의 맨 끝에 위치하여서 모압언약의 시작을 나타내는 구절(4:45로 보여짐)과 인크루지오를 이루는 구절이다. 어떻게 보면 맨 끝에 위치하여 모압언약의 범위를 말해준다. 그렇기 때문에 이 구절은 맨 끝에 위치하면서도 표제적인 역할을 하는 그러한 구절인 것이다. 그 내용은 다음과 같다.

이것은 이스라엘과 호렙 산에서 맺은 언약 외에 여호와께서 모압에서 이스

라엘 백성들과 맺으려고 모세에게 명령하신 언약의 말씀들이다.(28:69, 또
는 29:1)

나. 여호와께서 모세를 별도로 불러서 하신 말씀이라는 내용

두 번째, 앞에서 언급한 바와 같이, 신명기 5장 30-33절에 의하면, 모세는
십계명을 여호와 하나님께로부터 받을 때, 여호와 하나님께서는 모세를 별도
로 불러서 차지하게 될 땅에서 가르쳐 지키게 할 명령을 별도로 준 것으로 말
하는 것 처럼 보인다. 그리고, 모세는 그것을 신명기 6장의 "쉐마, 이스라엘"
과 연결시키고 있다.

다. "이는…너희가 건너가서 얻을 땅에서 행할 것이니"(6장1절)

세 번째, 모세는 시내산 언약과 다른 언약의 내용을 구체적으로 밝히고 있
는데, 위의 표에서 "Ⅳ-2. 율법에 대한 설명2 (6:1-11:32)" 부분인데, 6장 1
절에 "이것은 요단강을 건너가 차지할 그 땅에서 지켜야 할 것이다."라고 구
체적으로 밝히고 있기 때문이다. 이 부분은 장을 달리하여서 논할 것이지만,
"Ⅳ-1. 율법에 대한 설명1"으로서의 '십계명'의 본질에 대한 해석이다. 이 부
분은 어떤 면에서는 크게 다르다. 특히, "Ⅳ-2. 율법에 대한 설명2
(6:1-11:32)" 부분은 이스라엘의 40년 동안의 패역을 모두 바라본 모세가 그
대안으로 제시하는 메시지로 보이며, 이것이 모압언약의 핵심에 속한다.

라. "얻게 하신 땅에서 너희가 지켜 행할 규례와 법도이다"(신12:1)

네 번째, 앞으로 가나안에 들어가면 겪게 될 이스라엘의 상황변화가 주는
"Ⅴ. 구체적인 율법 설명 (12:1-26:19)"부분인데, 이것의 내용은 위의 표에서
언급하는 바와 같이 "성전예배, 안식과 절기규례, 왕의 규례, 제사장 규례, 선
지자 규례, 기타의 규례"등이다. 이에 대해서도 모세는 "그 땅에 들어가서 지
켜야 할 규례와 법도는 이것이다"(12:1)라고 구체적으로 명기하고 있다. 이
조항은 시내산 언약과 다른 언약에 속한다.

마. 마음의 할례 문제

다섯 번째, 모세는 시내산 언약 체결시 십계명 외에 위에서 말한 "쉐마, 이스라엘"로서의 신명기 6장 4-5절의 말씀 "…마음으로 네 하나님을 사랑하라"만 들은 것이 아니라고 한다. 또 하나의 "쉐마, 이스라엘2"가 있는데, 그것은 바로 "저희가 목이 굳은 백성이라"는 것이었다. 그리고 모세는 여기에서 "마음의 할례가 여호와의 뜻"이라고 밝힌다. 이 내용이 신명기 9-11장의 주제이다. 사실 이 마음의 할례문제는 훗날의 예레미야의 새언약의 주제이다. 모세는 이것을 모압언약의 또 하나의 중요한 부분으로 삽입한다. 그리고, 세 번째의 설교에서는 이 "마음의 할례"의 성취시기를 예언한다. 이 "마음의 할례"문제가 어떤 면에서는 모압언약에서 또 하나의 이슈이다. 이것은 시내산에서 주어진 언약과 비교해 볼 때, "그 외의 언약"임이 분명하다.

바. '제2의 율법'이라는 신명기의 표제

70인역에서는 신명기의 표제를 "제2의 율법(두번째 율법)"이라고 하였는데, 이것이 단순히 "율법의 사본"이라는 번역의 오류라고만 말할 수는 없다.[284] 오히려 "제2의 율법"이 적절하다. 그 내용을 직역하면 다음과 같은데, 이때의는 "등사"라는 의미도 있지만, "두번째"라는 의미도 있기 때문이다. 오히려 이 양자 중에서 어떤 명칭이 타당한 지를 살펴보아야 한다.

הַכֹּהֲנִים הַלְוִיִּם וְהָיָה כְשִׁבְתּוֹ עַל כִּסֵּא מַמְלַכְתּוֹ וְכָתַב לוֹ אֶת־מִשְׁנֵה הַתּוֹרָה הַזֹּאת עַל־סֵפֶר מִלִּפְנֵי

그가 왕위에 오르거든, 레위 사람 제사장 앞에 보관한 이 מִשְׁנֵה(반복, 두 번째) 율법을 써서… (신17:18)

그런데, 이어지는 문장까지 함께 해서 이해하면, 18절에서의 "레위 사람 제사장 앞에 보관한 이 율법서" 자체가 "시내산 언약 외의 그 율법서(신29:1)"라면 "이 두 번째 율법"이라는 명칭이 타당하다. 그곳에 보관된 "두 번째의 제2율법"을 쓴 것이기 때문이다. 십계명판은 별도로 언약궤에 안치되어 있었

---

284) 많은 학자들이 이것을 "등사한 율법"이라고 번역하며, '두번째 율법"이라는 명칭을 오류라고 지적한다. 염용필, "신명기 1-4장의 여정연구," 칼빈신학교 신대원석사 (2011), 5.

으며, 이것을 베낀 것이 아니다. 내용적으로 볼 때, 신명기는 "새언약"으로 인도하는 "제2의 율법"으로 손색이 없다고 하겠다. 이때의 제 2 율법이란 시내산 언약과 본질은 같으며, 좀더 하나님에게로 나아가는 진전된 율법을 말한다.

2절 언약의 전문 (1:1-4)

모세는 신명기를 기록할 때, 여호와 하나님과 이스라엘 간의 언약 체결이라는 것을 염두에 두고 기록한 것으로 보인다. 그래서, 신명기를 구분할 때에는 이러한 계약 양식을 염두에 두고 본문을 구분하고 연구할 필요성이 존재한다. 따라서 이러한 형식을 감안하여 신명기를 해석할 경우, 모압언약 전체에 대한 전문의 역할을 하는 것이 신명기 1:1-4이며, 그 내용은 다음과 같다.

이는(אֵלֶּה, 이것들은)모세가 요단 저편 숩 맞은편의 아라바 광야…에서 이스라엘 무리에게 선포한 말씀이니라. 호렙산에서 세일산을 지나 가데스 바네아에까지 열 하룻길이었더라. 제 사십년 십일월 그 달 초일일에 모세가 이스라엘 자손에게 여호와께서 그들을 위하여 자기에게 주신 명령을 다 고하였으니…때는 모세가 헤스본에 거하는 아모리 왕 시혼을 쳐 죽이고 에드레이에서 아스다롯에 거하는 바산 왕 옥을 쳐 죽인 후라.(신1:1-4)

위에서 유의하여 검토해야 할 단어는 '이것들은'을 의미하는 אֵלֶּה는 무엇을 지칭하느냐이다. 혹은 '이것들'의 범위는 어디에서 어디까지인가이다. 이때 우리는 그 범위를 만약 신명기가 언약서라면, 언약의 내용 전체로 보아야 할 것이다. 우리는 앞의 문단구분에서 여기의 "이는(אֵלֶּה, 이것들은)"은 언약의 표제로서의 "이는(אֵלֶּה, 이것들은)"이라고 해석을 하였다. 마소라 사본에서는 우리는 "신명기"라고 부르는 것을 אֵלֶּה הַדְּבָרִים 이라고 불러서 "이것들은 말씀들이다"가 표제이다. 이 표제는 "모세가 모압에서 말한 말씀들(언약들)이다"라는 의미를 담고 있다. 이에 의하면 신명기의 표제는 "모압언약"으로도 불릴 수 있는 것이다.

3절 역사적 서언 (1:5-3:29)

가. 첫 번째 설교, "역사적 서언"의 표제 (신1:5)

모세는 세 차례의 설교를 하는데, 첫 번째 설교를 통해서 언약 체결의 배경이 되는 "역사적 서언"과 이에 근거한 "언약의 제시"가 있게 된다. 다음의 구절은 이 두 가지 요소에 대한 표제로 보인다.

요단 저편 모압 땅에서 בְּעֵבֶר הַיַּרְדֵּן בְּאֶרֶץ מוֹאָב
모세가 이 율법 설명하기를 시작하였더라. הוֹאִיל מֹשֶׁה בֵּאֵר אֶת־הַתּוֹרָה הַזֹּאת
일렀으되,(신1:5) לֵאמֹר

그리고, 이 구절은 신 4장 44절과 수미상관관계를 이룬다. 종료절에 해당하는 4장 44절의 내용은 다음과 같다.

이것은 모세가 이스라엘 자손에게 놓은(set, 세운, 선포한) 율법이다.(신 4:44)

וְזֹאת הַתּוֹרָה אֲשֶׁר־שָׂם מֹשֶׁה לִפְנֵי בְּנֵי יִשְׂרָאֵל

위에서 특히 זֹאת가 대조를 이루는데, זֹאת 는 단수형 지시대명사로서 "This"이다. 좀더 구체적으로 말하면, הַתּוֹרָה הַזֹּאת 이다. 모세는 1장 5절부터 "이 율법"을 설명하기 시작하였고, 4장 44절에 이르러서 "이것은~율법이다"로 종료된다.

따라서 모세의 첫 번째 설교는 "역사적 서언"과 "언약의 제시"로 구성되어 있으며, 이 "언약의 제시"안에는 모압언약의 모든 취지가 담겨지게 되는 것이다.

나. "역사적 서언"의 구조 및 내용요약

시내산에서 언약을 체결한 후의 40년 동안의 과정을 모세는 다음과 같이 정리하고 있다. 그리고 이에 기반하여서 이제 "언약의 제시"를 하려는 것이다. 그런데 이것은 이미 체결된 언약을 재확정하는 것이기 때문에 "언약의 제시" 라기 보다 "언약의 갱신"이다. 따라서 이것은 하나님의 대변자인 모세의 설교 를 통하여 진행되고 있는 것이다.

A. 우리 하나님 여호와께서 호렙산에서 우리에게 말씀하여 이르시기를 너 희가 이 산에 거한지 오래니 방향을 돌려 진행하여…주리라 하신 땅이 너희 앞에 있으니 들어가서 얻을지니라.(신1:6-8) [호렙산에서, 땅을 얻 으라는 명령 받음]

B. 그 때에 내가 너희에게 말하여 이르기를 나는 홀로 짐을 질 수 없도 다.…너희의 각 지파에서 지혜와 지식이 있는 유명한 자를 택하라. 내 가 그들을 세워 너희 두령을 삼으리라 한즉,…(1:9-13) [지파의 구성 과 두령들 임명]

C. 가데스 바네아에 이른 때에, 너희가 다 내 앞에 나아와 말하기를 우 리가 사람을 우리 앞서 보내어 정탐하고…회보케 하자 하기에…그러 나 너희가 올라가기를 즐겨 아니하고 너희 하나님 여호와의 명을 거 역하여 장막 중에서 원망하여 이르기를…(1:19-27) [가데스 바네아 에서의 원망]

D. 여호와께서 너희의 말소리를 들으시고 노하사 맹세하여 가라사대 이 악한 사람들 중에는 내가 그들의 열조에게 주기로 맹세한 좋 은 땅을 볼 자가 하나도 없으리라.(1:34-35) [여호와의 진노]

E. 우리가 회정하여 여호와께서 내게 명하신 대로 홍해 길로 광 야에 들어가서 여러 날 동안 세일 산을 두루 행하더니(2:1) [광야생활]

F. 이제 너희는 세렛 시내를 건너가라 하시기로 우리가 세렛 시내를 건넜으니 가데스 바네아에서 떠나 세렛 시내를 건너 기까지 삼십 팔년 동안이라. 이 때에는 그 시대의 군인들 이…다 멸절되었나니 (2:13,14) [세대의 교체]

E'. 모든 군인이 사망하여 백성 중에서 진멸된 후에 여호와께서

내게 일러 가라사대 네가 오늘 모압 변경 아르를 지나리니, 암
몬 족속에게 가까이 이르거든 그들과 다투지도 말라…
(2:16-19) [암몬지역 통과, 광야 벗어남]

D´.내가 그데못 광야에서 헤스본 왕 시혼에게 사자를 보내어 평화
의 말로 이르기를…헤스본 왕 시혼이 우리의 통과하기를 허락지
아니하였으니,…너는 이제부터 그 땅을 얻어서 기업을 삼으라
하시더니…(2:30,31) [시혼의 정복, 여호와 진노의 회복]

C´.우리가 돌이켜 바산으로 올라가매 바산 왕 옥이 그 모든 백성을
거느리고 나와서 우리를 대적하여 에드레이에서 싸우는지라.(3:1)
[바산의 정복, 원망의 회복]

B´.그 때에 우리가 이 땅을 얻으매…내가 르우벤 자손과 갓 자손에게 주
었고…그때에 너희 군인들은 무장하고 너희 형제 이스라엘의 선봉이
되어 건너가되…(3:12-18) [두 지파의 지도력 발휘]

A´.여호와께서 너희 연고로 내게 진노하사…네가 이 요단을 건너지 못할
것임이니라. 너는 여호수아에게 명하고 그를 담대케 하며 그를 강경케
하라. 그는 이 백성을 거느리고 건너가서 네가 볼 땅을 그들로 기업으로
얻게 하리라 하셨느니라. 그 때에 우리가 벧브올 맞은 편 골짜기에 거하
였었느니라.(3:26-29) [벧브올 골짜기에서, 땅을 얻을 자 지명]

4절 언약 제안(4:1-44) : "이스라엘 앞에 둔 율법"

1. 표 제

가. "언약적 제안"의 본질

신명기 4:1-44은 "이스라엘 백성들 앞에 둔 율법"의 형태를 띤 "모압 언약
의 제안"이라고 말할 수 있다. 이 장은 시내산 언약에서의 "언약적 제안(출
19:5-6)"과 병치된다.

시내산 언약에서 모세는 먼저 출19:5-6 에서 "세계가 다 내게 속하였나니
너희가 내 말을 잘 듣고 내 언약을 지키면 너희는 열국 중에서 내 소유가 되

겠고, 너희가 내게 대하여 제사장 나라가 되며 거룩한 백성이 되리라 너는 이 말을 이스라엘 자손에게 고할지니라"라고 말함을 통해서, 이스라엘에게 여호와 하나님의 언약적 제안의 메시지를 전한다. 그리고 시내산을 몇 차례나 오가면서 서로의 뜻을 전달하여 마침내 양자가 합의에 이르게 한다.

신명기 4:1-44은 이제 모압언약에 대한 하나님의 이스라엘을 향한 "언약적 제안"이다. 그런데 모압언약에는 서로 상반되는 듯한 개념이 존재하는데, 어느 곳에서는 이 모압언약은 시내산언약과 동일한 언약이라고 말한다. 그러면서도 또 어느 곳에서는 이 모압언약은 시내산언약 외의 언약(신29:1)이라고 말한다. 그것은 이 "언약적 제안"에서도 동일하게 나타난다. 먼저, 신명기 4장 1절에 "이스라엘아, 이제(עַתָּה) 내가 너희에게 가르치는 규례와 법도를 준행하면…"이라고 한다. 그리고 이와 수미상관을 이루는 4장 40절에도 "오늘 내가 네게 명하는 여호와의 명령과 규례"라고 한다. 이것은 지난날에 가르친 것이 아닌 새로운 어떤 것을 의미하는 것처럼 보여진다.

그런데, 이 언약적 제안의 가장 중심부에 있는 4장 13-14절에 의하면, 시내산에서 주어진 십계명 자체가 "너희로 건너가서 얻을 땅에서 행하게 하려하는 것"이었다고 한다. 이것은 원래 십계명을 받은 시내산 언약 속에 가나안 점령이라는 전제를 가지고 주어졌다는 것이다. 따라서 지금의 모압언약은 시내산 언약과 동일한 언약이다는 것이다.

그렇다면, 모압언약의 본질은 어떠한가? 이것은 시내산 언약의 부활일 수 있다. 즉, 시내산 언약이 이스라엘의 거역으로 인하여 정지된 상태에 빠졌었고, 이제 지나간 거역하던 세대의 사람들이 모두 죽고 다시금 시내산 언약이 드러난 것이다. 그리고 다시금 이 언약이 드러날 때, 지난 날의 언약의 미비점이 보완되면서 "시내산 외의 언약 조항"으로 나타난 것이다. 따라서 이 모압언약은 시내산 언약의 갱신의 요소도 지니고 있다. 따라서 모압언약은 시내산 언약의 부활이면서 동시에 갱신의 언약이다.

모세는 이제 기존의 시내산 언약을 다시금 불러 일으키고 있는 것이다. 이것은 이 "언약적 제안"의 기반을 이루는 "역사적 서언"에 잘 나타나 있다. 시내산 언약 직후 가데스 바네아에서의 거역으로 광야 40년을 겪었고, 이제 그 거역하던 세대의 사람들이 모두 죽자, 다시금 언약이 재개된 것이었다. 그리고, 이제 모세는 잊혀지고 있었던 그 언약을 다시금 활동시켜야 했던 것이다.

한편, 이때에는 모세가 여호와의 뜻을 설교를 통하여 전하지만, 이것은 이미 시내산 언약을 통해서 체결된 언약이기 때문에 굳이 시내산 언약과 같은 새로운 절차를 취하는 것은 아니다. 이것은 언약갱신 혹은 언약의 부활에 해당하기 때문이다. 만일 모압언약이 시내산 언약과 그 본질상 다른 언약이라면, 다시 시내산 언약과 같은 절차를 거쳐야 할 것이다. 그러나 그렇지 않기 때문에 이제 모세는 그 언약적 제안을 설교를 통해서 이스라엘에게 전한다.

나. 표제 : 내가 너에게 가르치려는 규례와 법도를 듣고 준행하라.

신명기 4장 1절은 이 "언약적 제안"의 표제 역할을 한다. 그 내용은 다음과 같은데, 시내산언약의 언약의 제안과 내용이 흡사하다. 그 두 언약을 병치하면 다음과 같다.

이스라엘아 이제 내가 너희에게 가르치는(가르치려는) 규례와 법도를 듣고 준행하라. 그리하면 너희가 살 것이요, 너희의 열조의 하나님 여호와께서 너희에게 주시는 땅에 들어가서 그것을 얻게 되리라. (신4:1)

너희가 내 말을 잘 듣고 내 언약을 지키면, 너희는 열국 중에서 내 소유가 되겠고, 너희가 내게 대하여 제사장 나라가 되며 거룩한 백성이 되리라.(19:5-6)

위에서 신명기 4장 1절를 해석할 때, 개역성경에는 "A 하라, 그리하면 B하리라"고 번역을 하고 있다. 개역성경에서 "그리하면"이라고 번역한 לְמַעַן 은 "~할 목적을 위하여(목적으로)"라는 번역이 직역에 더 가깝다. 따라서 "B를 위하여 A하라"가 된다. 따라서 "너희가 살고,…너희에게 주시는 땅에 들어가서 그것을 얻기 위하여, 이제 내가 너희에게 가르치는 규례와 법도를 듣고 준행하라"는 번역이 더 적절하다. 따라서, 이것은 시내산 언약과 다소간의 패턴의 차이가 나타난다. 시내산 언약에서는 "만약에, אִם"라는 용어를 사용하여

"내 언약을 지키면, …거룩한 백성이 되리라"고 말하고 있기 때문이다.

이렇게 신명기 4장 1절에서 정식의 언약제안이 아닌 "אִם, 만약에,"를 쓰지 않고, "לְמַעַן, ~할 목적으로"라는 용어를 쓴 데는 이 언약이 새로운 언약이 아니기 때문일 것이다. 이미 시내산 언약을 통해서 그 언약을 체결이 되었고, 이제는 이스라엘이 그 언약을 다시 기억하여 실행하면 되기 때문이다. 즉, 언약은 이미 성립되어 있고, 이제 그 언약이 작동되게 하기 위한 차원에서 "לְמַעַן, ~할 목적으로"를 쓴 것으로 보인다. 그리고 더 나아가서 4장 1절과 수미 상관을 이루는 신명기 4장 40절에서는 이 문구가 또 다르게 나타난다. 먼저 그 내용을 살펴보면 다음과 같다.

> 오늘 내가 네게 명하는 여호와의 규례와 명령을 지키라(지킬 것이다). (그래서) 너와 네 후손이 복을 받아 네 하나님 여호와께서 네게 주시는 땅에서 한 없이 오래 살리라. (신4:40)

이때 여기에서 "규례와 명령을 지키라"에는 וְשָׁמַרְתָּ 라는 동사를 사용하여서 "와우" 접속사를 통해서 "미완료형"을 나타내고 있다. 즉, "오늘 내가 네게 명하는 여호와의 규례와 명령을 지키게 될 것이다. 너와 네 후손이 복을 받아…"라고 번역되는 것이 타당하다. 이것은 위의 4장 2-39절에 있는 모세의 설교를 통해서 내용들이 진행이 되었고, 그 결과 언약이 수락되고 동의된 것을 의미하는 것으로 보여진다.

다. 표제 등에 나타난 "규례와 법도"는 구체적으로 무엇을 말하는가?

위의 표제에 나타난 언약의 내용은 "내가 너희에게 가르치려는 규례와 법도"로서, 여기서의 "규례와 법도"는 "현재형"으로서 "이제 이스라엘은 내가 너희에게 가르치려는 규례와 법도"이다. 즉, 과거에 전해진 "규례와 법도"가 아니라 "지금 가르치려는" "규례와 법도"를 말한다. 표제의 상반부를 직역하여 해석하면 다음과 같은데, "쉐마, 이스라엘"로 시작한다.

וְעַתָּה יִשְׂרָאֵל שְׁמַע אֶל־הַחֻקִּים וְאֶל־הַמִּשְׁפָּטִים אֲשֶׁר אָנֹכִי מְלַמֵּד אֶתְכֶם לַעֲשׂוֹת

지금, 이스라엘아, 들으라(명령형).

너희가 행할 수 있도록, 내가 너희에게 가르치려는(분사형) 규례와 법도를.

(신4:1)

위의 표제에 나타난 시제만으로 분별하여 보면, 모압언약에서 제시되는 언약은 과거의 "시내산 언약"의 반복이 아니라, "지금, 너희에게 가르치려는 규례와 법도"이다. 어떻게 보면 표제에서부터, 이 모압에서 맺은 언약은 신명기 29: 1의 내용처럼 "시내산에서 맺은 언약 외의 언약"인 것으로 보인다.

또한, 신명기 4: 8에 의하면, "내가 오늘 너희 앞에 주는(נֹתֵן '주다'의 분사형) 이 법도처럼 의로운 규례와 법도를 가진 민족이 어디있느냐"라고 하는데, 여기에서도 "오늘 너희 앞에 주는"이다.

그리고, 또 하나는 14절에 나타나는데, "그 때에 여호와께서 내게 명하사 너희에게 규례와 법도를 교훈하게 하셨나니 이는 너희로 건너가서 얻을 땅에서 행하게 하려 하심이니라."는 내용인데, 여기에서의 "그 때 (בָּעֵת הַהִוא)"는 시내산 언약에서의 십계명이 발표된 후에, 하나님과 모세가 단독 대면하여 그 규례에 대해 좀더 논의가 이루어진 그 시기로 보인다. 이에 대한 내용은 5장 30-31절에 나타난다. 하나님께서는 이스라엘 백성을 장막으로 돌려 보내고, 별도로 모세를 부르신 후에, 별도의 어떤 말씀을 하신 것이다. 다음에 확인하겠지만, 모압 언약에서는 이 시기에 이루어진 하나님의 말씀을 중심으로 언약이 체결된다.

그렇다고 하여서 위에서의 "하나님의 명령"이 지금 선포되는 것만 있는 것은 아니다. 그것은 4:5-6에 나타나는데, 이때에 나타나는 "여호와께서 내게 명령하신대로"에 있어서의 "명령하다"의 시제는 분명히 피엘 완료형이다. 이미 모세를 통하여 명령으로 선포된 것이다.

그리고, 이때의 명령은 분명히 십계명이었으며, 모세는 이것을 다시 4: 10-13을 통해서 그 십계명 수여 과정을 설명한다. 또한 모세는 4: 10에 의하면, 이 시내산 언약 자체가 이미 "그 땅에 들어가서 사는 동안"지켜야할 계명을 말하기 위해서 여호와께서 백성들을 시내산 기슭에 부르신 것이었다고 한다. 이에 의하면, 위의 "명령"은 이제 선포되는 것이 아니라, 그때 선포된 것이었다.

그렇다면, 모세가 신명기 4장에서 제안하고 있는 규례와 법도가 "지금 선포하려는 것"인가, 아니면 "이미 선포된 것"인가? 위의 문맥에 의하면, 양자가 모두 나타나고 있기 때문이다. 이것을 우리는 신명기 4:10-14을 통해서 분별할 수 있으며, 또한 신명기 5:22-31을 통해서 확인할 수 있다. 신명기 4:10-11과 5:22-23에 의하면, 하나님께서는 시내산에서 "그 땅에 들어가서 사는 동안"지켜야할 계명을 말하기 위해서 여호와께서 백성들을 부르신 것이었다. 그리고 신명기 4:12-13과 5:24-29에 의하면, 그때 백성들은 "십계명"을 여호와께로부터 들었다. 그런데 신명기 4: 14와 5:30-32에 의하면, 이때 백성들은 두려움에 빠졌으며, 그때(בָעֵת הַהִוא) 여호와께서는 백성들은 장막으로 내려 보내고, 모세를 불러 그 산에서 머물게 했으며, 그곳에서 "그 땅에 들어가서 사는 동안"지켜야할 계명을 말씀하셨다. 따라서 백성들은 십계명을 듣기는 했지만, "그 땅에 들어가서 지켜야할 명령"은 듣지 못한 것이다. 그리고 이제 모세는 바로 그것을 모압언약을 통해서 말하고자 하는 것이다. 따라서 모압언약은 시내산 언약의 틀 안에 있지만, 실질적인 내용에 있어서 시내산 언약은 절반만 전달이 된 것이었으며, 나머지는 이제 모압언약을 통해서 보충되는 것이었다. 이것이 바로 4장의 "언약적 제안"에 나타나는 모세의 제안이다.

2. 언약 제안의 내용

가. 내가 너희에게 "명령하는 것"(모압언약)을 지키라 (4:2-4)

먼저, 모세는 "내가 너희에게 명하는 말을 너희는 가감하지 말고 내가 너희에게 명하는 너희 하나님 여호와의 명령을 지키라."고 한다. 이때 여기에 나타나는 "מְצַוֶּה 명하는"은 "명령하다"의 피엘 분사형이다. 따라서 이 명령은 진행 중인 명령이다. 따라서 이 명령은 "지금 모세가 말하려고 하는 명령"인 것이다. 이 명령이 모압 언약의 제안사항이다. 참조로 모압 언약의 명령은 항상 단수인데, "마음을 다하여 하나님을 사랑하라"는 모압언약의 명제가 하나이기 때문인데, 다음에 언급되는 "말 דָּבָר"도 단수형이다. 한편, 십계명은 계명이 열 가지이기 때문에 항상 복수로 지칭된다. 그리고 다음에 모압언약과 시내산언약의 관계를 살펴보면, 모압언약의 명령을 통해서 십계명을 이루는 형태로 되어 있다. 다음의 모압언약의 제안사항에는 이러한 사항이 나타난다. 먼저 언급되는 모압언약의 명제로서의 "명령 혹은 말"은 단수 명사의 형태를 띠지만, 이 명령에 순종함을 통해서 이루어지는 "십계명 명령들"의 준수에는 복수명사 형태로 나타난다. 다음의 모압언약의 명제에서 먼저 나타난 "말"은 모압언약의 명제이며, 뒤에 나타나는 "명령들"은 십계명의 명제들로 보인다. 이 구절을 원문 그대로 직역하면 다음과 같다. 다음의 번역 중 두 번째가 더 정확한 번역이다.

לֹא תֹסִפוּ עַל־הַדָּבָר אֲשֶׁר אָנֹכִי מְצַוֶּה אֶתְכֶם וְלֹא תִגְרְעוּ מִמֶּנּוּ לִשְׁמֹר אֶת־מִצְוֹת
יְהוָה אֱלֹהֵיכֶם אֲשֶׁר אָנֹכִי מְצַוֶּה אֶתְכֶם

(원문직역1) 내가 너희에게 명령하는(분사형) 말(단수형, 모압언약)을 너희는 가하지 말고, 그리고 여기에 감하지도 말고 지키라. 그래서, 내가 너희에게 명령하는(분사형) 너희 하나님 여호와의 명령들(복수명사, 십계명들)을 지켜라.
(원문직역1) 내가 너희에게 명령하는(분사형) 너희 하나님 여호와의 명령들(복수명사, 십계명들)을 지키기 위하여(부정사 연계형), 내가 너희에게 명령하는(분사형) 말(단수형, 모압언약)을 너희는 가하지 말고, 그리고 여기에 감하지도 말고 지키라.

신명기 5:31-32의 내용이 위와 같은 사항을 잘 반영해 주고 있다. 그리고 이제 신명기 6장에서는 본격적으로 모세가 나중에 시내산에 남아서 여호와께로부터 들은 말씀을 기록하고 있다. 그리고, 그 내용은 신명기 6:4-5인데 그 내용은 "이스라엘아 들으라 (쉐마, 이스라엘). 우리 하나님 여호와는 오직 하나인 여호와시니 너는 마음을 다하고 성품을 다하고 힘을 다하여 네 하나님 여호와를 사랑하라"이다.

그러면서 모세는 민수기 25:1-9의 바알브올 사건의 예를 든다. 이 바알브올 사건은 이스라엘이 여호와의 명령을 거스리고 우상과 연합함을 통해서 수많은 사람들이 죽임을 당한 사건을 말한다. 이 예는 단순히 명령을 어겼을 때의 여호와의 진노를 말하기 위한 것으로 보인다.

참조로, 여기의 2-4절과 다음에 나타나는 5-6절을 구분한 기준은 4절 다음에 휴지 기호인 소프-파숙이 있는데, 이것은 마침표로서의 기능을 하기 때문이다.

나. "규례와 법도를 너희에게 가르쳤나니" (4:5-6)

이제 모세는 먼저 시내산 언약에서의 "명령"에 대해서 말한다. 모세는 위에서 언급한 "지금 가르치려는 여호와의 명령"과는 별도로, 이미 자신은 "(시내산에서) 여호와의 명하신 대로 규례와 법도를 너희에게 가르쳤다"고 말하며, 이것은 "너희가 들어가서 차지하게 될 땅에서 지키게 하기 위하여 였다"고 한다. (사실 시내산 언약 내에 이미 모압언약이 포함되어 있었던 것이다.) 모세는 이어서 "너희는 지켜 행하라 그리함은 열국 앞에 너희의 지혜요 너희의 지식이라 그들이 이 모든 규례를 듣고 이르기를 이 큰 나라 사람은 과연 지혜와 지식이 있는 백성이로다 하리라"고 말한다. 그 내용은 다음과 같다.

내가 나의 하나님 여호와의 명하신 대로 규례와 법도를 너희에게 가르쳤나니 이는 너희로 들어가서 기업으로 얻을 땅에서 그대로 행하게 하려 함인즉 너희는 지켜 행하라. 그리함은 열국 앞에 너희의 지혜요 너희의 지식이라 그들이 이 모든 규례를 듣고 이르기를 이 큰 나라 사람은 과연 지혜와 지식이 있는 백성이로다 하리라. (신4:5-6)

다. 시내산 언약체결 사건을 서술하는 모세 (신4:7-14)

모세에 의하면, 시내산 언약 속에 이미 모압언약이 다 포함되어 있다. 그런데, 그때 들은 말씀들 중에서 중요한 부분이 지금 말해지고 있다. 따라서 이 모압언약은 별도의 계약 체결을 요구하지 않는다. 그때의 언약체결로서 이 내용이 모두 들어 있기 때문이다. 이제 모세의 입장에서는 이미 저희가 맺은 시내산 언약의 진정성을 밝힘을 통해서, 모압 언약도 그 안에서 이미 체결된 것임을 밝히고 있는 것이다. 따라서 모압언약은 시내산 언약의 갱신이다. 그런데, 가장 결정적인 것이 지금 논의되고 있으므로 이 언약은 전혀 새로운 차원의 언약이 되는 것이다. 모세는 이 과정을 4:8-14을 통해서 밝히고자 하는 것이다. 이것을 밝힘을 통해서 모압언약은 자동으로 체결되게 된다. 이미 맺은 시내산 언약 안에 있기 때문이다. 이제 이스라엘 백성들은 시내산 언약을 새롭게 이해하기만 하면 된다.

먼저, 모세는 시내산 언약과 모압언약의 가치를 다음과 같이 설명한다. 다음에서 7절은 시내산 언약이며, 8절은 모압언약에 대한 언급이고, 9절은 이 전체를 하나로 여기며 준행할 것을 말하고 있다. 그 내용은 다음과 같다.

우리 하나님 여호와께서 우리가 그에게 기도할 때마다 우리에게 가까이 하심과 같이 그 신의 가까이 함을 얻은 나라가 어디 있느냐, (신4: 7)
오늘(הַיּוֹם) 내가 너희에게 선포하는(주는, נֹתֵן '주다'의 분사형)이 율법과 같이 그 규례와 법도가 공의로운 큰 나라가 어디 있느냐. (신4: 8)
오직 너는 스스로 삼가며 네 마음을 힘써 지키라 두렵건대 네가 그 목도한 일을 잊어버릴까 하노라 두렵건대 네 생존하는 날 동안에 그 일들이 네 마음에서 떠날까 하노라 너는 그 일들을 네 아들들과 네 손자들에게 알게 하라. (신4:9)

그리고, 이제 이 양자가 함께 논의되고 있는 시내산에서의 언약 수여 장면을 다음과 같이 언급한다. 다음에서 10절은 하나님께서 이스라엘 백성들을 시내산에 부르신 이유이다. 그리고 11-13절은 십계명에 관한 것이고, 14절은 백성들은 모두 장막으로 돌려보내고 모세와 단 둘이 나눈 내용이다.

네가 호렙산에서 네 하나님 여호와 앞에 섰던 날에 여호와께서 내게 이르시기를 나를 위하여 백성을 모으라 내가 그들에게 내 말을 들려서 그들로 그 땅('세상'으로 번역하기도 함)에 사는 날 동안 나 경외함을 배우게 하며 그 자녀에게 가르치게 하려 하노라 하시매,(신4:10)

너희가 가까이 나아와서 산 아래 서니 그 산에 불이 붙어 화염이 충천하고 유암과 구름과 흑암이 덮였는데, 여호와께서 화염 중에서 너희에게 말씀하시되 음성뿐이므로 너희가 그 말소리만 듣고 형상은 보지 못하였느니라. 여호와께서 그 언약을 너희에게 반포하시고 너희로 지키라 명하셨으니 곧 십계명이며 두 돌판에 친히 쓰신 것이라.(신4:11-13)

그 때에 여호와께서 내게 명하사 너희에게 규례와 법도를 교훈하게 하셨나니 이는 너희로 건너가서 얻을 땅에서 행하게 하려 하심이니라. (신4:14)

위의 내용 중에서 오히려 핵심이 되는 구절은 맨 마지막의 "그 때에 여호와께서 내게 명하사(완료형) 너희에게 규례와 법도를 교훈하게 하셨나니, 이는 너희로 건너가서 얻을 땅에서 행하게 하려 하심이니라"는 내용인데, 이에 대한 설명이 이제 다음에 나타나는 4: 15-24이다.

라. "여호와는 하나님이시요 그 외에 다른 신은 없다" (4:15-39)

모세가 시내산에 마지막으로 남아서 가르침을 받은 것은 신명기 4:35과 4:39에 나타난 "여호와만이 하나님이시며, 그 외에는 다른 신이 없다"는 것이었다. 그리고 모세는 이것을 신명기 6:4에서는 "שְׁמַע יִשְׂרָאֵל (들으라, 이스라엘아)"이라고 하면서, "우리 하나님 여호와는 오직 하나인 여호와시니, 너는 마음을 다하고 성품을 다하고 힘을 다하여 네 하나님 여호와를 사랑하라"고 해석해 내며, 이것이 모압언약의 내용이 되며, 이스라엘이 준행하여야 할 여호와의 명령이 된다.

이것을 이스라엘에게 설명하기 위해서 모세는 먼저 부정신학의 방법을 이용하여 여호와를 설명하는데, 부정신학의 방법이란 긍정적인 명제로 어떻게 설명할 방법이 없을 때에 사용하는 방법이다. 모세는 형상화 될 수 없는 하나님, 혹은 우상숭배 금지라는 명제를 통해서 하나님을 설명하는데, 이것은 "네 하나님 여호와를 사랑하라"는 명제의 또 다른 표현이 된다.

① 형상화할 수 없는 여호와 하나님 (4:15-24)

모세는 자신이 홀로 시내산에 남아서 만난 하나님과 그의 명령을 먼저 설명한다. 모세에 의하면, 하나님에 대한 온전한 이해에서 "하나님의 명령"이 나온다. 하나님에 대한 이해 없이 그의 명령을 들을 수 없다. 그래서 모세는 자신이 만난 하나님을 먼저 보여주어야 한다. 이때 모세가 설명하는 하나님의 모습은 "형상화 할 수 없는 하나님"이시다. 그 내용은 다음과 같다.

여호와께서 호렙산 화염 중에서 너희에게 말씀하시던 날에 너희가 아무 형상도 보지 못하였은즉 너희는 깊이 삼가라. 두렵건대 스스로 부패하여 자기를 위하여 아무 형상대로든지 우상을 새겨 만들되 남자의 형상이라든지, 여자의 형상이라든지, 땅 위에 있는 아무 짐승의 형상이라든지, 하늘에 나는 아무 새의 형상이라든지, 땅 위에 기는 아무 곤충의 형상이라든지, 땅 아래 물 속에 있는 아무 어족의 형상이라든지 만들까 하노라. 또 두렵건대 네가 하늘을 향하여 눈을 들어 일월 성신 하늘 위의 군중 곧 너희 하나님 여호와께서 천하 만민을 위하여 분정하신 것을 보고 미혹하여 그것에 경배하며 섬길까 하노라. (신4:15-19)

창세기 1장에는 하나님의 창조기사가 나오는데, 이에 의하면 우리 눈에 보이는 모든 것은 하늘과 땅, 일월성신, 그리고 그 안에 거하는 모든 존재는 모두 하나님의 피조물이다. 그리고 2:1에서는 이 모습을 한 마디로 표시할 때, "וַיְכֻלּוּ הַשָּׁמַיִם וְהָאָרֶץ וְכָל־צְבָאָם" 라고 하는데, 이는 "하늘과 땅과 모든 천군이 다 이루었다"고 직역할 수 있다. 이때 창세기 1장에 나타난 모세의 가치관에 의하면, 모든 만물 이면에 하나님께서 부리시는 신들이 존재한다. 이것이 곧 כל־צְבָאָם이다. 즉 눈에 보이는 모든 만물이 하나님 안에 있으며, 하나님은 만유보다 크시기 때문에 이 하나님은 결코 형상화될 수 없다. 창세기 1장의 우주관에 의하면, 모든 만물이 하나님 안에 있다. 이러한 우주관과 신약의 예수 그리스도와 바울의 우주관은 서로 일치한다.

② '하나님과 맺어진 관계'에서 나오는 '우상숭배 금지' 명령 (4:20-24)

모세는 위와 같이 이스라엘 백성들의 시각 속에 무한하신 하나님을 펼쳐놓은 후에, 저희가 이 하나님의 소유된 백성이 되었음을 말하며, 이에 대한 언약이 체결되어 이제 그와 서로 사랑으로 헌신하는 관계가 되었다고 말한다. V. Korosec에 의하면, 고대근동사회에서의 주권자와 봉신의 언약체결은 이러한 '사랑'이 양자관계를 규정하는 전문용어였다.285) 이러한 언약체결시에 화목제를 통해서 공동의 식사를 하는 것은 서로 하나가 된 것을 기념하는 예식으로 보이는데, 이것은 혼인예식과 같이 묘사된다.286) 따라서 우상숭배는 이 부부관계를 배신하는 행위이며, "하나님을 사랑하라"는 명령의 또 다른 표현일 뿐이다. 심지어 모세마저도 이 언약 앞에서는 그 판결이 준엄하다. 그 내용은 다음과 같다.

> 여호와께서 너희를 택하시고 너희를 쇠풀무 곧 애굽에서 인도하여 내사 자기 기업의 백성을 삼으신 것이 오늘과 같아도, 여호와께서 너희로 인하여 내게 진노하사…나는 이 땅에서 죽고 요단을 건너지 못하려니와 너희는 건너가서 그 아름다운 땅을 얻으리니,(20-22)
> 너희는 스스로 삼가서 너희 하나님 여호와께서 너희와 세우신 언약을 잊어버려서 네 하나님 여호와께서 금하신 아무 형상의 우상이든지 조각하지 말라.(23)
> 네 하나님 여호와는 소멸하는 불이시요 질투하는 하나님이시니라.(24)

한편, 모세는 이 우상숭배 문제가 얼마나 큰 위험요소인지 알고 있다. 그리고 먼 훗날에 이 문제로 인하여 큰 시험을 치를 것을 예견하여, 이 문제로 인하여 "요단 강을 건너 차지할 그 땅에서 망할 것"과 "다른 민족들 가운데로

---

285) V. Korosec, International Relations acodring to Cuneiform Reports form the Tall al-Amarna and Hittite State Archives (Ljuiblijana: Drzavna Zalouba Slovenijie, 1950), 340. 재인용: 이안열, "신명기에 나타난 하나님 사랑의 연구," 연세대 연합신대원 석사 (2005), 62.
286) 호세아 선지자는 출애굽시에 이스라엘이 하나님의 신부가 되었다고 말한다.

흩어질 것"을 말한다. 그런데 이때에라도 다시금 "마음을 다하고, 성품을 다하여 그 분을 구하면"('쉐마, 이스라엘'의 명제), 하나님께서 기존의 맹세를 잊지 않을 것을 말한다. 그 내용은 다음과 같다.

> 네가 그 땅에서 아들을 낳고 손자를 얻으며 오래 살 때에 만일 스스로 부패하여 무슨 형상의 우상이든지 조각하여 네 하나님 여호와 앞에 악을 행함으로 그의 노를 격발하면…
> 너희가 요단을 건너가서 얻는 땅에서 속히 망할 것이라.…여호와께서 너희를 열국 중에 흩으실 것이요…
> 그러나 네가 거기서 네 하나님 여호와를 구하게 되리니 만일 마음을 다하고 성품을 다하여 그를 구하면 만나리라.…네 하나님 여호와는 자비하신 하나님이심이라 그가 너를 버리지 아니하시며 너를 멸하지 아니하시며 네 열조에게 맹세하신 언약을 잊지 아니하시리라. (신 4:25-31)

③ "여호와는 하나님이시요 그 외에 다른 신은 없다" (4:32-39)

모세는 이집트에서의 큰 표적과 기사를 하나님께서 이스라엘에게 보여주신 것에 대해 "이것을 네게 나타내심은 여호와는 하나님이시요 그 외에는 다른 신이 없음을 네게 알게 하려 하심이니라"(4:35)고 말한다. 이 명제를 이해할 때, 우리는 "하나님(엘로힘)"이라는 명사는 고유명사가 아니며, "신" 혹은 "수호신"이라는 의미의 보통명사이고, "도움을 주는 보호자"라는 의미임을 분명하게 하여야 한다. 따라서 "여호와 만을 하나님으로 안다"는 것은 하나님께서 유일한 도움이시며, 보호자이시며, 이 세상 만물에 대한 주권자요 주관자이심을 아는 것을 말한다. 이에 대해 모세는 다음과 같이 말한다.

> 네가 있기 전 하나님이 사람을 세상에 창조하신 날부터 지금까지 지나간 날을 상고하여 보라 하늘 이 끝에서 저 끝까지 이런 큰 일이 있었느냐 이런 일을 들은 적이 있었느냐, 어떤 국민이 불 가운데서 말씀하시는 하나님의 음성을 너처럼 듣고 생존하였었느냐, 어떤 신이 와서 시험과 이적과 기

사와 전쟁과 강한 손과 편 팔과 크게 두려운 일로 한 민족을 다른 민족에게서 인도하여 낸 일이 있느냐. 이는 다 너희 하나님 여호와께서 애굽에서 너희를 위하여 너희의 목전에서 행하신 일이라. 이것을 네게 나타내심은 여호와는 하나님이시요 그 외에는 다른 신이 없음을 네게 알게 하려 하심이니라.

여호와께서 너를 교훈하시려고 하늘에서부터 그 음성을 너로 듣게 하시며 땅에서는 그 큰 불을 네게 보이시고 너로 불 가운데서 나오는 그 말씀을 듣게 하셨느니라. 여호와께서 네 열조를 사랑하신 고로 그 후손 너를 택하시고 큰 권능으로 친히 인도하여 애굽에서 나오게 하시며…

그런즉 너는 오늘날 상천하지에 오직 여호와는 하나님이시요 다른 신이 없는 줄을 알아 명심하라. (4:32-39)

우상숭배란 다른 신에게서 도움을 구하는 것을 말하는데, 이것은 세상적인 것에 대한 탐심에서 나온다. 따라서, "여호와 만을 하나님으로 안다"는 명제가 언약으로 체결되면, 이것은 이제 "세상에 대한 욕망을 버리고, 오직 하나님 만을 사랑하는 것"으로 나타나게 되어있다. 이 명제가 신명기 6장에서 이제 구체적인 모압언약의 명제(혹은 명령)가 된다.

모세는 시내산에서 이것을 하나님께로부터 배웠는데, 이것은 단순히 지식으로 이스라엘에게 전달될 수 있는 명제가 아니었던 것으로 추정된다. 따라서, 시내산언약 체결 직후에는 이스라엘의 탐심으로 인하여 이 명제가 선포되지 못하다가 이제 40년의 광야 생활 후에 모압에 이르러서 이 명제가 선포되고 있는 것으로 보인다.

마. 시내산 사건 설명을 통한 모압언약의 제시 (4:40)

모세는 위와 같이 시내산 언약 체결시에 이스라엘 백성들이 장막으로 내려간 후에 여호와와 별도의 대화가 있었음을 말한다. 즉, 이 시내산 언약 속에는 이제 모압언약을 통해서 체결되려고 하는 모든 명령이 이미 내포된 것이었다고 말하고 있는 것이다. 모세는 이와 같이 시내산 언약의 정황을 말함을 통해서 이제 모압언약이 제시되었음을 선포하는 것이다. 따라서 시내산 언약에 동참하는 자는 모두 자연스럽게 모압언약에도 동참해야 하는 것이다. 궁극적으로 모세는 다음과 같이 그 설교를 마무리한다. 이때 모세는 "오늘 내가 네게 명령하는"이라는 표현을 사용한다.

> 오늘(הַיּוֹם) 내가 네게 명령하는(מְצַוְּךָ 분사형)여호와의 규례와 명령을 지키라 너와 네 후손이 복을 받아 네 하나님 여호와께서 네게 주시는 땅에서 한 없이 오래 살리라. (신 4:40)

3. 1차 설교 : "이스라엘 자손 앞에 내어 놓은 율법" (4:44)

신명기의 암묵적 저자는 이제 모압 땅에서 거행된 모세의 1차 설교의 취지를 설명하여, "모세가 이스라엘 자손에게 선포한(שָׂם 내어놓은, set) 율법이 이러하니라"고 말한다. 이것을 원문을 직역하면 다음과 같다.

> 이것은(זֹאת) 모세가 이스라엘 자손 앞에 내어놓은(set) 율법(הַתּוֹרָה)이다. (4:44)
>
> וְזֹאת הַתּוֹרָה אֲשֶׁר־שָׂם מֹשֶׁה לִפְנֵי בְּנֵי יִשְׂרָאֵל

이것은 모세의 모압에서의 1차 설교는 하나님의 모압에서의 언약제시라는 것이다. 위의 원문의 구조에서 특히 주목할 만한 것이 몇 가지 있는데, 그 내용은 다음과 같다.

먼저, "이것은(זֹאת)"이라는 지시대명사의 역할이다. 모세의 경우, 모압언약의 명제를 말할 때에는 모압 명제가 "하나님을 마음을 다하여 사랑하라"는 하나의 명제이므로 단수형의 지시대명사를 사용한다는 것이다.

두 번째, 여기에서의 "이것은(זֹאת)"은 신명기 1:5의 "이것은(זֹאת)"과 수미상관의 관계이라는 것이다. 모세는 신명기 1:6에서 모압 언약의 제안을 위한 역사적 서술을 시작하는데, 그 바로 전에 "모세가⋯ 이(זֹאת) 율법(הַתּוֹרָה) 설명하기를 시작하였더라"(1:5)고 말한다.

세 번째, 신명기 4:44은 4:45과 분리된다. 신명기 4:45의 원문을 직역해 보면, "이것들은(אֵלֶּה, 복수형 지시대명사)은 모세가 설교한 증거들과 규례들과 법도들이다"인데, 지시대명사가 다르다. 그리고, 44절과 45절 사이에는 마침표가 존재하는데, 이것을 이어주는 "그리고"라는 접속사가 존재하지 않는다. 보통 히브리어에서는 문맥이 이어질 경우 접속사 וְ가 대부분 등장한다. 따라서 4:45은 4:44과 연결시킬 것이 아니라, 모세의 제1차 설교와 2차 설교의 중간 지점에서의 정황설명으로서, 새로운 문단의 시작으로 보는 것이 적절하다.

한편, 이 구절은 앞에서 설명한 바와 같이 언약제안의 표제 역할을 하는 신명기 1장 5절의 "모세가 이 율법 설명하기를 시작하였더라. בֵּאֵר אֶת־הַתּוֹרָה הַזֹּאת הוֹאִיל מֹשֶׁה"와 수미상관을 이룬다. 한편, 두에인 L. 크리스텐센과 같은 경우에는 이 4:44을 다음에 이어지는 4:45과 연결된 내용으로 보기도 한다.287) 그런데, 이 경우 사용된 지시대명사가 다르다. 44절은 단수 지시대명사이며, 45절은 복수 지시대명사이다.

5절 언약의 내용: '두 번째 율법'에 대한 설명과 해설 (4:45-11:32)

1. 모압 언약의 표제와 정황 소개 (4:45-49)

가. 모압언약의 표제

이제 모세는 모압언약의 구체적인 내용을 제시하여야 한다. 이에 대해 신명기의 암묵적 저자로서의 나레이터는 "이것들은(אֵלֶּה, 복수형 지시대명사)은 모세가 설교한 증거들과 규례들과 법도들이다"라고 시작함을 통해서, 모압언약의 표제를 제시함과 아울러서 그 당시의 정황들을 설명한다.

אֵלֶּה הָעֵדֹת וְהַחֻקִּים וְהַמִּשְׁפָּטִים אֲשֶׁר דִּבֶּר מֹשֶׁה אֶל־בְּנֵי יִשְׂרָאֵל בְּצֵאתָם מִמִּצְרָיִם

---

287) 두에인 L. 크리스텐센, 「신명기」, Word Biblical Commentary, No. 6-1, 정일오 역 (서울: 솔로몬, 2014), 302-303.

[원문직역]이것들은 이스라엘 자손이 애굽에서 나온 후에 모세가 설교한 (דִּבֶּר, 말하다, 설교하다, 선포하다) 증거들과 규례들과 법도들이다. (4:45)

[개역성경]이스라엘 자손이 애굽에서 나온 후에 증거하신 것과 규례와 법도를 모세가 선포하였으니, (4:45)

위의 원문에서 "이것들은 (אֵלֶּה)"은 구조분석과 관련하여서 매우 중요하게 간주된다. 신명기 4:45-28:69은 모압언약의 내용을 구성하고 있다. 그리고 이 때 4:45과 28:69은 수미상관을 통하여 그 안에 있는 내용들이 모압언약의 계약조항임을 정확하게 밝히고 있는 것이다. 마소라 성경에서의 신명기 28:69 (개역성경은 29:1)의 내용은 다음과 같다.

אֵלֶּה דִבְרֵי הַבְּרִית אֲשֶׁר־צִוָּה יְהוָה אֶת־מֹשֶׁה לִכְרֹת אֶת־בְּנֵי יִשְׂרָאֵל בְּאֶרֶץ מוֹאָב מִלְּבַד הַבְּרִית אֲשֶׁר־כָּרַת אִתָּם בְּחֹרֵב פ

[원문직역] 이것들은(אֵלֶּה) 여호와가 호렙산에서 이스라엘 자손과 맺은 언약 외에 모압땅에서 그들과 언약을 맺기 위하여 모세에게 명령한 언약의 말씀들(דִבְרֵי)이다.(BHS28:69)

[개역성경] 호렙에서 이스라엘 자손과 세우신 언약 외에 여호와께서 모세에게 명하사 모압 땅에서 또 그들과 세우신 언약의 말씀이 이러하니라.(개역 29:1)

한편, 신명기 28:69의 문단 구분과 관련하여서 이 구절이 다음에 이어지는 내용의 표제인지, 혹은 앞에 언급된 내용들의 결어인지에 대해 다른 견해가 존재하는데, 마소라 본문에 의하면 신28:69 끝에 문단 구분 표시인 פ에 의해 이것이 앞에 언급된 내용들의 결어임을 알 수 있다. 한편, 송제근은 여러 설명들을 통하여 이와 같은 문단구분의 타당성을 주장한다.288)

한편, 만일 이러한 구조분석이 맞다면, 이제 4:45-28:69은 시내산에서 맺은

288) 송제근, 「시내산언약과 모압언약」, (서울: 솔로몬, 1992), 199-201.

언약 외의 언약이 되는 것이다. 따라서 모압언약은 물론 시내산 언약에 부속된 언약이지만, 두 번째 율법이라고 불리울 수도 있게 되는 것이다.

나. 모압언약의 시간과 장소 (4:46-49)

나래이터는 모세의 2차 설교를 통해 모압언약의 내용을 설명하기에 앞서서 먼저 이 언약이 설명되던 시기와 장소를 언급한다. 그 내용은 다음과 같다.

요단 동편 벳브올 맞은편 골짜기에서라 이 땅은 헤스본에 거하는 아모리 족속의 왕 시혼에게 속하였더니, 모세와 이스라엘 자손이 애굽에서 나온 후에 그를 쳐서 멸하고, 그 땅을 기업으로 얻었고 또 바산 왕 옥의 땅을 얻었으니 그 두 사람은 아모리 족속의 왕으로서 요단 이편 해 돋는 편에 거하였었으며, 그 얻은 땅은 아르논 골짜기 가의 아로엘에서부터 시온산 곧 헤르몬산까지요, 요단 이편 곧 그 동편 온 아라바니 비스가 산록 아래 아라바의 바다까지니라. (신4:46-49)

다. 모세의 두 번째 설교의 구성

모세는 자신의 두 번째 설교를 통하여 모압언약의 내용을 설명하게 된다.

먼저, 신명기 5장을 통해 모세는 시내산언약의 당사자들은 바로 지금의 너희들이라는 것을 밝히며, 시내산에서의 언약체결 과정과 그때 주어진 십계명을 말한다.(5:1-22) 그런데, 그때 이스라엘이 두려워 하나님께 가까이 다가가지 못해서, 하나님께서 하시는 말씀을 모두 듣지 못하였으며, 백성들은 장막으로 돌아가고 여호와 하나님과 모세와의 사이에 이루어진 중요한 부분이 있었음을 밝힌다. 그리고 이것은 이스라엘 백성들의 위임에 의한 것이었다.(5:23-33)

두 번째, 그 다음에 6장 1절을 통해서 모세는 "이것은 너희 하나님 여호와께서 내게 지시해 너희에게 가르치라고 하신 그 명령이다"고 하면서, 그 내용을 "들으라(쉐마), 이스라엘아"하면서 설명하는데, 그 내용은 첫 번째 쉐마로서, "우리 하나님 여호와는 오직 한 분이신 여호와이다"는 명제였으며, 이것이 신명기 6장의 내용이다. 또한 모세는 이어서 9장에서는 "두 번째 쉐마"를 말하며, "너희는 목이 곧은 백성이다"는 것을 말하고, "마음의 할례"문제를 거론한다.

세 번째, 모세는 이제 신명기 12-28장에 걸쳐서, 위와 같이 명령 혹은 율법들을 말하고, 이제는 이것을 구체적인 삶 속에 적용해서 각종 신명기 법전이라고 불리우는 구체적인 율법들을 말한다.

2. '모압언약의 근거'로서의 '시내산 언약' (5:1-33)

가. '시내산 언약'의 당사자로서 '우리' (5:1-4)

모세는 모압에서의 2차 설교를 시작하는데, 가장 먼저 언급하는 것은 "모압언약의 근거로서의 시내산 언약"에 관한 것이었다. 모세는 모압언약을 세울 때, 별도의 계약을 세우는 것이 아니라, 시내산 언약에 이미 존재하는 것을 확장시켜서 세우고, 여기에 백성들 모두를 참여하게 하고 있기 때문이다.

먼저, 모세는 신명기 5:1-3을 통해서 "내가 오늘 너희에게 말하는 규례와 법도를 듣고, 준행해야 한다"고 말한다. 그리고 그 이유로서 "우리 조상들이 아닌 우리 자신이 시내산에서 언약을 맺었기 때문이다"고 말한다. 그 내용은 다음과 같다.

이스라엘아 오늘(הַיּוֹם) 내가 너희 귀에 말하는 규례와 법도를 듣고 그것을 배우며 지켜 행하라. 우리 하나님 여호와께서 호렙산에서 우리와 언약을 세우셨나니, 이 언약은 여호와께서 우리 열조와 세우신 것이 아니요 오늘날(הַיּוֹם) 여기 살아 있는 우리 곧 우리와 세우신 것이라.(신5:1-3)

우리는 위에서 "오늘(הַיּוֹם)"이라는 문구에 주의를 기울여야 한다. 위의 내용에 의하면, "오늘 내가 너희에게 말하는 규례와 법도들"이다. 그래서, 이제 모세가 말하려고 하는 것은 과거에 이미 선포된 어떤 규례와 법도들이 아니다.

그리고 이어서 모세는 이스라엘 자손들을 향하여, 그들이 곧 과거의 언약체결 사건인 "시내산 언약"의 당사자라고 말한다. 이 양자는 서로 모순일 수 있다. 오늘 선포되는 율례를 준행하라고 하면서, 저희를 향하여 과거의 언약체결 사건을 말하고 있는 것이다. 이 모순은 어떻게 해결될 것인가. 5:30-31과 6:1에 나타나는 바와 같이 이 "오늘 선포되는 율례"는 시내산에서 여호와께서 모세에게 개인적으로 말씀하신 내용이었던 것이다.

그렇다면, 모세는 그 당시에 시내산 언약과 관련한 모든 것을 이스라엘에게 선포하지 못했다는 말인가? 신명기 5장의 논의에 의하면 모세는 그 시내산에서의 명령과 규례를 전달하지 못했다. 그것을 이제야 설명하고 있는 것이다. 그 이유는 4장에서 한 번 살펴보았는데, 이스라엘이 곧바로 우상숭배에 빠졌으며, 들을 귀를 갖지 못했기 때문에 전달할 수 없었다는 것이다. 이 문제와 관련하여서 모세는 다음에 "마음의 할례"문제를 언급한다.

이와 같이 위의 신명기 5:1의 "오늘 너희에게 가르치는 율례와 법도"는 이제 신명기 5:31의 "명령과 규례와 법도"와 동일한 것이 된다. 그리고 이에 대한 설명이 이제 신명기 6:1부터 시작되는 것이다.

나. '십계명'의 '시내산 언약' 체결 상황을 설명하는 모세 (5:4-22)

이제 모세는 모든 백성들이 여호와께로부터 들음을 통해서 체결되었던 시내산 언약의 정황을 설명한다. 모세에 의하면, 여호와 하나님께서는 "십계명"을 통한 시내산 언약을 "여호와께서 산에서 너희와 얼굴을 맞대고 불 속에서 말씀하셨다"고 말한다. 한편, 이때 모세는 복선이 있는 이야기를 하는데, 그때 자신이 "십계명에 대한 중개자의 역할을 하였다"고 말한다. 그 내용은 다음과 같다.

여호와께서 산 위 불 가운데서 너희와 대면하여 말씀하시매, 그 때에 너희가 불을 두려워하여 산에 오르지 못하므로 내가 여호와와 너희 중간에 서서 여호와의 말씀을 너희에게 전하였노라. (신 5:4-5)

이제 모세는 십계명 전 조항을 첫 계명부터 열 번째 계명까지 낱낱이 언급하고, 그 결과를 다음과 같이 말하는데, 이때 더 말할 것이 있었는데, "더 말씀하지 않고" 그냥 "두 돌판만 주었다"고 말한다.

여호와께서 이 모든 말씀을 산 위 불 가운데, 구름 가운데, 흑암 가운데서 큰 음성으로 너희 총회에 이르신 후에 '더 말씀하지 아니 하시고(וְלֹא יָסַף)' 그것을 두 돌판에 써서 내게 주셨느니라. (신5:22)

위의 말씀에 의하면, 여호와 하나님께서는 더 말할 것이 있으셨는데, 더 말하지 않았다는 것이다. 그렇다면, 이제 더 할 말이 남아 있는 것이다. 이것을 하나님께서는 모세를 개인적으로 불러서 말씀하신 것이다. 그리고 그 내용이 모압언약의 주제가 되는 것이다. (한편, 대부분의 신학자들은 이것을 단순히 십계명에 대한 반복이라고 말한다.289))

다. 지파 지도자들의 권유와 위임 (5:23-29)

신명기 5:5과 5:22에 의하면, 십계명의 언약체결도 실질적으로는 모세의 중개를 통해서 이루어졌다. 그리고 이제 여호와 하나님께서는 또 다른 무엇을 말씀하셔야 했다. 이것은 사실은 십계명을 준행할 수 있는 방법론이 담긴 것으로 보인다. 그런데 이제 이에 대한 말씀을 듣는 것이 모세에게 위임된 것이다. 그 내용을 모세는 다음과 같이 말한다.

산이 불에 타며 캄캄한 가운데서 나오는 그 소리를 너희가 듣고 너희 지파의 두령과 장로들이 내게 나아와 말하되 우리 하나님 여호와께서 그 영광과 위엄을 우리에게 보이시매 불 가운데서 나오는 음성을 우리가 들었고 하나님이 사람과 말씀하시되 그 사람이 생존하는 것을 오늘날 우리가 보았나이다. 이제 우리가 죽을 까닭이 무엇이니이까 이 큰 불이 우리를 삼킬 것이요 우리가 우리 하나님 여호와의 음성을 다시 들으면 죽을 것이라. 무릇 육신을 가진 자가 우리처럼 사시는 하나님의 음성이 불 가운데서 발함을 듣고 생존한 자가 누구니이까. 당신은 가까이 나아가서 우리 하나님 여

---

289) 허버트 M. 울프, 「오경개론」, 엄성옥 역 (서울: 은성, 2002), 310-311.

호와의 하시는 말씀을 다 듣고 우리 하나님 여호와의 당신에게 이르시는 것을 다 우리에게 전하소서 우리가 듣고 행하겠나이다 하였느니라.(신 5:23-26)

그리고 위의 말을 이제 여호와께서 들으셨고 이에 대해 다음과 같이 말씀하신다.

여호와께서 너희가 내게 말할 때에 너희의 말하는 소리를 들으신지라 여호와께서 내게 이르시되 이 백성이 네게 말하는 그 말소리를 내가 들은즉 그 말이 다 옳도다. 다만 그들이 항상 이같은 마음을 품어 나를 경외하며 나의 모든 명령을 지켜서 그들과 그 자손이 영원히 복 받기를 원하노라. (신 5:28-29)

라. 모세를 별도로 불러 말씀하신 하나님 (신5:30-33)

이에 이제 하나님께서는 백성들은 각각의 장막으로 돌아가게 하시고, 모세를 별도로 불러서 말씀하신다. 그리고 이것을 백성들에게 별도로 가르치라고 하신다. 그 내용은 다음과 같다.

가서 그들에게 각기 장막으로 돌아가라 이르고 너는 여기 내 곁에 섰으라. 내가 모든 명령과 규례와 법도를 네게 이르리니 너는 그것을 그들에게 가르쳐서 내가 그들에게 기업으로 주는 땅에서 그들로 이를 행하게 하라 하셨나니, 그런즉 너희 하나님 여호와께서 너희에게 명령하신 대로 너희는 삼가 행하여 좌로나 우로나 치우치지 말고, 너희 하나님 여호와께서 너희에게 명하신 모든 도를 행하라 그리하면 너희가 삶을 얻고 복을 얻어서 너희의 얻은 땅에서 너희의 날이 장구하리라. (신5:30-33)

위의 내용 중에서 앞뒤의 연결고리가 되는 중요한 구절은 5장 31절이다. 이것은 신명기 5장 1절과 6장 1절 사이의 매개역할을 하는 구절이다.

내가 모든 명령과 규례와 법도를 네게 이르리니 너는 그것을 그들에게 가
르쳐서 내가 그들에게 기업으로 주는 땅에서 그들로 이를 행하게 하라 하
셨나니 (신5:31)
이는 곧 너희 하나님 여호와께서 너희에게 가르치라 명하신바 명령과 규례
와 법도라 너희가 건너가서 얻을 땅에서 행할 것이니 (신6:1)

위의 신명기 5:31과 6:1의 "명령과 규례들과 법도들"은 동일한 것을 의미
한다. 여기서 특히 유의할 점이 하나 있는데, 여기에서 "규례들과 법도들"은
모두 복수형 명사를 사용하고, "명령(מִצְוָה)"은 모두 단수형 명사를 사용하고
있다는 점이다. 다음에 나타나겠지만, 모압언약의 명제는 "들으라 이스라엘아"
하면서 명령형으로 나타나는 명제는 "우리 하나님 여호와는 오직 한 분이신
여호와이다"라는 하나의 명제이기 때문이다. 한편, 5장 22절에서 "십계명"에
대해서는 "말씀들(הַדְּבָרִים הָאֵלֶּה)"이라는 복수 명사를 사용하고 있다. 따라서 여
기에서의 "명령(מִצְוָה)"은 시내산 언약의 십계명에서 나타나지 않은 새로운 것
이다. 그리고 이 "명령(מִצְוָה)"이라는 단어는 5장 1절에서는 나타나지 않는다.

마. 모압언약의 근거규정

이제 신명기 5장 23-33절을 통해서 모압언약의 근거가 마련된 것이다. 모
압언약은 시내산 언약의 연장이면서, 시내산 언약의 후반부의 내용을 구성한
다. 한편, 다른 일반학자들은 이 구절을 단순히 "중보자로 세워진 모세"[290]라
는 제목으로만 다루고 있는 반면, 송제근은 "두 번째 교훈"이라고 밝히고 있
다.[291]

3. 두 번째 율법, "마음과 성품을 다하여 하나님을 사랑하라"
   (6:1-6:25)

---

290) J.H. 세일해머, 「서술로서의 모세오경」, 김동진 역 (서울: 크리스챤서적, 2006), 403.
291) 송제근, 「시내산언약과 모압언약」, (서울: 솔로몬, 1998), 229.

가. 표제 : "건너가 얻을 땅에서 행해야 할 명령"이다 (신 6:1-3)

신명기 6장 1절의 명제는 앞에서 설명한 바와 같이, 이제 6장에서 설명하게 될 모압언약의 핵심명제를 말한다. 여기에서 말하는 "이것(זֹאת)"은 앞에서 살펴본 바와 같이, 앞에 있는 5:31의 그 "명령"과 동일한 것이지만, 앞 문단에 대한 지시대명사가 아니라, 뒤에 나타나는 "두 번째 율법"의 내용으로서의 "이것"을 말한다. 따라서, 오해가 없이 하려면, 오히려 번역을 "건너가 얻을 땅에서 행해야 할 명령은 이것이다"라고 하는 것이 더 적절하다. 따라서, 여기서의 "이것"은 두 번째 율법의 표제를 의미하는 용어이다. 5장 31절과 매개역할을 하는 구절은 오히려 "건너가 얻을 땅에서 행해야 할 명령"이다. 먼저 6장 1절을 직역하면 다음과 같다.

> וְזֹאת הַמִּצְוָה הַחֻקִּים וְהַמִּשְׁפָּטִים אֲשֶׁר צִוָּה יְהוָה אֱלֹהֵיכֶם לְלַמֵּד אֶתְכֶם
> לַעֲשׂוֹת בָּאָרֶץ אֲשֶׁר אַתֶּם עֹבְרִים שָׁמָּה לְרִשְׁתָּהּ

[직역] 이것(זֹאת)은 여호와 하나님이 너희에게 가르치기 위하여 명하신 명령과 규례와 법도인데, 너희가 건너 가서 차지할 땅에서 행할 것이다.(신6:1)
[개역] 이는 곧 너희 하나님 여호와께서 너희에게 가르치라 명하신바 명령과 규례와 법도라 너희가 건너가서 얻을 땅에서 행할 것이니,(신6:1)

따라서, 위의 신명기 6:1 에서 말하는 "이것(זֹאת, 단수형 지시대명사)"이 무엇을 말하는 것인지에 대해서는 아직 드러나 있지 않지만, 단수 대명사를 사용하는 것으로 보아 단일 명제이다. 그리고, 2절에서는 이렇게 "이것(זֹאת)"을 지키라고 하는 이유를 "내가 너희에게 명한 그 모든 규례와 명령들(복수 명사)을 지키게 하기 위한 것"이라고 한다. 따라서 1절에서 말하는 "명령"으로서의 "이것"은 2절에 나타난 "명령들"과 동일하지 않다.

> לְמַעַן תִּירָא אֶת־יְהוָה אֱלֹהֶיךָ לִשְׁמֹר אֶת־כָּל־חֻקֹּתָיו וּמִצְוֺתָיו אֲשֶׁר אָנֹכִי מְצַוְּךָ אַתָּה
> וּבִנְךָ וּבֶן־בִּנְךָ כֹּל יְמֵי חַיֶּיךָ וּלְמַעַן יַאֲרִכֻן יָמֶיךָ

[개역] 곧 너와 네 아들과 네 손자로 평생에 네 하나님 여호와를 경외하며 내가 너희에게 명한 그 모든 규례들와 명령들(מִצְוֹת, 복수명사)을 지키게 하기 위한 것이며 또 네 날을 장구케 하기 위한 것이라.(신6:2)

위의 원문에서 서두에 시작하는 לְמַעַן 은 "~을 위하여"라는 의미를 가지고 있다. 즉, "이것(זֹאת)"는 "그 모든 규례와 명령들(복수 명사)을 지키게 하기 위한 것"이었다. 여기에서 이제 한 번더 "이것(זֹאת)"의 정체가 드러났다. "이것" 은 다름 아닌 기존의 "십계명(מִצְוֹת 명령들)을 비롯한 규례들"을 지킬 수 있게 해주는 어떤 "명령"이었던 것이다. 여호와께서는 모세와 단 둘이 만나서 말씀 하신 것이 바로 그러한 성격을 지닌 "이것(זֹאת)"으로서의 "명령"이었던 것이다. 한편, 이에 기반하여서 3절을 살펴보면 다음과 같다.

[개역] 이스라엘아 듣고 삼가 그것을 행하라 그리하면 네가 복을 얻고 네 열조의 하나님 여호와께서 네게 허락하심 같이 젖과 꿀이 흐르는 땅에서 너의 수효가 심히 번성하리라.(신6:3)

그렇다면, 이제 위의 3절에서의 "그것"은 무엇인가? 이것은 1절에 있는 "이것(זֹאת)"을 의미한다. 이에 대한 원문은 וְשָׁמַעְתָּ יִשְׂרָאֵל וְשָׁמַרְתָּ לַעֲשׂוֹת 인데, "이스라엘아 듣고 지켜서 그것을 행하라"로 일단을 해석된다. 이때 "그것"에 대한 지시대명사가 이 구절에는 존재하지 않고, 여기의 "듣고, 지키고, 행하다"라는 동사들이 타동사이므로 "그것을"이라고 해석될 뿐이다. 그렇다면 여기서의 "그것"은 무엇인가? 이것은 문맥을 통해서 해석해야 하는데, 이것은 당연히 1절에 나타난 "이것(זֹאת)"이다. "이것(זֹאת)"이 바로 이 문맥에서 "듣고 행해야 할 명령"이다. 2절에 나타난 "규례들과 명령들"로 연결될 수 없다. 2절의 "규례들과 명령들"은 לְמַעַן ("~을 위하여")에 종속되어 있기 때문이다.

그리고, 이제 4절부터 "들으라, 이스라엘아"고 하면서 "이것(זֹאת)"이 무엇인 지를 모세는 구체적으로 밝히고 있다.

한편, 여기의 6장 1절과 신명기 6:25은 수미상관을 이루고 있다. 6:25의 내용은 다음과 같다.

> 그가 명하신 대로 우리 하나님 여호와 앞에서 우리가 이(זֹאת) 모든 명령을
> 지켜서 행했기 때문에 우리에게 의로움이 될 것이다.(6:25)

나. 제2명령(혹은 제2율법)의 화법 형태

이제야 비로소 모세는 신명기 5:31에서 말한 "그 땅에 들어가서 행해야 할 명령" 혹은 6:1에서 말한 "이것(זֹאת)"이 무엇인지를 밝힌다. 그 내용을 모세는 다음과 같이 말하고 있는데, 두 문장으로 구성되어 있다.

4절 שְׁמַע יִשְׂרָאֵל יְהוָה אֱלֹהֵינוּ יְהוָה אֶחָד

5절 וְאָהַבְתָּ אֵת יְהוָה אֱלֹהֶיךָ בְּכָל־לְבָבְךָ וּבְכָל־נַפְשְׁךָ וּבְכָל־מְאֹדֶךָ

[직역] 들으라 이스라엘아, 우리 하나님 여호와는 오직 하나인 여호와이신 것을.
그러므로, 너는 마음을 다하고 성품을 다하고 힘을 다하여 네 하나님 여호와를 사랑하라.(신6:4-5)

먼저, 위의 모든 말씀은 화법의 형태로 보아서 여호와의 말씀을 직접화법으로 전하는 것이 아니라, 모세의 중재를 통해 모세의 입술로 전달되는 메시지로 보인다. 만일 위의 문장이 모두 여호와의 음성이었다면, "우리 하나님 여호와"라는 표현 대신에 "너희 하나님 여호와"라는 표현을 썼을 것이다. 그렇다면, "들으라, 이스라엘아"도 모세의 말인데, 모세가 여호와의 말씀을 이해한 후에 설명하는 내용인 것이다. 이러한 관점에서 위의 문장 전체를 여호와의 말씀으로 받아야 한다.

두 번째, 위의 문장은 두 문장으로 구성되어 있다. 4절과 5절 사이에 마침표를 의미하는 소프-파숙이 존재하기 때문이다. 따라서 4절에서의 "들으라, 이스라엘아"의 목적어가 "우리 하나님 여호와는 오직 하나인 여호와이시다"는 명제이다. 따라서, "우리 하나님 여호와는 오직 하나인 여호와이시다"는 말씀

을 듣는 것이 "여호와의 명령"일 수 있다.

세 번째, 그럼에도 불구하고 5절은 ٦를 통해서 4절과 연결된다. 이때, 모세는 "하나님을 사랑하는 것"을 명령형을 사용하는 것이 아니라, 도치 완료형(베카탈타형)으로 "하나님을 사랑할 것이다"라고 쓰고 있다. 여기에는 해석상의 많은 이견이 존재할 수 있으나, 명령형에 이어지는 도치 완료형이므로 이에 대해서도 "명령형"을 사용하여 번역하고 있는 것으로 보인다.

다. "들으라 이스라엘아 1" (신 6:4 a)

여기에서 모세가 "들으라, 이스라엘아"이라고 말하는 의미를 알아야 하는데, 이것은 신명기에서 전반적으로 반복해서 나타난다. 이것은 모세에게 중요한 명제이다. 모세의 판단으로 이스라엘은 "시내산 언약" 후에 이 "제2율법"을 말하고자 하였으나, 이스라엘에게 들을 귀가 없어서 이 메시지를 전달하지 못했다. 그래서 40년이 지난 이제야 말할 수 있게 되었다. 뒤에 나타나겠지만 우상숭배에 빠졌을 때, 탐심으로 인하여 듣지 못하게 된다. 이 문제와 관련해서 모세는 "마음의 할례" 문제를 거론하게 되는데, 신명기에서 "들으라"는 명제와 이 "들음"을 위한 "마음의 할례"는 중요한 주제이다. 따라서 모세는 중요한 것을 말할 때마다 "쉐마, 이스라엘 (들으라, 이스라엘아)"를 반복하고 있는 것이다. 따라서 신명기에서 "쉐마, 이스라엘 (들으라, 이스라엘아)"은 문단 구분의 주요한 표지가 된다. 이 "쉐마, 이스라엘"은 신명기 9장에 마음의 할례 문제와 관련하여 또 다시 나타난다.

라. "우리 하나님 여호와는 오직 하나인 여호와시니"(6:4b)

이스라엘이 들어야 할 명령은 한 명령인데, 여기에는 두 개의 명제로 이루어져 결합되어 있다. 그 중 하나는 "우리 하나님 여호와는 오직 하나인 여호와시니"인데, 이 내용에 대한 이해는 신학적 지식을 요청하는 내용이다. 이에 대한 이해에 의해서 그 다음의 명령이 유효하게 작용한다. 따라서 이 명제를 이해하는 것이 그 다음의 명령을 위해서 중요하다.

יְהוָה אֱלֹהֵינוּ יְהוָה אֶחָד

[직역] 너희 하나님 여호와는 오직 하나인 여호와시니 (혹은, 오직 하나인 존재자시니)

이것의 의미를 살려서 직역하면 그 내용은 다음과 같은데, "우리 하나님 '스스로 계신 이(여호와)'는, 오직 하나인 '스스로 계신이(존재자)'이다"라는 의미이다. 위의 원문에서 나타나는 두 번째 יְהוָה는 이름을 나타내는 고유명사가 아니라, 존재자를 의미하는 보통명사일 가능성도 고려해 보아야 한다. 이것이 오히려 문맥에 더 일치하기 때문이다. 즉, 세상에 '여호와' 외에는 존재하지 않는다. 모든 만물이 여호와 안에 있고, 그 분 안에 거하고 있는 피조물이다. 이것은 창세기의 가치관과 우주관 속에 잘 나타나는데, 모세는 창세기 1장의 모든 것을 정리하면서 창세기 2장 1절에, "천지와 만물이 다 이루니라"라고 말하는데, 이때 원어 해석에 의하면, "하늘과 땅과 모든 천군(כָּל-צְבָאָם)을 다 이루니라"고 번역된다. 여호와께서는 하늘이나 땅도 하나님께서 부리시는 천사와 같은 영적 존재로 파악하시며 실제로 그러하다. 모든 만물 이면에는 영적인 존재가 있으며, 그 영적인 존재는 여호와의 부리시는 영이다. 이것이 모세의 가치관이자 우주관이었다. 즉, 하늘과 땅이 지음을 받았는데, 그것의 실질적인 모습은 그것의 이면에 있는 바로 그의 천군과 천사들이다. 그렇다면 이제 그 안에 거하는 모든 것들은 또한 그 하나님 안에 존재하는 것이다.

즉, 세상에 진정한 존재자는 오직 여호와 한 분이시다. 그 외의 모든 것은 그로 인하여 존재하고 있는 것이다. 그렇기 때문에 오직 여호와 한 분만이 모든 사랑과 소망의 대상이시다. 다른 존재는 모두 우상에 해당한다. 따라서, 이제는 우리의 마음을 다른 곳에 두어서는 안 되며, 오직 여호와 하나님께만 두어야 한다. 이것이 곧 "너는 마음을 다하고 성품을 다하고 힘을 다하여 네 하나님 여호와를 사랑하라"는 명제이다. 다른 모든 것은 허상이며 우상이고, 오직 "하나님만이 참 존재이며, 사랑의 대상이다"는 것이다.

마. "너는 마음을 다하여⋯ 네 하나님 여호와를 사랑하라."(신6:5)

모세는 이제 궁극적인 명제를 "네 하나님 여호와를 사랑하라"고 하며 다음과 같이 제시한다. 예수께서는 이 명제를 그의 설교에 이용하셨으며, 이것을 모든 율법과 선지자의 강령이라고 말씀하신다.

וְאָהַבְתָּ אֵת יְהוָה אֱלֹהֶיךָ בְּכָל־לְבָבְךָ וּבְכָל־נַפְשְׁךָ וּבְכָל־מְאֹדֶךָ

[직역] 너는 너의 하나님 여호와를 너의 모든 마음과 너의 모든 영혼과 너의 모든 힘을 다하여 사랑하게 될 것이다 (혹은, 사랑하라). (신6:5)

한편, 여기서 "사랑하라"를 의미하는 וְאָהַבְתָּ가 베카탈타형(도치된 완료)으로 되어 있다는 것이다. 이것은 대체로 해석할 때 주옹 무라오까에 의하면, "주로 다른 동작에 뒤따라 나오는 미래의 동작에 사용된다.… 또한 미래를 표현하기에 적합하게 되어서 상대적인 혹은 절대적인 시작에 사용되기도 한다.… 또한 가끔 논리적인 결과를 표현한다"고 말한다.[292] 따라서 이 신명기 6장 5절은 그 앞의 문장과 연결해서 해석하여야 한다. 그렇다면, 그 앞 문장은 무엇인가? 마소라 원문에 의하면, 신명기 6장 4절이 한 문장이어서 "들으라 이스라엘아, 네 하나님 여호와는 하나이신 여호와이다는 것을"이라고 직역될 수 있다. 그렇다면, 여기서의 וְאָהַבְתָּ 는 "(절대적으로 혹은 절대적으로) 사랑하게 될 것이다"로 해석될 수 있는 것이다. 즉, "들으라, 이스라엘아. 네 하나님 여호와는…"에 대한 장래에 일어날 결과적 완료를 의미하고 있다는 것이다. 따라서, 이러한 원문 직역에 의하면, 어떻게 보면, 제2율법(혹은 제2명령)이라고 표현될 수 있는 이 명제는 사실은 "들으라 이스라엘아, 네 하나님 여호와는 하나이신 여호와이다는 것을"이 핵심이며, 이것을 마음에 새기는 것이 진정한 명령일 수 있다. 따라서 "여호와를 사랑하라"보다 "들으라, 여호와는 한 분 하나님이시다"가 진정한 제2명령(제2율법)일 수 있는 것이다. 한편, 킹 제임스 영문 번역에서는 단순 미래형(shall)을 사용하여 "여호와를 사랑할 것이다"고 번역하고 있는데, 이것이 더 타당한 것으로 보이며, 이 경우 제2명령은 "여호와를 사랑하라"보다 "쉐마, 이스라엘" 혹은 "여호와의 하나님이심을 참으로 알

---

292) 주옹 무라오까, 434-435.

라"가 더 적절할 수 있다. 그리고, 이때 비로소 제2명령은 "마음의 할례"와 연결이 된다.

이것은 또 다른 연구거리를 제공하지만, 여기에서는 편의상 기존의 한글 번역에 따라 "여호와를 사랑하라"는 명령형의 번역에 따르고자 한다. 왜냐면, 단순 미래형은 절대적 명령과도 일맥상통하기 때문이다. 대체로 베카탈타형(도치된 완료)은 앞문장이 미완료형(익톨)의 동사가 사용된 후에, 미래에 가서 결과적으로 완료형으로 성취될 것을 기대하고 사용한다. 따라서 의지 미래가 아닌 단순 미래에 가깝다. 한편, 이 경우에 앞 문장은 익톨(미완료형)이 아니라, "들으라, 이스라엘아"라고 하는 명령형에 베카탈타형(도치된 완료형)이 사용된 것이기 때문에, 미래에 반드시 완료 혹은 결과 되어질 강한 명령형으로 볼 수도 있는 것이다.

십계명은 이와 같이 "여호와를 생명 다하여 사랑하라"는 한 마디로 압축이 된다. 그리고 십계명과 이 말은 다른 말이 아니다. 따라서 십계명을 폄하하는 것은 이 말씀이 폄하되는 것을 의미하므로 결코 타당하지 않다. 그런데, 이 말씀에는 중요한 방향의 전환이 존재한다. 단순하게 십계명을 이행하려고 하면 외면적인 행위로 흐를 가능성이 있는데, 그러나 십계명을 이와 같이 "하나님을 마음으로 사랑하는 것" 해석하여 행하면 십계명의 행위는 자연스러워진다. 즉, 마음으로 "하나님을 사랑하는 것"이 곧 십계명의 취지이자, 십계명을 행하는 방법이라는 것이다. 그리고 또 중요한 것은 이와 같이 십계명이 하나님을 사랑하는 마음으로 향할 때, 궁극적으로 마음의 할례의 필요성이 요청된다. 새 언약(복음)으로의 길이 열리는 것이다. 이 두 번째 율법으로서의 계명이 마음의 할례로 우리를 이끌기 위한 계명이었던 것이다. 모세를 비롯한 모든 선지자들이 이 계명을 통하여 자신의 영성을 고양시키셨음이 확실한 것으로 보인다. 어떻게 보면, 위의 말씀은 십계명의 제1계명인 "나 외에는 다른 신을 내게 두지 말라"의 부정적 표현을 적극적 표현으로 바꾼 것일 수 있는데,293) 이러한 마음으로의 방향 변화는 완전히 새로운 어떤 측면을 가지고 있다.

모세는 분명히 이 명제로 자신의 영성을 심화시키고 강화시켰다. 모세는 분

---

293) 왕대일, 「신명기 강의」 (서울: 대한기독교서회, 2015), 140-141.

명히 이 명제를 통하여 신비주의에 이르렀다. "하나님을 마음으로 사랑하는 것"은 분명히 신비주의적인 영성을 내포하고 있다. 우리는 이것을 모세의 신비주의에서 확인할 수 있다. 고대 교부로서 삼위일체론의 형성에 지대한 역할을 한 닛사의 그레고리는 모세가 시내산에서 하나님을 만나는 것을 신비주의적 용어로 표현을 하였으며, 그의 하나님과의 만남의 장면을 신비체험의 모델로 삼았다. 그리고 이러한 영향은 그 후로도 계속되어 중세의 십자가의 요한은 "하나님을 사랑하는 감정"을 신비의 세계에 이르는 하나의 길로 파악하였다. 그래서 그들은 "하나님 사랑"의 감정을 한껏 고양시킴을 통해서 하나님과의 하나 됨에 이르려 하였던 것이다. 모세의 이 "하나님을 사랑하라"는 명제는 이와 같이 지적인 명제가 아니라 감정적인 명제이다. 즉, 그 "하나님 사랑의 감정"이 드러나기 까지 온통 그를 의지적으로 추구하라고 한다. 이것을 모세는 다음과 같이 표현하고 있다

> 오늘날 내가 네게 명하는 이 말씀을 너는 마음에 새기고, 네 자녀에게 부지런히 가르치며 집에 앉았을 때에든지 길에 행할 때에든지 누웠을 때에든지 일어날 때에든지 이 말씀을 강론할 것이며, 너는 또 그것을 네 손목에 매어 기호를 삼으며 네 미간에 붙여 표를 삼고, 또 네 집 문설주와 바깥 문에 기록할지니라. (신6:6-9)

먼저, 이 말씀들을 마음에 새겨야 한다. הָאֵלֶּה אֲשֶׁר אָנֹכִי מְצַוְּךָ הַיּוֹם עַל־לְבָבֶךָ וְהָיוּ הַדְּבָרִים 를 직역하면, "오늘 내가 너에게 명령하는 이러한 말씀들을 너의 마음 위에 놓고"이다. 여기에서는 "이러한 말씀들, הַדְּבָרִים הָאֵלֶּה"이라고 한다. 즉, 위의 한 명제 "마음으로 하나님을 사랑하는 것"은 한 명제이지만, 이것은 많은 명제들을 내포하고 있다는 것이다. 먼저 하나님은 만유보다 크시다는 신학적인 이해가 필요하고, 이것을 적용하여 마음에 결단을 하여 마음에 그 말씀들이 있게 하는 것이다.

그리고, 이제는 그것을 그리고 그 마음에 있는 것이 밖으로 흘러나오게 하여야 하여 이것을 강론하여 가르쳐야 한다. 하나의 명제가 강론으로 이어진다는 것은 많은 명제로의 발전을 의미한다. 그리고 눈에 보이는 모든 것에 이

명제를 붙여 놓아서 이 명제 안에 거하여야 한다.

이것은 분명히 "부부관계"에 이르기까지의 사랑이다. 여호와와 이스라엘의 관계가 부부관계로 성립되는 시기를 호세아 선지자는 출애굽의 시기로 잡고 있다. 그리고, 그것은 이 신명기의 이 명제를 통해서 그것이 나타난다. 제2율법 혹은 제2명령으로 여겨지는 이 신명기 6장 4-5절의 명제는 양자의 부부관계를 성립시켜주는 명제이며, 시내산에서 여호와께서 이스라엘에게 제안한 언약의 내용은 바로 이것이었던 것으로 추정된다.

바. 하나님 사랑의 Flow(흐름) (신 6:10-17)

모세는 이제 위의 명제에 이어서 우상숭배에 대한 근절을 말한다. 왜냐면 하나님 사랑과 우상숭배의 근절은 동전의 양면과 같은 명제이기 때문이다. 따라서 이것은 "하나님을 사랑하라"와 별도의 명제가 아니다. 그리고 더 나아가 다른 계명들과도 별도의 명제가 아니다. 우리는 다음의 내용을 면밀히 검토함을 통해서 이것을 알 수 있다.

> 네 하나님 여호와를 경외하며 섬기며 그 이름으로 맹세할 것이니라. 너희는 다른 신들 곧 네 사면에 있는 백성의 신들을 좇지 말라. 너희 중에 계신 너희 하나님 여호와는 질투하시는 하나님이신즉 너희 하나님 여호와께서 네게 진노하사 너를 지면에서 멸절시키실까 두려워하노라.…너희의 하나님 여호와께서 너희에게 명하신 명령과 증거하신 것과 규례를 삼가 지키며 (신6:13-17)

① 하나님 여호와를 경외하며 섬기며…

먼저, 모세는 "네 하나님 여호와를 경외하며 섬기며 그 이름으로 맹세할 것이니라"고 하는데, 이것은 지금까지 제2율법(제2명령)이라는 용어를 사용하여 이야기한 "마음으로 생명 다하여 하나님을 사랑하는 것"을 의미한다. "사랑의 감정"이 나타나기까지 그를 사랑하는 것을 의미하며, 온통 그에게 둘러쌓이도록 집중하는 것을 의미한다.

② 우상의 근절 (탐심의 근절)

두 번째, 한편 이 "하나님을 사랑하는 것"이라는 명제는 항상 "우상숭배의 근절"이라는 명제를 수반한다. 위에서 13절에서의 "하나님을 경외하고 섬기며"라는 명제는 아무런 설명도 없이 "너희는 다른 신들 곧 네 사면에 있는 백성의 신들을 좇지 말라"로 이어진다. 그리고, 또한 이 우상숭배 근절은 "너희 중에 계신 너희 하나님 여호와는 질투하시는(마음의 사랑과 연결됨) 하나님이신즉"으로 이어진다. 즉, 우상숭배 근절는 "하나님 사랑의 또 다른 표현"이라는 것이다.

우상은 "탐심"으로서 마음에 들어오기 때문이다. 그래서, 우상이 마음에 있으면, 그 마음이 "하나님 사랑"으로 나아갈 수 없다. 이 우상에 대해서 훗날에 바울은 "탐심은 우상숭배이다"고 말한다. 그리고 그 이전에 예수께서는 "하나님과 재물을 겸하여 섬길 수 없다"고 말한다. 이것이 우상의 본질이며, 우상은 그 마음을 점령한다. 그리고 우상에 의하여 그 마음이 점령을 당하면 그 마음에 "하나님 사랑"을 새길 수 없다.

고대 근동사회에서의 신은 그 대상과 하나로 인식되었다. 모든 사물 이면에는 그것을 관할하는 하나의 신이 존재한다. 이와 같이 신명기 7장 5절에 나타나는 아세라 여신은 바벨론-가나안의 행운과 행복의 여신이다. 따라서, 이 아세라는 "행운과 행복 자체"이다. 따라서 "행운과 행복"을 얻기를 원하는 자는 이 신을 찾는데, 그들의 사고 속에서는 "행복과 행복 자체"가 곧 아세라 여신인 것이다. 이것이 고대인들의 우주관이었다. 이러한 우주관 속에서 그들에게 "행복과 행운에 대한 갈망" 자체가 "아세라 여신"을 섬기는 행위와 직결되는 것이었다. 모세가 "우상의 근절"을 말한 것은 이와 같이 마음에서 모든 "행복의 욕구"에 앞서서 "하나님을 사랑하라"고 한 것이었다. 따라서 그 시대나 신약의 시대나 현대를 막론하고, "하나님 사랑은 자기부인"과 항상 함께 등장하는 명제인 것이다. 이러한 세상의 행복에 대한 "자기부인"이 있어야 "하나님 사랑"이라는 명제에 집중할 수 있으며, 이 명제가 깊어질 수 있다. "하나님 사랑"이 감정적으로 드러나기 위해서는 그 마음에서 우상이 제거될 때 가능하다.

이 우상숭배에 빠지는 이유는 무엇일까? 탐심으로 인한 것이다. 그리고, 그 우상숭배에 빠진 결과는 무엇인가? 탐심으로 인하여 마음이 어두워져서 "여호와의 명령을 들을 수 없게" 된다. 그래서 모세는 줄곧 "들으라, 이스라엘아"라고 외치고 있는 것이다. 그리고 이렇게 한 번 우상에 빠진 사람은 아무리 외쳐도 들리지 않는다. 이때 필요한 것은 무엇인가? 곧 "마음의 할례"이다. 모세는 우리 안에 있는 욕망이 우상숭배임을 알고 있다. 우상숭배를 근절하는 것은 우리의 생명을 바치고, 모든 욕망을 꺽는 "자기 부인"임을 알고 있다. 이것이 "마음의 할례"와 연관되어 있으며, 분명히 모세가 제정한 번제의 제사는 이와 관련되어 있는 것으로 보인다. 하나님을 사랑하는 것의 도 다른 표현은 내 생명을 번제의 제물로 바치는 것이다. 모세는 훗날 복음으로 이루어지는 제사의 의미를 알고 있었던 것으로 보인다.

③ 너희에게 명하신 명령과 증거하신 것과 규례를 삼가 지키며

사람의 마음에서 우상숭배가 근절되어 하나님을 사랑하는 것이 실현될 때, 우리는 십계명의 모든 명령들과 규례들을 지킬 수 있다. 왜냐면, 하나님 사랑의 표현이 십계명과 그 외의 규례들이기 때문이다. 한편, 위에서 "너희의 하나님 여호와께서 너희에게 명하신 명령(들)과 증거하신 것과 규례를 삼가 지키며"에서 나타난 "명령"은 여기에서는 복수 명사로서의 "명령들"로 번역되어야 타당하다. שָׁמוֹר תִּשְׁמְרוּן אֶת־מִצְוֹת יְהוָה אֱלֹהֵיכֶם וְעֵדֹתָיו וְחֻקָּיו אֲשֶׁר צִוָּךְ 을 직역하면, "최선을 다하여 (삼가) 너희에게 명령한 너희 하나님 여호와의 명령들과 그의 증거들과 그의 규례들 지키라"로 번역된다. 이때 사용된 명령들 מִצְוֹת는 מִצְוָה의 복수형으로서 모압언약에서의 명령이 아니라 십계명으로서의 명령들이다.

어떻게 보면 모세는 이렇게 하나님 사랑의 흐름을 "하나님 사랑→우상숭배 근절(자기부인)→계명들의 준행"으로 진행된다고 보고 있는 것으로 보인다.

사. 결어 : 이 명령을 지키면 이것이 의로움이다 (신6:25)

모세의 설교에서 중요한 사항에 대해서는 대체로 인크루지오 기법이 나타나서 표제와 결어의 범위를 한정해 준다. 신명기 6장 1절의 표제에 나타난 "이 명령 (הַמִּצְוָה הַזֹּאת)"이 그렇다.

> וְצְדָקָה תִּהְיֶה־לָּנוּ כִּי־נִשְׁמֹר לַעֲשׂוֹת אֶת־כָּל־הַמִּצְוָה הַזֹּאת לִפְנֵי יְהוָה אֱלֹהֵינוּ כַּאֲשֶׁר צִוָּנוּ
>
> [직역] 만약, 우리가 우리 하나님 여호와 앞에서 그가 명하신 대로 이 명령(הַמִּצְוָה הַזֹּאת) 모두를 지켜서 행하면, 우리에게는 그것(단수형)이 의로움이다. (신6:25)
>
> [개역] 우리가 그 명하신 대로 이 모든 명령을 우리 하나님 여호와 앞에서 삼가 지키면 그것이 곧 우리의 의로움이니라 할지니라. (신6:25)

여기서 "이 명령 (הַמִּצְוָה הַזֹּאת)"는 지금까지 논의된 바와 같이 모압에서 선포되고 있는 "제2율법(혹은 제2명령)"을 의미한다.

4. "언약성취"로서의 "여호와의 사랑과 인애" (신 7:1-26)

가. "제2율법 (혹은 제2명령)": "여호와의 신부된 이스라엘"

여호와께서 이스라엘을 통하여 "하나님을 마음으로 생명 다하여 (열정적으로) 사랑하라"고 명하고, 하나님 자신이 "질투하는 하나님, 혹은 사랑의 하나님"이라면, 이것은 이스라엘과 하나님의 관계는 부부의 관계임을 의미한다. 그리고 이것이 시내산 언약의 구원의 개념이었고, 또한 모압 언약의 구원의 개념이었다. 우상숭배의 근절은 바로 이것을 증명해 주며, 이러한 의미를 담고 있기 때문에 신명기에는 "자기부인"을 의미하는 "우상숭배 근절"의 메시지가 도처에서 나타난다.

출애굽기 19장 5-6절에 시내산 언약의 구원개념(언약성취의 모습)이라고 말할 수 있는 명제가 나타나는데, 그것은 "하나님의 소유가 되며, 제사장 나라가 되고, 거룩한 백성이 될 것이다"고 표현된다. 이때의 "거룩한 백성"이란 "우상숭배의 더러움을 극복한 모습"을 의미한다고 말할 수 있으며, 하나님과 부부의 관계가 이루어진 모습으로 우리는 해석할 수 있다.

또한, 모세가 제2율법(혹은 제2명령)을 일단 이스라엘에 선포하고, 이스라엘이 이것을 수용하여 모압언약을 체결하고 여기에 순종하기 시작하였다면, 이제 이 양자의 관계는 언약이 성취되기 시작한 것이다. 하나님의 언약성취는 쌍방언약으로서 미래가 아닌 현재에서 지금부터 시작된다. 모압언약의 수용으로 말미암아 이제 여호와와 이스라엘은 부부의 관계가 시작된 것이다. 따라서 이제 모세는 이스라엘의 우상숭배를 부부관계의 메타포를 활용하여 설명한다.

나. 거룩한 백성, 그들과 조약도 맺지 말고...(7:1-6)

모세는 모압 땅에서의 언약 성취를 혼인에 비유하여 말한다. 모세는 그 땅에 들어가서 그 땅의 사람들과 언약을 맺지 말고, 더 나아가서 그들과 혼인을 하지 말라고 말한다. 그 내용은 다음과 같다.

> 네 하나님 여호와께서 너를 인도하사 네가 가서 얻을 땅으로 들이시고 네 앞에서 여러 민족… 곧 너보다 많고 힘이 있는 일곱 족속을 쫓아내실 때에… 그들과 무슨 언약도 말 것이요…, 또 그들과 혼인하지 말지니 네 딸을 그 아들에게 주지 말 것이요 그 딸로 네 며느리를 삼지 말 것은 그가 네 아들을 유혹하여 그로 여호와를 떠나고 다른 신들을 섬기게 하므로 여호와께서 너희에게 진노하사 갑자기 너희를 멸하실 것임이니라. 오직 너희가 그들에게 행할 것은 이러하니 그들의 단을 헐며 주상을 깨뜨리며 아세라 목상을 찍으며 조각한 우상들을 불사를 것이니라. (신7:1-5)

그리고, 그 이유로서 저희가 "거룩한 백성"이기 때문이다고 한다. 하나님께서 우상숭배를 근절하는 이유는 이미 성립된 부부관계에 문제가 오기 때문이다. 따라서 우상숭배의 근절은 하나님 사랑의 다른 표현인 것이다.

[표준새번역]너희는 주 너희 하나님의 거룩한 백성이요, 주 너희의 하나님

이, 땅 위의 많은 백성 가운데서 선택하셔서, 당신의 보배로 삼으신 백성이기 때문이다.(신 7:6)

모세는 언약과 혼인이 밀접한 연관이 있음을 말한다. 여호와와 언약을 맺는 것은 여호와와 혼인을 맺는 것이고, 아세라와 혼인을 맺는 것은 우상과 연합하는 것이다. 위의 내용은 이것을 입증하고 있다. 호세아 선지자는 여호와와 이스라엘이 혼인을 하였다고 하는데, 그 시점을 출애굽의 때로 보고 있다. 시내산언약을 통해서 이스라엘은 여호와와 혼인을 하였으며, 이에 이 혼인이 더욱 성취되어서 이제 이 양자에 사랑이 흘러야 한다. 이것이 이스라엘 언약의 최종 목표였던 것이다. 이 혼인 메타포는 "하나님을 사랑하라"는 명제와 연결선상에 있으며, 이것이 곧 언약성취였던 것이다. 아브라함의 언약이나 시내산언약이나 모압 언약의 궁극적인 목적은 바로 이와 같이 "여호와와의 혼인"이 이제 심정적으로 드러나서 서로를 향한 사랑이 불타오르는 것이었다. 모세는 이것을 알고 있었으며, 이제 이스라엘이 위의 계명, 즉 "하나님 사랑"과 "우상근절(자기부인)"이 온전히 실행되면, 이 언약이 열매를 맺는다는 것을 말하고 있는 것이다.

다. 그를 "사랑하는 자들"에게 나타나는 "사랑의 언약" (신 7:7-13)

신명기 7장 7절에서 13절 사이에 "하나님이 우리를 사랑하신다"는 것을 의미하는 "사랑" 혹은 "인애"라는 단어가 4번 반복하여 나타난다. 이것이 바로 하나님과 이스라엘 사이의 언약의 성취를 나타내는 용어이다. 아브라함의 언약이나 시내산 언약이나 모압 언약에서 말하는 구원의 개념은 바로 이와 같은 "하나님의 사랑과 인애"였던 것이다. 다음의 언약 성취의 모습을 나타내는 구절들에서 "하나님의 사랑과 인애"가 그 핵심을 차지하고 있다.

여호와께서 너희를 기뻐하시고 너희를 택하심은 너희가 다른 민족보다 수효가 많은 연고가 아니라…여호와께서 다만 너희를 사랑하심(אַהֲבָה)을 인하여, 또는 너희 열조에게 하신 맹세를 지키려 하심을 인하여…너희를 그 종 되었던 집에서 애굽 왕 바로의 손에서 속량하셨나니, 그런즉 너는 알라 오직 네 하나님 여호와는 하나님이시요 신실하신 하나님이시라 그를 사랑하고 그 계명을 지키는 자에게는 천대까지 그 언약을 이행하시며 인애(חֶסֶד)를 베푸시되 그를 미워하는 자에게는 당장에 보응하여 멸하시나니 여호와는 자기를 미워하는 자에게 지체하지 아니하시고 당장에 그에게 보응하시느니라. 그런즉 너는 오늘날 내가 네게 명하는 명령과 규례와 법도를 지켜 행할지니라. 너희가 이 모든 법도를 듣고 지켜 행하면 네 하나님 여호와께서 언약과 네 열조에게 맹세하신 언약을 지켜 네게 인애(חֶסֶד)를 베푸실 것이라. 곧 너를 사랑하시고(אָהַב) 복을 주사 너로 번성케 하시되 네게 주리라고 네 열조에게 맹세하신 땅에서… (신7:7-13)

한편, 위의 번역 중에서 핵심을 차지하는 구절은 12절인데 이것은 다음과 같이 번역될 수 있는데, 여기에서는 "너희 조상들에게 맹세한 인애"라고 말한다.

וּשְׁמַרְתָּ וַעֲשִׂיתָם אֹתָם וְשָׁמַר יְהוָה אֱלֹהֶיךָ לְךָ אֶת־הַבְּרִית וְאֶת־הַחֶסֶד אֲשֶׁר נִשְׁבַּע לַאֲבֹתֶיךָ

[직역] 너희가 이 모든 법도를 듣고 지켜 행하면, 네 하나님 여호와께서 너에게 언약과 너희 조상들에게 맹세한 인애(חֶסֶד)를 지킬 것이다.(신7:12)
[개역] 너희가 이 모든 법도를 듣고 지켜 행하면, 네 하나님 여호와께서 네 열조에게 맹세하신 언약을 지켜 네게 인애(חֶסֶד)를 베푸실 것이라.(신 7:12)

이스라엘 백성들이 여호와를 목숨을 다하여 사랑하고, 여호와께서 이스라엘을 사랑하는 이 개념이 곧 시내산 언약이나 모압 언약의 최종적인 구원의 모습일 수 있는 것이다. 그리고 이것은 여호와의 신부로서의 이스라엘의 개념이 모압 언약에서 성립하는 것이다. 그리고 이러한 사상은 분명히 호세아에게 이어진다.294)

---

294) M. Weinfeld, *Deuteronomy and the Deuteronomic School*, 366-370 ; 이안열, "신명기에 나타난 하나님 사랑의 연구," 67 에서 재인용

5. 마음의 할례 (신9:1-10:11)

가. 두 번째 "들으라, 이스라엘아"의 중심주제 (신9:1)

모세의 설교는 위에서 끝나지 않는다. 다시 "들으라, 이스라엘아"라고 하면서 또 다시 일화를 소개하고 있기 때문이다. 이때의 주제는 "이스라엘은 목이 곧은 백성이다"는 것이었다. 이 말을 듣고 회개하라는 것이었다. 모세는 분명히 이것을 하나님께로부터 들었는데, 그 음성을 들은 첫 번째 시기는 첫 번째 언약궤를 받고, 금송아지 사건을 여호와께서 바라보시면서 하신 말씀이다. 즉, 앞에서의 첫 번째 "쉐마, 이스라엘"은 시내산 언약 체결시 첫 번째 40일 금식시에 들은 이야기인데, 이 두 번째 "쉐마, 이스라엘"은 그 금식의 끝 무렵에 하나님께서 이스라엘의 금송아지 사건을 시내산에서 바라 보시면서 하신 말씀이었다. 이 사건은 이제 모세의 두 번째 금식시의 주요 주제였다. 따라서, 이 두 번째 "들으라, 이스라엘아" 하고 시작하는 "저희는 목이 곧은 백성들이다"는 하나님의 말씀은 이제 두 번째 시내산에 올라가서 40일 금식을 하면서 들은 메시지의 중심주제였던 것이다. 따라서 어떤 의미에서는 이것도 또한 모압 언약의 중요한 주제 중 하나이다.

나. "너희는 목이 곧은 백성이라" (9:4-24)

9장 1절에 나타나는 "들으라, 이스라엘아"라는 말씀의 핵심은 "네가 알 것은…너는 목이 곧은 백성이라"(신9:6)는 것이었다. 먼저 모세는 이스라엘이 약속의 땅 가나안에 들어간 것은 저희의 "의" 때문이 아님을 몇 번이고 반복해서 말한다. 오히려 그 땅의 백성들이 불의하였으며, 더 중요한 것으로서는 여호와께서 이스라엘의 조상들에게 하신 맹세의 언약 때문이라고 말한다. 그러면서 그 결론으로서 모세는 "너희는 목이 곧은(קְשֵׁה)백성들이다"라는 말을 세 번 이나 반복해서 말한다.(신9:4-6; 9:13; 9:27)

신명기 9장의 "들으라, 이스라엘 2"의 핵심 용어는 "목이 곧은(קְשֵׁה)"이다. 모세는 신명기 9장에서 이스라엘 백성들의 "목이 곧은"의 사례를 시내산에서 부터 오늘날에 이르기까지 반복된 사례를 이스라엘 백성들 앞에서 역사적으로 재진술하고 있는 것이다. 그 내용을 발췌해보면 다음과 같다.

먼저, 하나님께서는 "그 아름다운 땅을 기업으로 얻은 것"은 "저희의 의로움이 아니다"는 말씀을 세 번씩이나 반복하여 말씀하시며, 오히려 "그 (가나안) 민족들의 악함"과 "열조들과 하신 약속 때문"이라고 말한다. 오히려 결론으로 "너희는 목이 곧은 백성이다"고 말한다.

네 하나님 여호와께서 그들을 네 앞에서 쫓아내신 후에 네가 심중에 이르기를 나의 의로움을 인하여 여호와께서 나를 이 땅으로 인도하여 들여서 그것을 얻게 하셨다 하지 말라 실상은 이 민족들이 악함을 인하여 여호와께서 그들을 네 앞에서 쫓아내심이니라.
네가 가서 그 땅을 얻음은 너의 의로움을 인함도 아니며 네 마음이 정직함을 인함도 아니요 이 민족들의 악함을 인하여 네 하나님 여호와께서 그들을 네 앞에서 쫓아내심이라 여호와께서 이 같이 하심은 네 열조 아브라함과 이삭과 야곱에게 하신 맹세를 이루려 하심이니라.
그러므로 네가 알 것은 네 하나님 여호와께서 네게 이 아름다운 땅을 기업으로 주신 것이 네 의로움을 인함이 아니니라 너는 목이 곧은 백성이니라.

그리고 이제 이어서 지난 날들의 거역을 낱낱이 열거한다. 그 중에서도 특별히 "시내산에서의 금송아지 사건"을 말한다. 모세에게 십계명 돌판을 수여하고 있는 그 시점에 이스라엘은 금송아지를 만들고, 그 송아지를 향하여 하나님이라고 불렀던 것이다. 이것이 이스라엘의 본질이었던 것이다.

너는 광야에서 네 하나님 여호와를 격노케 하던 일을 잊지 말고 기억하라 네가 애굽 땅에서 나오던 날부터 이곳에 이르기까지 늘 여호와를 거역하였으되, 호렙산에서 너희가 여호와를 격노케 하였으므로 여호와께서 진노 하사 너희를 멸하려 하셨느니라.… 여호와께서 두 돌판을 내게 주셨나니 그 판의 글은 하나님이 친수로 기록하신 것이요 너희 총회 날에 여호와께서 산상 불 가운데서 너희에게 이르신 모든 말씀이니라. 사십 주야가 지난 후에 여호와께서 내게 돌판 곧 언약의 두 돌판을 주시고, 내게 이르시되 일어나 여기서 속히 내려가라 네가 애굽에서 인도하여 낸 내 백성이 스스로 부패하여 내가 그들에게 명한 도를 속히 떠나 자기를 위하여 우상을 부어 만들었느니라. 여호와께서 또 내게 일러 가라사대 내가 이 백성을 보았노라 보라 이는 목이 곧은 백성이니라.

나를 막지 말라 내가 그들을 멸하여 그 이름을 천하에서 도말하고 너로 그들보다 강대한 나라가 되게 하리라 하시기로 내가 돌이켜 산에서 내려오는데 산에는 불이 붙었고 언약의 두 돌판은 내 손에 있었느니라. 내가 본즉 너희가 너희 하나님 여호와께 범죄하여 자기를 위하여 송아지를 부어 만들어서 급속히 여호와의 명하신 도를 떠났기로 내가 그 두 돌판을 내 두 손에서 들어 던져 너희의 목전에서 깨뜨렸었노라. 그리고 내가 전과 같이 사십 주야를 여호와 앞에 엎드려서 떡도 먹지 아니하고 물도 마시지 아니하였으니…(신9:4-21)

모세는 이것을 말하면서 여기에 추가하여 이와 같은 죄를 훗날 광야에서 또 범한 것을 이 사건에 삽입하여 말한다.

너희가 다베라와 맛사와 기브롯 핫다아와에서도 여호와를 격노케 하였느니라. 여호와께서 너희를 가데스 바네아에서 떠나게 하실 때에 이르시기를 너희는 올라가서 내가 너희에게 준 땅을 얻으라 하시되 너희가 너희 하나님 여호와의 명령을 거역하여 믿지 아니하고 그 말씀을 듣지 아니하였나니 내가 너희를 알던 날부터 오므로 너희가 항상 여호와를 거역하였느니라. 그 때에 여호와께서 너희를 멸하겠다 하셨으므로 내가 여전히 사십 주야를 여호와 앞에 엎드리고 여호와께 간구하여 가로되… (신9:4-24)

그때에 모세는 또 다시 40일을 금식하며, 하나님께 목숨을 건 중보의 기도를 드렸고, 이 일에 용서를 받았다. 여호와 하나님께서는 모세의 중보기도를 들으시고 "그 백성을 용서하시고 조상들에게 맹세한 것을 이루신다"고 말씀하신다.

그 때에 여호와께서 너희를 멸하겠다 하셨으므로 내가 여전히 사십 주야를 여호와 앞에 엎드리고 여호와께 간구하여 가로되…주의 백성 곧 주의 기업을 멸하지 마옵소서. 주의 종 아브라함과 이삭과 야곱을 생각하사 이 백성의 강퍅과 악과 죄를 보지 마옵소서.… (신9:25-29)

내가 처음과 같이 사십 주야를 산에 유하였고 그 때에도 여호와께서 내 말을 들으사 너를 참아 멸하지 아니하시고, 여호와께서 내게 이르시되 일어나서 백성 앞서 진행하라 내가 그들에게 주리라고 그 열조에게 맹세한 땅에 그들이 들어가서 그것을 얻으리라 하셨느니라. (신10:10-11)

그러면서, 이제 모세는 궁극적으로 10장 12-16절을 통하여 "이스라엘아, 네 하나님 여호와께서 원하시는 것이 무엇이냐"(신10:12)고 하며, "마음의 할례"(신10:16)를 말한다. 이스라엘이 들어도 듣지 못하고, 보아도 보지 못하는 가운데 빠진 것이 시내산에서의 금송아지 사건과 모세의 40년 광야 생활을 통해서 드러났기 때문이다.

이것은 여호와께서 마음의 할례를 통하여 저희로 듣게 하지 않으면, 들어도 듣지 못하는 일이 발생하는데, 이것을 염두에 둔 발언이었다. 모세는, 그의 3차 설교에서, 이 마음의 할례에 대해 "네 하나님 여호와께서 네 마음과 네 자손의 마음에 할례를 베푸사 너로 마음을 다하며 성품을 다하여 네 하나님 여호와를 사랑하게 하사 너로 생명을 얻게 하실 것이며"(신30:6)라고 말한다.

다. "네 하나님 여호와께서 요구하시는 것이 무엇이냐" (신10:12-16)

위와 같이 모세는 "너희는 목이 곧은 백성이다"는 것을 명백히 말한 후에, 이제 이어서 모세는 "들으라, 이스라엘아 2"의 핵심 쟁점으로서, "이스라엘아, 네 하나님 여호와께서 요구하시는 것이 무엇이냐"라고 질문을 하며, 이제 스스로 그 답변을 한다.

이스라엘아 네 하나님 여호와께서 네게 요구하시는 것이 무엇이냐. 곧 네 하나님 여호와를 경외하여 그 모든 도를 행하고 그를 사랑하며 마음을 다하고 성품을 다하여 네 하나님 여호와를 섬기고, 내가 오늘날 네 행복을 위하여 네게 명하는 여호와의 명령과 규례를 지킬 것이 아니냐. 하늘과 모든 하늘의 하늘과 땅과 그 위의 만물은 본래 네 하나님 여호와께 속한 것이로되, 여호와께서 오직 네 열조를 기뻐하시고 그들을 사랑하사 그 후손 너희를 만민 중에서 택하셨음이 오늘날과 같으니라. 그러므로 너희는 마음에 할례를 행하고 다시는 목을 곧게 하지 말라. (신10:12-16)

위의 "이스라엘아 네 하나님 여호와께서 네게 요구하시는 것이 무엇이냐"는 명제에 대한 답변으로서, "① 네 하나님 여호와를 경외하여…그를 사랑하며 마음을 다하고 성품을 다하여 네 하나님 여호와를 섬기고, ② 내가 오늘날 네 행복을 위하여 네게 명하는 여호와의 명령과 규례를 지키는 것"이다. 그리고 이것을 반드시 수행하기 위해서 "③너희는 마음에 할례를 행하고 다시는 목을 곧게 하지 말라"는 것이었다.

이 세 가지의 명제 중에서 ①은 앞의 "들으라, 이스라엘아 1"에서 나온 명제와 동일하며, ②는 ①에 대한 적용으로서 "이웃사랑"(10:17-19)을 말한다. 따라서 ①과 ②는 "들으라, 이스라엘아 1"을 말하고 있는 것이다. 따라서, 위의 명제는 이제 두 명제로 구분되는데, ①과 ②는 이미 "들으라, 이스라엘아 1"에서 이미 모두 언급이 되었고, "들으라, 이스라엘아 2"에서 언급하고자 하는 것은 "③너희는 마음에 할례를 행하고 다시는 목을 곧게 하지 말라"는 명제이다. 따라서, "이스라엘아, 네 하나님 여호와께서 요구하시는 것이 무엇이냐"에 대한 모세의 대답은 "마음의 할례"였던 것이다.

어쨌든 이 "마음의 할례문제"는 어떤 측면에서는 심각한 문제를 야기한다. 첫 번째 계명수여로서의 "십계명"이 있었고, 이에 대한 보완책으로서 "들으라, 이스라엘아" 혹은 "여호와 하나님은 한 분 여호와시니, 네 하나님을 마음으로 사랑하라"가 있었는데, 지금 또 다른 문제가 제기되고 있는 것이다. 그것은 바로 저희는 들을 귀가 없기 때문에 "마음의 할례"를 받아야 한다는 것이다. 모세는 이것을 어려운 문제가 아니라고 말을 하고 있지만, 이 문제는 기독교회사에서 중요한 이슈로 계속 작용하게 된다.

라. "마음의 할례" 문제가 가져오는 신학적 이슈들

그렇다면 이 "마음의 할례"는 무엇인가? "육체에 하는 할례"를 마음으로 행하는 것을 말한다. 우리는 이것을 모세 오경 내에서 찾아볼 수 있는데, 아브라함의 이스마엘 사건을 통하여 주어진 "육체에 행하는 할례"를 "마음에 행하는 것"으로서, 육체에 행하는 할례의 진정한 의미를 고수하는 것이다. 따라서 이것은 육체의 할례에 대한 진정한 의미를 살펴보면 되는 것이다.

아브라함의 생애를 통해서 살펴본 할례의 취지에 의하면, 자신의 생명과 후손을 여호와의 소유로 올려드리는 것을 말한다. 어떻게 보면 아브라함이 이삭을 번제의 제물로 바쳤는데, 이와 같은 하나님과의 사건과 관계를 의미한다. (사실, 이것은 하나님을 생명 다하여 사랑하는 것과 그 정신이 통한다.) 즉, 자신의 생명과 전 소유를 의미하는 자녀를 하나님께 바치고, 그 표를 육체에 가지고 살아가는 것이다. 마치 이 정신을 손목에 메며, 이마에 붙이고, 문설주와 문지방에 붙이는 것이다. 이것은 "하나님을 사랑하라"에 대한 다른 이름이며, "우상숭배의 근절"의 다른 이름의 "할례"를 자신의 정체성으로 삼는 것이다. 사실 할례는 "하나님을 사랑하라"가 마음에 새겨진 것을 의미한다. 그래서 이제 "마음의 할례"를 행한 자는 자신의 생명에 대한 소유자를 여호와 하나님으로 아는 것이다. 모세는 이것을 가리켜서 "그러므로 너희는 마음에 할례를 행하고 다시는 목을 곧게 하지 말라."고 말하고 있는 것이다.(신10:16) 이와 같이 이렇게 "마음의 할례"는 본인의 자유로운 의사결정이 필요하다.

그런데, 이제 모세는 그의 3차 설교에서 이 "마음의 할례"문제를 또 다시 중요하게 말하는데, 여기에서 그는 이스라엘이 타락하여 열방 중에 흩어져서 혹독한 심판을 받을 것을 말한다. 그리고 그곳에서 이스라엘이 회개를 하고 중심으로 돌아오면 하나님께서 저희에게 "마음의 할례를 베푸실 것이다"고 말한다. 이 내용은 매우 신중한 접근을 요한다. 이에 의하면, 이스라엘에 심판이 있고, 겸비함으로 다시금 하나님을 중심으로 사랑하여 돌아오는 것이 있으며, 이에 여기에 "하나님께서 마음에 할례를 베풀어 주신다"(신30:6)는 것이다. 이에 의하면, "진정한 할례"는 하나님께서 베풀어 주신다. 신명기 10:16에서는 "너희는 마음에 할례를 행하고"라고 하여서 각 사람 자신이 주체가 되어서 마음의 할례를 행한다고 되어 있는데, 여기 신명기 30:6에서는 하나님께서 주체가 되어서 마음의 할례가 이루어진다. 예레미야는 이것을 새언약이라고 하여서, "우리의 마음에 하나님의 계명이 새겨지는 것"이라고 말한다. 그런데, 분명히 모세오경에 의하면, 여기에는 인간의 회개와 하나님의 인치심이 함께 작용하고 있다.

후대에 이르러서 예레미야는 이 "마음의 할례" 문제를 가지고 나왔다. 그리고 그 행위를 완성하는 자를 그리스도로 귀속시키고, 새 언약이라고 말하기에 이르렀다. 그리고 이 문제는 이제 바울에게 귀속되어 진다. 바울은 이 문제를 "율법과 복음"의 문제로 승화시킨다. 또 이 문제는 여기에서 그치지 않는다. 어거스틴의 펠라기우스 간의 "은혜냐, 행위냐"의 논쟁도 결국은 이 문제였으며, 칼빈주의자와 알미니안주의자의 "전적부패이냐 자유의지냐"의 문제도 이와 같은 이슈이다. 그리고 위의 모세의 설명은 이에 대한 방향을 제시해 준다.

마. 그 선지자에 대한 예언의 성립

모세는 마음의 할례에 대해서 "하나님의 행하심"에 그 역할을 돌린다. 모세는 분명히 여기에서 새 언약의 필요성을 절감하고 있었을 것이다. 그러나 이 필요성만은 뼈저리게 체험하고 이것을 말한다. 이것은 하나님이 각 사람에게 주시는 할례인데, 누군가가 이러한 할례를 베풀 수 있다면, 그가 바로 "나와 같은 그 선지자"(신18:15)인 것이다. 이런 차원에서 모세는 복음을 예비하였다. 모세에게 있어서 "나와 같은 선지자"에 대한 예언은 필연적으로 요청되는 명제였다.

6절 구체적인 언약의 내용: 구체적인 율법 설명 (12:1-26:19)

가. 구체적인 율법의 내용들

이 규정도 또한 "그 땅에 들어가서 지켜야 할 규례와 법도"에 속한다. 시내산 언약 때와의 상황변화가 반영된 것이다. 시내산 언약에 있어서도 이러한 조항들이 존재하였다. 십계명이 있었고, 이것을 사회적 정황 속에 반영하여서 각종 사회법이 출현하였던 것이다. 이제 모압 언약에 있어서도 새로운 환경이 펼쳐지다 보니 새로운 사회법이 요청되고 있었던 것이다. 이것을 구조화시키면 다음과 같다.

A. 이것은(אלה) 그 땅에 들어가서 지켜야 할 규례와 법도이다.(12:1)
  B. 종교법 : <성전예배>우상을 섬기는 장소를 헐라.(12:2) 너희는 그 분이 계시는 곳에서 경배와 제사를 드려야 한다(12:5), <안식과 절기규례> 너희는 여호와의 소유이므로(14:2), 십일조를 드리고(14:22), 7년마다 빚을 탕감해주고(15:1), 절기를 지키고…
  C. 행정법: <왕의 규례> 여호와가 선택하는 왕을 왕으로 세워야 한다 (17:15), <제사장 규례> 제사장들의 분깃을 지켜주어야 한다, <선지자 규례> 너희를 위해 나같은 예언자를 일으키실 것이다.(18:15)
  D. 사회법 : <기타의 규례>도피성에 관하여, 전쟁에 관하여, 장자의 권한에 대하여, 반역하는 아들에 관하여, 기타 여러 가지 율법들
E.네 하나님 여호와께서 이(אלה) 규례와 법도를 행하라고 네게 명하시나니 (26:16)"

나. 종교법 : '한 성전'에 관한 규례

모압 언약에서의 구체적인 사회법들 중에서 가장 강조되고 있는 조항은 성전예배에 관한 것이다. 이 사회법 중에서 성전예배에 관한 것은 "자기 이름을 두시려고 여호와께서 선택하신 곳"이라는 명칭으로 나타난다. 이것은 "여호와의 임재"를 의미하며, 이 "여호와께서 택하신 곳"에 관한 용어는 12장에서 31장까지 20회 정도 나타난다.

이렇게 성전 예배가 강조되는 것은 "시내산 언약의 성취"가 곧 "성막이 건립"인데, 그 이유는 그곳에 여호와께서 임재하여 계시기 때문이다. 어떻게 보면 시내산 언약은 성막의 건립과 더불어서 성취되기 시작하였다. 시내산 언약의 약속은 출애굽기 19: 5-6에 나타나는데, 이 언약은 "성막의 식양계시"와

"성막 건립"과 그곳에 이루어진 "여호와의 임재(자기 이름을 두시는 것)"를 통해서 성취되었던 것이다. 하나님께서는 이스라엘에게 "하나님의 소유가 되며, 제사장 나라가 되며, 거룩한 백성이 되리라"고 했는데, 이것의 실현은 "성전 건립"을 통한 "여호와의 임재"를 통해서 구체화되기 시작하는 것이다. 즉 성전이 건립되고 그곳에 여호와께서 임재하신다는 것은 먼저 이스라엘이 하나님의 소유된 나라가 되었음을 의미한다. 그리고 이어서 이렇게 하나님의 성전이 그 기능을 발휘하기 시작하면, 이젠 이스라엘은 열국을 위한 제사장 나라가 되는 것이다. 그리고 궁극적으로 이스라엘 백성들은 제사장과 같은 거룩한 자들로서 하나님과 거처를 함께 하는 하나님의 백성들이 된 것이다. 이때의 백성은 일반적으로 하나님의 신부를 의미한다. 이미 그들은 그들의 진중에 여호와를 모시고 거처를 함께 하는 삶을 살았던 것이다. 이처럼 성전이 갖는 의미는 시내산 언약의 성취를 누리는 것을 의미한다.

① 자기 이름을 두신 곳으로서의 성전

위에서 언급한 바와 같이 모세는 광야에서의 회막이 성전으로 지어질 것으로 이해하고 있었으며, 이곳에 대한 의미를 "여호와께서 자기 이름을 두신 곳"으로 이해하고 있으며, 더 나아가서 "여호와께서 택하신 곳, 즉 그 거하실 곳"이다. 성전은 "여호와께서 계시는 곳"으로서의 의미가 분명하다.

오직 너희 하나님 여호와께서 자기 이름을 두시려고 너희 모든 지파 중에서 택하신 곳인 그 거하실 곳으로 찾아 나아가서 (신 12:5)

② 제사를 드리는 곳으로서의 성전

여호와께서는 이곳에서 제사를 통해서 이스라엘 백성들을 만나길 원하고 계신다. 따라서 제사는 이곳에서만 드려질 것을 말씀하신다.

너희는 너희 하나님 여호와께서 자기 이름을 두시려고 한 곳을 택하실 그

곳으로 나의 명하는 것을 모두 가지고 갈지니,… 너는 삼가서 네게 보이는 아무 곳에서든지 번제를 드리지 말고 오직 네 하나님 여호와께서 택하실 곳에서 네 하나님 여호와 앞에서 너는 네 자녀와 노비와 성중에 거하는 레위인과 함께 그것을 먹고 또 네 손으로 수고한 모든 일을 인하여 네 하나님 여호와 앞에서 즐거워하되 (신 12:18)

③ 음식을 먹는 곳으로서의 성전

제사와 음식 먹는 것은 동일한 행위로 간주되는 것으로 보인다. 제사를 통해 여호와의 이름을 부르고, 자신의 기도를 아뢰고, 마지막으로 제사 음식을 함께 먹는다. 이때 제사 음식을 먹는 것은 음식을 통해 하나님과 하나가 되는 의미를 지니고 있는 것으로 보인다. 즉 하나님은 이스라엘 백성들의 생명을 양식으로 취하며, 이스라엘 백성들은 하나님의 생명을 양식으로 취하는 것이다. 따라서 음식을 먹는 것은 여호와의 이름을 부르는 것과 밀접한 관계가 있다. 신명기에는 부정한 음식을 먹지 말라는 규례가 상당히 풍부하게 나타나는데, 이것은 아마 다른 신의 이름을 부르며 제사한 음식으로 보인다. 여호와 하나님께서는 성전에서 음식을 먹으라고 하신다.

만일 네 하나님 여호와께서 자기 이름을 두시려고 택하신 곳이 네게서 멀거든 내가 네게
명한 대로 너는 여호와의 주신 우양을 잡아 너의 각 성에서 네가 무릇 마음에 좋아하는 것을 먹되… 오직 네 성물과 서원물을 여호와께서 택하신 곳으로 가지고 가라. (신 12:21-26)
네 하나님 여호와 앞 곧 여호와께서 그 이름을 두시려고 택하신 곳에서 네 곡식과 포도주와 기름의 십일조를 먹으며 또 네 우양의 처음 난 것을 먹고 네 하나님 여호와 경외하기를 항상 배울 것이니라. 그러나 네 하나님 여호와께서 그 이름을 두시려고 택하신 곳이 네게서 너무 멀고 행로가 어려워서 그 풍부히 주신 것을 가지고 갈 수 없거든, 그것을 돈으로 바꾸어 그 돈을 싸서 가지고 네 하나님 여호와의 택하신 곳으로 가서(신 14:23-25)

너와 네 가족이 매년에 여호와의 택하신 곳 네 하나님 여호와 앞에서 먹을 지니라.(신 15:20)

④ 절기를 지키는 곳으로서의 성전

이스라엘은 항상 성전에 거할 수가 없고, 지방에 거하다가 절기를 맞아 성전을 찾는다. 이 절기를 모든 이스라엘이 한 성전에서 맞을 것을 말씀하시는 것이다.

여호와께서 그 이름을 두시려고 택하신 곳에서 우양으로 네 하나님 여호와께 유월절 제사를 드리되 (신 16:2)
오직 네 하나님 여호와께서 그 이름을 두시려고 택하신 곳에서 네가 애굽에서 나오던 시각 곧 초저녁 해 질 때에 드리고, 네 하나님 여호와께서 택하신 곳에서 그 고기를 구워먹고 아침에 네 장막으로 돌아갈 것이니라. (신 16:6-7)
너와 네 자녀와 노비와 네 성중에 거하는 레위인과 및 너희 중에 있는 객과 고아와 과부가 함께 네 하나님 여호와께서 그 이름을 두시려고 택하신 곳에서 네 하나님 여호와 앞에서 즐거워 할지니라. (신 16:11)
네 하나님 여호와께서 택하신 곳에서 너는 칠일 동안 네 하나님 여호와 앞에서 절기를 지키고 네 하나님 여호와께서 네 모든 물산과 네 손을 댄 모든 일에 복 주실 것을 인하여 너는 온전히 즐거워할지니라. 너희 중 모든 남자는 일년 삼차 곧 무교절과 칠칠절과 초막절에 네 하나님 여호와의 택하신 곳에서 여호와께 보이되 공수로 여호와께 보이지 말고 (신 16:15-16)

⑤ 기타의 기능

이 성전에서는 복잡한 송사가 발생하였을 경우, 이에 대한 최종 판결이 이루어지는 곳이기도 하며, 자신의 소원을 아뢰는 곳이기도 하고, 율법을 낭독하여 교육이 이루어지는 곳이기도 하다.

네 성중에서 송사로 다투는 일이 있으되 서로 피를 흘렸거나 다투었거나 구타하였거나 하여 네가 판결하기 어려운 일이 생기거든 너는 일어나 네 하나님 여호와의 택하실 곳으로 올라가서,… 여호와께서 택하신 곳에서 그들이 네게 보이는 판결의 뜻대로 네가 행하되 무릇 그들이 네게 가르치는 대로 삼가 행할 것이니 (신 17:8-10)
이스라엘의 온 땅 어느 성읍에든지 거하는 레위인이 간절한 소원이 있어 그 거한 곳을 떠나 여호와의 택하신 곳에 이르면 (신 18:6)
온 이스라엘이 네 하나님 여호와 앞 그 택하신 곳에 모일 때에 이 율법을 낭독하여 온
이스라엘로 듣게 할지니 (신 31:11)

성전은 이러한 의미를 가지고 있기 때문에 임재가 중요하게 된다. 어떤 비평학자들은 성전의 중앙집권화에 대해서 후대에 남유다와 북이스라엘이 분열되었을 때에 삽입된 내용이라고 말하기도 하고, 요시아가 종교개혁을 위해서 만들어낸 내용이라고도 말하는데, 원래 성전은 그 자체로 하나님의 임재의 장소로서 고귀한 의미를 담고 있었다. 그 임재가 있는 곳으로서 성전을 강조하는 것은 모세의 입장에서도 자연스러운 일이었다.

D.T.올슨이나 브라울릭은 이 성전에 관한 규례에 십계명의 제1계명에서 4계명까지를 연결시킨다. 신명기 12장 2절에서 13장 18절까지를 제1계명인 "한 성소와 한 하나님 사상"을 말하는 것으로 본다. 여기에는 제2계명인 "우상숭배 근절"이 포함되어 있다. 그리고 14장 1절에서 21절까지에 나타난 "음식에 관한 규례"를 "여호와의 이름을 망령되이 일컫지 말라"는 제3계명에 대한 해설이라고 하는데, 이것은 아마 다른 신에게 제사하고 음식을 먹는 것을 말하는 것으로 보인다. 신명기 14장 22절에서 16장 17절을 안식일과 절기에 관한 규례인데, 이것을 제4계명인 "안식일 준수"의 계명에 대한 해설로 본다.
D.T.올슨은 다음과 같이 구분한다.295)

- 신12:2-13:18 제1계명해설- 다른 신은없다.
- 신14:1-21 제2계명해설- 하나님의 이름
- 신14:22-16:17 제3계명해설- 안식일
- 신16:18-18:22 제4계명해설- 부모공경
- 신19:1-22:8 제5계명해설- 살인
- 신22:9-23:18 제6계명해설- 간음
- 신23:19-24:7 제7계명해설- 절도
- 신24:8-25:4 제8계명해설- 거짓증인
- 신25:5-12 제9계명해설- 남의 아내를 탐내지 말 것
- 신25:13-26:15 제10계명해설- 이웃의 소유를 탐내지 말 것

브라울릭은 다음과 같이 구분한다.

- 제1계명: 한 성소와 이스라엘의 한 분 하나님(신12:2-13:19)
- 제2계명: 이름오용 금지(신14:1-21)
- 제3계명: 안식일 성수(신14:22-16:17) 형제애, 세 가지 절기집회
- 제4계명: 부모공경(신16:18-18:22) 이스라엘의 공직
- 제5계명: 생명보존(신19:1-21:23) 고의적 살인,
- '생명보존' 주제에서'성' 주제로 변이(신22:1-12)
- 제6계명: 강간과 가족(신22:13-23:14[Heb 15]) 성적인 영역에 집중함.
- '성' 주제에서'소유' 주제로 변이(신23:15[Heb 16]-24:5)
- 제7계명: 소유(신[23:15-25], 24:6-7)
- '소유' 주제는24:19-22; 25:4 등2에서다시등장.
- 제8계명: 재판(진실) (신24:8-25:4)
- 제9, 10계 명: 탐욕(신25:5-16)

---

295) Dennis T. Olson, Deuteronomy and the Death of Moses: A Theological Reading (Minneapolis: Fortress Press, 1998), 64; Braulik, "Die Abfolge der Gesetz in Deuteronomium 12-26 und der Dekalog," 240-241 ; 김종길, "신명기에 나타난 은혜와 율법," 호서대학교대학원 구약석사 논문(2005), 118.에서 재인용

다. 행정법 : 왕, 제사장, 선지자 규례

신명기는 당시의 이스라엘에게 하나의 법전으로서의 역할을 하였기 때문에 신명기 법전으로도 불리운다. 그리고 여기에는 국가 제도의 조직에 관한 법률도 존재한다. 당시의 이스라엘의 주요 제도를 여호와께서는 왕과 제사장과 선지자로 구성하였으며, 그 내용은 신정국가로서의 기능을 하게 하기 위함이었다.

① 왕에 관한 규례

원래 이스라엘의 왕은 여호와이신데, 이스라엘이 다른 나라와 같이 왕을 요구할 것을 모세는 미리 예상한다. 고대근동지역의 다른 나라들도 그 원래의 취지는 왕은 신의 대리인이었다. 모세는 왕 된 자는 "여호와의 율법서"를 철저히 준행할 것을 촉구한다.

> 네가 네 하나님 여호와께서 네게 주시는 땅에 이르러서 그 땅을 얻어 거할 때에 만일 우리도 우리 주위의 열국 같이 우리 위에 왕을 세우리라는 뜻이 나거든, 반드시 네 하나님 여호와의 택하신 자를 네 위에 왕으로 세울 것이며 네 위에 왕을 세우려면 네 형제 중에서 한 사람으로 할 것이요,… 아내를 많이 두어서 그 마음이 미혹되게 말 것이며 은금을 자기를 위하여 많이 쌓지 말 것이니라.
>
> 그가 왕위에 오르거든 레위 사람 제사장 앞에 보관한 이 율법서를 등사하여 평생에 자기 옆에 두고 읽어서 그 하나님 여호와 경외하기를 배우며 이 율법의 모든 말과 이 규례를 지켜 행할 것이라.… (신17:14-20)

② 제사장에 관한 규례

이스라엘의 원래적 비젼은 "제사장 나라"이다. 따라서 제사장의 기능이 가장 중요하다. 이들은 이스라엘 백성들을 위한 하나님 앞에서의 중보자일 뿐 아니라, 온 열방을 위한 중보자이기도 하다. 이들의 직분은 매우 소중하되, 제사장 된 자들은 여호와를 분깃으로 삼아야 하는 헌신의 직분이다. 이들에 의해서 이스라엘의 영적상태가 좌우될 것이다.

레위 사람 제사장과 레위의 온 지파는 이스라엘 중에 분깃도 없고 기업도 없을지니 그들은 여호와의 화제물과 그 기업을 먹을 것이라. 그들이 그 형제 중에 기업이 없을 것은 그들에게 대하여 말씀하심 같이 여호와께서 그들의 기업이 되심이니라. 제사장이 백성에게서 받을 응식은 이러하니 곧 그 드리는 제물의 우양을 물론하고 그 앞 넓적다리와 두 볼과 위라 이것을 제사장에게 줄 것이요, 또 너의 처음 된 곡식과 포도주와 기름과 너의 처음 깎은 양털을 네가 그에게 줄 것이니, 이는 네 하나님 여호와께서 네 모든 지파 중에서 그를 택하여 내시고 그와 그의 자손으로 영영히 여호와의 이름으로 서서 섬기게 하셨음이니라.…
네 하나님 여호와께서 네게 주시는 땅에 들어가거든 너는 그 민족들의 가증한 행위를 본받지 말 것이니, 그 아들이나 딸을 불 가운데로 지나게 하는 자나 복술자나 길흉을 말하는 자나 요술하는 자나 무당이나, 진언자나 신접자나 박수나 초혼자를 너의 중에 용납하지 말라. 무릇 이런 일을 행하는 자는 여호와께서 가증히 여기시나니 이런 가증한 일로 인하여 네 하나님 여호와께서 그들을 네 앞에서 쫓아내시느니라. 너는 네 하나님 여호와 앞에 완전하라.… (신18:1-14)

③ 선지자에 관한 규례

하나님께서는 이스라엘에 모세와 같은 선지자를 일으키실 것이다고 말한다. 이 내용들은 이스라엘 내의 선지자 직책을 말함과 동시에 모세가 이루지 못한 "마음의 할례"라는 숙제를 풀 선지자를 의미한다. 이 "마음의 할례" 문제에 가장 가까이 다가간 선지자는 예레미야였다.

네 하나님 여호와께서 너의 중 네 형제 중에서 나와 같은 선지자 하나를 너를 위하여 일으키시리니 너희는 그를 들을지니라. 이것이 곧 네가 총회의 날에 호렙산에서 너의 하나님 여호와께 구한 것이라 곧 네가 말하기를 나로 다시는 나의 하나님 여호와의 음성을 듣지 않게 하시고 다시는 이 큰 불을 보지 않게 하소서 두렵건대, 내가 죽을까 하나이다 하매, 여호와께서 내게 이르시되 그들의 말이 옳도다. 내가 그들의 형제 중에 너와 같은 선지자 하나를 그들을 위하여 일으키고 내 말을 그 입에 두리니 내가 그에게 명하는 것을 그가 무리에게 다 고하리라.… (신 18:15-22)

신명기에서 모세는 '나와 같은 선지자'를 말한다. 이 선지자는 모세가 이루지 못한 숙원을 풀어야 한다. 모세는 광야 40년을 통해서 뼈저리게 알게 된 것이 있었는데, 인간이 자유의지를 동원해서 "하나님을 사랑"해야 하는데, 그 결단을 하지 못하는 것을 보았다. 그리고 이것은 마음의 할례의 문제임을 알게 된 것이다. 그리고 모세는 사람들에게 육체의 할례를 베풀 수 있었으나 마음의 할례를 베풀 수 없었다. 어떻게 보면 모세는 자신의 한계를 이렇게 인식하고 있었던 것으로 보인다.

라. 기타의 사회법들 (신18:23-26:16)

신명기 법전의 기타의 사회법들은 모두 이스라엘 백성들을 보호하기 위한 법률들이었다. 특히 약자를 보호한다는 정신이 깊이 베어있다.

7절 모압 언약의 목적 (신 26:17-19)

가. 모압언약의 목적

모압언약의 최종적인 목적은 "여호와의 거룩한 백성"이 되는 것이다. 이것은 시내산언약의 목적과 정확하게 일치한다. 시내산 언약은 "나를 섬기고 내 계명을 지키면, ①너희가 나의 소유가 되고, ②제사장 나라가 되며, ③거룩한 백성이 될 것이다"는 내용이었는데, 이 내용과 일치하는 것이다. 이 세 가지의 축복은 여호와 측에서 실행하여야 할 언약으로서 '성막건립'이 허용되게 됨을 통해서 실행되기 시작하였다. 한편, '거룩한 백성'이라는 개념은 호세아서에서는 '여호와의 신부'라는 개념과 병치되는데, 이때 호세아는 그 시작을 출애굽으로 본다.

　이제 모압언약을 모두 열거한 모세는 마지막에 모압언약의 목적을 다음과 같이 밝히는데, 여기에는 기존의 시내산 언약의 내용이 반영되어 있다.

> 네가 오늘날 여호와를 네 하나님으로 인정하고 또 그 도를 행하고 그 규례와 명령과 법도를 지키며 그 소리를 들으리라 확언하였고, 여호와께서도 네게 말씀하신 대로 오늘날 너를 자기의 소유된(보배로운) 백성으로 인정하시고 또 그 모든 명령을 지키게 하리라 확언하셨은즉, 여호와께서 너의 칭찬과 명예와 영광으로 그 지으신 모든 민족 위에 뛰어나게 하시고 그 말씀하신 대로 너로 네 하나님 여호와의 성민이 되게 하시리라. (신 26:17-19)

한편, 위의 히브리어를 직역하면 다음과 같다. 다음에서 음절의 구분은 분리 액센트 기호인 아트나를 기준으로 적용하였다.

17 אֶת־יְהוָה הֶאֱמַרְתָּ הַיּוֹם

여호와께 네가 오늘날 말해지게 되었는데,

לִהְיוֹת לְךָ לֵאלֹהִים וְלָלֶכֶת בִּדְרָכָיו וְלִשְׁמֹר חֻקָּיו וּמִצְוֺתָיו וּמִשְׁפָּטָיו וְלִשְׁמֹעַ בְּקֹלוֹ

여호와가 너에게 하나님이 되고, 그의 도를 행하고, 그의 규례와 명령과 법도를 지키며, 그의 소리를 듣게 되었다는 것이 말해지게 되었다.

18 וַיהוָה הֶאֱמִירְךָ הַיּוֹם לִהְיוֹת לוֹ לְעַם סְגֻלָּה כַּאֲשֶׁר דִּבֶּר־לָךְ

여호와께서도 오늘날 네게 말씀하신 대로 네가 그의 소유된 백성이 된 것이라고 말해지게 되었으며,

וְלִשְׁמֹר כָּל־מִצְוֺתָיו

그래서 그의 모든 명령이 지켜지게 되었다.

19 וּלְתִתְּךָ עֶלְיוֹן עַל כָּל־הַגּוֹיִם אֲשֶׁר עָשָׂה לִתְהִלָּה וּלְשֵׁם וּלְתִפְאָרֶת

그래서 그가 지으신 모든 민족들 위에 너를 놓아 칭찬과 명예와 영광이 되게 하고,

וְלִהְיֹתְךָ עַם־קָדֹשׁ לַיהוָה אֱלֹהֶיךָ כַּאֲשֶׁר דִּבֵּר

그가 말씀하신 대로 너의 하나님 여호와에게 거룩한 백성이 되게 하였다.

나. 모압언약의 시제사용

위의 직역에서 문법적으로 몇 가지 특징이 의미 있게 다가오는 데, 하나는 이스라엘과 여호와 사이의 서로를 향한 약속에 대해서 사역형이 사용되고 서로를 인정하고 있다는 것이며, 또 하나는 이 결과로 인해서 그 언약성취에 대해서 완료형을 사용하고 있다는 것이다. 그 내용은 다음과 같다.

먼저, 17, 18절에 의하면, 여호와께서도 그렇고, 이스라엘에게 있어서도 그렇고, 이 양자는 무언가에 의해서 강제로 말해진다. "말하다"의 히필형이 사용되고 있기 때문이다. 지금 여호와와 이스라엘은 무엇인가에 의해 강요되어서 서로를 향하여 인정을 하고 있는 것이다.

두 번째, 19절에는 동사가 없이 연계형 부정사만 존재하여서, 18절에 있는 "아마르, 히필 완료형" 동사의 결과가 계속 이어지게 되어있다. 그렇다면, 19절의 동사는 18절의 동사의 시제와 일치하여야 하므로, 여기에서는 완료형이 적용되어서 "거룩한 백성이 되게 하였다"라고 번역하여야 한다. 지금 이 문장에 의하면, 언약이 성취되었다.

이 문장에 의하면, 모세는 시내산 언약의 많은 문제를 모압언약을 통해서 극복한 것으로 보고 있는 것이 아닌가라는 생각을 하게 한다. 어떻게 보면, 모세는 앞에서 "이스라엘이 의로워서가 아니라", "조상들에게 하신 맹세"로 인하여 약속의 땅에 들어가게 된 것이라고 말한다. 그곳에서 "마음의 할례"문제도 이루어질 것이라고 믿고 있는 것이다. 모세는 약속의 땅에 들어가는 것 자체를 여호와와 이스라엘이 서로를 인정하고 있는 것으로 보고 있다고 여겨진다.

다. "시내산 언약의 목적"과의 비교

먼저, 이스라엘이 언약을 지키면, 여호와께서는 이스라엘을 자신의 소유로 삼아주신다고 하였다. 그리고, 위의 17, 18절은 정확히 출애굽기 19장 5절과 일치한다.296) 그 내용은 다음과 같다.

세계가 다 내게 속하였나니 너희가 내 말을 잘 듣고 내 언약을 지키면 너희는 열국 중에서 내 소유가 되겠고 (출19:5)
네가 오늘날 여호와를 네 하나님으로 인정하고 또 그 도를 행하고 그 규례와 명령과 법도를 지키며 그 소리를 들으리라 확언하였고, 여호와께서도 네게 말씀하신 대로 오늘날 너를 자기의 소유된(보배로운) 백성으로 인정하시고 또 그 모든 명령을 지키게 하리라 확언하셨은즉, (신26:17-18)

다만 위에서의 차이는 시내산 언약은 여호와와 이스라엘의 관계에 대해, 여호와께서는 가정법(םא)을 써서 "네가 만일 계명과 언약을 지킨다면"이라고 하고, 이스라엘에 대해서는 미완료형을 써서, "내 소유가 되겠고"라고 한다. 그런데, 모압 언약에서는 "히필(사역) 완료형"을 써서 서로가 서로를 "확증하게" 된다. 모압언약에 의하면, 이 약속이 이미 성취되었다.

두 번째, 출애굽기 19장 6절에서는 "너희가 제사장 나라가 되며, 거룩한 백성이 되리라"고 한다. 그리고 이것은 모압언약 26장 19절과 일치한다. 이때, 시내산 언약에서 하나의 "היה, 되다"라는 동사로 두 대상 "제사장 나라"와 "거룩한 백성"을 서술하듯이, 모압언약에서도 하나의 동사로 "모든 민족 위에 뛰어난 민족"과 "거룩한 백성"의 "두 대상"을 모두 서술한다. 그 내용은 다음과 같다.

너희가 내게 대하여 제사장 나라가 되며 거룩한 백성이 되리라.(출19:6)
여호와께서 너의 칭찬과 명예와 영광으로 그 지으신 모든 민족 위에 뛰어나게 하시고, 그 말씀하신 대로 너로 네 하나님 여호와의 성민(거룩한 백성)이 되게 하시리라.(신26:19)

---

296) 송제근, 「시내산언약과 모압언약」, (서울: 솔로몬, 1998), 238-243.

한편, 위에서 시내산 언약에서는 "제사장 나라"를 모압언약에서는 "모든 민족 위에 뛰어난 민족"으로 나타난다. 이때 이 양자는 서로 일치한다고 보아야 한다. "제사장" 자체가 "거룩한 백성"과 하나의 동사에 의해서 서술되는 동일선 상에 있기 때문이다.

8절 모압 언약 체결예식 (27:1-10)

모세는 이제 장로들과 함께, 혹은 제사장들과 함께 백성들에게 약속의 땅에 들어가서 행하게 될 "언약 체결예식"에 대한 명령을 한다. 이러한 언약체결예식은 두 가지의 단계로 구성되어 있는데, 하나는 "하나님의 백성이 되는 언약 체결예식"이며, 또 하나는 이 언약에 대한 "헌신과 충성의 맹세"이다. 이스라엘 백성들은 이 예식을 가나안 땅에 들어간 후에, 세겜 땅에서 여호수아의 지도 아래에서 수행하였다.

1. 제사를 통한 모압언약의 체결

가. 언약체결 예식의 순서 : "율법기록 · 제사 및 백성 됨의 선포"

하나님의 백성이 되는 "언약체결 예식"은 "율법에 대한 순종"을 단서로 한 "번제와 화목제"를 통해서 이루어지는데, 다음과 같이 구성되어 있다. 한편, 다음의 언약체결예식은 "내가 오늘날 너희에게 명하는 이 명령을 너희는 다 지킬 지니라."라는 구절을 인크루지오로 사용하고 있다.

  A. 모세가 이스라엘 장로들로 더불어 백성에게 명하여 가로되, <u>내가 오늘날 너희에게 명하는 이 명령을 너희는 다 지킬 지니라.</u>(27:1)

    B. 너희가 요단을 건너 네 하나님 여호와께서 네게 주시는 땅에 들어가는 날에 큰 돌들을 세우고 석회를 바르라.…이 율법의 모든 말씀을 그 위에 기록하라.…(27:2-4)

      C. 단을 쌓고 그 위에 네 하나님 여호와께 번제를 드릴 것이며, 또 화

목제를 드리고…(신27:5-7)
> B′. 너는 이 율법의 모든 말씀을 그 돌들 위에 명백히 기록할지니
> 라.(27:8)
> A′. 모세가 레위 제사장들로 더불어 온 이스라엘에게 고하여 가로되 이스
> 라엘아 잠잠히 들으라. 오늘날 네가 네 하나님 여호와의 백성이 되었으
> 니,… 내가 오늘날 너희에게 명하는 이 명령을 너희는 다 지킬 지니
> 라.(27:9-10)

나. 언약(율법)의 기록과 보관 (27:1-4,8)

언약의 기록과 보관과 관련하여 하나님께서는 "돌들 위에 기록하라"고 하신
다. 2-8절 사이에 "돌들"이라는 단어는 6번이나 반복해서 나온다. 이것은 언
약 혹은 율법의 영구성을 상징한다. 한편, 이 돌들은 에발산에 안치되는데, 에
발산은 저주가 선포되어 나오는 산이다. 이것은 이 언약이 지켜지지 않을 경
우, 하나님의 심판이 임한다는 것을 의미한다.

다. 제사를 통한 헌신의 맹세와 여호와와 하나 됨 (27:5-7)

이렇게 이제 "율법"이라는 계약조항이 확정되면, 이젠 이에 대한 헌신의 맹
세가 이루어지고, 더 나아가서는 하나님께서도 이스라엘을 영접하여 서로 하
나가 되는 예식을 치르게 된다. 그것은 번제와 화목제를 통해서 이루어진다.
그 내용은 다음과 같다.

> 또 거기서 네 하나님 여호와를 위하여 단 곧 돌단을 쌓되 그것에 철기를
> 대지 말지니라.
> 너는 다듬지 않은 돌로 네 하나님 여호와의 단을 쌓고 그 위에 네 하나님
> 여호와께 번제를 드릴 것이며, 또 화목제를 드리고 거기서 먹으며 네 하나
> 님 여호와 앞에서 즐거워하라. (신27:6-7)

번제(עֹלָה)는 "오르다, 연기가 오르다, (제물로)드려지다, 올려지다" 등의 의
미로서 만일 번제물이 그 사람 자신을 상징한다면, 번제는 자신의 생명을 하

나님께 드리는 제사이다. 이것은 인간 켠에서 중요한 의미를 지닌다. 반면, 화목제(שֶׁלֶם)은 "보답하다, 완성하다, 평온하다, 보상 혹은 보답하다"의 의미를 지니고 있으며, 샬롬과 어근이 같다. 사람과의 관계에 있어서 이 화목의 결정은 하나님 켠에서 허용할 일이다. 인간이 먼저 화목을 선포할 수는 없다. 그렇다면, 여기서의 화목제에 있어서의 "보답하다"의 의미는 "하나님의 반응"을 의미한다. 번제의 제물은 하나님께서 우리의 생명을 양식으로 취하지만, 화목제는 이제 하나님께서 자신의 생명을 우리에게 내어주시는 것이고, 이 하나님의 생명을 우리가 양식으로 취한다. 이 번제와 화목제의 두 제사가 함께 거론된 것은 이와 같이 하나님과 이스라엘이 언약으로 하나된 것을 의미하며, 이스라엘이 하나님의 신부가 된 것을 의미한다. 따라서 제사는 언약이며, 둘이 서로의 생명을 주고 받음을 통해서 혼인을 통해 하나가 되는 것이다.

모세는 이스라엘 백성들이 약속의 땅에 들어가거든 이 예식을 행하라고 한 것이다. 가나안 땅에 들어가면 이제 모든 1차적인 언약이 성취된 것이므로 이 예식을 치르라고 하는 것이다. 그리고, 이제 이 예식을 통해서 양자가 하나가 되면, 이제 이스라엘이 이 언약을 저버리면 이젠 이스라엘은 부정한 여인이 되는 것이다.

라. "하나님의 백성 됨"과 "언약실행"의 선포 (27:9-10)

이제 위와 같이 하여서 여호와와 이스라엘 간의 언약이 다시금 체결되었다. 그래서, 이제 모세는 다음과 같이 "하나님께서 이스라엘을 백성 삼으심"과 "이스라엘 측에서의 언약실행이 시작됨"을 선포하는 것이다.

[개역] 모세가 레위 제사장들로 더불어 온 이스라엘에게 고하여 가로되 이스라엘아 잠잠히 들으라 오늘날 네가 네 하나님 여호와의 백성이 되었으니, 그런즉 네 하나님 여호와의 말씀을 복종하여 내가 오늘날 네게 명하는 그 명령과 규례를 행할지니라. (신 27:9-10)

[분리 액센트를 고려한 원문 직역]
모세가 레위 제사장들로 더불어 온 이스라엘에게 침묵하게 하고 말한다.

이스라엘아, 들으라, 오늘 네가 네 하나님 여호와의 백성이 되었다.
그러므로, 너는 너희 하나님 여호와의 목소리를 들어서, 내가 오늘날 너에게 명령한 명령과 규례들을 행하라. (신 27:9-10)

모세는 이제 "레위 제사장과 더불어 온 이스라엘에게" 고하고 있는 것이다. 이것은 모든 언약적 합의는 끝났음을 시사한다. 어떻게 보면 이 내용이 모압 언약에 해당한다. 우리가 이 순서를 살펴보는 것은 모압언약의 범위와 핵심을 이해하는데 매우 중요한 단서를 제공한다. 위의 명제는 다음과 같이 두 명제로 되어 있는데, 명령형은 첫 번째 문장에 "이스라엘아 ~을 들으라" 하나이며, 두 번째 문장에는 있는 "~을 듣고, ~을 행하라(혹은 행하리라)"는 "도치 완료형을 통해 미완료"를 표현하고 있다. 이것은 신명기 6장 4-5절의 용례와 동일하다.

① "이스라엘아, 들으라, 오늘 네가 네 하나님 여호와의 백성이 되었다."

שְׁמַע יִשְׂרָאֵל הַיּוֹם הַזֶּה נִהְיֵיתָ לְעָם לַיהוָה אֱלֹהֶיךָ

이 문장은 "주어+동사+목적어"로 구성된 한 문장인데, 이것은 "이스라엘아, 너는 '오늘 네가 너희 하나님 여호와의 백성이 되었다'는 것을 들으라"로 직역 될 수 있다. 이 문장에서의 목적어는 바로 '오늘 네가 너희 하나님 여호와의 백성이 되었다'인데, 모세는 이 음성을 확실하게 "들으라(쉐마)"고 명령하는 것이다. "들음"에는 이에 "합당한 행위"가 나타나기 때문이다. 사실 "명령형"은 이 한 문장이다. 다음의 문장은 "도치 완료형을 통한 미완료형"문장이다. 하나의 예언적인 문장인 것이다.

② "그러므로, 너는 너희 하나님 여호와의 목소리를 들어서, 내가 오늘날 너에게 명령한 명령들과 규례들을 행하라."

וְשָׁמַעְתָּ בְּקוֹל יְהוָה אֱלֹהֶיךָ וְעָשִׂיתָ אֶת־מִצְוֹתָו וְאֶת־חֻקָּיו אֲשֶׁר אָנֹכִי מְצַוְּךָ הַיּוֹם

보통 우리는 위 문장을 이해할 때, "명령형"으로 이해한다. 그런데 원문은 "명령형"이 아니라, "도치 완료형을 통한 미완료형"문장이다. 따라서 "~하리라"로 동사를 해석하는 것도 가능한 표현이다. 즉, "네가 여호와의 백성이 되었다"는 것을 분명하게 믿으면, "여호와의 목소리를 들을 것이고", 더 나아가서 "명령들과 규례들을 행할 것이다"로 해석이 가능한 것이다. 이 문장은 분명히 "믿음"에서 "행위"가 유발된다는 것을 명백하게 하는 문장이다. 그런데, 이때의 믿음은 분명히 행위를 수반하는 믿음이다. 만일 행위가 없다면, 이것은 믿음에 문제가 있으며, 믿음에 문제가 있다는 것은 들음에 문제가 있다는 것이다. 그래서, 모세는 이 점을 한 번 더 분명히 하기 위해서 "너는 너희 하나님 여호와의 목소리를 들어서"라고 반복하고 있는 것이다. 이 문장은 앞 문장에 있는 "들으라, 이스라엘아"의 반복과 재확인의 성격이 강하다.

그렇다면, 이제 이 문장의 결론은 무엇인가? "들음"이 중요하며, 여기에서 "믿음"이 나오고 "행위"가 산출된다는 것이다. 그리고, 이 "들음"에 선행하는 것은 "마음의 할례"였다. 사실 어떻게 보면 모세는 모압언약의 결론을 이와 같이 나중에 "새 언약"으로 불리우게 될 "마음의 할례" 문제로 귀착시키고 있었다는 것이다.

마. 모압언약에 나타난 모세의 신학

모세가 이와 같이 이스라엘 백성의 "하나님의 백성 됨"과 "언약실행"을 선포하면서 발한 위의 내용은 실질적인 모압언약의 성격이다. 여기에는 모세의 신학이 담겨져 있으며, 이것은 "새 언약" 혹은 "복음"과 연결이 되고 있다. 사실 우리는 바울의 사상 속에서 이러한 사상을 찾을 수 있으며, 바울 사상의 성립과 무관하지 않은 것으로 보인다.

바. 모압언약에도 존재하는 제사예식

양식비평의 학자들은 모압언약은 기존의 시내산 언약 등과는 달리 모압언약에는 제사가 존재하지 않는다고 말하며, 이것은 BC 8세기경의 에살핫돈의 종주봉신조약의 형식을 취하였기 때문이라고 말한다. 이에 따라 신명기의 저작을 요시아 개혁의 산물이라고 말한다. 그리고 이러한 의견은 학계에서 채택되어 어떤 학자들은 신명기를 거의 단정적으로 후대의 산물로 받아들이고 있다. 그런데 제사제도는 이렇게 존재한다고 보아야 한다.

2. 언약에 대한 축복과 저주의 조항 (신27:11-28:69)

고대근동지역에서 계약을 체결할 때, 그들은 서로 자신들의 신들을 부르며 그 앞에서 그 약속을 어길 경우 저주를 받겠다는 것을 선언하였다. 이것은 신화의 세계 속에 사는 사람들에게는 사실적으로 다가왔을 것이다.

한편, 모세도 또한 그 날 백성들에게 명령하여 요단강을 건넌 후에 이 예식을 그리심산과 에발산에서 거행하라고 한다. 그 내용은 다음과 같다.

> 모세가 당일에 백성에게 명하여 가로되, 너희가 요단을 건넌 후에 시므온과 레위와 유다와 잇사갈과 요셉과 베냐민은 백성을 축복하기 위하여 그리심산에 서고,
> 르우벤과 갓과 아셀과 스불론과 단과 납달리는 저주하기 위하여 에발산에 서고,
> 레위 사람은 큰 소리로 이스라엘 모든 사람에게 말하여 이르기를 (신 27:11-14)

그리고는 12가지의 죄를 지적하며, 이러한 죄를 지었을 경우 "저주를 받을 것이다"고 말하고, 모든 백성들은 응답하여 "아멘"이라고 말하게 한다. 이 죄는 다음과 같은데, 우상을 만드는 자, 부모를 경훌히 여기는 자, 이웃의 경계표를 옮기는 자, 맹인의 길을 잃게 하는 자, 객이나 고아나 과부의 송사를 억울하게 하는 자, 그의 아버지의 아내와 동침하는 자, 짐승과 교합하는 자, 그의 자매와 동침하는 자, 장모와 동침하는 자, 이웃을 암살하는 자, 무죄한 자를 죽이려고 뇌물을 받는 자, 이 율법의 말씀을 실행하지 아니 하는 자이다. 이들은 저주를 받을 것이다고 말하며, 백성들은 아멘 이라고 화답한다.(신 27:15-26)

또한 이제 모세는 여호와의 말씀을 듣고, 지켜 행하면 "네 하나님 여호와께서 너를 세계 모든 민족 위에 뛰어나게 하실 것이라. 네가 네 하나님 여호와의 말씀을 순종하면 이 모든 복이 네게 임하며 네게 미치리니…"라고 말한다.

그리고, 그 복의 내용을 열거한다.(신28:1-14)

그러나, 반대로 만일 "하나님 여호와의 말씀을 순종하지 아니하여 내가 오늘날 네게 명하는 그 모든 명령과 규례를 지켜 행하지 아니하면 이 모든 저주가 네게 임하고 네게 미칠 것이니"라고 말한다. 그리고, 그 저주를 열거한다. (신28:15-68)

9절 모압언약의 마음의 할례에 대한 예언
(신29:1-30:20)

가. 모세의 딜레마, 세 번째 설교

모세의 두 번째 설교를 통해서 모압언약은 체결되었다. 그런데 모압언약의 결론에서 보았듯이 이스라엘이 의에 이르는 것은 "마음의 할례"를 통해서 였고, 이것이 모압언약 실행과 관련하여서 결정적인 사안이었다. 그런데, 이 문제는 아직 이스라엘에게 성취되지 않았다. 이것은 모세의 이 세 번째 설교에서 "그러나 깨닫는 마음과 보는 눈과 듣는 귀는 오늘날까지 여호와께서 너희에게 주지 아니하셨느니라"(신29:4)고 말하는 구절에서 확인된다. 지금 모세는 자신의 모압언약의 완전한 성취를 자신의 다음 세대들 뒤로 미루고 있을 수 있다. 모압언약의 성취가 이미 시작되긴 했으나, 온전한 성취는 "마음의 할례 문제"가 해결될 때이다. 이 시기는 모세 자신의 시대는 아니다. 모세는 이 문제를 그의 후계자에게 전달하여야 한다. 이것은 메시야가 오기까지 이어져야 한다. 모세의 세 번째 설교는 여기에 초점을 두고 있는 것으로 보인다.

나. 깨닫는 마음을 주지 않으신 여호와 (29:2-9)

모세는 지난 40여 년을 회고하면서 출애굽의 "큰 기사"를 먼저 언급한다. 그리고는 우리가 이것을 보았음에도 이것을 깨닫지 못하는 것을 바라보면서 "깨닫는 마음과 보는 눈과 듣는 귀는 오늘날까지 여호와께서 너희에게 주지 아니하셨느니라"고 말한다. 즉 그 깨닫는 마음이 그때나 지금이나 이스라엘에 존재하지 않는 것을 보고, 이와 같이 말한 것이다. 즉, 이 마음은 "여호와께서 주시는 마음이다"는 것을 모세는 알았고, 그 마음이 오늘날까지 주어지지 않은 것을 안 것이다. 그리고, 이러한 것을 열거하고 있는 것이다. 사실 이것은 지도자에게 큰 부담과 짐이었을 것이다. 이것을 모세는 다음과 같이 말한다.

> 모세가 온 이스라엘을 소집하고 그들에게 이르되 여호와께서 애굽 땅에서 너희 목전에 바로와 그 모든 신하와 그 온 땅에 행하신 모든 일을 너희가 보았나니, 곧 그 큰 시험과 이적과 큰 기사를 네가 목도하였느니라.
> 그러나 깨닫는 마음과 보는 눈과 듣는 귀는 오늘날까지 여호와께서 너희에게 주지 아니하셨느니라.… (신29:2-4)

그런데, 그럼에도 불구하고 하나님께서는 모압 땅에서 그 언약을 새롭게 하시고, 그 약속의 땅을 주신 것이다. 그래서, 모세는 우리 켠에서 힘써 지켜야 할 언약을 다음과 같이 말한다.

> 주께서 사십년 동안 너희를 인도하여 광야를 통행케 하셨거니와 너희 몸의 옷이 낡지 아니하였고 너희 발의 신이 해어지지 아니하였으며…너희가 이 곳에 올 때에 헤스본 왕 시혼과 바산 왕 옥이 우리와 싸우러 나왔으므로 우리가 그들을 치고, 그 땅을 취하여 르우벤과 갓과 므낫세 반 지파에게 기업으로 주었나니, 그런즉 너희는 이 언약의 말씀을 지켜 행하라 그리하면 너희의 하는 모든 일이 형통하리라.(신29:5-9)

만일, "마음의 할례"가 하나님 켠에서 일방적으로 오는 것이며, 이 "마음의 할례"가 없이는 어떠한 옳은 행위가 불가능하다면, 위의 "그런즉 너희는 이 언약의 말씀을 지키라"는 발언은 앞뒤가 맞지 않는 발언일 것이다. 그런데, 우리는 앞에서 살펴본 바와 같이 이스라엘이 십계명에 성실할 때, 하나님을 사랑하는 것의 마음이 주어지며, 또 이 마음이 주어질 때 여호와의 음성을 듣는 것이 주어지고, 이 문제를 접할 때 마음의 할례의 필요성이 절실해지고, 이때 비로소 마음의 할례가 임한다. 만일 그렇다면 우리는 그 마음의 할례가 하늘로부터 임하기까지 우리의 소임을 다하여야 한다. 그렇기 때문에 모세는 위와 같이 "마음의 할례"가 주어지지 않았음에도 불구하고, "너희는 이 언약의 말씀을 지켜 행하라 그리하면 너희의 하는 모든 일이 형통하리라"고 말할 수 있는 것이다.

다. 모압언약을 성취시킬 후대에 대한 열거 (29:10-15)

어떻게 보면 이제 모압 언약의 진정한 목표는 바로 이 "마음의 할례"를 향하는 것이다. 또 다른 말로 표현하면, 이제 이스라엘 백성들의 지향점은 바로 이 "마음의 할례"이다. 이것이 이제 이스라엘의 과제가 된 것이다. 이제 이스라엘에 속한 모든 사람은 바로 이 "하나님의 경륜"에 참여하게 되는 것이다. 이렇게 "모압언약"을 통해서 "마음의 할례"로 향할 책임이 있는 자들은 이제 이스라엘 백성들이다. 이들이 언약의 당사자들이므로 이스라엘에 속한 모든 백성들은 이것을 잊어서는 안 된다. 이것이 바로 이스라엘의 정체성이다. 이러한 모압언약의 장래 당사자들을 다음과 같이 열거한다. 모압언약의 온전한 성취가 미래적이므로 이제 그 후대가 이 과제를 지속적으로 수행하여야 한다. 그 내용은 다음과 같다.

오늘날 너희 곧 너희 두령과 너희 지파와 너희 장로들과 너희 유사와 이스라엘 모든 남자와 너희 유아들과 너희 아내와 및 네 진중에 있는 객과 무릇 너를 위하여 나무를 패는 자로부터 물 긷는 자까지 다 너희 하나님 여호와 앞에 선 것은 너의 하나님 여호와의 언약에 참예하며 또 너의 하나님 여호와께서 오늘날 네게 향하여 하시는 맹세에 참예하여, 여호와께서 이왕에 네게 말씀하신 대로 또 네 열조 아브라함과 이삭과 야곱에게 맹세하신 대로 오늘날 너를 세워 자기 백성을 삼으시고 자기는 친히 네 하나님이 되시려 함이니라. 내가 이 언약과 맹세를 너희에게만 세우는 것이 아니라, 오늘날 우리 하나님 여호와 앞에서 우리와 함께 여기 선 자와 오늘날 우리와 함께 여기 있지 아니한 자에게까지니…(29:10-15)

라. 향후 발생할 우상숭배와 이에 대한 심판예언 (29:18-29)

모세는 또 다시 이스라엘에 우상숭배가 발생할 것에 대해서 염려한다. 그러나 아무리 큰 저주를 말하여도 그들은 우상을 숭배할 것이고, 이로 인해 이스라엘에 큰 심판이 있을 것을 예언한다. 그들을 그 땅에서 뿌리채 뽑으시고 다른 땅에 던져 버릴 것이라고 예언을 한다. 이것은 먼 훗날에 일어날 앗수르와 바벨론 포수에 대한 예언이었던 것이다.

마. 모압언약 성취 (회개에서 마음의 할례까지)의 예언 (30:1-10)

한편, 모세는 이스라엘이 포수된 나라에서 회개할 것이며, 이로 인해 다시 귀환할 것이며, 더 나아가서는 마음의 할례를 통해 하나님 사랑하는 것을 회복할 것이고, 궁극적으로 언약의 회복(혹은, 성취)이 있을 것이라고 예언한다. 이스라엘에 대한 이러한 예언은 이스라엘의 역사 가운데에서 고스란히 성취되었다.

순서	회개~회복	성 경 말 씀
1	언약의 기억	내가 네게 진술한 모든 복과 저주가 네게 임하므로 네가 네 하나님 여호와께 쫓겨간 모든 나라 가운데서 이 일이 마음에서 기억이 나거든 (30:1)
2	여호와 말씀 순종	너와 네 자손이 네 하나님 여호와께로 돌아와 내가 오늘날 네게 명한 것을 온전히 따라서 마음을 다하고 성품을 다하여 여호와의 말씀을 순종(שמע)하면 (30:2)
3	포수로부터의 귀환	네 하나님 여호와께서 마음을 돌이키시고 너를 긍휼히 여기사 네 포로를 돌리시되, 네 하나님 여호와께서 너를 흩으신 그 모든 백성 중에서 너를 모으시리니, 너의 쫓겨간 자들이 하늘 가에 있을지라도 네 하나님 여호와께서 거기서 너를 모으실 것이며 거기서부터 너를 이끄실 것이라. (30:3-4)
4	조상들보다 더욱 번성	네 하나님 여호와께서 너를 네 열조가 얻은 땅으로 돌아오게 하사 너로 다시 그것을 얻게 하실 것이며, 여호와께서 또 네게 선을 행하사 너로 네 열조보다 더 번성케 하실 것이며 (30:5)
5	마음의 할례와 하나님 사랑	네 하나님 여호와께서 네 마음과 네 자손의 마음에 할례를 베푸사 너로 마음을 다하며 성품을 다하여 네 하나님 여호와를 사랑하게 하사 너로 생명을 얻게 하실 것이며 (30:6)
6	대적들에 대한 심판	네 하나님 여호와께서 네 대적과 너를 미워하고 핍박하던 자에게 이 모든 저주로 임하게 하시리니 (30:7)

| 7 | 언약회복 혹은 성취 | 너는 돌아와 다시 여호와의 말씀을 순종하고 내가 오늘날 네게 명한 그 모든 명령을 행할 것이라. 네가 네 하나님 여호와의 말씀을 순종하여 이 율법 책에 기록된 그 명령과 규례를 지키고 네 마음을 다하며 성품을 다하여 여호와 네 하나님께 돌아오면 네 하나님 여호와께서 네 손으로 하는 모든 일과 네 몸의 소생과 네 육축의 새끼와 네 토지 소산을 많게 하시고 네게 복을 주시되 곧 여호와께서 네 열조를 기뻐하신 것과 같이 너를 다시 기뻐하사 네게 복을 주시리라.(30:1) |

한편, 위에서 나타나는 "마음의 할례"와 관련하여서 중요한 특징들 몇 가지를 언급하면 다음과 같다.

먼저, 위의 각각의 중요 구절들에서 공통적으로 나타나는 단어는 "마음"이라는 단어이다. 1, 2, 3, 6a, 6b, 6c, 7절들에 나타난다. 그리고 이 마음은 6절에서 "마음의 할례"에서 절정을 이룬다. 그리고 "마음으로 하나님을 사랑하는 것"만이 올바른 행위로 인정이 된다.

두 번째, 이 마음은 할례전의 마음의 행위와 할례후의 마음의 행위에는 차이가 존재한다. 2절에서의 마음의 행위는 "마음을 다하고 성품을 다하여 여호와의 말씀을 순종하면"이라고 말한다. 6절에서의 마음의 행위는 "너로 마음을 다하며 성품을 다하여 네 하나님 여호와를 사랑하게 하사"라고 말한다. 이 양자에는 엄연한 차이가 존재한다. 동일한 말씀에 대한 순종인데, 하나는 "순종, 청종, שָׁמַע"이라고 하고, 또 다른 하나는 "사랑"이라고 표현한다. 전자는 인간적인 노력에 국한되는 반면, 후자는 감정으로까지 나타나는 행위이다. 이에 따라 신명기 6장 5절의 "너는 마음을 다하고 성품을 다하고 힘을 다하여 네 하나님 여호와를 사랑하라"는 모압언약의 핵심은 이때에 비로소 성취가 되어진다. 마음의 할례 이전의 행위는 "순종 혹은 청종 שָׁמַע"일 뿐이다. 모압언약은 이때에 진정으로 성취될 것이다. 이것이 바로 모세의 세 번째 설교의 갖는 진정한 의미이다.

세 번째, 마음의 할례의 행위자가 하나님이시며, 또한 사랑을 하게 하는 자가 하나님이시다. 여호와가 마음에 할례를 베푼다. 그리고 이때 여호와를 사랑하게 된다. 이 구절에서 주어가 여호와만 등장하며 "사랑하다"는 결과로 번역되는 부정사 연계형으로 되어 있다. 따라서, 여기에서의 사랑을 행하는 주체도 "여호와가 사랑하게 한다"로 번역하는 것이 적절해 보인다.

바. "이 명령은 어려운 것도 먼 것도 아니다"(신 30:11-14)

신명기에는 모세의 신학이 잘 나타나 있다. 사도 바울이 고민하고, 후대의 신학자들이 고민한 "은혜"와 "자유의지"의 관계에 대한 고민의 흔적이 모세에게도 보인다. 위의 "마음의 할례"는 분명히 "여호와의 은혜의 행위"라야 한다. 이렇게 우리의 의로움이 오직 여호와로만 말미암는다면, 우리는 모든 우리의 죄 된 상황을 신에게로만 돌리고 만다. 그런데, 이에 대해 모세는 다음과 같이 우리는 언제든지 이것을 행할 수 있다고 말한다. 그 내용은 다음과 같다.

> 내가 오늘날 네게 명한 이 명령은 네게 어려운 것도 아니요 먼것도 아니라. 하늘에 있는 것이 아니니 네가 이르기를 누가 우리를 위하여 하늘에 올라가서 그 명령을 우리에게로
> 가지고 와서 우리에게 들려 행하게 할꼬 할 것이 아니요, 이것이 바다 밖에 있는 것이 아니니 네가 이르기를 누가 우리를 위하여 바다를 건너가서 그 명령을 우리에게로 가지고 와서 우리에게 들려 행하게 할꼬 할 것도 아니라. 오직 그 말씀이 네게 심히 가까와서 네 입에 있으며 네 마음에 있은즉 네가 이를 행할 수 있느니라. (신30:11-14)

우리는 위의 말씀에서 "은혜와 행위"의 관계를 말해주는 몇 가지 단서를 파악할 수 있는데, 그 내용은 다음과 같다.

먼저, 위에서의 "이 명령(מִצְוָה זֹאת)"은 단수형으로서 이것은 앞의 "마음의 할례"문단 8절에서 나타나는 명령이 아니다. 앞의 문단에서의 명령(מִצְוָה)은 복수형 명령으로서 모압언약 전체에 나타나 있는 여러 명령들이다. 여기에서의 명령은 신명기 6장 5절의 "마음을 다하여 하나님을 사랑하라"는 명령을 의미한다. 그 동안 살펴본 바와 같이 모세는 이 구절을 말할 때만 단수형의 "명령"을 사용하며, 특히 "이 명령(מִצְוָה זֹאת)"이라는 용어를 사용한다.

두 번째, 앞에서의 "마음의 할례"문단과의 관계를 살펴볼 때에도, 이 명령은 할례문제와 관계없이 실행이 되어야 한다. 이에 대한 실행이 없이 주어지는 마음의 할례는 존재하지 않는다. 이것은 앞에서 "마음의 할례"를 말하는 문단

에서도 드러나는데, 이때에도 "마음의 할례"가 먼저 존재하지 않는다. 마음으로 여호와께 돌아올 때, 그것을 보고 "마음의 할례"가 베풀어지며, 그 명령을 준행할 수 있게 된다. 이것이 율법과 복음의 관계이다. 율법은 언제든지 준행되어야 한다.

세 번째, 30장 1절에 의하면, 이스라엘이 이 명령을 준행하지 않을 때에 여호와께서는 이스라엘에 고난을 주시어서 이 언약이 "기억나게" 하신다. 그래서 마음으로 이 신명기 6장 5절을 기억하여 순종하면 "마음의 할례"라는 구원을 베푸신다. 따라서 고난을 피하길 원하면, 이 명령은 언제든지 준행되어야 한다. 이 언약을 잊으면 고난이 다가온다. 따라서 이 신명기 6장 5절에 대해서 할 수 없다고 말하는 것은 어떻게도 성립이 되지 않는다.

네 번째, 모세는 이 명령은 멀리 있는 것이 아니라, 14절에 의하면 바로 "네 마음"에 있다고 말한다. 그렇기 때문에 이것은 그냥 순종이냐 불순종이냐의 문제일 뿐이다는 것이다.

따라서, 이제 이스라엘은 언제든지 스스로 선택을 할 수 있다. 위의 신명기 6장 5절의 "여호와를 마음으로 사랑하라"는 명령을 잊으면, 언제든지 고난이 찾아오고, 이 언약의 명령을 듣고 순종하면 언제든지 구원이 시작된다. 이에 이에 대한 선택권은 오로지 이스라엘에게만 주어져 있는 것이다. 다음의 문장은 이것을 말한다. 이것이 모압언약의 현재성이다.

사. 모든 세대 앞에 놓여 있는 오늘날의 선택 (신 30:15-20)

신명기 6장 5절의 "마음으로 여호와를 사랑하라"는 명령은 이제 30:11-14에 의해서 현재적인 명령이 되었다. 11절에 나타난 바와 같이 "오늘날의 명령"이 된 것이다. 이것은 모압 세대 뿐만 아니라. 그 이후의 모든 세대에 대해서도 항상 오늘로서 작용한다. 따라서 이제 모세는 "보라 내가 오늘날 생명과 복과 사망과 화를 네 앞에 두었나니"라고 말할 수 있게 된다.

보라 내가 오늘날 생명과 복과 사망과 화를 네 앞에 두었나니, 곧 내가 오늘날 너를 명하여 네 하나님 여호와를 사랑하고 그 모든 길로 행하며 그 명령과 규례와 법도를 지키라 하는 것이라.…

내가 오늘날 천지를 불러서 너희에게 증거를 삼노라 내가 생명과 사망과 복과 저주를 네 앞에 두었은즉 너와 네 자손이 살기 위하여 생명을 택하고 네 하나님 여호와를 사랑하고 그 말씀을 순종하며 또 그에게 부종하라…

(신 30:15-20)

10절 결 론 : 모압언약이 갖는 의미

가. 시내산 언약의 보완 혹은 발전으로서의 모압언약

모세가 말하는 모압언약의 진정한 의의는 신명기 5장 30-31절에 대한 정확한 이해에서 나타난다. 여기에서 모세는 시내산 언약에서 받은 계시를 다 말하지 못하였고, 이제 그것을 모압에서 말하게 되었다고 말한다. 이렇게 시내산에서 받은 계시가 광야 생활 40년 동안 전달이 '지연된 사유'에 대해서는 좀더 연구와 논의가 필요하겠지만, 모세는 분명히 자신이 시내산에 올라갈 때, 백성들이 두려워하여 백성들로부터 위탁을 받아 시내산에 올라갔으며, 그때 받은 내용이 있다고 말한다.

모세가 시내산에서 별도로 받은 말씀을 백성들에게 전하지 못하게 된 사유는 그가 시내산에서 내려오자마자 백성들이 곧 바로 '금송아지 우상숭배'에 빠졌고, 무엇을 말하기도 전에 십계명의 돌판을 깨뜨려버렸기 때문이다. 그런데 이러한 계약파기의 위기가 모세의 중보기도를 통해서 회복된 후 계약은 다시 회복되었다. 따라서 이제는 그 시내산에서 받은 별도의 말씀을 이스라엘에게 말할 수 있게 된 것이다. 또한 이러한 말씀은 언약에 속하기 때문에 전체 회중을 향하여 말하여야 하는 것이었다.

나. 첫 번째 '쉐마, 이스라엘'

모압언약의 실제적인 본문은 '쉐마(들으라), 이스라엘아' 하면서 시작되며, 이러한 '쉐마, 이스라엘'은 모압언약에서 반복적으로 사용되고 있는 단어인데, 모압언약의 계명을 구성하고 있는 '쉐마, 이스라엘아'는 두 차례 나타나며 그

두 번의 '쉐마'가 모압언약의 핵심에 속한다.

먼저, 모세는 첫 번째 쉐마로서, "마음을 다하고 목숨을 다하여 하나님을 사랑하라"는 것이었다. 이것은 십계명을 준행할 수 있는 하나의 방법론으로 보여진다. 이스라엘은 광야 40년 동안 철저히 십계명 앞에서 무너져 내렸으며, 이에 대한 대안을 모세는 말하여야 하는 가운데 있었기 때문이다.

모세는 이에 대해 "하나님을 사랑하되 마음을 다하고 목숨을 다하여 사랑하는 것"의 결여를 꼽는다. 이 사랑이 감정으로 나타나기까지 여기에 집중하는 것을 말한다. 이것은 신비주의적인 정서로 보인다. 이렇게까지 하나님을 사랑하면 십계명을 준수하는 것이 되며, 이와 같이 하나님을 사랑하지 않으면, 십계명은 지식이 되고 도리어 걸림이 된다. 모세는 이것을 십계명 준수의 방법론으로 말하고 있는 것으로 보여진다. 모세는 "하나님을 마음으로 사랑하는 일에 착념하라"고 말한다.

다. 두 번째 '쉐마, 이스라엘'

모압언약 본문의 두 번째 주제는 "이스라엘이 목이 곧은 백성이다"는 것을 알고, "마음의 할례를 받는 것"이다. 사실 이것은 기존의 시내산 언약의 두 번째 주제였던 것이다. 출애굽기 32-34장에 의하면, '이스라엘의 목이 곧음'은 금송아지 사건 이후에 여호와께서 모세에게 반복적으로 하신 말씀이다. 그리고 이것은 분명히 모세의 두 번째 40일 금식시의 주된 주제였던 것으로 보여진다. 이에 대해 모세는 '마음의 할례'를 말한다.

그리고 실질적으로 이러한 '마음의 할례'가 있어야만, '하나님을 마음으로 사랑하는 것'을 진정으로 수행할 수 있을 것이다. 모압 언약에 의하면, 마음의 할례 이전에 준행하는 율법은 '준행하는 것'이라고 불리우지 않고 '듣는 것'으로 불리운다. 그리고 '마음의 할례' 이후에 비로소 '율법의 준행'이라는 용어를 사용한다. 이것은 '마음의 할례' 이후에 율법의 준행이 이루어지기 때문으로 보여진다.

그런데, 문제는 모압언약의 본문에서는 "너희가 마음의 할례를 행하고"라고 하여서 '마음의 할례'의 주체가 율법을 준행하는 자 자신으로 나타난다. 이렇게 보면 이것은 '마음의 할례'는 '육체의 할례'와 다르지 않으며, 진정한 마음으로 육체의 할례를 하면 된다는 것을 의미하였다.

라. '마음의 할례' 예언의 성취시기

모세는 모압언약의 본문을 두 번째 설교를 통해서 모두 말하고, 이제 세 번째 설교를 하게 되는데, 이때의 주된 주제는 '마음의 할례'의 성취시기에 관한 것이었다. 이곳에서 모세는 "여호와께서 베푸시는 마음의 할례"를 말한다. 그러한 마음의 할례를 통해서 이스라엘의 진정한 회복이 있을 것이라고 말하고 있는 것이다. 모세의 마음 속에 이미 새 언약의 개념이 살아 있었으며, 모세는 이미 이에 대한 대안을 제시하고 있었다.

모세는 이 문제와 관련하여서 '그 선지자'를 언급하였을 수 있다. 이 문제를 해결하지 못할 경우, '하나님을 마음으로 사랑하는 것'은 하나의 노력에 그칠 수 밖에 없기 때문이다.

마. 율법과 복음 문제에 대한 모세의 신학

율법과 복음의 문제, 혹은 은혜와 행위의 문제, 혹은 하나님의 주권과 자유 의지의 문제는 바울 시대부터 줄곧 최대의 신학적인 문제를 안고 있었다. 그런데 모세의 세 번째 설교에 의하면, 이것은 모세의 시대부터 안고 있었던 문제였다. 이 문제는 '마음의 할례'에 대한 모세의 신학 속에서 나타나는데, 모세에 의하면, 이 율법을 준행하는 것, 특히 '마음으로 하나님을 사랑하는 것'은 '말씀이 네 곁에 있으므로' 언제든지 가능하다고 말한다. 다만 이 경우에 모세는 그것을 '순종'으로 부른다. 그리고 이것이 선행되어야만 있어야만 '마음의 할례'를 하나님께서 행하신다. 이러한 차원에서 모세는 '마음의 할례'에 대해서 두 번째 설교에서는 "네가 너의 마음에 마음의 할례를 행하라"고 하고, 뒤에서는 "하나님께서 네 마음에 할례를 베푸신다"고 말한다. 따라서, 하나님께서 마음에 할례를 베푸실 때까지 우리는 율법을 준행할 수 없다고 말하면서, 도덕적 의의 문제를 무조건 하나님께 떠 넘기는 것은 도덕적 헤이일 뿐이다. 물론 진정성 있는 율법의 준행으로서의 '마음으로 하나님을 사랑하는 것'은 '마음의 할례'를 통하지만, 이 '마음의 할례'는 '하나님을 청종하는 것'으로서의 율법의 준행이 선행되지 않으면 안 된다.

<결론> 각 언약에 나타난 신학적 이슈들

1. 아브라함의 언약에 나타난 쌍무언약적 성격들

가. 아브라함의 언약의 쌍무언약적 형식 (창12: 2-3)

이 논문의 출발점은 아브라함의 언약에 대한 정확한 이해를 추구하는 것인데, 특히 아브라함의 언약은 여호와가 주체가 된 '여호와의 언약'임에도 불구하고, 그 형식에 있어서는 창세기 12장 2-3절의 문장이 의미하는 바와 같이 두 계약주체의 쌍방언약으로 본다는 것이다. 특히 이 구절은 분리 액센트 기호인 '아트나'를 통해서 두 문장으로 구분할 수 있는데, 이 두 문장이 각각 명령형 동사에 의해서 제약을 받고 있다. 여호와 켠에서의 "내가 너를 축복하리니"의 한 명령형(청유형)의 문장과, "너는 בְּרָכָה가 되라"는 그 다음의 명령형의 문장으로서, 두 명령형 문장의 결합이라는 것이다. 이에 의하면, 아브라함의 언약은 두 주체에 대한 명령형의 동사가 존재하는 쌍무언약이다.

따라서, 이 논문에서 주장하는 첫 번째로 중요하게 인식되는 신학적 주장은 "내가 너를 축복하리니"의 문법적 형태가 청유형이라는 주장이 이 논문에서의 주된 주장이다. 현재의 대부분의 번역서들은 이것을 미완료형으로 보고 있다. 그러나 고든 웬함과 같은 학자는 본 논문과 마찬가지로 청유형으로 보고 있다.

두 번째, 이 아브라함의 언약 문장에서의 중요한 신학적 주장은 בְּרָכָה에 대한 번역으로서 이 논문에서는 '축복하는 자'로 번역을 하며, '복의 근원'이나 '복의 통로'에 대한 주장은 오히려 두 계약주체간의 언약이행의 결과 나타나는 12장 3절의 내용이 그것이다. 즉, "너를 축복하는 자는 내가 축복하고, 너를 저주하는 자는 내가 저주하리라"는 결론적인 문장이라는 것이다. 따라서 12장 2절에 나타나는 בְּרָכָה를 '축복하는 자' 외로 번역하는 것은 오류이다는 것이다. 이 논문에서는 בְּרָכָה의 용례를 검토한 결과, 이는 오히려 '장자권'과 관련되어 있었으며, '제사장'적 의미를 지니고 있었다. 보통 '축복'이라는 명사로만 사용될 때에는 בְּרָכָה라는 수동형 분사가 사용되었다.

세 번째, 이와 같은 계약주체 B(아브라함)의 בְּרָכָה로서의 역할이행은 이제

'할례 언약'을 통해 계속 그의 후손들에게 이어져서 '십계명'으로, 그리고 '제사장 국가'로 이어지는 개념이었다. 따라서 아브라함의 언약 이후의 모든 언약들, 특히 시내산 언약과 모압언약은 그 본질이 아브라함의 언약과 본질이 같다. 아브라함의 언약을 은혜언약이라고 하고, 시내산언약을 행위언약이라고 부르는 것은 논리적으로 타당하지 않다는 것이다.

나. 아브라함의 생애 속의 일련의 사건들이 갖는 의미

이와 같이 아브라함의 언약을 계약주체 A로서의 여호와와 계약주체 B로서의 아브라함을 상정하였을 때, 모세오경은 이 계약의 이행과정을 밝히고 있다. 이때 아브라함의 생애에 대해서 살펴볼 때에는 두 계약 당사자들의 고유한 자신들의 역할에 집중하고 있다. 여호와께서는 아브라함을 축복(특히, 자손과 땅)하기 위하여 진력하고 있고, 아브라함은 단을 쌓고, 이웃에 선을 베푸는 행위 등을 통하여서 이 일에 매진하는 모습이 나타난다. 그런데, 아브라함의 생애를 통해서 집중적으로 부각되는 것은 계약주체 A로서의 여호와의 약속부분이다. 이것은 아브라함의 생애에 적나라하게 나타난다.

먼저, 사라의 사건의 경우이다. 아브라함에게 자손을 허락하기 위해서는 사라에게 후손이 생겨야 하는데 도리어 사라가 다른 왕에게 두 차례나 그들의 아내로 소환되어 간다. 이때 이 사라를 건지시는 이는 여호와이시다. 이제 사라를 통한 모든 후손은 여호와의 선물이다.

두 번째, 제사언약과 할례언약의 경우이다. 이 경우에도 각각 엘리에셀을 후사로 세우는 문제와 이스마엘을 후사로 세우는 문제를 해소하면서 나타난 언약들이다. 그리고 또 다시 아브라함의 후손을 바다의 모래와 같게 하시겠다는 말씀이 임한다. 이러한 내용을 볼 때, 여호와는 아브라함을 통해서 민족을 이루려는 의도가 분명히 있으며, 이것을 위해서 부단히 정진하고 계신다. 다만 여호와께서는 그 일이 이루어지기 위해서는 아브라함과 해소해야할 문제가 있으며, 이것을 해소하는 과정이었던 것이다. 그것은 바로 아브라함의 후손에 대한 소유권 분쟁이었다. 여호와는 아브라함의 후손을 여호와의 나라로 삼고자 했던 것이다. 이것을 아브라함이 자신의 자손이라고 주장하면 안 되는 것이었다. 이것을 알게 하시기 위해서 지속적으로 이런 형태의 문제가 발생하였던 것이다.

세 번째, 이러한 모습은 이삭을 통해서도 단적으로 드러난다. 아브라함에게 이삭을 바치라고 하시며, 여호와는 이삭을 받으신다. 이제 이삭을 통한 그의 모든 후손들은 이제 여호와께 속하게 된다.

위의 시련들은 모두 아브라함에게 바다의 모래와 같은 자손들을 주기 위한 여호와의 노력이다. 어떻게 보면 그 정반대로 보이는 사건들이지만, 진정한 의미는 아브라함의 후손을 바다의 모래와 같이 만들기 위한 방안이었던 것이다. 이것은 궁극적으로 출애굽의 사건들을 통해서 성취되어진다. 출애굽에 이르기까지 여호와의 약속은 쉬지 않고 진행된다. 이제 출애굽 후에는 이 사건은 역사적 서술로 바뀌며, 이제는 아브라함 켠에서의 의무가 강조되기 시작한다. 그것이 곧 명령형으로 주어진 'בְּרָכָה'를 더욱 구체적인 명령 형태로 구체화한 '십계명'이었다.

다. 제사언약의 "쪼개는 것"이 자기저주 맹세인가, 헌신맹세인가?

이 논문과 다른 신학적 견해들과의 큰 차이는 일방언약이냐, 쌍방언약이냐인데, 일방적 맹세언약의 근거를 대부분 창세기 15장의 '쪼개다'에서 그 근거를 찾고 있다. 이것은 양식비평학자들의 견해에 의하면, 이 쪼개는 행위는 '자기저주의 맹세'이다. 이것을 양식비평학자들은 BC 20세기경의 '마리문서'와 BC 8세기경의 '에살핫돈의 계약문서'에서 그 근원을 찾는다. 이때 '마리문서'에서 당나귀를 쪼개는 것과, '에살핫돈 계약'에서 "계약을 어긴 자의 목이 이와 같으리라"를 결합시킨 것이다. 그런데, 이것은 고대근동사회에서의 계약의 본질이 BC 20세기의 히타이트 제국의 '마리문서'는 사랑과 헌신의 맹세가 주된 정서였는데, BC 8세기경의 앗수르라는 문화권에서는 독특하게 공포와 폭력으로 종주계약을 체결하는 모습을 융합한 데서 나타난 결과로 본다. 한편, 본 논문에서는 이 '쪼개다'는 것은 '헌신의 맹세'라고 보며, 모세오경 내에서 그 근거를 찾고 있다.

먼저, '조개다'는 것은 헌신의 맹세이다. '마리문서'의 취지가 그와 같은 서로를 향한 '헌신의 맹세'였음이 고대문헌들을 통해서 나타나고 있기 때문이다.

두 번째, 이 논문에서는 아브라함이 맺은 창세기 15장의 제사언약과 아브라함의 자손이 맺은 출애굽기 24장의 제사언약은 서로 평행관계이다고 본다. 어떻게 보면 아브라함은 할례언약을 통해서 자손들을 대표하여 이미 창세기 17장에서 창세기 15장의 제사언약을 승계하였다. 그리고 이제 훗날에 그의 자손들이 동일한 아브라함의 언약을 승계하여 제사를 통해서 계약을 체결하는데, 이때 수행되는 제사는 동일한 본질의 제사인 것이다. 이때, 출애굽기 24장의 제사는 바로 번제와 화목제였던 것이다. 그리고 제사에서의 '자르다(번제)'와 '희생을 잡다(화목제)'는 아브라함의 제사에서의 '쪼개다'와 같은 표현인 것이다. 그렇다면, 창세기 15장에서의 '쪼개다'는 '자기저주의 맹세'가 아니라, '헌신의 맹세'인 것이다.

세 번째, 만일 아브라함의 제사에서의 '쪼개다'를 이와 같이 번제와 화목제로 파악한다면, 이제 아브라함이 제물을 '쪼갠 것'은 아브라함의 여호와를 향한 '헌신의 맹세'였으며, 여호와께서 쪼갠 고기 사이로 지나간 것은 여호와의 아브라함을 향한 '헌신의 맹세'였던 것이다. 일반적으로 '화목제'는 '희생제'로도 표현되는 데, 출애굽기 34장 24절에서 여호와께서는 '나의 희생의 피'라는 표현을 쓰고 있다. 이것은 바로 제사는 쌍방의 헌신의 맹세인 것이다.

이와 같은 근거가 적절하다면, 이제 창세기 15장의 그 제사는 여호와의 '자기저주'를 통한 '일방적 맹세 언약'이 아니라, 서로를 향한 '헌신의 맹세'로서의 '쌍방언약'인 것이다. 보통 '시내산 언약의 제사'를 여호와와 이스라엘 자손의 혼인서약으로 보는데, 이러한 부부간의 관계는 '일방언약'이 아니라 '쌍방언약'이라야 할 것이다.

라. 할례언약, 이삭번제언약과 시내산 언약의 관계

제사언약은 다메섹인 엘리에셀을 후사로 세우려고 하면서 이것을 해결하며 세워진 언약이라면, 할례언약은 아브라함이 이스마엘을 후사로 세우려고 하면서 세운 언약으로서 할례의 행위 자체가 의미하듯이 아브라함이 그의 자손을 대신하여서 여호와와 맺은 언약이다. 따라서 아브라함의 후손으로서 이 할례에 참여하지 않으면 그 언약에서 끊어진다.

이삭의 번제언약도 마찬가지이다. 이삭이 여호와께 번제의 제물로 드려지면서 이삭을 통해서 탄생하는 모든 자손이 이삭 안에서 여호와께 번제의 제물로 드려졌다. 그의 모든 후손들은 이삭 안에서 여호와와 계약을 맺은 것이다.

그리고 이러한 언약에 기반하여서 아브라함의 자손은 시내산에서 여호와와 계약을 체결한다. 그렇다면, 아브라함의 언약과 아브라함의 자손의 언약(시내산 언약)은 동일본질 혹은 동일실체의 언약인 것이다. 그렇다면, 이 두 언약의 성격은 동일하다. 따라서 하나는 은혜언약이라고 불리우고, 또 하나는 행위언약이라고 불리우는 것에 대해서는 면밀히 검토 해 보아야 한다.

마. 소돔과 고모라 관련한 방문언약에 나타난 쌍무 언약적 성격들

여호와와 그의 사자가 아브라함을 방문하여 소돔과 고모라의 심판을 말씀하시며, 아브라함에게 그것이 무엇인지 모르지만 '정직과 공의'를 행하라고 촉구하였다. 그런데 그것은 다름 아닌 'בְּרָכָה'로서의 직무이행이었다. 여호와께는 누군가가 심판을 막아서서 중보기도 할 자가 필요하였던 것이다. 아브라함에게 정직과 공의는 바로 소돔과 고모라의 구원을 위한 중보기도였다. 아브라함의 생에는 여호와께서 여호와측에서의 약속이행에만 관심이 있는 것이 아니라, 그와 동시에 아브라함의 약속이행도 또한 절실히 요청되었던 것이다.

먼저, 아브라함의 단을 쌓는 행위 자체가 아브라함의 בְּרָכָה적 직무의 이행이다. 단을 쌓으면서 아브라함은 자신의 직무를 항상 기억하였다. 그리고 이것은 그의 삶에 반영되어 나타났는데, 그의 조카에게 관용으로 대하는 태도나 소돔과 고모라를 심판하기 위하여 여호와와 그의 사자들이 방문하였을 때 대하는 태도에서 발견된다.

두 번째, 소돔과 고모라에 그돌라오멜과 그의 연합군들이 쳐들어왔을 때, 이 때 구원자의 역할을 한 자가 바로 아브라함이었다. 그리고 이때 멜기세댁이 나와서 아브라함을 축복함을 통하여서 그의 구원자로서의 직무를 칭찬하였다. 이것도 또한 아브라함의 베라카 בְּרָכָה 로서의 직무였다. 그렇기 때문에 아브라함은 소돔과 고모라로부터 아무런 전리품을 취하지 않았다.

마지막으로, 이제 소돔과 고모라의 패역으로 인하여 여호와의 심판이 다가왔다. 이때 아브라함의 베라카 בְּרָכָה 로서의 약속은 중보기도였다. 그래서, 아브라함은 중보기도를 하였는데, 이것은 아브라함의 베라카 בְּרָכָה 적 소임과 관련하여 보면, 중보기도가 마땅한 공의와 정직이었다.

이와 같이 아브라함의 생애에는 아브라함의 직무이행에 관한 사항들이 항상 나타나고 있었다.

2. 시내산 언약의 신학적 의미 : 아브라함 자손과 맺은 언약

가. 아브라함 언약과 아브라함 후손과의 언약(시내산 언약)의 관계

시내산 언약의 역사적 서술란을 보면, 출애굽기 20장 2절의 "나는 너를 애굽 땅, 종 되었던 집에서 인도하여 낸 너의 하나님 여호와로라"는 한 마디로 요약된다. 그런데 사실 이 한 구절은 출애굽기 1-18장을 한 마디로 요약한 것이다. 그렇다면, 출애굽기 1-18장은 무엇인가? 그것은 바로 아브라함의 언약을 권념하시어서 여호와께서 아브라함의 자손에게 하신 행위이다.

사실 앞에서 살펴본 바와 같이 하나님께서는 '아브라함의 언약'을 '아브라함과 그의 자손'에게 행하신 언약이었다. 그래서, 언약적 주체를 보면 아브라함과 아브라함의 자손은 동일실체에 속한다. 아브라함 안에 아브라함의 자손이 있었으며, 이삭 안에 또한 아브라함의 자손이 모두 포함되어 있었던 것이다.

그렇다면, 이제 아브라함의 언약이나 아브라함의 자손의 언약의 내용물은 서로 다른 언약이 아니다. 아브라함의 언약의 연장선에 시내산 언약이 존재한다. 아브라함의 언약이 이제는 국가단위로 확장되는 가운데에 있는 것이다. 따라서 이 양자의 언약을 그 본질이 다르다고 말하는 것은 앞뒤가 맞지 않는다.

나. 베라카 בְּרָכָה 로서의 행위와 십계명의 관계

여호와와 아브라함 간의 언약에서 변화된 사항이 존재하는데, 어떤 측면에서는 여호와께서는 이제 출애굽을 통하여서 아브라함을 향한 그의 약속을 모두 완수하였다. 따라서 아브라함을 향한 여호와의 행위는 이제 역사적 서술로 변화되는 것이 마땅하다. 그리고, 이제 남은 것은 아브라함이 자신의 직무를 완수하면, 이제 하나님의 경륜이 성취된다. 그리고 아브라함은 복의 근원 혹은 복의 통로가 되어 세상에서 고귀한 자가 되는 것이다. 이제 아브라함의 'בְּרָכָה' 로서의 행위는 좀더 구체화되고 정치화되어야 할 필요성이 존재하였다. 이렇게 'בְּרָכָה'적 행위가 십계명으로 발전되어 나온 것은 구속이라기 보다는 권리행사의 측면이 강하였다. 이것이 원래 십계명에 대한 취지였던 것이다.

다. 아브라함 제사언약과 시내산 제사언약의 관계

여호와께서는 아브라함과 제사를 통하여 언약을 맺었다. 그리고 아브라함의 자손과도 제사를 통해서 언약을 맺었다. 그런데 아브라함의 자손은 이미 할례언약을 통해서 여호와와 계약을 맺었는데, 이제 자유의지를 가진 주체들이기 때문에 다시금 계약을 맺고 있는 것으로 보아야 한다. 따라서 아브라함이 맺은 제사언약과 아브라함의 자손이 맺은 제사언약은 서로 평행관계에 있는 것이다.

시내산 언약의 제사언약은 번제와 화목제로 구성이 된다. 그리고 이 번제와 화목제 사이에 언약서의 낭독이 존재한다. 그리고 이 언약서는 십계명이다. 그리고 다음에 이 십계명과 관련하여서는 준수하지 못함으로 인한 속죄제와 속건제의 제사로 발전된 것으로 보인다.

이렇게 번제와 화목제의 결론은 서로를 향한 '헌신의 맹세'였다. 이것은 제물의 피를 단에 뿌리고 백성들에게 뿌리는 행위에서 나타난다. 아마 단에 뿌린 피는 이스라엘 백성들의 여호와를 향한 '헌신의 맹세'이며, 이스라엘 백성들에게 뿌린 피는 '여호와의 헌신'을 의미한다.

그리고 이와 같이 하여서 궁극적으로 언약적 식사가 이루어지는데, 이것은 희생의 제물을 먹는 것으로서 여호와의 생명이 참여하는 것을 의미한다. 이러한 제사는 궁극적으로 혼인예식의 메타포를 가지고 있는 것이다.

라. 아브라함 언약과 시내산 언약의 성취로서의 성전개념

아브라함의 언약의 성취는 아브라함이 열방이 복을 받고 저주를 받는 기준이 된다는 것이다. 이것은 이스라엘이 제사장 국가가 되었을 때 이루어지는 현상이다. 그리고 이러한 언약의 성취는 성전 메타포와 일치한다. 이스라엘이 여호와를 모신 성전이 되었을 때, 이와 같은 복과 저주의 기준점이 되어지기 때문이다. 그렇기 때문에 성전개념이 곧 모세오경에서의 구원의 개념인 셈이다. 그리고 이것은 신약의 기독교 신앙에서의 구원의 개념의 근원이 된다.

마. 언약의 위기와 극복

금송아지 사건은 시내산 언약의 위기에 속한다. 이것은 언약 자체에 어떤 하자가 존재하는 것이 아니라, 이스라엘 백성들의 '목이 곧음' 때문이었다. 출애굽기 32-34장에서 여호와께서는 이것을 거듭하여 언급하고 계시며, 이것은 모압언약의 신명기에서도 마찬가지이다. 어떻게 보면 이스라엘이 광야에서 그토록 죄에 빠졌던 이유는 십계명의 언약에 하자가 존재하였던 것이 아니라, 저희의 '목이 곧음' 때문이었다. 이 경우에 '십계명'은 이제 '정죄의 법'으로 작용한다. '십계명'이 하자가 있어서가 아니라, 이것 자체를 즐거워하지 않는 이스라엘 백성들의 '목이 곧음' 때문이었다. 이에 대해서는 별도의 조치가 요구되었다. 그리고 그것이 곧 모압언약에 나타나는 '마음의 할례'에 관한 사항이었다.

3. 모압 언약 : 시내산 언약의 성취로서의 마음의 할례

가. 모압 언약의 범위

모압언약에는 지시대명사 '이것들'의 범위가 매우 중요하다. 특히 29장 1절 (마소라 사본에는 28장 69절)의 '이것들'이 이 단어 이후에 나타나는 문장들에 대한 것인지, 아니면 신명기 4장 45절과 인쿠루지오를 이루어서 그 앞에 있는 방대한 분량의 것인지에 의해서 모압언약의 범위가 결정된다. 그런데, 이것은 후자가 타당함을 본 논문은 밝히고 있다. 그렇다면, 이제 모압언약의 범위는 신명기 4장 45절에서 28장 69절(마소라 사본 기준)에 해당하는 것이다. 그렇다면, 이제 이 범위의 모든 말씀이 시내산 언약과 다른 언약이 되는 것이다.

나. 시내산 언약의 후편으로서의 모압 언약

사실 모세는 신명기 5장 22절에서 33절에서 이르기를 자신이 모압에서 이르는 이 내용은 시내산 정상에서 이루어진 내용으로서 이스라엘 백성들에게 전하여지지 않은 내용이라고 말한다. 아마 금송아지 사건이 곧바로 발생했기 때문에 처음 40일 금식 기간 중에 모세에게 전달된 그 구체적인 내용을 전달할 수가 없었던 것으로 추정된다.

다. 쉐마 이스라엘 1, "네 하나님 여호와를 목숨을 다하여 사랑하라"

이때 첫 번째 40일 금식 중에 전하여진 내용이 곧 '쉐마, 이스라엘 1'을 구성한다. 그리고 그 내용은 "네 하나님 여호와를 목숨을 다하여 사랑하라"는 것이었는데, 이것이 어떻게 보면 십계명을 준행해 내는 하나의 방법론이 되는 것 같다. 그런데 이 명제는 신비주의적인 명제로서 "여호와를 마음으로 사랑하는 것"으로 나타난다. 그런데, 이것은 이 '사랑의 행위'를 감정적으로 강화시킴을 통해서 여호와의 영으로 성령충만하여 지는 것을 의미하는 것으로 보인다.

라. 쉐마 이스라엘 2, "너희는 목이 곧은 백성이라"

모세의 두 번째 40일 금식은 금송아지 사건으로 인해서 파손된 언약판을 다시 받기 위하여 시내산에 오른 내용이다. 금송아지 사건으로 인해 나타난 여호와 하나님의 메시지는 "저희가 목이 곧은 백성이다"라는 명제가 핵심이었다. 이 메시지는 40일 금식에 들어가기 전에 먼저 이스라엘에게 전달이 되었고, 이스라엘 백성들은 단장품을 제하면서 큰 회개를 이루었다. 그리고 모세의 중보기도를 통해서 다시금 회복의 단계에 들어섰으며, 이것을 확정하기 위해서 두 번째 40일의 금식이 있었던 것이다. 이 기간 중의 여호와와 모세 사이에 이루어진 대화의 주제는 분명히 "저희가 목이 곧은 백성이다"였을 것이다. 이 내용을 모세는 신명기 9장부터 시작되는 '쉐마2'에서 말한다. 이때 모세는 최초로 '마음의 할례' 문제를 이야기 한다. 이때 모압언약의 본문을 구성하는 두 번째 설교에서 말하는 '마음의 할례'는 "너희가 마음의 할례를 행하고"라고 하여서 그 할례를 행하는 주체가 이스라엘 백성이 된다. 그리고 이때 모세는 이와 같이 하였을 때, 계명준수는 어렵지 않은 것이라고 말한다.

마. 아브라함의 언약과 시내산 언약의 성취로서의 마음의 할례

모압언약에서는 모세의 설교가 세 편이 나타난다. 이때 처음의 설교는 '언약의 제안'에 해당한다. 그리고 두 번째 설교는 '모압언약의 본문'을 구성한다. 그리고, 세 번째 설교는 '마음의 할례'에 대한 것인데, 여기에서는 이 '마음의 할례'를 행하시는 주체가 여호와이심을 밝히고 있으며, 이것이 이루어질 시기를 예언하고 있는 것이다. 그리고 이와 같이 마음의 할례가 이루어지는 때가 곧 아브라함의 언약이 최종적으로 성되는 때인 것이다.

어떻게 보면 하나님께서는 참 이스라엘 백성들에게 '마음의 할례'를 행하여서 그들로 하여금 계명을 준수케 하는 그 목표를 포기하지 아니 하신다. 어떤 사람들은 '은혜언약'은 아예 이 계명준수를 묻지 않는 '일방적 계약'이라고 말하고자 하는데, 그것은 적절하지 않다. '쌍방언약'인데, 이스라엘의 언약준수 자체를 하나님께서 그의 아들의 공로와 그의 신을 통해서 이스라엘로 하여금 행하게 하신다. 물론 이러한 차원에서 이 언약은 여호와가 주체가 되어서 모든 것을 행하시는 '나(여호와)의 언약'이다. 그러나 형태는 분명히 쌍방언약의 형태를 지니고 있다. 신랑신부의 언약이 쌍방의 헌신에 대한 맹세의 언약이듯이 여호와와 이스라엘 간의 언약이 그러하였다.

4. 신학적 이슈에 대한 최종적인 요약

이로 보건대, 아브라함의 언약은 시내산 언약과 그 근원이 일치하는 언약이며, 모압언약은 시내산 언약의 연장선에 있다. 그렇다면 이 세 언약은 모두 동일한 본질의 언약이며, 동일한 목적을 향한 언약인 것이다. 따라서, 아브라함의 언약을 일방언약이라는 것은 시내산 언약 등에는 맞지 않는 형태이다. 또한 아브라함의 언약과 시내산언약을 하나는 은혜언약이며 또 하나는 행위언약이라고 양자를 구분하는 것도 적절하지가 않은 것으로 보인다. 이것은 향후 바울에 의해서 나타난 용어이며, 모세오경 내에서 그것을 곧바로 구분할 수 없다.

모세오경 내에서의 언약은 어떻게 보면 바움가르텐의 말처럼 여호와와 이스라엘의 서로를 향한 '헌신의 맹세 언약'이다. 그리고 이러한 헌신의 맹세는 신랑과 신부가 서로를 향하여 맹세하는 쌍방언약이다. 여호와와 아브라함의 자손이 서로를 향하여 '헌신의 맹세'로 지속적으로 발전하여 나아가는 그러한 형태의 언약인 것이다.

　더 나아가서 모압언약은 새언약을 말하고 있다는 것이다. 즉 모세 오경 내에는 신학적인 완성의 모습이 그 자체 내에 존재한다. 이에 의하면, 모세오경에는 암묵적 저자 1인이 존재한다. 그를 우리는 모세라고 말한다. 혹은 모세의 저작을 의심하는 많은 용어들이 존재하지만, 우리는 모세의 정신 내에 있는 모든 협력자들이 모세의 시대로 돌아가서 수정과 편집을 가한 것으로 보기 때문에 그러한 문제들이 모세의 저작권을 침해한다고 볼 수 없겠다.

〈저자소개〉 **최 환 열 (崔 煥 烈)**

백석대학교대학원 신학박사(구약학)
횃불트리니티대학원 목회학석사
아세아연합신학대학원 선교문학석사 수료
한양대학교 회계학과 졸업
현) 공인회계사, 삼지회계법인 대표
현) 국제지역개발협력협회 대표
현) 자유시장경제포럼 대표
저서 : 『아브라함의 언약』, 『국민연금과 사모펀드의 반란』, 『생철학과 현상학』, 『실존주의 철학』
유투브 : 나라사랑TV(신앙), 나라사랑TV(인문학)

『모세오경의 언약』

2023년 12월 15일 초판 발행

지 은 이 : 최 환 열
펴 낸 이 : 김 동 명
펴 낸 곳 : 도서출판 창조와지식
주　　소 : 서울시 강북구 덕릉로 144
전　　화 : 1644-1814
메　　일 : gvmart@hanmail.net
I S B N : 979-11-6003-673-2(93230)
가　　격 : 22,000원